守望智慧的记忆

王中江 编

商务印书馆
2012年·北京

图书在版编目(CIP)数据

守望智慧的记忆/王中江编.—北京：商务印书馆，2012
ISBN 978-7-100-09344-6

Ⅰ.①守… Ⅱ.①王… Ⅲ.①哲学－文集 Ⅳ.①B-53

中国版本图书馆CIP数据核字(2012)第169769号

所有权利保留。

未经许可，不得以任何方式使用。

守望智慧的记忆

王中江 编

商 务 印 书 馆 出 版
（北京王府井大街36号　邮政编码 100710）
商 务 印 书 馆 发 行
三河市尚艺印装有限公司印刷
ISBN 978-7-100-09344-6

2012年10月第1版　　　开本 710×1000 1/16
2012年10月北京第1次印刷　印张 27
定价：64.00元

编者的话

这本文选缘起于北大哲学殿堂百年这一非凡历史时刻的到来和蓦然回首那曾经的一切，由我来担任它的编选工作，我深感荣幸。这样，我就有了一个机会，在很短的时间内，去接触盛大哲学殿堂中的那些先哲和贤人们。但一旦着手这项工作，我首次遇到的是选择取舍的问题，我希望有更多的先哲们的作品出现在这本文集中，可它的篇幅又受到很大的限制，其留恋和割舍的矛盾心情，犹如在布满五颜六色的珍珠中我只能选择有限的几颗那样。同时，当我意识到还要为这本文选写点什么时，我也感到了其中的难处。它关乎着哲学的一般性，可当前它又是如此的分化和多样；它关乎着我们编选这本文集的特殊意义，而这里蕴藏着的因缘际遇、动人故事和历史记忆何可胜计。

在人类迄今所从事的各项活动中，哲学称得上是头号沉思冥想的一项古老而又常新的活动。在好奇、怀疑和自由独立的思考中，哲学家们不断地超越它的过去，用智慧的链条造就出了不同的伟大理智传统，其中一个我们把它叫做"西方的"，另一个我们把它叫做"中国的"。在过去的大部分时间里，这两个伟大的理智传统彼此都是独立发展的。但到了现代，这一切都发生了变化，犹如大西洋的水汹涌澎湃地侵入到了太平洋，西方的理智传统终于同中国的理智传统汇合了。这在过去完全不可想象，对此感到惊异是非常自然的。东西方哲学在现代中国的空前接触和相遇，首先是扩大了中国哲学的外延，更重要的是，它使既不同于中国过去也不同于西方的一种新的哲学的出现成为可能。不要被两者之间一时发生的纷争所困扰，要知道，真正的批评从来就是促进哲学变化的动力。目睹了这一过程初期的罗素，他是现代最早踏入中国这块土地上的当时头牌的西方哲学家，对这两种理智传统合流之后的结果，抱有很高的期待。他希望一个新生的中国能够吸收两者的长处同时又能够避免两者的短处，造就出一种新型的文明。罗素说，人类有一种经验，即不同文明之间的接触，常常成为人类进步的里程碑。现在这种情形最有可能在中国发生。

显然，这是一个长期性的目标，要在短期内就能摄取、消化、吸收另一个巨大理智传统的精义，几乎是不可能的，其中大大小小的困难可想而知。张之洞这位保守的晚清官僚，他一度担任学部的主管，对来自日本翻译的许多西学新名词深感厌恶，尤其是其中的"哲学"。因为张之洞忧虑它会对已有的秩序构成威胁，好像哲学的追问和沉思在中国从来就没有发生过。这种短视的目光导致的一个直接结果，是哲学被排除在清末学堂章程和大学的学科之外。不过，这一不幸的局面没有持续多久。张之洞的做法一开始就受到了王国维的有力批评，王氏是最早对哲学提出真知灼见并为哲学进行有力辩护的哲学家之一。他说哲学原本就是中国古代学问的一部分，它只有益处而没有害处。明智的人都愿意接受王国维的看法。1912年，清帝国刚刚被革命的洪流所淹没，中国的第一个哲学系就在中国近代的第一所国立大学——京师大学堂应运而生，它当初叫做"哲学门"：一个专门出产和供应智慧的地方，一个令人神往的爱智和明哲的殿堂。在这里，人们可以自由地品尝智慧的果实而不必担心会受到什么惩罚。在时代的巨大变迁中，北大哲学门以它的沉着、刚毅和不懈精神，耐心地开启着现代中国的智慧之源。至今，它已走过了一个世纪的历程。

在一个世纪之中，哲学门里的哲学故事丰富多彩，塑造这些故事的主角是身居其中的哲学家和他们的追随者。这些故事是北大的，也是属于整个现代中国哲学共同体的。有人说，历史本质上是对过去各种各样事物的保存和记忆，我赞成这一说法。哲学门中保留下来的大量记忆，是一部热爱智慧的历史。它是现代中国理智新传统成长过程的见证者，又是这一新传统的缩影和标尺，这是千真万确的。在这里生活、工作和学习过的人们，忠实于他们自己的选择，以哲学为天职，痴迷于精神的绿洲，津津乐道于宇宙和人生的奥妙。有人说"最是文人不自由"，我倒是觉得"最是哲人真风流"。人类天生都是程度不同的哲学家、科学家和艺术家。如果说兴趣是最好的导师，那么我们每个人都可以自己指导自己。哲学的沉思始于好奇和着迷，终于好奇和着迷。一个真正按照兴趣生活和思考的人，他还有什么更高的奢望？进行哲学思索的人不必像歌德《浮士德》中的魔鬼墨菲斯特利斯说的那样，"有如在绿色的原野上吃枯草的动物"，或者像黑格尔所说的那样，"命里注定罚我思考哲理"。他们是类似于金岳霖所说的世界上的哲学动物，这样的人即使身陷囹圄，他们仍念念不忘心中的哲学问题。金岳霖说他自己就是其中的一位。我将这本文选命名为"守望智慧的记忆"，就是想以此来表现哲学家们对智慧这一特殊事务的热爱和执著精神。

　　哲学家在自身领域的创造都凝聚在了他们的著述里，其他领域也大多如此。一百年来，北大哲学家群体留下了大量的著述，这是北大哲学门和现代中国哲学共同体的一笔无限的精神遗产。这里我们选择的虽然只是其中非常有限的一部分，但同时希望它又能够高度呈现出哲学家们对哲学的洞察以及他们在这一领域中建立的典范性。根据论文的不同内容，并为了便于大家的阅读和思考相关的问题，我们将这些论文分别置于相对不同的主题之下。其中第一部分的"哲学门中的人和事"，所选的是几位哲学家对他们身临其境的哲学门的回忆，从中我们可以了解到当年哲学门的沧桑巨变、逸闻趣事，并间接地去感受一下这座智慧殿堂的氛围。在这些回忆中，蔡元培先生的名字一再出现，他是现代意义上的北京大学的真正奠定者，也是现代中国哲学的先驱者之一。他从事的专业领域是哲学和伦理学，北大哲学门的兴盛，同他有直接的关系。陈独秀、李大钊、胡适等先生都是由他延揽的，他还延揽了只有中学学历的梁漱溟先生。

梁漱溟先生谦虚地回忆说，其他一些人来到北大是教育别人的，而他来到北大则是学习的。梁先生为人矜持，陈先生性格豪放。据冯友兰先生回忆，在民国八年的毕业合影中，梁先生和陈先生在前排坐在一起，陈先生将自己的双脚伸到了梁的前面。照片出来后，学生们让陈先生看照片，陈先生说照得很好，只是梁先生的脚伸得太远了。学生们告诉他，那是他的脚，陈先生大笑不止。这里会聚的哲学家，风格如此各异。人们爱说哲学家与众不同，殊不知他们之间也是那么不同。

在第二部分"新文化：中国与世界"中我们可以看到，北大及其哲学门是现代中国文化成长过程中的引导者。事实上，真正领导现代中国人进步的是知识分子和哲学家。在现代中国经济、社会、政治和文化等各项革新中，哲学起着强烈的催化作用。只要我们想到"新文化运动"，我们同时就会想到北京大学，想到哲学门。这场运动的灵魂人物就是北大的哲学家们——蔡元培、胡适、陈独秀、李大钊、梁漱溟等先生，还有他们的追随者傅斯年、罗家伦、顾颉刚等年轻学子们，当时他们已初露头角。这里是现代中国大学精神的发源地，蔡元培先生把这个精神概括为"思想自由，兼容并包"；这里是现代中国文化精神的大本营，陈独秀将它概括为"德先生"和"赛先生"；这里是现代中国新思潮的重镇，胡适把这个新思潮称之为"研究问题，输入学理，整理国故，再造文明"；这里还熏陶出了一位奇人毛泽东，他是新文化运动之子，在破坏一个旧世界上无与伦比。但这里也是老文化的复兴阵地，梁漱溟先生致力于揭示孔子仁爱的真谛，在世界不同文化的对比中发现了中国文化的独特价值；似乎是顽固的辜鸿铭先生，也在这里获得了发表自己言论和思想的讲台，今天再来观察他当时对西方文明的反思和对中国文化的辩护，反而有孤明先发之感。蒋梦麟先生描述当时新旧派别共存于北大的情形说："背后拖着长辫、心理眷恋帝制的老先生与思想激进的新人物并坐讨论，同席笑谑。"（蒋梦麟：《西潮》，辽宁教育出版社，1997年，第108页）这里是如此开放和多元，又是如此具有活力和创造性，这也就是为什么我们能够说"新文化运动"是中国历史上又一次伟大的自由思想运动。在这里，我们看到了哲学的力量，看到了哲学对于推动中国革新的力量。正如贺麟先生所说："哲学的知识或思想，不是空疏虚幻的玄想，不是太平盛世的点缀，不是博取科第的工具，不是个人智巧的卖弄，而是应付并调整个人以及民族生活上、文化上、精神上的危机和矛盾的利器。哲学的知识和思想因此便被认为是一种实际力量——一种改革生活、思想和文化上的实际力量。"（《五十年来的中国哲学》，辽宁教育出版社，1989年，第1页）

第三部分"哲学：它的本性和价值"，是现代中国哲学家对他们从所事的哲学的本性及其价值的认识，如果我们想知道哲学是什么以及它对人类的作用，阅读这些文本是一个很好的阶梯。对于什么是哲学，我们一直有着不同的解释。但要真正认识哲学，不能靠词典或教科书上的定义。我们要关注的是哲学家眼中的哲学是什么，特别是要通过他们在哲学上具体做了哪些工作了解。在西方，对于亚里士多德来说，哲学的本质是寻求智慧；对于马克思来说，哲学主要在于改造世界；对于罗素来说，哲学是介于科学与宗教之间的东西；对于石里克来说，哲学是服务于科学的；对于海德格尔来说，哲学是"对超乎寻常的东西作超乎寻常的发问"；对于默尔多赫来说，哲学的目的在于澄清，在于从思想上发掘最深刻和最一般的观念。在现代中国哲学家眼中，哲学也被不同地界定。在胡适那里，哲学是对人生切要问题从根本上去着想并寻找一个根本的解决；在金岳霖那里，哲学是一种按哲学规则来进行的游戏；在冯友兰那里，哲学是对人类精神生活进行系统性的反思。哲学"到底是怎么一回事"的答案，就在这些千姿百态的不同答案中。

任何哲学总要从某种假定出发，这在科学中也不例外。人们为什么乐意选择某一假定而不选择别的，部分原因是出于他们的个性。张岱年先生曾同金岳霖先生谈到熊十力的哲学，金岳霖先生说："熊十力的哲学有一个特点，就是他的哲学背后有他这个人。"（张岱年：《忆金岳霖先生》，《金岳霖学术思想研究》，四川人民出版社，1987年，第37页）在这一点上，詹姆士走得很远，他断言："哲学史在极大程度上是人类几种气质冲突的历史。"（詹姆士：《实用主义》，商务印书馆 1979 年版,第 7 页)但他并不孤立,卡尔纳普诊断热衷于形而上学哲学家的心理之后说:"一元论的形而上学体系可以是表达一种和谐的与平静的生活方式,二元论的体系可以是表达一个把生活看作永恒的斗争的人情绪状态;严肃主义的伦理学可以是表达一种强烈的责任感,或者表达一种严厉的统治欲。实在主义常常是心理学家称之为外向的那种性格类型的征象,它是以容易与人和物发生联系为特征的;唯心主义是一种对立的所谓内向的性格类型的征象,这种性格倾向于从不友好的世界退却而生活在它自己的思想和幻想之中。"(怀特编:《分析的时代——二十世纪的哲学家》,商务印书馆 1984 年版,第 222 页)

哲学令人疑惑的地方,一是它的不确定性,二是它的价值和作用究竟如何体现。表面上看起来,哲学家的工作是徒劳的,他们从来没有真正解决一个问题。后来的哲学家来到哲学的队伍中,"不过是"先破坏一座先前建立起来的大厦,然后再建立一个属于自己的世界。但更加真实的情况是,哲学提供的是各种高级的沉思和智慧。每一种哲学体系都具有自身的"一贯之道",它是哲学家殚精竭虑、慎思明辨对世界所作的不同旨趣的深度洞察、高超直觉和美妙体悟。就一方面而论,每一种整全性解释都不是最终性的;就另一方面而论,它也不是"最终性"的没有解决。因为我们总是在一种深度的洞察中获得了智慧。"梦"是人人都熟悉的现象,但正是弗洛伊德充分发现了梦的奥妙,建立了梦的哲学;"现象"是人人见到的"现象",但正是胡塞尔率先建立起了"现象学";"解释"在日常生活中经常发生,但正是加达默尔建立起了"哲学解释学"。这正是哲学家之所以被称之为哲学家的理由,也是我们不轻易把哲学家的称号赋予一个人的理由。比起其他知识体系来,哲学知识的这种不确定性,既是哲学知识的常态,也是哲学知识和智慧多样性的体现。我们没有"统一的"原创性的哲学体系,就像我们没有"一样"的原创性小说作品那样。如果不同的原创性小说作品各有不同的美感和诱惑,那么不同的原创性的哲学体系也各有不同的智慧和魅力。哲学之所以能够发挥作用,正是由于它的多样性和丰富多彩能够满足人们的不同精神需求。

有人抱怨说，哲学是不结果实的花；也有人抱怨说，哲学家喜欢躲在象牙塔里。这样的抱怨同哲学的价值毫不相干，同哲学家的工作毫不相干。对于那些只知道眼前利害关系的人，他们的心灵只能被幽闭在洞穴中，他们无法享受智慧的阳光。据说，有人被批评为不知天高地厚，他说我为什么要知道天高地厚。有许多事务是非常务实的，相比于这些事务，哲学的事务确实是务虚的。它不能给人供应食物，但它能够塑造人的灵魂。进入哲学，我们就进入了自由之地，进入到了无限的精神之旅中。它令人冥想，令人深刻，令人多智，令人明辨，令人安详，令人达观。要不，拥有哲学也就获得了一种教养，即便不能由此而变得温文尔雅，起码也是一种装饰。能够用哲学进行装饰自己的人，已经是在享用一种特殊的奢侈品。哲学家需要的是宁静和沉思，老子早就道出了这一点："不出户，知天下，不窥牖，见天道。"一些人对科学家与技术工程师之间的分工习以为常，但经常混淆哲学家和行动家之间的界限。《周礼·冬官考工记》的作者已清楚社会需要分工："或坐而论道；或作而行之……坐而论道，谓之王公；作而行之，谓之士大夫。"哲学家的本职工作就是"坐而论道"。由此，现代中国产生了职业性的哲学家和各种不同的哲学体系。他们大部分人在北大哲学门中留下了各自独特的身影。

在第四部分"现代思潮和观念"中，我们可以看到现代哲学的一些思潮、观念和趋势，也可以看到哲学在专门之下的分工和发展。现代中国哲学发生的最独特事件，是西方哲学的涌入为中国哲学的发展注入了大量新的因素。对于当时的许多中国知识人来说，这些因素都是非常新颖的，他们迫切想从中为中国一系列的革新找到向导和指南，于是各种哲学、思潮和观念都在中国有了它们的用武之地。现代中国思想文化运动中的自由主义、激进主义和保守主义思潮，不管是多是少，都同外来的各种思潮和观念息息相关。在直接运用这些外来新哲学和观念解决中国当前的危机时，它们纷纷都变成了方法和"主义"，变成了信仰和"意识形态"。就是强调"研究问题"的胡适，也在实验主义中找到了他尝试改变中国的法宝。与此同时，哲学作为一门专门学问和学术的兴趣也增长起来了，它的结果是造就了哲学各个领域和部门的专家。除了中国哲学外，这些领域和分支大都是仿照哲学在西方的分化而建立起来的。这是十分必要的，因为没有这种专门化，哲学的研究就不会变得如此丰富和细密。我们在每一个方面都比过去知道得更多、更详细。现代中国哲学的这一新发展，首先发端于北大哲学门，一代又一代的人在这里建立了他们的学术典范。目前的一个新趋势是，哲学领域的交叉研究变得迫切起来，某种程度的贯通也有必要了。

最后，第五部分"古典哲学的活力"，一看便知，它是一组有关中国古典哲学讨论的论文。在这些讨论中，你将会观察到中国以往的哲学在世界哲学中的独特魅力以及它对人类理智传统作出过的贡献。在古典中国理智传统的复兴中，西方的理智传统确实起到了"它山之石"的作用。严复惊呼，没有料到西方的智慧之光竟照出了我们固有的智慧宝藏。有许多中国古代理智传统的探索者一直致力于揭示中西理智传统中的一些类似的东西，以此来证明中国理智传统的普遍性意义，他们不能想象人类的理智传统会差别到没有可以比较的地步。但也有一些人，他们侧重于从中西理智传统的不同中来观察中国哲学，其结果是对中国哲学独特性和个性的发现。不管如何，儒学、佛学、道学或者广义的中国子学都得到了复兴，不同于历史上的现代新儒家、新佛家和新道家也出现了，这是十分可喜的。在这些不同的方向上，北大哲学门都躬奉其盛。在经历了一个世纪之后，如何再一次创造性地转化中国哲学，这是我们面临的新课题，北大哲学门中的人们牢记着他们的应有角色。

总而言之，现代中国哲学建立起来了，它不同于历史上任何一个时期的哲学，它是东西方哲学相互接触、相互融合和创造的产物。冯友兰先生说："在中国现在进行的转变中，哲学家们特别幸运，因为自本世纪初以来，他们重新审查、估价的对象，不仅有他们自己的过去的观念、理想，而且有西方的过去和现在的观念、理想。欧洲、亚洲各个伟大的心灵所曾提出的体系，现在都从新的角度，在新的光辉照耀下，加以观察和理解。随着哲学中新兴趣的兴起，老兴趣也复活了。在这种形势下，如果当代中国思想竟无伟大的变革，倒是非常可怪了。"(《中国哲学与未来世界哲学》)在现代中国哲学的这场变革中,不折不扣,北大哲学门具有里程碑的意义。

如果这本文集促发人们对哲学的浓厚兴致并带领他们走向哲学,或者促发人们对哲学问题的进一步思考,它就不限于庆贺已有历程的意义,它将我们引向未来。我们这样期待着。

目录

编者的话 ... i

一　哲学门中的人和事

梁漱溟　值得感念的岁月 ... 003

张申府　回想北大当年 ... 008

熊十力　纪念北京大学五十年并为林宰平祝嘏 ... 016

冯友兰　北大忆旧记 ... 023

张岱年　北大哲学系的历史地位 ... 028

熊　伟　我在北大哲学系的三十年 ... 030

二　新文化：中国与世界

陈独秀　新文化运动是什么？... 037

胡　适　新思潮的意义 ... 043

梁漱溟　世界未来之文化与我们今日应持的态度（节选）... 051

汤用彤　文化思想之冲突与调和 ... 065

贺　麟　文化的体与用 ... 070

朱谦之　什么是文化 ... 081

牟宗三　关于"生命"的学问
　　　　——论五十年来的中国思想 ... 093

三　哲学：它的本性和价值

蔡元培　简易哲学纲要·绪论 ... 101

张东荪　哲学究竟是什么 ... 107

金岳霖　哲学与生活 ... 121

熊十力　新唯识论·明宗（语体文本）... 133

张岱年　哲学之职分（节选）... 141

牟宗三　哲学智慧的开发 ... 148

熊　伟　哲学中唯一的假定 ... 158

陈　康　哲学自身的问题 ... 171

罗家伦　玄学问题 ... 184

洪　谦　形而上学问题的哲学分析 ... 197

四　现代思潮和观念

严　复　天演进化论 ... 213

蔡元培　世界观与人生观 ... 223

陈独秀　敬告青年 ... 227

李大钊　物质变动与道德变动 ... 233

胡　适　谈谈实验主义 ... 248

冯友兰　境界 ... 254

朱光潜　什么叫做美 ... 267

贺　麟　近代唯心论简释 ... 279

周辅成　伦理学上的自然主义与理想主义 ... 285

章士钊　《逻辑指要》自序 ... 306

张申府　逻辑与名学 ... 308

沈有鼎　语言、思想与意义
　　　　——意指分析的第一章 ... 310

五　古典哲学的活力

金岳霖　中国哲学 ... 331

冯友兰　中国哲学与未来世界哲学 ... 342

汤用彤　言意之辨 ... 352

宗白华　中国艺术意境之诞生（增订稿）... 370

张岱年　中国哲学大纲·序论 ... 387

任继愈　禅学与儒学 ... 396

朱伯崑　中国传统哲学的未来走向 ... 400

一　哲学门中的人和事

值得感念的岁月

梁漱溟

梁漱溟（1893—1988）：思想家、现代新儒家。曾任教于北京大学哲学系。著作主要有《东西文化及其哲学》、《中国文化要义》、《人心与人生》，编有《梁漱溟全集》。

我入北大，时北大建校将近20年，我年仅25岁。今值北大校庆90周年，谨追述70年前在北大时的一些往事，以表达我这年逾九旬老校友的一片感念之情。

我入北大任教，始于1917年底。是年初蔡元培先生应教育总长范源廉之邀，出任北京大学校长，方自欧洲归来。我请范公代为先容，往谒蔡先生于其南菜园上街寓所。辛亥革命胜利民国建立，1912年蔡先生参加首届内阁为第一任教育总长，而我此时于同盟会《民国报》工作，以一青年记者身份，出入于国会、总统府、国务院及各政党总部，因此于采访中多次接近蔡先生，但未得深谈。而此次不同，是以自己所著《究元决疑论》特向蔡先生求教的。此文评论古今中外诸子百家，而独推崇印度佛家思想。当我说明来意后，先生回答说："我过上海时已在《东方杂志》上看过了，很好。"不曾想到先生早已过目，并对这篇如今看来是东拉西扯的文章给予肯定。但更使人出乎意料的是先生随即表示希望我到北大任教。先生说："我是喜爱哲学的。我此次来北大重点要办好文科，文科中又以哲学系为重点，你就来哲学系讲印度哲学好了。"我忙回答说："先生之喜爱哲学我知道，早在中学时即读过先生翻译的《哲学要领》一书，至于我，实在不懂印度哲学。印度宗派是如此之多，而我只不过为解决自己在人生问题上的烦闷，钻研了一些佛典，领会一点佛家思想而已。"先生说："你说你不懂，但又有谁懂呢？我寻不着人，就是你来吧！"我总不敢承当，先生于是申说道："我看你也是喜欢哲学的。我们把一些喜爱哲学的朋友聚拢在一起，共同研究，互相切磋，你怎么可以不来呢！来北大，你不要以为是来教别人的，你把到北大当作来共同学习好了。"蔡先生这几句话打动了我。抱这种态度再好不过，而我又怎会不愿来学习呢。来北大的事就如此确定下来。

叙说至此，不由联想到近年有关我入北大的一些失实的传闻。1942年在纪念蔡先生逝世两周年一文里我即有所申述，不料四十多年后又再度传播开来，且更加离奇、广泛；大小报刊且不说，虽《北京大学学报》亦不能免。事实是我因中学毕业后投身同盟会活动，无法顾及升学事，及至在北大任教，昔日中学同窗如汤用彤（在文科）、张申府（在理科）、雷国能（在法科）诸兄尚求学于北大，况且蔡先生以讲师聘我，又何曾有投考不被录取，反被聘为教授之事。

1917年我虽应聘，却因尚在司法部任秘书，一时不得脱身，1918年下半年才到北大。入校后先开印度哲学一课；此课目非哲学系重点，但听课者似仍不少。后来讲授儒家哲学，听课者更多，注册部原安排一院红楼教室容纳不下，于是不得不迁往二院马神庙阶梯教室。此课听讲者约二百人，期末考卷有九十多份，此数即为注册之学生；如冯友兰、朱自清、顾颉刚、孙本文诸位均是如此得与我相聚于课堂的。至于其余半数即为自由听讲者；有的来自其他高校，有的来自社会。盖当时北大对外开放，任人来听课。以我所知，如军界前辈广东伍庸伯先生（与李济深同学）、江苏江问渔先生（后随黄炎培先生工作，是时任工商部主事），皆年近四旬，而天天来听课。湖北张难先生（湖北三怪之一，辛亥革命中颇有影响的人物），来听课时更是年近五旬了。年轻后辈如我者，听课人尚且不少，名教授、新文化运动代表人物如陈独秀、胡适之、李大钊等先生，听课者之踊跃，更可想而知了。于此可见蔡先生"兼容并包"主张的实施和当时新思潮的影响，共同形成之追求真理的浓厚空气，不仅感染北大师生和其他高校，且影响及于社会。生活在此种气氛中怎能不向上奋进呢！

在讲授印度哲学（其中包括佛学）之后，我又开有唯识学。但在因爱好哲学而爱好佛学的蔡先生，犹以为未足，先后又请来张尔田先生讲俱舍论（代表小乘）、张克诚先生讲观所缘缘论（代表相宗）、邓高镜先生讲百论（代表性宗），虽时间不长，也未列为哲学系正式课程，却仍可见蔡先生锐意繁荣学术和好学之精神。佛学不属旧学之列，却亦不合于新思潮，因此难免遭非议。此时，于学生纷纷建立之种种社团中，更有"反宗教大同盟"之成立。顾名思义其宗旨自是反宗教。该"同盟"曾组织讲演会，邀请对宗教问题持不同观点者发表意见。我研究佛学、讲佛学，自是被邀对象。我应邀作了题为"宗教问题"的讲演，地点在三院南河沿室内操场，可容千人左右。记得当时以我到得早些，便由我先讲。从早8点多开始，讲了一上午，意犹未尽，下午又继续讲，待结束时竟日落西山。原安排在同一日的另一讲演人李石曾先生（国民党四大元老之一，当时倡导无政府主义），在台下自早听到晚，最后竟无时间供他发言。听讲者众多，且有耐心，可见对讲演内容感到有兴味。但须知对主讲人观点持反对态度者亦大有人在。如我讲儒家哲学时，有学生对旁人说："我倒要听听他荒谬到什么程度！"采取此种态度，实未可厚非。学问学问，学而不问怎能求得真学问。彼此质疑，互相问难，是有利于学术发展的。当时北大此种风尚是极为珍贵亦应加以发扬的。

当时兴起的新文化运动宣传西方文化，提倡科学与民主，而贬抑东方文化，于是"东西文化"常成为谈论的问题。我于教学之外对此时时思考，探究不辍。友人张申府、屠孝实等尝加劝阻，或说问题范围太大，难于着手，或说问题尚远，可俟诸来日。我均不以为然。那时以陈独秀、胡适之等为代表的新派，多主张全盘西化。陈独秀头脑明晰，笔锋锐利，批判旧派观点，如摧枯拉朽。《新青年》杂志诘问旧派：孔子真精神是什么？价值何在？旧派张口结舌。可是许多旧派先生竟不感苦恼，仍埋头于旧学之中，仿佛彼此并不相碍。学生一如教师，也分新旧。新派刊物名《新潮》，宣传科学精神与民主思想，内容充实而有生气。倾向于旧派的学生办有刊物名《国故》，却只是示人以一堆陈旧古董，根本无力与新派对垒。虽然我对新思潮莫逆于心，而且我既非新派，又不属旧派，面对新旧之争，似尽可仍埋首于佛学研究，可是我却感到压迫之严重，以为此问题不可忽略而且急切。盖自鸦片战争以来，随帝国主义势力之入侵，西方文化传入，中国传统文化价值受到怀疑，似中国之有今日全由于我们的文化。这明明是逼着中国人讨一个解决。试想：如果中国传统文化果真不能与西方文化并存，而要根本绝弃，我们应赶快自觉改革，不要与它同归于尽。如果中国传统文化受西方文化压迫，并不足虑，而中国文化终有翻身之日，那也应积极去做，不要再做梦发呆。又如果确如一些人所说，东西文化可以融通调和，那也应弄清调和之必要及调和之道，绝不应消极等待。谁说问题不严重而且急切！

我原是个很笨很呆的人，从我十几岁会用思想之日起，就爱寻个准道理，最怕听无可无不可的话。凡是我心中成为问题的，便不肯忽略过去，而对此问题如果我说不出它的道理，就表明我没有道理。中国文化问题关系国家命运，民族存亡，怎可轻轻放过，漠不关心？同时北大以及整个社会当时爱国主义精神高涨，人们关心国事，文化问题成为学术界讨论最多的问题之一，而我又怎能置身事外！就在这种主观要求和客观环境推动下，1919年我首次将个人对此问题研究结果，在课外以"东西文化及其哲学"为题作连续多次讲演，介绍给北大同事、同学。1920年又于济南向社会公开报告。第一次由陈政同学（德文系）记录。第二次由罗常培同学（中文系，解放后曾任语言研究所所长，1954年病故）记录。后将两次记录稿加以整理，以讲题为书名由商务印书馆出版，成为我生平第二本专著。该书出版后受到学术界注意，引来评论不少。可以说这是我向北大、向蔡先生交上的一张考卷，记录了我在校期间学习与研究成绩的高下优劣。

在《东西文化及其哲学》一书中，我将西方、中国、印度三种文化加以比较，各给予人类文化发展史上以适当位置，并指出世界最近未来将是中国文化之复兴。于是我也由佛家思想转为儒家思想，决心去作孔家生活。1924年为实行自己的办学理想，我向蔡先生辞去教职，从此离开了北大，而北大影响仍留在我心上。我这个根本未曾入过大学之门的人，得以走上大学讲台，就我个人说，只不过因为我钻研了一个冷门——佛学，而从根本上说，则是由于蔡先生实行"兼容并包"的主张，是由于蔡先生对后学的关心与爱护。而在进入北大之后，我从蔡先生和诸同事、同学所获益处，直接间接，有形无形，说之不尽，于是得以经过自学钻研，在学识上有了自己的独立见解，并开始走向成熟。

我尝说过，陈独秀、胡适之、李大钊等，是因蔡先生包容于北大而得到抒发的人，而我则不是；我是为蔡先生引入北大得到培养的一个人。而今我已九十有五，追忆往事，真可谓培育之恩没齿难忘！

（选自《梁漱溟全集》第七卷，山东人民出版社，1993年）

回想北大当年

张申府

张申府（1893—1986）：哲学家。曾任北京大学哲学系教授。著作主要有《所思》、《罗素哲学译述集》、《思与文》，编有《张申府文集》。

我从1913年考入北京大学，到毕业后留校教书，前后共八个年头。想起北大当年，使我兴奋，令人回味。

进北大

北京大学的前身是京师大学堂，它是戊戌变法运动的产物，是维新派克服了顽固守旧势力的重重阻挠建立起来的高等学府。辛亥革命后，严复被任命为京师大学堂总监督，后京师大学堂改称北京大学校，大学堂总监督改称大学校校长，各科的监督改称学长，原来附属的高等学堂亦改称为大学预科了。

1913年，我在北京高等师范学堂附属中学班读书。秋天，跳班考入北京大学预科。当时的北大设文、法、理、工科和预科，本科设在地安门的马神庙，预科设在北河沿的清代译学馆旧址。

所谓"预科"相当于北大的附属高中，学制为三年（后改两年），毕业后可以免试升入本科。预科又分为两类：第一类预科毕业后升入文、法本科；第二类预科毕业后升入理、工科，它偏重于数学的教学。

我在第二类预科上了一年，觉得并不大吃力，便想去考本科，可是北大的理工科有严格的规定：凡报考本科者，必须有高等专门学校毕业的文凭。初期读文科的人并不太多，因此报考文科只要求同等学历，并不注重文凭。我升学心切，暑假改了一个名字，考上了文科。

北大文科分哲学、历史、国文学、英文学四个学门（后改称为系），我上了哲学门。照北大原定的计划，哲学门分为中国哲学、西洋哲学、印度哲学三类，但这个计划并未实现，只是混合设立一个哲学门。我虽然入了哲学门，却一心不忘数学。那时，我见知于数学系主任兼代理学长冯祖荀先生，在哲学门不到两个月，又转入了数学门。

可是转了数学门，我又放不下哲学。在哲学门两个月的学习中，时间虽然极短，但眼界大开，我对哲学产生了浓厚的兴趣。这样，我上的是数学的课，读的却多是哲学的书。从那时起，我主要研究的都是哲学及其有关科目。当然，数学书始终不断在我的涉猎之中，只是数学题从不肯做，化学实验更是绝少动手。

藏书楼

我刚进北大时，学校还没有图书馆，只有一个藏书楼，设在马神庙校舍后院的所谓四公主梳妆楼里。藏书楼的书可以外借，但没有阅览室。过了一年，藏书楼腾出一些地方，辟出阅览室，阅览桌放在中间，四周摆上书柜，柜里都是西文书。平时总是上着锁，线装书则放在楼上，借阅的人也并不多。我上预科的时候，常常从北河沿到藏书楼来借书，犹记得那时我借的书有德文与法文的数理科学百科全书等。一个大学预科一年级的学生，借读这样高深的德法文书，当时并不很多。这得到了冯祖荀先生的青睐，藏书楼的管理人员由此也给了我许多方便。上本科后，我更是经常呆在阅览室里。那时书本来无多，我可以就架恣意快读，除了工程书以外，柜里的书几乎没有我不看的。

有一天，我发现了一本装潢精美的书，是一个精装本，1914年美国出版，书名是《我们的外界知识》，英国罗素著。翻看一遍，觉得很有意思，又坐下来接连看了两遍，真有点爱不释手了。由此我发现了罗素，并对之产生了兴趣。30年代，我一度再任北大讲师，专讲罗素哲学，这也可以说是与北大藏书楼的帮助分不开的。

蔡元培主校

1917年初，蔡元培任北京大学校长。在蔡先生的主持下，学校厉行改革，出现了新的气象。

蔡先生是浙江人，1868年生，清光绪十八年（1892），为壬辰科翰林，时年24岁。蔡先生早年很有才名，他见清王朝已不能持久，为适应时代的潮流，便从事哲学、伦理学等新学的研究。他到过日本，加入了孙中山组织的同盟会，积极从事民主革命活动，后来又到德国学习。辛亥革命后，蔡先生曾任南京临时政府首任教育总长和北京政府教育总长，后因遭到袁世凯的仇视，被迫再赴欧洲。袁垮台后，蔡回国出任了北大校长。他虽是一个资产阶级学者，又是科举出身，但他对破旧创新有锐利的勇气和坚强的毅力。

蔡先生实行"兼容并包"的办学方针，旧学旧人不废，而新学新人大兴。他聘请陈独秀任文科学长（即文学院院长），章行严（士钊）、刘半农、钱玄同、周作人、陶孟和等任教授，后又聘任马寅初、陈豹隐等。同时，蔡元培还裁减了不称职的教员，排除了一批腐败守旧的人物。经过这番整顿，教师队伍的素质大大提高，给学校带来了蓬勃的朝气。在蔡元培"兼容并包"的口号下，当时在校的教员既有宣讲马克思主义的李大钊，也有拥护袁世凯做皇帝的筹安会人物刘师培，另外还有前清大学士李鸿藻的儿子李石曾教生物学，年仅二十三四岁的梁漱溟先生讲印度哲学等。

蔡先生大力提倡思想自由，培养学术研究的风气，这是他进行改革的又一个重要方面。北京大学过去是一座封建思想、官僚习气十分浓厚的学府，不少学生以上大学为晋升的阶梯，对研究学问没有兴趣，上学不读书，而是想方设法混资历，找靠山，还有的人打麻将、逛八大胡同。与我同宿舍的几个学生，就很少读书，而是聚在一起打牌。

面对这种局面，蔡先生从提倡思想自由出发，举办学术讲座，组织学术团体，例如新闻研究会、哲学研究会等。蔡元培亲任新闻研究会会长，以"研究新闻理论，增长新闻经验，谋求新闻事业之发展"为宗旨，邀请李大钊和著名的新闻界人士邵飘萍等到会讲演。同时，一些进步的政治团体也纷纷成立，像少年中国学会、新潮社等。这两个团体分别编辑出版了《少年中国》月刊和《新潮》。我亦参加了这两个团体的活动，并为之撰写了一些短小文章。

蔡先生还发起组织了一个进德会，以不嫖、不赌、不纳妾为基本戒条，针对北大一部分学生的恶习，用这样的方法培养个人高尚的道德情操。这个组织的出现，反映了中国知识分子对旧社会上层道德堕落、生活腐朽的强烈不满。当时进德会在校内颇有影响，入会的人很多，对于北大部分知识分子个人道德的提高产生了较好的影响。

蔡先生在学术上，是以治美学而闻名的。他刚到北大不久，我送他一大本新出版的讲述法国19世纪美学家居友（J. M. Cugau，1854—1888）学说的日文书，他很快就看完了还给我。他组织了"画法研究社"、"音乐研究会"等一些课外文化艺术活动来培养学生对美育的兴趣，以贯彻其"以美育代宗教"的主张。

在蔡元培校长的革新精神指导下，北京大学气象一新，在全国教育界、学术界以及思想界产生了重要的影响，成为五四爱国运动的中心。

李大钊和红楼

1917年底，李大钊经章士钊之荐到北京大学任图书馆主任。

自从蔡元培主校后，北大藏书楼改为图书馆。1918年夏，沙滩的红楼建成，图书馆也搬了过去，占了新楼的第一层楼。李大钊的主任室就设在红楼东南角上的两间房子里。一时红楼成了新思想运动的中心，许多进步的教员、学生聚集在这里读书、座谈。

我认识大钊还是在1916年他到北京后不久。我的一位同学郭晓峰与大钊是同乡，他们同是河北乐亭人。经郭的介绍，我们认识了。当时，大钊从日本留学回来，在北京创办《晨钟报》（即后来《晨报》之前身），继后，他又主编《甲寅日刊》。1917年，我曾在此刊物上发表过讲"青年问题"的文章。

十月革命爆发后，马克思主义迅速传入中国，给新文化运动增添了新的内容。李大钊最早接受了马克思主义。他思想敏锐，博学多识，广泛接触社会，热情传播马克思主义，宣传俄国十月革命，发表了《庶民的胜利》的演说和《Bolshevism的胜利》等著名文章。与此同时，他还组织演讲会，邀请名人讲演，推动新文化运动的发展，使民主和科学的口号逐步深入人心。一次，大钊以"亚细亚学会"的名义组织讲演会，我也去听了，地点在当时有名的湖南会馆。邀请的讲演者有蔡元培、陈独秀、章士钊、李石曾、张继等人。这次讲演会听众很多，整个湖南会馆都挤满了。每个人讲演的具体内容，我已经记不清了，但是大钊组织这次讲演会不久，就到北京大学任图书馆主任了。

大钊到任后，对图书馆的业务进行了一些重大的调整和改革，并开始注意收集有关马克思学说的书籍以及俄国十月革命以来的著作。是时，我在北大已经毕业，留校做助教，教预科。平时课程不太多，就在图书馆帮助大钊做些工作。我的工作室标为登录室，在主任室的旁边。其时，李大钊组织一些学生勤工俭学，课外帮助整理图书，翻译、编目、打印卡片等，我则负责检查和校对。毛泽东同志来北大时，一度也参加了这项勤工俭学活动，担任登录工作。由于工作之便，我得以时与大钊聚谈。每年北大放暑假，大钊回家乡到五峰山休假，我就代理他在图书馆的职务。

在李大钊的领导下，图书馆成了北大校内一个研究、传播马克思主义的中心，许多激进的学生经常到图书馆和大钊讨论各种新的思潮，听他介绍新的思想。大家也常常在此聚会，探讨中国的出路，寻找救国拯民的方法。李大钊是马克思主义的传播者，北大红楼是五四运动的策源地。

少年中国学会

1918年6月底，由王光祈、李大钊等发起成立少年中国学会。这是一个带学术性的进步政治团体，其宗旨是"本科学的精神，为社会活动，以创造少年中国"。还有四条信约：一奋斗，二实践，三坚忍，四俭朴。学会总会设在北京，成都、南京等地还设立了分会。

少年中国学会会员很多，大多数人希望通过这个组织，扩大马克思主义的影响，团结进步青年，从事政治斗争和群众运动。一些小资产阶级知识分子也想通过它寻找中国的出路，但他们往往不能把握现实，陷在不切实际的空想中。邓中夏、高君宇、赵世炎、毛泽东以及杨钟健、周太玄、袁守和、朱自清等都是少年中国学会的会员，后来成了国家主义分子的李璜、左舜生、曾琦等也参加了这个组织。由于学会组织成分很复杂，内部始终存在着明显的分歧。

少年中国学会北京总会正式成立于1919年7月。学会出版了《少年中国》月刊和《少年世界》。《少年中国》由北京会员编辑，1至7期，由王光祈负责。从第8期起，组织了少年中国编辑部，由李大钊、康白情、张申府、孟寿椿、黄日葵5人担任编辑事宜。上海亚东图书馆办理印刷发行。

学会经常在中央公园（今中山公园）来今雨轩和北京大学图书馆举行常会，内容多是研究学会的日常工作、与各地分会进行交流等等。

1920年8月，天津觉悟社为了联合进步团体，采取共同行动，全体社员到北京，邀请北京的进步团体举行座谈会。少年中国学会、人道社、曙光社、青年互助团等5团体20余人参加了这次座谈。

8月16日，座谈会在北京陶然亭慈悲庵举行。觉悟社社员刘清扬主持会议并报告了开会宗旨，继由邓文淑（颖超）报告觉悟社的组织经过和一年多来的活动，接着周恩来发表演说，说明觉悟社提出联合进步团体、共谋社会改造的意义。李大钊代表少年中国学会致答词，他提出各团体有标明主义的必要。认为近年以来，世界思潮已有显然的倾向，一个进步团体，如不标明主义，对内既不足以齐一全体之心志，对外就更不能与他人有联合的行动。我也在会上发表意见，极力赞成改造联合。会议决定，由各团体合推代表三人，再次开会讨论联络办法。

8月18日，各团体的代表在北京大学图书馆继续开会，议决定名为"改造联合"，并公推我起草"宣言"和"约章"。根据会议的决定和大家提出的意见，我草拟了《改造联合宣言》和《改造联合约章》。后经过各团体的讨论，得到正式通过。《改造联合宣言》的第一段是这样的：

> 我们集合在"改造"赤帜下的青年同志，认今日的人类必须基于相爱互助的精神，组织一个打破一切界限的联合。在这个联合里，各分子的生活必须是自由的、平等的、勤劳而愉快的。要想实现这种大同世界——人类大联合的生活，不可不先有自由人民按他们的职业结合的小组织作基础。我们为渴望此土的各种自由组织一个一个地实现出来，不能不奔走相告，高呼着"到民间去"！

以后《改造联合宣言》和《改造联合约章》发表在《少年中国》杂志的第2卷第5期上。

随着革命形势的发展，少年中国学会的内部斗争日益激烈，以致发展到不可调和的地步，最后终于公开分裂了。

离校赴法

1917年，我在北大毕业，留校三年后提为讲师，继续教逻辑和数学。在这期间，学校从教育部得到一笔经费，决定陆续资送四个教员、四个毕业生到国外学习深造。教员四人是朱家骅、陈大齐、周作人、刘半农，学生中第一人就是我。我报的学习专业是美学，学校却指定我学图书馆学。但是还没有等到学校资送，就又有了别的出国学习的机会。

第一次世界大战后，中法人士为沟通中法文化交流，组织了华法教育会，倡议中国学生赴法勤工俭学。蔡元培、吴稚晖、李石曾等人参加了发起和组织工作。五四运动以后，由于华法教育会的鼓吹和倡导，逐渐形成了勤工俭学运动的高潮。许多进步青年为探求彻底改造中国的真理而踊跃报名。当然有许多人是因为国内军阀长期混战，民不聊生，到欧洲去寻求生活出路的。

李石曾、吴稚晖等人在法国巴黎筹办了一所中法大学，但是很缺教授。经别人推荐，他们找到我，我是受聘教逻辑的。其时，蔡元培先生正准备赴欧美考察教育及学术研究机关状况，遂约定与蔡同行。我用"蔡先生秘书"的名义办理了出国手续。

1920年11月下旬，我离开了母校，离开了祖国，登上了旅法教书的征途。

（选自《所忆：张申府回忆录》，中国文史出版社，2012年）

纪念北京大学五十年并为林宰平祝嘏　熊十力

熊十力（1884—1968）：哲学家、现代新儒家。曾任北京大学哲学系教授。著作主要有《新唯识论》、《十力语要》、《体用论》等，编有《熊十力全集》。

九年前，余欲作一文，纪念蔡孑老。将上下古今之变，而论及孑老在革命党时期，与长北大时期，其影响于国家民族者为何如。孑老之胸怀与志事，及爱智之情趣，并其感人入深之所以，欲一一详述之。此余所铭诸心而未忍一日忘者。然迄今未得作。余平生极喜汪大绅文，顷不忆题目，似历述与罗有高并弟侯等平生之感。其文广博浩荡。气盛，而足以包络天地。情与慧俱深，融万理，连万化，通万类，极幽微繁杂之感，如死生哀乐，世出世，名无名，毕生迷妄之所系，一一照察。乐不淫，哀不伤，心不忘当世之务，而游乎孤海。虽游孤海，而帝皇王伯之道，运之宥密，群情交喻，举而措之亦易耳。余昔阅大绅文，兴此感。尝欲拟是，作二三篇大文字。平生庶几称快，无稍憾矣。纪念孑老，当为大文字之一。然而迄今未敢作也。其后欧阳大师示寂。余逃难在川，感怀万端。亦思为大文字，以申哀仰。而复未作。今年，有两大文字应作，一为北大五十周年，一为《哲学评论》，拟为吾友林宰平先生七十哲诞，出专号。

北大自孑老长校，领导诸青年教授。今校长胡适之先生及诸名贤，首倡文学改革。其被及于思想界与社会政治各方面之影响者，不可谓不巨。至其得失之端欲详论之，决非简单篇幅可以了事。由历史眼光论之，自秦政混一，以迄于兹，称明世者，汉唐宋明四代。实则四代之中，皆治日短，乱日多。而两千余年来，直是夷狄与盗贼交扰之局。先后出生于此等局面下之仁人哲士，或参佛道以耽玄。（六代以来，文学聪明之士，鲜不杂二氏。）或周旋于凶夷狗盗帝制之下，立补偏救弊，稍息生民之功。间有一二睿智者出，有抉破藩篱之思。而在思想界长期锢蔽之下，亦无缘得同声同气之感应，而立既湮塞。余著《读经示要》第二讲，颇谈及此。呜呼，千岁睡狮，沉沦不醒，疲惫乏力，其亦可悯之甚矣。明世，阳明先生，令人反求固有无尽宝藏，自本自根，自信自足，自发自辟，以此激引群伦，可谓理性大解放时期。濂洛关闽未章之绪，至此蔚然可观。梨洲称明之理学，远过两汉唐宋，有识之言也。及明之季，王启颜黄诸大儒辈出，其思想多与西洋接近，在当时虽矫王学末流之弊，而实承王学根本精神，则不容否认也。何图生机甫启，大运已倾。阎若璩胡渭之徒，以考核之业，锢智慧于无用，媚事东胡，以此率天下，而群然效之。而明诸儒之绪，斩焉殆尽。民智、民德、民力之堕没，亘二千年，至是而益颓矣。清之末叶，西化东衍，挟荡海排山之力，以临疲敝之族。群情骤愤，清以不支。帝制更而昏乱滋甚。祸患可以更端迭出，而创新无望也。北大诸青年教授，骤欲破除痼疾，效法西洋。一时热情锐气，颇有揭天地以趣新、负山岳而舍故之概。猗欤盛哉！然而黄炎贵胄，经二千年之停滞不进。今不务掘发其固有宝藏，涵养其自尊自信之毅力，而徒以一切扫荡是务。譬彼久病之夫，良医必谨其攻伐，而善护其元气。攻治适度，足以消其郁滞而止。而锢疾自除，而生命力乃日益充沛而不自知矣。若遇医师缺经验者，将横施攻泄，大伤根底。病夫立毙，可哀孰甚。吾于五四运动以后，菲薄固有，完全西化之倾向，窃有所未安焉。吾国自唐虞以迄晚周，有悠久高深之文化。《易》《春秋》二经，通天化物理、人事，观变动不居，而随时以各协于中道。（天者，宇宙本体之目。天化，犹云本体之流行。执中之道，自颛顼始明，《史记》称其溉执中而天下平是也。《论语》，尧命舜曰，允执其中。舜亦以命禹。《孟子》言汤执中。《春秋》周室刘康公曰，民变天地之中以生云云。《易》道随时执中。孔门演易之旨，作《中庸》。故孟子称孔子集大成，其脉络的然可寻也。）上窥造化之微，下推之治理，极于位天地育万物之盛。视夫仅以矛盾法测变者，不亦得其似而未究其真乎？矛盾法者，《易》家别子老氏所云：反者，道之动也。然反而未尝不归于冲和。冲和者得仁也。仁也者中也。（仁，何以亦名为中，须深玩刘子人变天地之中以生语。）儒者之道，含宏万有，究其极，不外中道而已。人类如有趋向太平之几，必待儒学昌明而后可，此余所断然不疑者。三十余年来，六经四子几投厕所，或则当作考古资料而玩弄之。畴昔以经籍为常所寄，崇信而不敢轻叛之观念，迄今荡然无存。学者各习一部门知识，或且稍涉杂乱见闻，而无经籍起其信守，无大道可为依归，身心无与维系，生活力如何充实。此余所不能无忧者。晚周学术思想，已称极盛。诸子百家，二者分途。家者，专门之目。如算学、天文、物理（周公造指南针。古代已有物理知识）、医药（古代发明最早）、工程（秦时李冰工程知识已高）、机械（孟子称公输子之巧）、地理（邓衍之说略存）等等知识是也。子学，即各派思想，今云哲学。儒道名墨法农皆大宗也，而儒者为正统派。秦人残暴，毁文物，民不安生，百家之业先亡，其书不易传，子学书存者亦残缺不完，然诸大宗略可寻究。百家之业虽亡，今可吸收西洋科学，则绝而复续也。哲学有国民性，诸子之绪，当发其微，若一意袭外人肤表，以乱吾之真，将使民性毁弃，绝无独立研究与自由发展之真精神。率一世之青年，以追随外人时下浅薄风会，人虽不自爱，何可暴弃如斯。分析名词与考核之业，只是哲学家之余事，万不可以此当作哲学。哲学家不仅是钻研某一家派之说，而当上下古今，观其会通。不仅是翻弄名词，而当深穷真理。不仅是依据科学，而当领导科学，使科学知识得哲学之启示与批评而进入宇宙实相。不仅是解释宇宙，而当改造宇宙。不仅是思辨，而当如体经所云，博学，审问，慎思，明辨，笃行，阳明所谓知行合一之学。变更人类思想，激扬时代精神，涵养特殊人才，此等大责任，全在哲学。昔年孑老出长北大，首重文哲，今者适之先生仍秉孑老精神。兹后哲系师生之所努力，似当上追晚周诸子，名墨取其辨，农法通其变（法家主法治，农家社会主义，亦近无政府主义），道家用其长（道家谈本体，只见为虚静，固是其短，然未至如佛氏谈体，绝不语生化。究其所长，道家言治，抨击独裁者宰割万物之暴厉，而主自由，亦是其长），然后董理孙孟（孙卿《天论》遥合西洋思想，然一归于礼，则超于西化远矣。孟子言性善而重民生，言王道而隆法守，非迂阔也。西洋之治，宜折中于此）以仰宗于宣圣。造化之奥，天人之故，道德之崇，治化之原，一皆昭澈，而远于迷乱。规矩设，而天下之方圆可裁也。尺度立，而天下之短长可衡也。至此，则旁搜外学，不患无主。博涉异方，自有指南。温故知新，含宏光大。深得自造，非随他转。大人之学，不当如是耶？清季迄今，学人尽弃固有宝藏，不屑探究。而于西洋，亦不必究其根底，徒以涉猎所得若干肤泛知解，妄自矜炫。凭其浅衷，而逞臆想，何关理道。集其浮词，而名著作，有甚意义。以此率天下，而同为无本之学，思想失自主，精神失独立，生心害政，而欲国之不依于人，种之不奴于人，奚可得哉！天积众刚以自强（董子《繁露》语），世界积无量强有力分子以成至治。有依人者，始有宰制此依者；有奴于人者，始有鞭笞此奴者。至治恶可得乎？吾国人今日所急需要者，思想独立，学术独立，精神独立，一切依自，不依他。高视阔步，而游乎广天博地之间，空诸倚傍，自诚自明。以此自树，将为世界文化，开发新生命，岂惟自救而已哉！圣人吉凶与民同患（佛氏大悲，亦同此精神），故裁成天地之道，辅相万物之宜，以左右民。（参看吾著《读经示要》第三卷释易处。）此与西洋人主张征服自然，纯为功利动机者，截然异旨。吾先哲为学之精神与蕲向，超脱小己与功利之私，此等血脉，万不可失。哲学无此血脉，不成哲学，科学无此血脉，且将以其知能，供野心家之利用，而人类有自毁之忧。吾人今日，必延续此血脉，以为毕生所托命。哲学，固应发挥吾固有伟大精神；科学，尤须本吾伟大精神发展去，体现真理，担当世运，恐非西洋人识量所及，吾黄农虞夏之胄，不能不勇于自任也。在五四运动前后，适之先生提倡科学方法，此甚要紧。又陵先生虽首译《名学》，而其文字未能普遍。适之锐意宣扬，而后青年皆知注重逻辑，视清末民初，文章之习，显然大变。但提倡之效，似仅及于考核之业，而在哲学方面，其真知慎思明辨者，会得几何。思想界转日趣浮浅碎乱，无可导入正知正见之途，无可语于穷大极深之业。世乱日深，需哲学也日亟，而哲学家不足语于己立立人己达达人也，乃益堪浩叹。此其故安在？哲学者，智慧之学，而为群学之源，亦群学之归墟也。此等学问，纯为伟大精神之产物。学者从事哲学，必先开拓胸次，有上下与天地同流之实，则万理昭著，不劳穷索，否则狭隘一衷，惑障一团，理道终不来舍。故学之事，首在激发精神，而后可与讲求方法。今之学者，似于一己之地位与温饱外，无四海困穷之实感，无虚怀纳善之真诚，无遁世无闷、精进不已之大勇，其外日侈，其内日亏，其于小己得丧计较甚，其于大道无可入，精神堕落，莫甚于今之人。世运艰危，余以寡昧，愿向天下善类尽忠告，言诚过当，闻者足戒，庶几不以人废言之义。北大自孑老长校以来，诸君子贡献于国家民族者甚钜，今兹哲系师生，所处之时会，比以前更困，所负之责任，比以前更大，继今为学，其将随顺时风众势之所趋，而漫无省觉乎，抑将怵目惊心，而有无穷之感，不容不向至大至真处着力乎？余老钝，无复长进，唯好学之意未衰，于同学深寄无限之希望。吾年三十八，始至北大，迄今向衰，始终未离北大，虽以疾患，不常到校，而余之精神，固无一日不与学相感召。此番纪念，本欲精心作一文字，而精力不给，终未能作，略进芜词，未堪达意。余与林宰平先生，同在哲系，为日良久。宰平行谊，居夷惠之间，和不流，清不溢，夷惠未之达也。宰平学问，方面极宽。博闻而尊疑，精思而喜攻难。二十年前，余与宰平，及梁漱溟，同寓旧京，无有暌违三日不相晤者。每晤，宰平辄诘难横生，余亦纵横酬对，时或啸声出户外。漱溟默默寡言，间解纷难，片言扼要。余衡论古今述作，得失之判，确乎其严。宰平戏谓曰，老熊眼在天上。余亦戏曰，我有法眼，一切如量。宰平为学，首重分析。其术盖得之印度唯识法相，而亦浸染西洋逻辑。唯识之论，自唐以来，号为难究。宰平析其名相，详其条贯，辨其思想脉络，如大禹治水，千流万派源竟委，疏壅解滞。余劝其述作，宰平谦让未遑，盖其中年后，思想渐由佛以归于儒，自汉太史谈，已言儒者劳而无功，博而寡要。六经浩博，史谈在汉初，尚作是说，况复儒杂以二氏，推演益纷，儒学难穷后生所苦。宰平尝欲为一书，阐明儒学，大概以问题为主，列举诸重要名词，释其含义，究其根依（谓其立义所据），析以类别，综以统纪，庶几宗庙之美，百官之富，粲然可观。余曰，是将以法相家论籍之组织，建儒宗之冲旨，是书若出，后生其有赖乎。闻积稿已不少，不久当可公之于世。宰平少年好为诗，诗人富神趣，其于物也，遇之以神而遗其迹。中年尚西洋实测之术，其穷理，务明征定保，远于虚妄。五十以后，践履日纯，晚而穷神知化，庶几尽性。余与宰平交最笃，知宰平者，宜无过于余，知余者宜无过于宰平。世或疑余为浮屠氏之徒，唯宰平知余究心佛法，而实迥异趣寂之学也。或疑余为理学家，唯宰平知余敬事宋明诸先生，而实不取其拘碍也。或疑余简脱似老庄，而宰平知余平生未有变化气质之功，而心之所存，实以动止一由乎礼为此心自然之则，要不可乱也。宰平常戒余混乱（见《语要》卷四），谓余每习气横发，而不自检也。世或目我以儒家，唯宰平知余宗主虽在儒，而所资者博也。世或疑余新论外释而内儒，唯宰平知新论自成体系，入乎众家，出乎众家，圆融无碍也。余与宰平相知之深，欣逢七十哲诞，应有大文字为祝，而复未能作。凡吾之所欲作，而皆未能作者，非吾心之诚有所未至也。文章本乎情思，运乎气势，情思气势二者，同发于精力。精力不裕，则情虽活跃，而思易凝滞，气势不易充盈持久。如是而欲为大文字，断不可能。精力强盛者，操笔之前稍一凝敛，恰恰无心用，恰恰用心时，忽然情如热焰，思若涌泉，气势如天油然作云，又如长风鼓众窍，凡大文字之成，未有不如此者也。文学之文与著书说理，其事有异。说理只要平日义精仁熟，临写出时务求信达，雅其次也。故精力稍弱者尤可积渐为之。文学之文，兴会为主，精力贫乏，则兴会不生，虽生而不恒不盛，情思乍动而歇，气势弱而难举，欲为美文，不可得也。余于汪大绅三录之文，及其与罗有高等感怀之记，宏廓深远，得未曾有。

每有大感触，思效之作一篇大文字，而终束手不一就。呜呼！大文字天地之真善美也，非唯个人不易成功，而文章盛衰，实世运升降所系。吾虽孤陋，犹思独握天枢，以争剥复，倘世运稍转，老怀无苦，精力康复，虽不必能为大文字，终不至以无物，上惭前哲，此则余之自矢也。此番笔语，烦自昭主任付北大纪念册，及《哲评》祝宰翁哲诞专刊，两处发表，聊以志感。

（选自《国立北京大学五十周年纪念一览》，国立北京大学，1948年）

北大忆旧记　冯友兰

冯友兰（1895—1990）：哲学家、哲学史家。1915 年入北京大学哲学门。1952 年起任北京大学哲学系教授。著作主要有《中国哲学史》、"贞元六书"、《中国哲学史新编》，编有《三松堂全集》。

北大 50 周年，北大哲学系拟刊行论文集，以为纪念。我写这篇忆旧记，叙述我在北大哲学系当学生时候的经历，求在论文集的尾巴上占点篇幅。我想，在我与北大哲学系的关系上，这不能算是不合适，因为这些经历也就是北大哲学系的掌故。50 周年纪念，是一个说掌故的机会。

自北大成立到现在，这半世纪中间，国家经过了许多灾难。虽然如此，中国社会的各方面或各部门，是一直在进步中底。我的这一些简单底叙述，可以证明北大是一直在进步中底。这也就表示，中国的学术是一直在进步中底。

在我入北大以前，我在上海入中国公学大学预科（略等于现在底高中）。我们的功课中，有论理学一门。在那时候，上海的学校，都讲究用英文原本教科书。不管什么教科书，教员都拿它当作英文读本教。我们的这一位讲论理学底先生，也不是例外。他选定底教科书，是耶芳斯的《逻辑初课》（Jevons, *Elementary Lessons in Logic*）。

这本书不能算坏，可是这位先生上课时所讲底，并不是耶芳斯的逻辑学，而是耶芳斯的英文。讲到关于"判断"一章的时候，有一次他叫我站起来，问我 Judgment 这个字是如何拼的，在 g 与 m 中间是不是有 e。

这位先生讲了不久，就辞职了。于是又换了一位先生。这位先生虽然也是没有学过逻辑，可是他倒是真想讲逻辑。这样就引起了我对于逻辑底兴趣。我自动地做耶芳斯的书后面底习题。有一天，有一个习题做不出来，我就到教员休息室请教。这位先生想了半天，也没有办法。他说："等下次上课时，我告诉你。"可是他以后没有再来上课，就一去不复返了。

其实，在那个时候，实在是没有真懂得逻辑的。严几道（复）先生出了一部《名学浅说》，又翻译了半部密勒《名学》，在当时就名震全国，成为西学泰斗了，我那时候，没有学到逻辑，不过倒得了学西洋哲学的兴趣。民国四年我在中国公学大学预科毕业，就决心要学哲学。我们毕业时，我们的科主任李登辉先生问我们同班学生的以后计划，我说："我要学哲学。"他说："你想当孔夫子呀。"

在那时候，要学哲学，必须入北大。北大是那时候中国的惟一底大学。照它的规定组织，文科设中国哲学、西洋哲学、印度哲学三个学门（即三个学系）。但事实上自民国三年起，只设有中国哲学门。据说，自民国四年度起，要添设西洋哲学门，因为已经请到了一位专门研究西洋哲学底周慕西先生担任教授。我得到这个消息，很是兴奋，即在上海报考北大文科西洋哲学门。

在那时候，一般人还以学校为变相底科举。上大学为的是得个入仕途的"出身"。"出身"以法科为宜，很少有人愿意入文科。所以北大对于愿入文科底人，特别放宽入学考试的尺度。报考法科底人，必须有大学预科毕业的文凭，报考文科，则不需要。我当时拿着大学预科毕业的资格报考文科。那位主持报考底职员，很替我可惜。他劝我万不可白牺牲我的资格。他又替我想了一个折中底办法。就是：先报考法科。如果取了以后，仍愿入文科，可以请转科。他说："从法科转文科是一定可以准底。从文科转法科，那就非常底困难了。"

我接受了他的折中办法，报考法科，那时候北大继承清朝京师大学的余风，国文及中国史地的题目，都是考进士底殿试策问的体裁。考生都有点莫名其妙。可是我也竟然考取了。考取以后，到了北平，才知道西洋哲学门，还是不开，周慕西先生实在早已去世，当时我很失望，不过还是请改入文科中国哲学门。周慕西先生死后，他的书约有两三书架，捐入北大图书馆。在那时候，他的这批书，也就是北大图书馆中仅有底西洋哲学书了。

我算是北大中国哲学门第二班学生。在我们以前有一班，是民国三年入学底。我们的学门，既然是中国哲学门，所以功课以中国哲学为主。主要的功课是经学、中国哲学史、诸子哲学、宋学（即宋明哲学）。

诸子哲学，第一、二班合并上课，由陈介石（黻宸）先生担任。他的浙江温州一带底土话，非常难懂，所以他上堂很少开口，当时北大承前清京师大学堂之风，教授讲究编讲义。讲义用油印印出，每次上课时，有一个听差，站在讲堂门口分发。介石先生的讲义特别多。上堂以后，一言不发，拿起粉笔就写讲义以外的议论。他的诸子哲学，是从伏羲讲起，讲了一学期，才讲到周公。有一次有个同学问："照这样讲，什么时候可以讲完。"他回答说："哲学无所谓讲完讲不完。若要讲完，一句就可以讲完。若要讲不完，永远讲不完。"他的思想，本来是接近佛学及陆王一派的道学底。他的此说，很有禅宗的意味。照我们的现在底看法，他的此说的毛病，在于将哲学与哲学史混为一谈。哲学也许可以是如他所说底。但是诸子哲学这门功课是讲哲学史。无论哲学是不是如他所说的，这一段哲学史总不是一句话可以讲完底，也不是永远讲不完底。

陈介石先生的话虽不易懂，但是他的学问的渊博，态度的诚恳，我们一、二两班的学生，无形之中，受他的影响很大。我们都爱敬他。不幸他于我们入学的第二年暑假中就去世了。

我们的宋学，先是没有人讲，后来请到了一位先生。他上了几次课，发了三页讲义。在那三页中，他主张：水为万物之源。我们全班，很不满意。那时候我是班长，同班叫我向文科学长（等于现在底院长）夏锡祺先生交涉。学长说:"他的讲义有什么不妥,你们可以指出来我看,不过你们在堂上千万不可向某先生有什么表示。"我们于是写了一篇"批判",约有十几条,交与学长。过了一天,我去见学长,他拿着我们的"批判",抱着水烟袋,停了半天,然后说:"你们的文章很好,是你们自己写底吗?"我说:"学长不信,可以考试。"他也没有说什么。过了几天,舍监把我叫去,说:某先生如果讲得不好,你们可以当堂质问他。我说:夏学长说,不准我们对他有直接底表示。舍监说:"彼一时,此一时也。"我们得了这个暗示,第二天抱着宋元学案上课,当堂质问。那位先生果然下次就不来了,后来我们的经学教授陈石遗(衍)先生知道了,把我们大加申斥。以后我们的宋学一课,就由马夷初(叙伦)先生担任。

当我们在二年级的时候,蔡先生到校了。他到北大,先换文科学长。新学长是陈独秀先生。从此以后,文科的教授也多了,学生也多了。社会对于文科也另眼看待。学校是变相的科举的观念打破了。学生中间,开始觉得入大学的目的是研究学问,并不是为得个入仕途的"出身"。

陈独秀先生专任学长,没开功课。我也没有见他作过公开底讲演。在我们这一班中,他有一件趣事。

我们在民国七年毕业的时候,全体师生照了一张像。陈先生与梁漱溟先生坐在一起。梁先生态度恭谨,陈先生则很豪放。他的一双脚,直横伸到梁先生面前。等到相片洗出以后,我们送一张与陈先生。他一看,说:"很好,只是梁先生的脚,伸出太远一点。"我们的班长孙时哲(本文)说:"这是先生的脚。"陈先生也为之大笑。

胡适之先生到北大的时候,担任比我们低一班的中国哲学史。他的《中国哲学史大纲》就在这个时候以讲义的形式出现。我们这一班的中国哲学史,则由陈伯弢(汉章)先生担任。我们从第二年级起,就上这门功课,一直上了两年。有一天上课时,陈伯弢先生拿着胡先生的讲义,笑不可抑,说:"只看这个讲义的名称,我们就可以知道胡某人不通。哲学史已经是哲学的大纲了。哲学史大纲,岂不成了大纲的大纲?"当然陈先生的这个批评的毛病,也是在于将哲学及哲学史混为一谈。哲学史并不就是哲学，更不是哲学的大纲。因此哲学史大纲，并不等于哲学的大纲的大纲。

北大在蔡先生的改制之下，中国哲学门改为哲学系，包括中国哲学及西洋哲学。但是我们一、二两班，关于西洋哲学的功课，实在有限得很。当时只有陈百年（大齐）先生为我们讲过哲学概论。我们对于西洋哲学的知识，也就是从这门功课里得到一点。

在北大，我虽然没有学到西洋哲学。但是对于中国传统底学术思想，总算是入门了。这三年的功夫，使我得到关于中国传统底学术思想底"科班训练"。这对我以后底研究工作，当然有很大的帮助及影响。

在北大底哲学系（在当时是全国惟一底）中，认真讲西洋哲学的教授，我想当以张真如（颐）先生为第一人。不过这都是我们毕业以后底事了，以现在北大哲学系与我们当学生时候的哲学系比，我一定要说："汉之得人，于斯为盛。"我谨以此言作为我对于北大五十周年纪念中底哲学系底祝辞。

（选自《三松堂全集》第十四卷，河南人民出版社，2000年）

北大哲学系的历史地位

张岱年

张岱年（1909—2004）：哲学家、哲学史家。1952年起任北京大学哲学系教授。著作主要有《中国哲学大纲》、《中国伦理思想研究》、《中国哲学史方法论发凡》、《中国哲学史史料学》、《文化与哲学》、《真与善的探索》等，编有《张岱年全集》。

北京大学是中国近代第一所新式大学，北京大学哲学系是中国近代第一个大学哲学系。自蔡元培先生任校长以来，北京大学培育了为振兴中华而追求真理的优良学风，北大哲学系亦取得了值得注意的成就。20年代后期，在北大哲学系之外，清华大学、南开大学以及上海、南京等地的大学也都建立了哲学系。其中以北大哲学系和清华哲学系最为有名。新中国成立，1952年实行高等学校院系调整，全国各大学哲学系教师都集中到北大，于是北大哲学系成为全国唯一的哲学系。所以，50年代以后的北大哲学系不仅是旧北大哲学系的继承和发展，而且是清华等校哲学系的继承和发展。60年代以后，各地大学又都成立自己的哲学系；而北京大学哲学系仍居于全国各大学哲学系的首位。

在30年代，北京大学哲学系与清华大学哲学系，学风有所不同。北大哲学系在胡适的影响之下，重视考据，重视历史的研究。清华哲学系在金岳霖、冯友兰的领导之下，赞赏英国穆尔（G. E. Moore）、罗素（B. Russell）的逻辑分析方法，致力于建立自己的理论体系。在新文化运动时期，胡适撰写了《中国哲学史大纲》上卷，开创了哲学史研究的一代新风。但是胡氏只写了上卷古代篇，以后写不下去了。30年代初冯友兰先生撰写了两卷本《中国哲学史》，从上古讲到清末，其中考据之精，分析之密，远远超过了胡著，被誉为开辟了中国哲学史研究的新纪元。30年代末，冯友兰又撰写了《新理学》，提出了自己的理论体系。金岳霖系数理逻辑专家，30年代又撰写了《论道》，建立了自己的本体论学说。北大哲学系比较重视中外哲学史的研究，熊十力、汤用彤是佛学专家，张颐、贺麟是黑格尔专家，郑昕是康德专家。其中熊十力著《新唯识论》，自成一家之言；晚年又舍佛归儒，著《体用论》、《乾坤衍》，自称是"新易学"。贺麟试图综合陆王心学与黑格尔学说。

新中国成立后，清华、北大的哲学系同仁都热心学习马克思主义哲学，阅读马克思、恩格斯、列宁的著作。当时金岳霖、冯友兰都对于马克思主义的唯物论与辩证法有较深的体会，实现了哲学思想的重大转变。1952年院系调整，清华哲学系合并到北大，于是以前清华哲学系与北大哲学系各自的特色也就随而消失了。

1952年到现在，又过了四十多年了，北大哲学系在中西哲学史、逻辑学、伦理学、美学等方面，都已取得了一定的成就，特别是在马克思主义哲学史研究方面成绩最为显著，这是众所共知的。

北京大学哲学系在现代中国哲学的发展过程中处于显著的地位。近年中央党校李振霞同志编著《当代中国十哲》，其所列举的十人中，有七人都和北大有关系。这七人是：梁漱溟、冯友兰、熊十力、贺麟、金岳霖、张岱年、胡适。另外三人是李达、杨献珍、艾思奇。十个哲人中有七人与北大哲学系有关，这就清楚地表明了北大哲学系在现代中国哲学界的地位。

我希望北大哲学系的同仁再接再厉，对于当代中国哲学的发展做出更大的贡献。

（选自《张岱年全集》第八卷，河北人民出版社，1996年）

我在北大哲学系的三十年

熊伟

熊伟（1911—1994）：哲学家。早年就学于北京大学哲学系，曾任北京大学哲学系教授。论文主要有《哲学唯一的假定》、《说，可说；不可说，不说》，编有《自由的真谛——熊伟文选》。

我是在20年代进入四年制中学的。毕业时适逢改制，将不分高初中的四年制改为高初中各三年的六年制。当时高等学校须设两年制预科，所收主要为大量旧制中学毕业生，大学本科基本上没有投考生来源。数年后才有大量高中毕业生投考本科，大学预科才逐渐撤销。

我于1927年考入北京大学预科，两年后才升入哲学系。在预科两年中，北伐刚刚成功后时期第一次见到蒋介石。他是以国民革命军总司令身份来到北大，事前未经通告。他来到北河沿路西当时的北京大学三院（旧称译学馆），主要是当时正在三院学习的学生迎接他。当时他刚结婚不久，由新娘子宋美龄陪同，没有开会，也没有作报告，也没有学校领导人以及教授迎接他，只有三院在场的学生排成前后几行请他夫妇坐在前排中间照相而别。看来像是他心血来潮临时想来北大看一眼，而他的卫队也未必知道还有北大一院二院，径直把他送到三院来，遂如此终场。我在预科两年全班只有一位女同学。当时时尚男女同学根本不通话。有一次要进行选举，全班须选出一个代表。选举结束后男同学早就争相注意她投的那张票，看她选举谁。结果只有她的一张票没有写名字，只写一个号码。一查座位号码坐的是全班唯一超过30岁的老同学。正是在此风尚中，当时大学中所有女生全须穿紧身背心，胸前总是平的。此次蒋来北大，非穿军装，而是穿浅黄色中山装，戴平顶礼帽；他的新娘子胸前不是平的，而是落落大方。蒋一生来北大一次就留下如此难忘的印象。

与见宋美龄差不多同时，我在今天的北京大学办公楼前花园侧马路上也是唯一一次见到谢冰心。见两人皆与北大有关，但见冰心所在的今日的北大在当时却还是燕京大学也。当时两人均犹在30妙龄，美龄穿着较潇洒动人，冰心穿着较严肃拘谨；美龄脸上略显雀斑，显较冰心稍长。悠悠忽忽，现皆年逾耄耋。

预科期间还开过一次报告会，报告人为辜鸿铭与顾维钧。当时在报刊上已见过辜鸿铭在国外的照片，短发西装，少年英俊。这一天辜穿长袍马褂，头戴红结瓜皮小帽，压着一根仅几寸长的发辫，大概是还想表对清朝的忠心。辜讲的内容已无法重述，但穿插了几句英语，其中一句还清楚地记得是：What is education？顾维钧上台时强调他当年才40岁，短发西装，愧不如辜老这样庄严肃穆，讲的也是适应此气氛的一番话。

北伐军进入北京后，取消北京首都地位，改名北平，建都南京。南京政府将北京原有高等学校全并为北平大学，分设文理法三院了。一天，最大的学生宿舍西斋贴出一副对联："五四精神今何在？无人续打赵家楼！"赵家楼是五四运动中北大学生去打过的政府官邸。中南海曾经是袁世凯当权以来的中央政府所在地，此时变为公园。北平大学总办公处即设在中南海中的西四所。一天北大学生整队来到西四所。总办公处无一人出应。队伍挤满西四所大四合院。在根本没有一个人出来回应的时刻，突然有一块大玻璃被击碎的声音。跟着人心鼎沸，四合院四面大玻璃全被捣碎。先头有人用手捶击玻璃，血流如注。也有人脚踢玻璃，裤被撕破。后来大家一脚踢进不动，等玻璃都掉地了，才抽出脚，便平安无事。我当时也在场，小兄弟初见世面，没有动，亦未受伤。整队回校以后，西斋又贴出一副对联："五四精神果然在，西四媲美赵家楼！"

闹事后南京宣布，北平大学照常；北京大学照旧维持原状，但改名北平大学北大学院，任命陈大齐为北大学院院长。如此维持年余，1929年正式宣告，北大学院独立与北平大学并列，恢复北京大学，任命蒋梦麟为校长，胡适为文学院院长。我亦于此年升入哲学系一年级，直至1933年毕业。

哲学系四年间听了如下课程：中国哲学有胡适、徐炳昶讲的通史；马叙伦讲老庄哲学；嵇文甫讲明清思想史，嵇讲时透露了明显的马克思主义观点，但口中不提马克思之名，实属大勇，可惜解放后回其本乡受任主持郑州大学不久即去世。西洋哲学有张颐讲通史、德国哲学、康德哲学、黑格尔哲学；汤用彤讲大陆理性哲学、英国经验哲学。贺麟、郑昕初从国外归来各开一门非重点课程。兼课讲师傅铜教读一本西洋伦理学史译本，译者杨昌济当时我们当然不知是毛泽东的岳父。印度哲学有周叔迦讲通论及许地山讲印度六派哲学。此外还听了清华大学教授金岳霖、邓以蛰、张申府与燕京大学教授钱穆的兼课。

"九·一八"事变后时期，章太炎来校讲演一次，在北大三院大讲堂，听者拥挤至窗台上亦站人。章属辜鸿铭同辈长老，但风格迥异，虽亦着中装，毫无清朝遗老之色。章在讲台上讲演时，有四大教授在其身侧，皆显为晚辈也。章乡音难懂，由刘半农任口译，钱玄同、马裕藻、朱希祖三教授分头为章引经据典与难懂词句书写黑板。在如此难得的肃穆气氛中，特别是章还强调讲了一段将蒋介石比作石敬瑭，使听者均必留下终身难忘印象。

另一次是鲁迅在三院操场站立讲演，听众较在大讲堂更多，但仅一人独讲，无人口译。我长时间觉得鲁迅要讲他一再点题的"神道主义"甚为奇怪，后来多次结合前后文才听懂他的口音讲的"神道居伊"原来是"人道主义"。我亲见鲁迅仅此一次，约在四年后他和章太炎都于同年逝世了。

1933年我们年级毕业，出了一本《哲学论丛》，约10万字，以作毕业纪念。内容几全为四年间执教诸师之作，其中大半为讨论老子尤其老子年代之文，对当时学术界不无贡献，例如钱穆之文后被收入罗根泽编《古史辨》第六册中。

我于此年毕业离校近20年，于1952年始由全院系调整途径复回本系。当时北京新建高校外语学院，全院 1 名副教授，而北大哲学系因系集中全国各大学哲学系，故教授即逾 30 名，安排开课亦不易。我在 20 年间主要开了青年黑格尔派与存在主义两课。其余时间多次参加了历次运动，从 1949 年的土改直至 1971 年的鲤鱼洲劳改都参加了。虽历经艰险，亦不容否认若干正面收获。例如此生吃到亲手种出来的稻米，深感乃一生的骄傲，远较历次运动中之被斗值得一提也。1971 年江西归来后始随外国哲学研究所独立而脱离本系。这就是我前后合计在本系的风风雨雨 30 年。

（选自《自由的真谛——熊伟文选》，中央编译出版社，1997 年）

二 新文化：中国与世界

新文化运动是什么？

陈独秀

陈独秀（1879—1942）：思想家。曾任北京大学文科学长。著作编有《独秀文存》、《陈独秀文章选编》。

"新文化运动"这个名词，现在我们社会里很流行。究竟新文化底内容是些什么，倘然不明白他的内容，会不会有因误解及缺点而发生流弊的危险，这都是我们赞成新文化运动的人应该注意的事呵！

要问"新文化运动"是什么，先要问"新文化"是什么；要问"新文化"是什么，先要问"文化"是什么。

文化是对军事、政治（是指实际政治而言，至于政治哲学仍应该归到文化）、产业而言，新文化是对旧文化而言。文化底内容，是包含着科学、宗教、道德、美术、文学、音乐这几样；新文化运动，是觉得旧的文化还有不足的地方，更加上新的科学、宗教、道德、文学、美术、音乐等运动。

科学有广狭二义：狭义的是指自然科学而言，广义是指社会科学而言。社会科学是拿研究自然科学的方法，用在一切社会人事的学问上，像社会学、伦理学、历史学、法律学、经济学等，凡用自然科学方法来研究、说明的都算是科学，这乃是科学最大的效用。我们中国人向来不认识自然科学以外的学问，也有科学的威权；向来不认识自然科学以外的学问,也要受科学的洗礼;向来不认识西洋除自然科学外没有别种应该输入我们东洋的文化;向来不认识中国底学问有应受科学洗礼的必要。我们要改去从前的错误,不但应该提倡自然科学,并且研究、说明一切学问(国故也包含在内)都应该严守科学方法,才免得昏天黑地乌烟瘴气的妄想、胡说。现在新文化运动声中,有两种不祥的声音:一是科学无用了,我们应该注重哲学;一是西洋人现在也倾向东方文化了。各国政治家、资本家固然利用科学做了许多罪恶,但这不是科学本身底罪恶。科学无用,这句话不知从何说起?我们的物质生活上需要科学,自不待言,就是精神生活离开科学也很危险。哲学虽不是抄集各种科学结果所能成的东西,但是不用科学的方法下手研究、说明的哲学,不知道是什么一种怪物!杜威博士在北京现在演讲底《现代的三个哲学家》:一个是美国詹姆士,一个是法国柏格森,一个是英国罗素,都是代表现代思想的哲学家,前两个是把哲学建设在心理学上面,后一个是把哲学建设在数学上面,没有一个不采用科学方法的。用思想的时候,守科学方法才是思想,不守科学方法便是诗人底想象或愚人底妄想,想象、妄想和思想大不相同。哲学是关于思想的学问,离开科学谈哲学,所以现在有一班青年,把周、秦诸子,儒、佛、耶、回,康德、黑格尔横拉在一起说一阵昏话,便自命为哲学大家,这不是怪物是什么?西洋文化我们固然不能满意,但是东方文化我们更是领教了,他的效果人人都是知道的,我们但有一毫一忽羞恶心,也不至以此自夸。西洋人也许有几位别致的古董先生怀着好奇心要倾向他,也许有些圆通的人拿这话来应酬东方的土政客,以为他们只听得懂这些话,也许有些人故意这样说来迎合一般朽人底心理,但是主张新文化运动底青年,万万不可为此呓语所误。"科学无用了","西洋人倾向东方文化了",这两个妄想倘然合在一处,是新文化运动一个很大的危机。

宗教在旧文化中占很大的一部分,在新文化中也自然不能没有它。人类底行为动作,完全是因为外部的刺激,内部发生反应。有时外部虽有刺激,内部究竟反应不反应,反应取什么方法,知识固然可以居间指导,真正反应进行底司令，最大的部分还是本能上的感情冲动。利导本能上的感情冲动，叫他浓厚、挚真、高尚，知识上的理性、德义都不及美术、音乐、宗教底力量大。知识和本能倘不相并发达，不能算人间性完全发达。所以詹姆士不反对宗教，凡是在社会上有实际需要的实际主义者都不应反对。因为社会上若还需要宗教，我们反对是无益的，只有提倡较好的宗教来供给这需要，来代替那较不好的宗教，才真是一件有益的事。罗素也不反对宗教，他预言将来须有一新宗教。我以为新宗教没有坚固的起信基础，除去旧宗教底传说的附会的非科学的迷信，就算是新宗教。有人嫌宗教是他力，请问扩充我们知识底学说，利导我们情感底美术、音乐，哪一样免了他力？又有人以为宗教只有相对价值，没有绝对的价值，请问世界上什么东西有绝对价值？现在主张新文化运动的人，既不注意美术、音乐，又要反对宗教，不知道要把人类生活弄成一种什么机械的状况，这是完全不曾了解我们生活活动的本源，这是一桩大错，我就是首先认错的一个人。

我们不满意于旧道德，是因为孝弟底范围太狭了。说什么爱有等差，施及亲始，未免太猾头了。就是达到他们人人亲其亲、长其长的理想世界，那时社会的纷争恐怕更加利害；所以现代道德底理想，是要把家庭的孝弟扩充到全社会的友爱。现在有一班青年却误解了这个意思，他并没有将爱情扩充到社会上，他却打着新思想新家庭的旗帜，抛弃了他的慈爱的、可怜的老母。这种人岂不是误解了新文化运动的意思？因为新文化运动是主张教人把爱情扩充，不主张教人把爱情缩小。

通俗易解是新文学底一种要素，不是全体要素。现在欢迎白话文的人，大半只因为他通俗易解，主张白话文的人，也有许多只注意通俗易解。文学、美术、音乐，都是人类最高心情底表现，白话文若是只以通俗易解为止境，不注意文学的价值，那便只能算是通俗文，不配说是新文学，这也是新文化运动中一件容易误解的事。

欧美各国学校里、社会里、家庭里，充满了美术和音乐底趣味自不待言，就是日本社会及个人的音乐，美术及各种运动娱乐、也不像我们中国人底生活这样干燥无味。有人反对妇女进庙烧香、青年人逛新世界，我却不以为然，因为他们去烧香、去逛新世界，总比打麻雀好。吴稚辉先生说："中国有三大势力，一是孔夫子，一是关老爷，一是麻先生。"我以为麻先生底势力比孔、关两位还大，不但信仰他的人比信仰孔、关的人多，而且是真心信仰，不像信仰孔、关还多半是装饰门面。平时长、幼、尊、卑、男、女底界限很严，只有麻先生底力量可以叫他们鬼混做一团。

他们如此信仰这位麻先生虽然是邪气，我也不反对，因为他们去打麻雀，还比吸鸦片烟好一点。鸦片烟、麻雀牌何以有这般力量叫我们堕落到现时的地步？这不是偶然的事，不是一个简单的容易解决的问题，不是空言劝止人不要吸烟、打牌可以有效的。那吸烟、打牌的人，也有他们的一面理由；因为我们中国人社会及家庭的音乐、美术及各种运动娱乐一样没有，若不去吸烟、打牌，资本家岂不要闲死，劳动者岂不要闷死？所以有人反对郑曼陀底时女画，我以为可以不必；有人反对新年里店家打十番锣鼓，我以为可以不必；有人反对大舞台、天蟾舞台底皮簧戏曲，我以为也可以不必。表现人类最高心情底美术、音乐，到了郑曼陀底时女画、十番锣鼓、皮簧戏曲这步田地，我们固然应该为西洋人也要来倾向的东方文化一哭；但是倘若并这几样也没有，我们民族的文化里连美术、音乐底种子都绝了，岂不更加可悲！所以蔡孑民先生曾说道："新文化运动莫忘了美育。"前几天我的朋友张申甫给我的一封信里也说道："宗教本是发宣人类的不可说的最高的情感（罗素谓之'精神'Spirit）的，将来恐怕非有一种新宗教不可。但美术也是发宣人类最高的情感的（罗丹说：'美是人所有的最好的东西之表示，美术就是寻求这个美的。'就是这个意思）。而且宗教是偏于本能的，美术是偏于知识的，所以美术可以代宗教，而合于近代的心理。现在中国没有美术真不得了，这才真是最致命的伤。社会没有美术，所以社会是干枯的，种种东西都没有美术的趣味，所以种种东西都是干枯的，又何从引起人的最高情感？中国这个地方若缺知识，还可以向西方去借，但若缺美术，那便非由这个地方的人自己创造不可。"

关于各种新文化运动中底误解及缺点，上面已略略说过。另外还有应该注意的三件事：

一、新文化运动要注重团体的活动。美公使说中国人没有组织力，我以为缺乏公共心才没有组织力。忌妒独占的私欲心，人类都差不多，西洋人不比中国人特别好些；但是因为他们有维持团体的公共心牵制，所以才有点组织能力，不像中国人这样涣散。中国人最缺乏公共心，纯然是私欲心用事，所以遍政界、商界、工界、学界，没有十人以上不冲突、三五年不涣散的团体。最近学生运动里也发生了无数的内讧，和南北各派政争遥遥相映。新文化运动倘然不能发挥公共心，不能组织团体的活动，不能造成新集合力，终久是一场失败，或是效力极小。中国人所以缺乏公共心，全是因为家族主义太发达的缘故。有人说是个人主义妨碍了公共心，这却不对。半聋半瞎的八十衰翁，还要拼着老命做官发财，买田置地，简直是替儿孙做牛马，个人主义决不是这样。那卖国贪赃的民贼，也不尽为自己的享乐，有许多竟是省吃俭用的守财奴。所以我以为戕贼中国人公共心的不是个人主义，中国人底个人权利和社会公益，都做了家庭底牺牲品。"各人自扫门前雪，不管他人瓦上霜。"这两句话描写中国人家庭主义独盛、没有丝毫公共心，真算十足了。

二、新文化运动要注重创造的精神。创造就是进化，世界上不断的进化只是不断的创造，离开创造便没有进化了。我们不但对于旧文化不满足，对于新文化也要不满足才好；不但对于东方文化不满足，对于西洋文化也要不满足才好；不满足才有创造的余地。我们尽可前无古人，却不可后无来者；我们固然希望我们胜过我们的父亲，我们更希望我们不如我们的儿子。

三、新文化运动要影响到别的运动上面。新文化运动影响到军事上，最好能令战争止住，其次也要叫他做新文化运动底朋友不是敌人。新文化运动影响到产业上，应该令劳动者觉悟他们自己的地位，令资本家要把劳动者当做同类的"人"看待，不要当做机器、牛马、奴隶看待。新文化运动影响到政治上，是要创造新的政治理想，不要受现实政治底羁绊。譬如中国底现实政治，什么护法，什么统一，都是一班没有饭吃的无聊政客在那里造谣生事，和人民生活、政治理想都无关系，不过是各派的政客拥着各派的军人争权夺利。好像狗争骨头一般罢了。他们的争夺是狗的运动。新文化运动是人的运动；我们只应该拿人的运动来轰散那狗的运动，不应该抛弃我们人的运动去加入他们狗的运动！

（选自《陈独秀文章选编》上，三联书店，1984年）

新思潮的意义

胡适

胡适（1891—1962）：哲学家、史学家、文学家。曾任北京大学校长。著作主要有《先秦名学史》、《中国哲学史大纲》、《戴东原的哲学》等，编有《胡适全集》。

研究问题
输入学理
整理国故
再造文明

一

近来报纸上发表过几篇解释"新思潮"的文章。我读了这几篇文章，觉得他们所举出的新思潮的性质，或太琐碎，或太笼统，不能算作新思潮运动的真确解释，也不能指出新思潮的将来趋势。即如包世杰先生的《新思潮是什么》一篇长文，列举新思潮的内容，何尝不详细？但是他究竟不曾使我们明白那种种新思潮的共同意义是什么。比较最简单的解释要算我的朋友陈独秀先生所举出的《新青年》两大罪案——其实就是新思潮的两大罪案——一是拥护德莫克拉西先生（民治主义），一是拥护赛因斯先生（科学）。陈先生说：

要拥护那德先生，便不得不反对孔教、礼法、贞节、旧伦理、旧政治。要拥护那赛先生，便不得不反对旧艺术、旧宗教。要拥护德先生，又要拥护赛先生，便不得不反对国粹和旧文学。(《新青年》六卷一号页一〇)

这话虽然很简明，但是还嫌太笼统了一点。假使有人问："何以要拥护德先生和赛先生便不能不反对国粹和旧文学呢？"答案自然是："因为国粹和旧文学是同德、赛两位先生反对的。"又问："何以凡同德、赛两位先生反对的东西都该反对呢？"这个问题可就不是几句笼统简单的话所能回答的了。

据我个人的观察，新思潮的根本意义只是一种新态度。这种新态度可叫做"评判的态度"。

评判的态度，简单说来，只是凡事要重新分别一个好与不好。仔细说来，评判的态度含有几种特别的要求：

（1）对于习俗相传下来的制度风俗，要问："这种制度现在还有存在的价值吗？"

（2）对于古代遗传下来的圣贤教训，要问："这句话在今日还是不错吗？"

（3）对于社会上糊涂公认的行为与信仰，都要问："大家公认的，就不会错了吗？人家这样做，我也该这样做吗？难道没有别样做法比这个更好，更有理，更有益的吗？"

尼采说现今时代是一个"重新估定一切价值"（Transvaluation of all Values）的时代。"重新估定一切价值"八个字便是评判的态度的最好解释。从前的人，说妇女的脚越小越美。现在我们不但不认小脚为"美"，简直说这是"惨无人道"了。十年前，人家和店家都用鸦片烟敬客。现在鸦片烟变成犯禁品了。二十年前，康有为是洪水猛兽一般的维新党。现在康有为变成老古董了。康有为并不曾变换，估价的人变了，故他的价值也跟着变了。这叫做"重新估定一切价值"。

我以为现在所谓"新思潮"，无论怎样不一致，根本上同有这公共的一点——评判的态度。孔教的讨论只是要重新估定孔教的价值。文学的评论只是要重新估定旧文学的价值。贞操的讨论只是要重新估定贞操的道德在现代社会的价值。旧戏的评论只是要重新估定旧戏在今日文学上的价值。礼教的讨论只是要重新估定古代的纲常礼教在今日还有什么价值。女子的问题只是要重新估定女子在社会上的价值。政府与无政府的讨论，财产私有与公有的讨论，也只是要重新估定政府与财产等等制度在今日社会的价值。……我也不必往下数了，这些例很够证明这种评判的态度是新思潮运动的共同精神。

二

这种评判的态度，在实际上表现时，有两种趋势。一方面是讨论社会上、政治上、宗教上、文学上种种问题。一方面是介绍西洋的新思想、新学术、新文学、新信仰。前者是"研究问题"，后者是"输入学理"。这两项是新思潮的手段。

我们随便翻开这两三年以来的新杂志与报纸，便可以看出这两种的趋势。在研究问题一方面，我们可以指出（1）孔教问题，（2）文学改革问题，（3）国语统一问题，（4）女子解放问题，（5）贞操问题，（6）礼教问题，（7）教育改良问题，（8）婚姻问题，（9）父子问题，（10）戏剧改良问题等等。在输入学理一方面，我们可以指出《新青年》的"易卜生号"、"马克思号"，《民铎》的"现代思潮号"，《新教育》的"杜威号"，《建设》的"全民政治"的学理，和北京《晨报》、《国民公报》、《每周评论》，上海《星期评论》、《时事新报》、《解放与改造》，广州《民风周刊》等等杂志报纸所介绍的种种西洋新学说。

为什么要研究问题呢？因为我们的社会现在正当根本动摇的时候，有许多风俗制度，向来不发生问题的，现在因为不能适应时势的需要，不能使人满意，都渐渐的变成困难的问题，不能不彻底研究，不能不考问旧日的解决法是否错误;如果错了,错在什么地方;错误寻出了,可有什么更好的解决方法;有什么方法可以适应现时的要求。例如孔教的问题,向来不成什么问题;后来东方文化与西方文化接近,孔教的势力渐渐衰微,于是有一班信仰孔教的人妄想要用政府法令的势力来恢复孔教的尊严;却不知道这种高压的手段恰好挑起一种怀疑的反动。因此,民国四五年的时候,孔教会的活动最大,反对孔教的人也最多。孔教成为问题就在这个时候。现在大多数明白事理的人,已打破了孔教的迷梦,这个问题又渐渐的不成问题了,故安福部的议员通过孔教为修身大本的议案时,国内竟没有人睬他们了!

又如文学革命的问题。向来教育是少数"读书人"的特别权利,于大多数人是无关系的,故文字的艰深不成问题。近来教育成为全国人的公共权利,人人知道普及教育不是可少的,故渐渐的有人知道文言在教育上实在不适用,于是文言白话就成为问题了。后来有人觉得单用白话做教科书是不中用的,因为世间决没有人情愿学一种除了教科书以外便没有用处的文字。这些人主张:古文不但不配做教育的工具,并且不配做文学的利器;若要提倡国语的教育,先须提倡国语的文学。文学革命的问题就是这样发生的。现在全国教育联合会已全体一致通过小学教科书改用国语的议案,况且用国语做文章的人也渐渐的多了,这个问题又渐渐的不成问题了。

为什么要输入学理呢?这个大概有几层解释。一来呢,有些人深信中国不但缺乏炮弹、兵船、电报、铁路,还缺乏新思想与新学术,故他们尽量的输入西洋近世的学说。二来呢,有些人自己深信某种学说,要想他传播发展,故尽力提倡。三来呢,有些人自己不能做具体的研究工夫,觉得翻译现成的学说比较容易些,故乐得做这种稗贩事业。四来呢,研究具体的社会问题或政治问题,一方面做那破坏事业,一方面做对症下药的工夫,不但不容易,并且很遭犯忌讳,很容易惹祸,故不如做介绍学说的事业,借"学理研究"的美名,既可以避"过激派"的罪名,又还可以种下一点革命的种子。五来呢,研究问题的人,势不能专就问题本身讨论,不能不从那问题的意义上着想;但是问题引申到意义上去，便不能不靠许多学理做参考比较的材料，故学理的输入往往可以帮助问题的研究。

这五种动机虽然不同，但是多少总含有一种"评判的态度"，总表示对于旧有学术思想的一种不满意，和对于西方的精神文明的一种新觉悟。

但是这两三年新思潮运动的历史应该给我们一种很有益的教训。什么教训呢？就是：这两三年来新思潮运动的最大成绩差不多全是研究问题的结果。新文学的运动便是一个最明白的例。这个道理很容易解释。凡社会上成为问题的问题，一定是与许多人有密切关系的。这许多人虽然不能提出什么新解决，但是他们平时对于这个问题自然不能不注意。若有人能把这个问题的各方面都细细分析出来，加上评判的研究，指出不满意的所在，提出新鲜的救济方法，自然容易引起许多人的注意。起初自然有许多人反对。但是反对便是注意的证据，便是兴趣的表示。试看近日报纸上登的马克思的《赢余价值论》，可有反对的吗？可有讨论的吗？没有人讨论，没有人反对，便是不能引起人注意的证据。研究问题的文章所以能发生效果，正为所研究的问题一定是社会人生最切要的问题，最能使人注意，也最能使人觉悟。悬空介绍一种专家学说，如《赢余价值论》之类，除了少数专门学者之外，决不会发生什么影响。但是我们可以在研究问题里面做点输入学理的事业，或用学理来解释问题的意义，或从学理上寻求解决问题的方法。用这种方法来输入学理，能使人于不知不觉之中感受学理的影响。不但如此，研究问题最能使读者渐渐的养成一种批评的态度，研究的兴趣，独立思想的习惯。十部《纯粹理性的评判》，不如一点评判的态度；十篇《赢余价值论》，不如一点研究的兴趣；十种《全民政治论》，不如一点独立思想的习惯。

总起来说：研究问题所以能于短时期中发生很大的效力，正因为研究问题有这几种好处：（1）研究社会人生切要的问题最容易引起大家的注意；（2）因为问题关切人生，故最容易引起反对，但反对是该欢迎的，因为反对便是兴趣的表示，况且反对的讨论不但给我们许多不要钱的广告，还可使我们得讨论的益处，使真理格外分明；（3）因为问题是逼人的活问题，故容易使人觉悟，容易得人信从；（4）因为从研究问题里面输入的学理，最容易消除平常人对于学理的抗拒力，最容易使人于不知不觉之中受学理的影响；（5）因为研究问题可以不知不觉的养成一班研究的、评判的、独立思想的革新人才。

这是这几年新思潮运动的大教训！我希望新思潮的领袖人物以后能了解这个教训，能把全副精力贯注到研究问题上去；能把一切学理不看作天经地义，但看作研究问题的参考材料；能把一切学理应用到我们自己的种种切要问题上去；能在研究问题上面做输入学理的工夫；能用研究问题的工夫来提倡研究问题的态度，来养成研究问题的人才。

这是我对于新思潮运动的解释。这也是我对于新思潮将来的趋向的希望。

〔注〕参看：
(1)《多研究些问题，少谈些主义》。(2)《问题与主义》。(3)《再论问题与主义》。
(4)《三论问题与主义》。

三

以上说新思潮的"评判的精神"在实际上的两种表现。现在要问："新思潮的运动对于中国旧有的学术思想，持什么态度呢？"

我的答案是："也是评判的态度。"

分开来说，我们对于旧有的学术思想有三种态度。第一，反对盲从；第二，反对调和；第三，主张整理国故。

盲从是评判的反面，我们既主张"重新估定一切价值"，自然要反对盲从。这是不消说的了。

为什么要反对调和呢？因为评判的态度只认得一个是与不是，一个好与不好，一个适与不适——不认得什么古今中外的调和。调和是社会的一种天然趋势。人类社会有一种守旧的惰性，少数人只管趋向极端的革新，大多数人至多只能跟你走半程路。这就是调和。调和是人类懒病的天然趋势，用不着我们来提倡。我们走了一百里路，大多数人也许勉强走三四十里。我们若先讲调和，只走五十里，他们就一步都不走了。所以革新家的责任只是认定"是"的一个方向走去，不要回头讲调和。社会上自然有无数懒人懦夫出来调和。

我们对于旧有的学术思想，积极的只有一个主张——就是"整理国故"。整理就是从乱七八糟里面寻出一个条理脉络来；从无头无脑里面寻出一个前因后果来；从胡说谬解里面寻出一个真意义来；从武断迷信里面寻出一个真价值来。为什么要整理呢？因为古代的学术思想向来没有条理，没有头绪，没有系统，故第一步是条理系统的整理。因为前人研究古书，很少有历史进化的眼光的，故从来不讲究一种学术的渊源，一种思想的前因后果，所以第二步是要寻出每种学术思想怎样发生，发生之后有什么影响效果。因为前人读古书，除极少数学者以外，大都是以讹传讹的谬说——如太极图，爻辰，先天图，卦气之类——故第三步是要用科学的方法，作精确的考证，把古人的意义弄得明白清楚。因为前人对于古代的学术思想，有种种武断的成见，有种种可笑的迷信，如骂杨朱、墨翟为禽兽，却尊孔丘为德配天地，道冠古今！故第四步是综合前三步的研究，各家都还他一个本来真面目，各家都还他一个真价值。

这叫做"整理国故"。现在有许多人自己不懂得国粹是什么东西，却偏要高谈"保存国粹"。林琴南先生做文章论古文之不当废，他说："吾知其理而不能言其所以然！"现在许多国粹党，有几个不是这样糊涂懵懂的？这种人如何配谈国粹？若要知道什么是国粹，什么是国渣，先须要用评判的态度，科学的精神，去做一番整理国故的工夫。

四

新思潮的精神是一种评判的态度。新思潮的手段是研究问题与输入学理。

新思潮的将来趋势,依我个人的私见看来,应该是注重研究人生社会的切要问题,应该于研究问题之中做介绍学理的事业。

新思潮对于旧文化的态度,在消极一方面是反对盲从,是反对调和;在积极一方面,是用科学的方法来做整理的工夫。

新思潮的唯一目的是什么呢?是再造文明。

文明不是笼统造成的,是一点一滴的造成的。进化不是一晚上笼统进化的,是一点一滴的进化的。现今的人爱谈"解放与改造",须知解放不是笼统解放,改造也不是笼统改造。解放是这个那个制度的解放,这种那种思想的解放,这个那个人的解放,是一点一滴的解放。改造是这个那个制度的改造,这种那种思想的改造,这个那个人的改造,是一点一滴的改造。

再造文明的下手工夫,是这个那个问题的研究。再造文明的进行,是这个那个问题的解决。

中华民国八年十一月一日晨三时

(选自《胡适文存》一集,黄山书社,1996年)

世界未来之文化与我们今日应持的态度（节选） 梁漱溟

世界文化三期重现说

质而言之，世界未来文化就是中国文化的复兴，有似希腊文化在近世的复兴那样，人类生活只有三大根本态度，如我在第三章中所说：由三大根本态度演为各别不同的三大系文化，世界的三大系文化实出于此。论起来，这三态度都因人类生活中的三大项问题而各有其必要与不适用，如我前面历段所说，最妙是随问题的转移而变其态度——问题问到那里，就持那种态度；却人类自己在未尝试经验过时，无从看得这般清楚而警醒自己留心这个分际。于是古希腊人、古中国人、古印度人，各以其种种关系因缘凑合不觉就单自走上了一路，以其聪明才力成功三大派的文明——迥然不同的三样成绩。这自其成绩论，无所谓谁家的好坏，都是对人类有很伟大的贡献。却自其态度论，则有个合宜不合宜；希腊人态度要对些，因为人类原处在第一项问题之下；中国人态度和印度人态度就嫌拿出的太早了些，因为问题还不到。不过希腊人也并非看清必要而为适当之应付，所以西洋中世纪折入第三路一千多年。到文艺复兴乃始拣择批评的重新去走第一路，把希腊人的态度又拿出来。他这一次当真来走这条路，便逼直的走下去不放手，于是人类文化上所应有的成功如征服自然、科学、德谟克拉西都由此成就出来，即所谓近世的西洋文化。西洋文化的胜利，只在其适应人类目前的问题，而中国文化印度文化在今日的失败，也非其本身有什么好坏可言，不过就在不合时宜罢了。人类文化之初，都不能不走第一路，中国人自也这样，却他不待把这条路走完，便中途拐弯到第二路上来；把以后方要走到的提前走了，成为人类文化的早熟。但是明明还处在第一问题未了之下，第一路不能不走，哪里能容你顺当去走第二路？所以就只能委委曲曲表出一种暧昧不明的文化——不如西洋化那样鲜明；并且耽误了第一路的路程，在第一问题之下的世界现出很大的失败。不料虽然在以前为不合时宜而此刻则机运到来。盖第一路走到今日，病痛百出，今世人都想抛弃他，而走这第二路，大有往者中世〔纪〕人要抛弃他所走的路而走第一路的神情。尤其是第一路走完，第二问题移进，不合时宜的中国态度遂达其真必要之会，于是照样也拣择批评的重新把中国人态度拿出来。印度文化也是所谓人类文化的早熟；它是不待第一路第二路走完而径直拐到第三路上去的。它的行径过于奇怪，所以其文化之价值始终不能为世人所认识（无识的人之恭维不算数）；既看不出有什么好，却又不敢菲薄。一种文化都没有价值，除非到了它的必要时；即有价值也不为人所认识，除非晓得了它所以必要的问题。他的问题是第三问题，前曾略说。而最近未来文化之兴，实足以引进了第三问题，所以中国化复兴之后将继之以印度化复兴。于是古文明之希腊、中国、印度三派竟于三期间次第重现一遭。我并非有意把他们弄得这般齐整好玩，无奈人类生活中的问题实有这么三层次，其文化的路径就有这么三转折，而古人又恰好把这三路都已各别走过，所以事实上没法要他不重现一遭。吾自有见而为此说，今人或未必见谅，然吾亦岂求谅于今人者。

在最近未来第二态度复兴；以后顺着走下去，怎样便引进了第三问题，这还要说一两句。我们已经看清现在将以直觉的情趣解救理智的严酷，乃至处处可以见出理智与直觉的消长，都是不得不然的。这样，就从理智的计虑移入直觉的真情，未来人心理上实在比现在人逼紧了一步，如果没有问题则已，如有问题，那么，这个问题就对他压迫的非常之紧。从孔家的路子更是引入到真实的心理，那么，就是紧揍。当初藉以解救痛苦的是他，后来贻人以痛苦的亦即是他；前人之于理智，后人之于直觉，都是这样。在人类是时时那里自救，也果然得救，却是皆适以自杀，第三问题是天天接触今人的眼睑而今人若无所见的，到那情感益臻真实之后，就成了满怀唯一问题。而这问题本是不得解决的，一边非要求不可，一边绝对不予满足，弄得左右无丝毫回旋余地！此其痛苦为何如？第三期的文化也就于是产生；所谓印度人的路是也。从孔子的路原是扫空一切问题的，因为一切问题总皆私欲；却是出乎真情实感的则不能，出乎这真情实感的问题在今日也能扫空，却是在那将来则不能。像这类出乎真情实感的第三问题在今日则随感而应，过而不留，很可以不成为问题；如果执着不舍必是私欲，绝非天理之自然。在将来那时别无可成为问题的，不必你去认定一个问题而念念不忘，他早已自然而然的把这一个问题摆在你的眼前，所以就没有法子扫空了。关于第三期文化的开发，可说的话还很多；但我不必多说了，就此为止。本来印度人的那种特别生活差不多是一种贵族的生活，非可遍及于平民，只能让社会上少数居优越地位、生计有安顿的人，把他心思才力用在这个上边。唯有在以后的世界大家的生计都有安顿，才得容人人来作，于自己于社会均没妨碍。这也是印度化在人类以前文化中为不自然的，而要在某文化步段以后才顺理之证。

我们现在应持的态度

我们推测的世界未来文化既如上说，那么我们中国人现在应持的态度是怎样才对呢？对于这三态度何取何舍呢？我可以说：

第一，要排斥印度的态度，丝毫不能容留；

第二，对于西方文化是全盘承受，而根本改过，就是对，其态度要改一改；

第三，批评的把中国原来态度重新拿出来。

这三条是我这些年来研究这个问题之最后结论，几经审慎而后决定，并非偶然的感想；必须把我以上一章通通看过记清，然后听我以下的说明，才得明白。或请大家试取前所录李超女士追悼会演说词，和民国八年出版的《唯识述义》序文里一段，与现在这三条参照对看，也可寻出我用意之深密而且决之于心者已久。《唯识述义》序文一段录后：

印度民族所以到印度民族那个地步的是印度化的结果，你曾留意吗？如上海刘仁航先生同好多的佛学家，都说佛化大兴可以救济现在的人心，可以使中国太平不乱。我敢告诉大家，假使佛化大兴，中国之乱便无已；且慢胡讲者，且细细商量商量看！

现在我们要去说明这结论，不外指点一向致误所由，和所受病痛，眼前需要，和四外情势，并略批评旁人的意见，则我的用意也就都透出了。照我们历次所说，我们东方文化其本身都没有什么是非好坏可说，或什么不及西方之处；所有的不好不对，所有的不及人家之点，就在步骤凌乱，成熟太早，不合时宜。并非这态度不对，是这态度拿出太早不对，这是我们唯一致误所由。我们不待抵抗得天行，就不去走征服自然的路，所以至今还每要见厄于自然。我们不待有我就去讲无我，不待个性伸展就去讲屈己让人，所以至今也未曾得从种种威权底下解放出来。我们不待理智条达，就去崇尚那非论理的精神，就专好用直觉，所以至今思想也不得清明，学术也都无眉目。并且从这种态度就根本停顿了进步，自其文化开发之初到他数千年之后，也没有什么两样。他再也不能回头补走第一路，也不能往下去走第三路；假使没有外力进门，环境不变，他会要长此终古！譬如西洋人那样，他可以沿着第一路走去，自然就转入第二路；再走去，转入第三路；即无中国文明或印度文明的输入，他自己也能开辟他们出来。若中国则绝不能，因为他态度殆无由生变动，别样文化即无由发生也。从此简直就没有办法；不痛不痒真是一个无可指名的大病。及至变局骤至，就大受其苦,剧痛起来。他处在第一问题之下的世界,而于第一路没有走得几步,凡所应成就者都没有成就出来;一旦世界交通,和旁人接触,那得不相形见绌?而况碰到的西洋人偏是个专走第一路大有成就的,自然更禁不起他的威凌,只有节节失败,忍辱茹痛,听其蹂躏,仅得不死。国际上受这种种欺凌已经痛苦不堪,而尤其危险的,西洋人从这条路上大获成功的是物质的财,他若挟着他大资本和他经济的手段,从经济上永远制服了中国人,为他服役,不能翻身,都不一定。至于自己眼前身受的国内军阀之蹂躏,生命财产无半点保障,遑论什么自由;生计更穷得要死,试去一看下层社会简直地狱不如;而水旱频仍,天灾一来,全没对付,甘受其虐;这是顶惨切的三端,其余种种太多不须细数。然试就所有这些病痛而推原其故,何莫非的明明自己文化所贻害;只缘一步走错,弄到这般天地!还有一般无识的人硬要抵赖不认,说不是自己文化不好,只被后人弄糟了,而叹惜致恨于古圣人的道理未得畅行其道。其实一民族之有今日结果的情景,全由他自己以往文化使然:西洋人之有今日全由于他的文化,印度人之有今日全由于他的文化,中国人之有今日全由于我们自己的文化,而莫从抵赖;也正为古圣人的道理行得几分,所以才致这样,倒不必恨惜。但我们绝不后悔绝无怨尤;以往的事不用回顾;我们只爽爽快快打主意现在怎样再往下走就是了。

　　我们致误之由和所受痛苦略如上说,现在应持何态度差不多已可推见;然还须把眼前我们之所需要和四外情势说一说。我们需要的很多,用不着一样一样去数,但怎样能让个人权利稳固社会秩序安宁,是比无论什么都急需的。这不但比无论什么都可宝贵,并且一切我们所需的,假使能得到时,一定要从此而后可得。我们非如此不能巩固国基,在国际上成一个国家;我们非如此不能让社会上一切事业得以顺着进行。若此,那么将从如何态度使我们可以作到,不既可想了吗?再看外面情势,西洋人也从他的文化而受莫大之痛苦,若近若远,将有影响于世界的大变革而开辟了第二路文化。从前我们有亡国灭种的忧虑,此刻似乎情势不是那样,而旧时富强的思想也可不作。那么,如何要鉴于西洋化弊害而知所戒，并预备促进世界第二路文化之实现，就是我们决定应持态度所宜加意的了。以下我们要略批评现在许多的人意向是否同我们现在所审度的相适合。

现在普通谈话有所谓新派旧派之称：新派差不多就是倡导西洋化的；旧派差不多就是反对这种倡导的——因他很少积极有所倡导；但我想着现在社会上还有隐然成一势力的佛化派。我们先看新派何如？新派所倡导的总不外乎陈仲甫先生所谓"塞恩斯"与"德谟克拉西"和胡适之先生所谓"批评的精神"（似见胡先生有此文，但记不清）；这我们都赞成。但我觉得若只这样都没给人以根本人生态度；无根的水不能成河，枝节的作法，未免不切。所以蒋梦麟先生《改变人生态度》一文，极动我眼目；却是我不敢无批评无条件的赞成。又《新青年》前几卷原也有几篇倡导一种人生的文章，陈仲甫先生并有其《人生真义》一文；又倡导塞恩斯、德谟克拉西、批评的精神之结果也会要随着引出一种人生。但我对此都不敢无条件赞成。因为那西洋人从来的人生态度到现在已经见出好多弊病，受了严重的批评，而他们还略不知拣择的要原盘拿过来。虽然这种态度于今日的西洋人为更益其痛苦，而于从来的中国人则适可以救其偏，却是必要修正过才好。况且为预备及促进世界第二路文化之开辟，也要把从来的西洋态度变化变化才行。这个修正的变化的西洋态度待我后面去说。

旧派只是新派的一种反动；他并没有倡导旧化。陈仲甫先生是攻击旧文化的领袖；他的文章，有好多人看了大怒大骂，有些人写信和他争论。但是怒骂的止于怒骂，争论的止于争论，他们只是心理有一种反感而不服，并没有一种很高兴去倡导旧化的积极冲动。尤其是他们自己思想的内容异常空乏，并不曾认识了旧化的根本精神所在，怎样禁得起陈先生那明晰的头脑，锐利的笔锋，而陈先生自然就横扫直摧，所向无敌了。记得陈先生在《每周评论》上作《孔教研究》曾一再发问：

既然承认孔教在法律上、政治上、经济上都和现代社会人心不合；不知道我们还要尊崇孔教的理由在哪里？

除了君臣父子夫妇之道及其他关于一般道德之说明，孔子的精神真相真意究竟是什么？

他原文大意，是说：孔子的话不外一种就当时社会打算而说的，和一种泛常讲道德的话；前一种只适用于当时社会，不合于现代社会，既不必提；而后一种如教人信实、教人仁爱、教人勤俭之类，则无论那地方的道德家谁都会说，何必孔子？于此之外孔子的真精神，特别价值究竟在哪点？请你们替孔教抱不平的说给我听一听。这样锋利逼问，只问的旧派先生张口结舌——他实在说不上来。前年北京大学学生出版一种《新潮》，一种《国故》，仿佛代表新旧两派；那《新潮》却能表出一种西方精神，而那《国故》只堆积一些陈旧骨董而已。其实真的国故便是中国故化的那一种精神——故人生态度？那些死板板烂货也配和人家对垒吗？到现在谈及中国旧化便羞于出口，孔子的道理成了不敢见人的东西，只为旧派无人，何消说得！因为旧派并没有唱导旧化，我自无从表示赞成；而他们的反对新化，我只能表示不赞成，他们的反对新化并不彻底：他们也觉得社会一面不能不改革，现在的制度也只好承认，学术一面太缺欠，西洋科学似乎是好的；却总像是要德谟克拉西精神科学精神为折半的通融。莫处处都一贯到底。其实这两种精神完全是对的；只能为无条件的承认；即我所谓对西方化要"全盘承受"。怎样引进这两种精神实在是当今所急的；否则，我们将永此不配谈人格，我们将永此不配谈学术。你只要细审从来所受病痛是怎样，就知道我这话非激。所以我尝叹这两年杜威、罗素先到中国来，而柏格森、倭铿不曾来，是我们学术思想界的大幸；如果杜威、罗素不曾来，而柏格森、倭铿先来了，你试想于自己从来的痼疾对症否？

在今日欧化蒙罩的中国，中国式的思想虽寂无声响，而印度产的思想却居然可以出头露面。现在除掉西洋化是一种风尚之外，佛化也是范围较小的一种风尚；并且实际上好多人都已倾向于第三路的人生。所谓倾向第三路人生的，就是指着不注意图谋此世界的生活而意别有所注的人而说；如奉行吃斋、念佛、唪经、参禅、打坐等生活的人和扶乩、拜神、炼丹、修仙等样人，不论他为佛教徒，或佛教以外的信者，或类此者，都统括在内。十年来这样态度的人日有增加，滔滔皆是：大约连年变乱和生计太促，人不能乐其生，是最有力的外缘，而数百年来固有人生思想久已空乏，何堪近年复为西洋潮流之所残破，旧基骤失，新基不立，惶惑烦闷，实为其主因。至于真正是发大心的佛教徒，确乎也很有其人，但百不得一。我对于这种态度——无论其为佛教的发大心或萌乎其它鄙念——绝对不敢赞成；这是我全书推论到现在应有的结论。我先有几句声明，再申论我的意思。我要声明，我现在所说的话是替大家设想，不是离开大家而为单独的某一个人设想。一个人可以有为顾虑大家而牺牲他所愿意的生活之好意，但他却非负有此义务，他不管大家而从其自己所愿是不能非议的。所以我为某一个人打算也许赞成他作佛家的生活亦未可定。如果划一定格而责人以必作这样人生，无论如何是一个不应该。以下我略说如何替大家设想即绝对不赞成第三态度之几个意思：

一、第三态度的提出，此刻还早的很，是极显明的。而我们以前只为一步走错，以致贻误到那个天地（试回头看上文），此刻难道还要一误再误不知鉴戒吗？你一个人去走，我不能管；但如你以此倡导于社会，那我便不能不反对。

二、我们因未走第一路便走第二路而受的病痛，从第三态度将有所补救呢，还是要病上加病？我们没有抵抗天行的能力，甘受水旱天灾之虐，是将从学佛而得补救，还是将从学佛而益荒事功？我们学术思想的不清明，是将从学佛而得药治，还是将从学佛而益没有头绪？国际所受的欺凌，国内武人的横暴，以及生计的穷促等等我都不必再数。一言总括，这都是因不像西洋那样持向前图谋此世界生活之态度而吃的亏，你若再倡导印度那样不注意图谋此世界生活之态度，岂非要更把这般人害到底？

三、我们眼前之所急需的是宁息国内的纷乱，让我们的生命财产和其他个人权利稳固些；但这将从何种态度而得作到？有一般人——如刘仁航先生等——就以为大家不要争权夺利就平息了纷乱，而从佛教给人一股清凉散，就不复争权夺利，可以太平。这实在是最错误的见解，与事理真象适得其反。我们现在所用的政治制度是采自西洋，而西洋则自其人之向前争求态度而得生产的，但我们大多数国民还依然是数千年来旧态度，对于政治不闻不问，对于个人权利绝不要求，与这种制度根本不适合；所以才为少数人互竞的掠取把持，政局就翻覆不已，变乱遂以相寻。故今日之所患，不是争权夺利，而是大家太不争权夺利；只有大多数国民群起而与少数人相争，而后可以奠定这种政治制度，可以宁息累年纷乱，可以获持个人生命财产一切权利，如果再低头忍受，始终打着逃反避乱的主意，那么就永世不得安宁。在此处只有赶紧参取西洋态度，那屈己让人的态度方且不合用，何况一味教人息止向前争求态度的佛教？我在《唯识述义》序文警告大家："假使佛化大兴，中国之乱便无已。"就是为此而发。我希望倡导佛教的人可怜可怜湖南湖北遭兵乱的人民，莫再引大家到第三态度，延长了中国人这种水深火热的况味！

四、怎样促进世界最近未来文化的开辟，是看过四外情势而知其必要；但这是第一路文化后应有的文章，也是唯他所能有的文章；照中国原样走去，无论如何所不能有的，何况走印度的第三路？第一路到现在并未走完，然单从他原路亦不能产出；这只能从变化过的第一态度或适宜的第二态度而得辟创；其余任何态度都不能。那么，我们当然反对第三态度的倡导。

我并不以人类生活有什么好，而一定要中国人去作；我并不以人类文化有什么价值，而一定要中国人把他成就出来；我只是看着中国现在这样子的世界，而替中国人设想如此。我很晓得人类是无论如何不能得救的，除非他自己解破了根本二执——我执、法执。却是我没有法子教他从此而得救，除非我反对大家此刻的倡导。因为你此刻拿这个去倡导，他绝不领受。人类总是往前奔的，你扯他也扯不回来，非让他自己把生活的路走完，碰到第三问题的硬钉子上，他不死心的。并且他如果此刻领受，也一定什九是不很好的领受——动机不很好。此刻社会上归依佛教的人，其归依的动机很少是无可批评的，其大多数全都是私劣念头。藉着人心理之弱点而收罗信徒简直成为彰明的事。最普通的是乘着世界不好的机会，引逗人出世思想；因人救死不赡，求生不得，而要他解脱生死；其下于此者，且不必说。这便是社会上许多恶劣宗教团体的活动也跟着佛教而并盛的一个缘故。再则，他此刻也绝不能领受。当此竞食的时代，除非生计有安顿的人，一般都是忙他的工作，要用工夫到这个，是事实所不能。他既绝不领受，又绝不能领受，又不会为好动机的领受，那么几个是从此而得救的呢？还有那许多人就是该死吗？既不能把人渡到彼岸，却白白害得他这边生活更糟乱，这是何苦？不但祸害人而且糟蹋佛教。佛教是要在生活美满而后才有他的动机，像这样求生不得，就来解脱生死，那么求生可得，就用他不着了。然在此刻倡导佛教，其结果大都是此一路，只是把佛教弄到鄙劣糊涂为止。我们非把人类送过这第二路生活的一关，不能使他从佛教而得救，不能使佛教得见其真，这是我的本意。

　　孔与佛恰好相反：一个是专谈现世生活，不谈现实生活以外的事；一个是专谈现世生活以外的事，不谈现世生活。这样，就致佛教在现代很没有多大活动的可能，在想把佛教抬出来活动的人，便不得不谋变更其原来面目。似乎记得太虚和尚在《海潮音》一文中要藉着"人天乘"的一句话为题目，替佛教扩张他的范围到现世生活里来。又仿佛刘仁航和其他几位也都有类乎此的话头。而梁任公先生则因未曾认清佛教原来怎么一回事的缘故，就说出"禅宗可以称得起为世间的佛教应用的佛教"的话（见《欧游幻影录》）。他并因此而总想着拿佛教到世间来应用；以如何可以把贵族气味的佛教改造成平民化，让大家人人都可以受用的问题，访问于我。其实这个改造是作不到的事，如果作到也必非复佛教。今年我在上海见着章太炎先生，就以这个问题探他的意见。他说，这恐怕很难；或者不立语言文字的禅宗可以普及到不识字的粗人，但普及后，还是不是佛教，就不敢说罢了。他还有一些话，论佛教在现时的宜否，但只有以上两句是可取的。总而言之，佛教是根本不能拉到现世来用的；若因为要拉他来用而改换他的本来面目，则又何苦如此糟蹋佛教？我反对佛教的倡导，并反对佛教的改造。

我提出的态度

于是我将说出我要提出的态度。我要提出的态度便是孔子之所谓"刚"。刚之一义也可以统括了孔子全部哲学，原很难于短时间说得清。但我们可以就我们所需说之一点，而以极浅之话表达它。大约"刚"就是里面力气极充实的一种活动。孔子说"吾未见刚者"。"刚"原是很难作到的。我们似乎不应当拿一个很难作到的态度提出给一般人；因为你要使这个态度普遍的为大家所循由，就只能非常粗浅，极其容易，不须加持循之力而不觉由之者，才得成功。但我此处所说的刚，实在兼括了艰深与浅易两极端而说。刚也是一路向，于此路向可以入的浅，可以入的深；所以他也可以是一非常粗浅极其简易的。我们自然以粗浅简易的示人，而导他于这方向，如他有高的可能那么也可自进于高。我今所要求的，不过是要大家往前动作，而此动作最好要发于直接的情感，而非出自欲望的计虑。孔子说："枨也欲，焉得刚"，大约欲和刚都像是很勇的往前活动；却是一则内里充实有力，而一则全是假的——不充实，假有力；一则其动为自内里发出，一则其动为向外逐去。孔子说的"刚毅木讷近仁"全露出一个人意志高强，情感充实的样子；这样人的动作大约便都是直接发于情感的。我们此刻无论为眼前急需的护持生命财产个人权利的安全而定乱入治，或促进未来世界文化之开辟而得合理生活，都非参取第一态度，大家奋往向前不可，但又如果不根本的把他含融到第二态度的人生里面，将不能防止他的危险，将不能避免他的错误，将不能适合于今世第一和第二路的过渡时代。我们最好是感觉着这局面的不可安而奋发；莫为要从前面有所取得而奔去。我在李超女士追悼会即已指给大家这个态度，说："要求自由，不是计算自由有多大好处便宜而要求，是感觉着不自由的不可安而要求的。"但须如此，即合了我所说刚的态度；刚的动只是真实的感发而已。我意不过提倡一种奋往向前的风气，而同时排斥那向外逐物的颓流。我在那篇里又说："那提倡欲望，虽然也能使人往前动作，但我不赞成"；现在还不外那一点意思。施今墨先生对我说的"只要动就好"，现在有识的人多能见到此；但我们将如何使人动？前些年大家的倡导，似乎都偏欲望的动，观今稍稍变其方向到情感的动这面来，但这只不过随着社会运动而来的风气，和跟着罗素创造冲动占有冲动而来的滥调，并没有两面看清而知所拣择，所以杂乱纷歧，含糊不明，见不出一点方向，更不及在根本上知所从事。这两年来种种运动，愈动而人愈疲顿，愈动而人愈厌苦，弄到此刻衰竭欲绝，谁也不高兴再动，谁也没有法子再动，都只为胡乱由外面引逗欲望，激励情感，为一时的兴奋，而内里实际人人所有只欲望派的人生念头，根本原就不弄得衰竭烦恼不止。动不是容易的，适宜的动更不是容易的。现在只有先根本启发一种人生，全超脱了个人的为我，物质的歆慕，处处的算帐，有所为的而为，直从里面发出来活气——罗素所谓创造冲动——含融了向前的态度，随感而应，方有所谓情感的动作，情感的动作只能于此得之。只有这样向前的动作才真有力量，才继续有活气，不会沮丧，不生厌苦，并且从他自己的活动上得了他的乐趣。只有这样向前的动作可以弥补了中国人夙来缺短，解救了中国人现在的痛苦，又避免了西洋的弊害，应付了世界的需要，完全适合我们从上以来研究三文化之所审度。这就是我所谓刚的态度，我所谓适宜的第二路人生。本来中国人从前就是走这条路，却是一向总偏阴柔坤静一边，近于老子，而不是孔子阳刚乾动的态度；若如孔子之刚的态度，便为适宜的第二路人生。

今日应再创讲学之风

明白的说，照我意思是要如宋明人那样再创讲学之风，以孔颜的人生为现在的青年解决他烦闷的人生问题，一个个替他开出一条路来去走。一个人必确定了他的人生才得往前走动，多数人也是这样；只有昭苏了中国人的人生态度，才能把生机剥尽死气沉沉的中国人复活过来，从里面发出动作，才是真动。中国不复活则已，中国而复活，只能于此得之，这是唯一无二的路。有人以清代学术比作中国的文艺复兴，其实文艺复兴的真意义在其人生态度的复兴，清学有什么中国人生态度复兴的可说？有人以五四而来的新文化运动为中国的文艺复兴；其实这新运动只是西洋化在中国的兴起，怎能算得中国的文艺复兴？若真中国的文艺复兴，应当是中国自己人生态度的复兴；那只有如我现在所说可以当得起。

蒋百里先生对我说，他觉得新思潮新风气并不难开，中国数十年来已经是一开再开，一个新的去，一个新的又来，来了很快的便已到处传播，却总是在笔头口头转来转去，一些名词变换变换，总没有什么实际干涉，真的影响出来；如果始终这样子，将永无办法；他的意思似乎需要一种似宗教非宗教像倭铿所倡的那种东西，把人引入真实生活上来才行。这话自是不错，其实用不着他求，只就再创讲学之风而已。现在只有踏实的奠定一种人生，才可以真吸收融取了科学和德谟克拉西两精神下的种种学术种种思潮而有个结果；否则我敢说新文化是没有结果的。至于我心目中所谓讲学，自也有好多与从前不同处；最好不要成为少数人的高深学业，应当多致力于普及而不力求提高。我们可以把孔子的路放得极宽泛、极通常，简直去容纳不合孔子之点都不要紧。孔子有一句"极高明而道中庸"的话，我想拿来替我自己解释。我们只去领导大家走一种相当的态度而已；虽然遇到天分高的人不是浅薄东西所应付得了，然可以"极高明"而不可以"道高明"。我是先自己有一套思想再来看孔家诸经的；看了孔经，先有自己意见再来看宋明人书的；始终拿自己思想作主。由我去看，泰州王氏一路独可注意；黄黎洲所谓"其人多能赤手以搏龙蛇"，而东崖之门有许多樵夫、陶匠、田夫，似亦能化及平民者。但孔子的东西不是一种思想，而是一种生活；我于这种生活还隔膜，容我尝试得少分，再来说话。

世界的态度

其实我提出的这态度并不新鲜特别，巧妙希罕，不过就是现在世界上人当此世界文化过渡时代所要持的态度。我所谓情感的动，不但于中国人为恰好，于世界上人也恰好，因为我本是就着大家将转上去的路指说出而已。

（选自《东西文化及其哲学》，见《梁漱溟全集》第一卷，山东人民出版社，1989年）

文化思想之冲突与调和

汤用彤

汤用彤（1893—1964）：哲学家、佛学家。曾任北京大学哲学系教授、北京大学副校长。著作主要有《汉魏两晋南北朝佛教史》、《印度哲学史略》、《魏晋玄学论稿》等，编有《汤用彤全集》。

自日本发动侵略战争以来，世界全部渐趋混乱，大家所认为最高的西洋文化产生了自杀的现象。人类在惨痛经验之中渐渐地觉悟到这种文化的本身恐怕有问题。这个问题太大，和全世界有关系，我不能加以讨论。中国与西洋交通以来，因为被外族的欺凌，也早已发生了文化的前途到底如何的问题。直到现在，这个问题犹未决定。有人主张用中国文化作本位，有人主张全盘西化。这个问题也太大，我也不能加以讨论。不过关于外来文化思想和本有文化接触时，发生的问题确实有两方面：一方面我们应该不应该接受外来文化，这是价值的评论；一方面我们能不能接受外来文化，这是事实上的问题。关于价值的评论，我们应不应该接受，我已经说过，现在不能加以讨论。关于事实上的问题，我们能不能，问题也非常复杂，我们不是预言家，也不相信预言，现在也不能讨论。不过将来的事虽然现在我们不能预知，过去的事，往往可以作将来的事的榜样。古人说得好，"前事不忘，后事之师"。现在虽不能预测将来，但是过去我们中国也和外来文化思想接触过，其结果是怎么样呢？这也可以供我们参考。而现在科学中的文化人类学，也对于文化移植问题积极的研究，他们所研究的多偏于器物和制度，但是思想上的问题，恐怕也可以用他们的学说。

"文化的移植"，这个名词是什么意义呢？这就是指着一种文化搬到另一国家和民族而使它生长。这中间似包括两个问题。第一个是问外来的文化移植到另一个地方是否可有影响。第二个是问本地文化和外方接触是否能完全变了它的本性，改了它的方向。这个问题当然须先承认一个文化有它的特点，有它的特别性质。根据这个特性发展，这个文化有它一定的方向。现在拿思想作一个例子，第一个问题就是说外来思想是否可以在另一地方发生影响，这问题其实不大成问题。因为一个民族的思想多了一个新的成分，这个已经是一种影响。所以第一个问题不大成问题。第二个问题，就是说一个民族或国家的思想有它的特性，并且有它的方向，假使与外来思想接触，是否可完全改变原有特质和方向，这实在是一个问题。就拿中国文化和印度佛学的接触来说，向来的看法很不相同。照宋明儒家的说法，中国文化思想有不可磨灭的道统。而这个道统是由中国古圣先贤尧、舜、禹、汤、文、武、周公、孔子、孟轲、扬雄一代一代传下来的。中间虽经外来思想所谓佛学搞了一回乱，但宋明儒家仍是继承古国固有的道统。中国原有的文化特质并没有失掉，中国文化的发展自三代以来究竟没有改换它的方向。但是照另一说法，却是与儒者意思相反。他们说中国思想因印度佛学进来完全改变，就是宋明儒家也是阳儒阴释，假使没有外来的佛学，就是宋明儒学也根本无由发生。

关于文化移植问题，文化人类学本有三种不同的学说。第一演化说，是比较早的主张。第二播化说，是后来很为流行的主张。第三是批评派和功能派，都是反对播化说的主张。假使将这三种学说应用到思想上，似乎可以这样说：照第一种学说，人类思想和其他文化上的事件一样，自有其独立之发展演进。照这种说法如推到极端，就可以说思想是民族或国家各个生产出来的，完全和外来的文化思想无关。照第二种学说，则一个民族或国家的文化思想都是自外边输入来的。而且有一部分文化人类学者主张世界文化同出一源（就是埃及）。他们以为世界各地均以一个地方为它的来源，一个民族或国家的文化的主要骨干，是外来的。文化的发展是他定的而非自定的。假使照这样的说而说到极端，则一种文化思想推它的本源总根本受外方影响，而外方思想总可完全改变本来的特性与方向。本来外来文化之有影响是无问题的。但是推得太大太深，因此发生了疑问。所以才有第三派的主张出现。批评派的人或者功能派的人以为外来文化与本地文化接触，其结果是双方的，而决不是片面的。外来文化思想和本地文化虽然不相同，但是必须两方面有符合的地方。所以第一，外来文化可以对于本地文化发生影响，但必须适应本地的文化环境。第二，因外来文化也要适应本地的文化，所以也须适者生存。外来文化思想也受本地文化的影响而常常有改变，然后能发生大的作用。外来文化为什么发生变化，当然因为本地文化思想有本地的性质和特点，不是随便可以放弃的。

因为一个地方的文化思想往往有一种保守或顽固性质，虽受外力压迫而不退让，所以文化移植的时候不免发生冲突。又因为外来文化必须适应新的环境，所以一方面本地文化思想受外来影响而发生变化；另一方面因外来文化思想须适应本地的环境，所以本地文化虽然发生变化，还不至于全部放弃其固有特性，完全消灭本来的精神。所以关于文化的移植我们赞成上面说的第三个学说。就是主张外来和本地文化的接触，其结果是双方的。照以上所说，因为本来文化有顽固性，所以发生冲突。因为外来文化也须和固有文化适合，故必须两方调和。所以文化思想的移植，必须经过冲突和调和两个过程。经过以后，外来思想乃在本地生了根，而可发挥很大的作用。

照上面所说的，一国的文化思想固然受外来影响而发生变化。但是外来文化思想的本身也经过改变，乃能发生作用。所以本地文化思想虽然改变，但也不至于完全根本改变。譬于说中国葡萄是西域移植来的，但是中国的葡萄究竟不是西域的葡萄。棉花是印度移植来的，但是中国的棉花究竟不是印度的棉花。因为它们适合地方，乃能生在中国。也因为它们须适应新环境，它们也就变成中国的了。同样的道理，可以推知外来思想必须有改变，适合本国思想，乃能发生作用。不然则不能为本地所接受，而不能生存。所以本地文化虽然受外边影响而可改变，但是外来思想也须改变，和本地适应，乃能发生作用。所以印度佛教到中国来，经过很大的改变，成为中国的佛教，乃得中国人广泛的接受。举两个例来证明罢。第一我们知道中国灵魂和地狱的观念不是完全从印度来的。但佛经里面讲的鬼魂极多，讲的地狱的组织非常复杂。我们通常相信中国的有鬼论必受了佛经的影响。不过从学理上讲，"无我"是佛教的基本学说。"我"就是指着灵魂，就是通常之所谓鬼。"无我"就是否认灵魂之存在。我们看见佛经讲轮回，以为必定有一个鬼在世间轮回。但没有鬼而轮回，正是佛学的特点，正是释迦牟尼的一大发明。又通常佛教信徒念阿弥陀佛。不过"念佛"本指着坐禅之一种，并不是口里念佛（口唱佛名）。又佛经中有"十念相续"的话，以为是口里念佛名十次。不过"十念"的念字乃指着最短的时间，和念佛坐禅以及口里念佛亦不相同。中国把念字的三个意义混合，失掉了印度本来的意义。这是很简单却很重要的两个例子，可以证明外来文化思想到另一个地方是要改变它的性质与内容的。

外来文化思想在另一地方发生作用，须经过冲突和调和的过程。"调和"固然是表明外来文化思想将要被吸收，就是"冲突"也是它将被吸收的预备步骤。因为粗浅的说，"调和"是因为两方文化思想相同或相合，"冲突"是因为两方文化思想的不同或不合。两方总须有点相同，乃能调和。但是两方不同的地方，假使不明了它们中间相同的地方，也不能显明地暴露出来，而且不知道有不同而去调和是很粗浅的、表面的、囫囵的。这样的调和的基础不稳固，必不能长久。但是假使知道不同而去调和，才能深入，才不浮泛，这样才能叫外来文化，在另一文化中发生深厚的根据，才能长久发生作用。所以外来思想之输入，常可以经过三个阶段：（一）因为看见表面的相同而调和。（二）因为看见不同而冲突。（三）因再发现真实的相合而调和。这三段虽是时间的先后次序，但是指着社会一般人说的。因为聪明的智者往往于外来文化思想之初来，就能知道两方同异合不合之点，而作一综合。在第一阶段内，外来文化思想并未深入。在第二阶段内，外来文化思想比较深入，社会上对于这个外来分子看作一严重的事件。在第三阶段内，外来文化思想已被吸收，加入本有文化血脉中了。不过在最后阶段内，不但本有文化发生变化，就是外来文化也发生变化。到这时候，外来的已被同化。比方佛教已经失却本来面目，而成功为中国佛教了。在这个过程中与中国相同相合的能继续发展，而和中国不合不同的则往往昙花一现，不能长久。比方说中国佛教宗派有天台宗、华严宗、法相宗等等。天台、华严二宗是中国自己的创造，故势力较大。法相宗是印度道地货色，虽然有伟大的玄奘法师在上，也不能流行很长久。照这样说，一个国家民族的文化思想实在有它的特性，外来文化思想必须有所改变，合乎另一文化性质，乃能发生作用。

《史记》里有几句话，说"居今之世，志古之道，所以自镜也。未必尽同"。过去的事不能全部拿来作将来的事的榜样。上面所说的，并不断定将来和过去必定一样。不过仅仅推论已往历史的原委，以供大家的参考而已。

（选自《汤用彤学术论文集》，中华书局，1983年）

文化的体与用

贺麟

贺麟(1902—1992)：哲学家、现代新儒家。曾任北京大学哲学系教授。著作主要有《近代唯心论简释》、《五十年来的中国哲学》、《文化与人生等》等，编有《贺麟全集》。

许多人对于哲学发生兴趣，大概都是由于他们平日喜欢用思想去观察文化或批评文化。当一种异族文化初输入一个地方时，最易引起当地人士观察和批评此种外来文化的敏感。当一个旅行家游历了不同的国家，观察了不同的民族，他对于各国和各民族的风土人情、生活习惯、历史文物等，必少不了有一些感想或批评。有人说文学的本质在批评人生，而真正有意义有价值的生活就是文化的生活。所以即说文学的本质在于批评文化亦无不可。文学家可以说必然是文化批评家，如法国的伏尔泰、卢梭，德国的莱辛、黑尔德、歌德、席勒，英国的卡莱尔、安诺德、辜律己等，都是文化批评家。他们一方面对于政治社会有实际影响，一方面也启发了后来不少的纯粹系统的哲学家。批评文化可以说是思想界最亲切，最有兴趣，对于个人和社会，对于物质生活和精神生活最有实际影响和效果的工作。因为文化批评一方面要指导实际生活，一方面又要多少根据一些哲学理论。所以文化批评乃是使哲学与人生接近的一道桥梁。有许多没有专门研究过哲学的人，因为批评文化而不知不觉地涉历到哲学的领域，也有许多纯粹专门的哲学家，因为批评文化，而使得他们的思想与一般人发生关系。

本文的主旨就在提供一些批评文化的概括原则。因为我深感觉得自从西洋文化与中国文化接触以来，差不多每一个能用思想的中国人，都曾有意无意间在那里多少作一些批评文化的工作。然而我们的文化批评似乎大都陷于无指针，无准则，乏亲切兴味，既少实际效果，亦难于引导到深彻的哲学领域。而由批评文化所提出的几种较流行的口号如"中学为体，西学为用"、"中国本位文化"、"全盘西化"等，似乎多基于以实用为目的的武断，而缺乏逻辑批评的功夫。所以我希望对于文化的体和用加以批评的研讨，或许可以指出批评文化的新方向，引起对付西洋文化的新态度。

"体用"二字乃是意义欠明晰而且有点玄学意味的名词。兹试先将常识意义的体用与哲学意义的体用分别予以说明。常识上所谓体与用大都是主与辅的意想。譬如"中学为体，西学为用"的常识意义，即是以中学为主、西学为辅的意思。反之，假如一个西方学者研究中国学问，他亦未尝不可抱"西学为体，中学为用"的主张。其实中国留学生之治西学者，亦大都以西学为主，中学为辅，亦即可谓为以"西学为体，中学为用"，完全与张之洞所指的路径相反。依此意义，则专学文科的人，可以说以"文科为体，理科为用"，反之，学理科的人，亦可持"理科为体，文科为用"的说法。现今大学于学生选习科系，多有主科辅科之规定。我们亦可以说大学生选习科系，莫不以主科为体，辅科为用。一个人专治主科，而不兼习他科以辅之，是谓约而不博，有体无用。一个人博习多科，而无精约的主科，是谓有用无体。从这些例子可以见得常识中所谓体用是相对的，是以个人的需要为准而方便抉择的，是无逻辑的必然性的。但试再以"中学为体，西学为用"作例。如果中学指天人性命之学，指精神文明，而西学则指声光电化船坚炮利之学，指物质文明而言，则天人性命之形而上学，理论上应必然的为声光电化等形而下学之体，而物质文明理论上亦应必然的为精神文明之用。如是则"中学为体，西学为用"不仅为常识的应一时的需要之方便说法，而成为有必然性的有哲学意义的说法了。

至于哲学意义的体用须分两层来说。一为绝对的体用观。体指形而上的本体或本质（essence），用指形而下的现象（appearance）。体为形而上之理则，用为形而下之事物。体一用多。用有动静变化，体则超动静变化，此意义的体用约相当于柏拉图的范型世界与现象世界的分别，亦可称为柏拉图式的体用观，一为相对性或等级性的体用观。将许多不同等级的事物，以价值为准，依逻辑次序排列成宝塔式的层次（hierarchy）。最上层为真实无妄的纯体或纯范型，最下层为具可能性、可塑性的纯用或纯物质。中间各层则较上层以较下层为用，较下层以较上层为体。譬如，就大理石与雕像言，则雕像为大理石之体，大理石为雕像之用，但就雕像与美的型式言，则具体的雕像为形而下之用，形而上的美的纯型式为体。又如就身与心的关系言，则身为心之用，心为身之体。就心与理的关系言，则心为理之用，理为心之体。依此种看法，则体与用的关系为范型（form）与材料（matter）的关系。由最低级的用、材料，到最高级的体、本体或纯范型，中间有一依序发展的层级的过程。这种看法可称为亚里士多德的体用观。这种体用观一方面包括柏拉图式的体用说，认纯理念或纯范型为体，认现象界的个体事物为用。一方面又要以纯范型作为判别现象界个体事物价值的标准，而将现象界事物排列成层级而指出其体用关系。譬如在中国哲学上，朱子持理气合一之说，认理为体气为用，则近于此处所谓绝对的体用观，而周子则无极而太极，太极而阴阳，阴阳而五行，五行而万物。似以无极为太极之体，太极为无极之用。太极为阴阳之体，阴阳为太极之用。阴阳为五行之体，五行为阴阳之用。五行为万物之体，万物为五行之用。似分为五个层次的相对的体用观。但若从绝对的体用观来看，则无极太极皆系指形而上之理言，为体，而阴阳五行万物皆系指形而下之气言，为用。如是则哲学上两种体用观的异同所在，想甚明了。简言之，绝对的柏拉图式的体用观以本体与现象言体用。而相对的，亚里士多德的体用观，除以本体现象言体用外，又以本体界的纯范型作标准，去分别现象界个体事物间之体用关系。以事物表现纯范型之多或寡，距离纯范型之近或远，而辨别其为体或用。

哲学上所谓体用关系，与科学上所谓因果关系，根本不同，绝不可混为一谈。科学上的因果，都同是形而下的事物，无价值的等级或层次之别，而哲学上的体属形而上，用属形而下，体在价值上高于用。譬如就心为身之体，身为心之用而言，我们不能说在科学上心为身的原因，身是心灵活动的结果。因为身体运动的原因，须于物理学、生理学求之。我们只能说，心是身之所以为身之理。身体的活动所代表的意义、价值、目的等，均须从心灵的内容去求解释。

知道了体用的意义，请进而考察什么是文化之体。

朱子说，"道之显者谓之文"。古哲所谓文，大都是指我们现时所谓文化。孔子说，"文王既殁，文不在兹乎？"意思就是说文王既殁，文化不就寄托在我这里吗？此外孔子所谓"天之将丧斯文"或"未丧斯文"的文，都是指文化或民族文化而言。又如孔子被奉为"文宣王"，韩愈、朱熹被谥为韩文公、朱文公，也就是尊崇他们为文化的寄托者、负荷者，或西人所谓 Kultus-Träger 的意思。所谓"道之显者谓之文"应当解释为文化是道的显现，换言之，道是文化之体，文化是道之用。所谓"道"是宇宙人生的真理，万事万物的准则，亦即指真美善永恒价值而言。儒家常说"文以载道"，其实不仅"文艺"以载道，应说"文化"以载道。因为全部文化都可以说是道之显现。并且不仅文化以载道，我们还可进一步说"万物皆载道"，"自然亦载道"。因为"道在稊米"，即可说稊米亦载道。"凡物莫不有理"，即可说凡物莫不载道。英国诗人丁尼生有一首名诗，大意谓园里一朵小花，若能加以彻底了解，便可以理会到什么是天与人的关系。这就是说，小花亦所以载道，由小花的理会亦可以见道，知天。

我们虽承认自然万物，小至稊米花草，皆是道的显现，但我们却不能说，自然事物都是文化。文化与自然虽皆所以载道，但文化是文化，自然是自然，两者间确有重大区别。要解答这层困难，我们似乎不得不补充修正朱子的说法，而这样解释："道之凭借人类的精神活动而显现者谓之文化"，反之，"道之未透过人类精神的活动，而自然地隐晦地（implicitly）昧觉地（unconsciously）显现者谓之自然"。换言之，文化乃道之自觉的显现，自然乃道之昧觉的显现。同是一个道，其表现于万物有深浅高下多少自觉与否之不同，因而发生文化与自然的区别。

讨论文化的体与用到了这里，我们便得着四个概念：（一）道的观念，文化之体。（二）文化的观念，道之自觉的显现。（三）自然的观念，道之昧觉的显现。（四）精神的观念，道之显现或实现为文化之凭借，亦即文化之所以为文化所必依据的精神条件，亦即是划分文化与自然的分水界。这四种观念若用现代价值哲学的名词加以解释，则（一）道即相当于价值理念，（二）精神约相当于价值体验，或精神生活，（三）文化即相当于价值物，（四）自然即是与价值对立的一个观念。若从柏拉图式的绝对的体用观说来，则道或价值理念是体，而精神生活、文化、自然，皆道之显现，皆道之用。若从亚里士多德式的相对的体用观说来，则精神生活、文化与自然，皆道之等差的表现。低级者为较高级者之用或材料，较高级者为较低级者之体或范型。如是，则自然为文化之用，文化为自然之体。文化为精神之用，精神为文化之体。精神为道之用，道为精神之体。

这四个不同的观念中，最重要但是又最困难最古怪的，当推精神一观念。精神也实在是意义纷歧而欠清楚的名词。但在此处我们可以简单地说，精神就是心灵与真理的契合。换言之，精神就是指道或理之活动于内心而言。也可以说，精神就是为真理所鼓舞着的心（Spirit is mind inspired by truth）。在这个意义下，精神也就是提高了，升华了洋溢着意义与价值的生命。精神亦即指真理之诚于中形于外，著于生活文教，蔚为潮流风气而言。简言之，精神是具体化、实力化、社会化的真理。若从体用的观点来说，精神是以道为体而以自然和文化为用的意识活动。根据这个说法，则精神在文化哲学中，便取得主要、主动、主宰的地位。自然也不过是精神活动或实现的材料，所谓文化就是经过人类精神陶铸过的自然。所谓理或道也不过是蕴藏在人类内心深处的法则。将此内蕴的隐晦的法则或道理，发扬光大，提出到意识的前面，成为自觉的具体的真理，就是精神的活动。假使道或理不透过精神的活动，便不能实现或显现成为文化，而只是潜伏的、缥缈的、有体而无用的道或理罢了。这样看来，自然只是纯用或纯材料而非体。道或理只是纯体或纯范型而非用，都只是抽象的概念，惟有精神才是体用合一、亦体亦用的真实。道只是本体，而精神乃是主体。文化乃是精神的产物，精神才是文化真正的体。精神才是真正的神明之舍，精神才是具众理而应万事的主体。就个人言，个人一切的言行和学术文化的创造，就是个人精神的显现。就时代言，一个时代的文化就是那个时代的时代精神的显现。就民族言，一个民族的文化就是那个民族的民族精神的显现。整个世界的文化就是绝对精神逐渐实现或显现其自身的历程。

在上面这一大段里，我因为想尽力介绍一些黑格尔的思想，意思也许稍嫌晦涩费解。其实总结起来，意思亦甚为简单。就是广义讲来，文化（包括自然在内）是道的显现。但严格讲来，文化只能说是精神的显现，也可以说，文化是道凭借人类的精神活动而显现出来的价值物，而非自然物。换言之，文化之体不仅是道，亦不仅是心，而乃是心与道的契合，意识与真理打成一片的精神。

因精神中所含蕴的道或价值理念有真美善的不同，故由精神所显现出来的文化亦有不同的部门。因不同部门文化之表现精神价值有等差之不同，遂产生相对性文化的体用观。譬如真理是一精神价值，哲学与科学皆同是真理之显现。但哲学追求价值的真理，科学追求自然的真理。哲学阐发关于宇宙人生之全体的真理，科学研究部分的真理。哲学寻求形而上的理则方面的真理，科学寻求形而下的事物方面的真理。因此虽就绝对的体用观说来，科学与哲学皆同是精神之用，精神兼为科学与哲学之体，但就相对的体用观说来，我们不能不说哲学为科学之体，科学为哲学之用。又宗教与道德皆同为善的价值之表现。但宗教所追求者为神圣之善，道德所追求者为人本之善，宗教以调整人与天的关系为目的，道德以调整人与人的关系为目的。在此意义下，我们不能不说，宗教为道德之体，道德为宗教之用。又如艺术与技术都同是代表美的价值的文化。但艺术是超实用的美的价值，而技术代表实用的美的价值。艺术是美的精神生活的直接产物，而技术只是实用智慧的产物。故只能说，艺术是技术之体，技术是艺术之用。至于政治法律实业经济军事等，距真美善之纯精神价值更远，乃科学道德技术之用，以科学道德技术为体，而直接以自然物质为用。

对于各文化部门之体用相对性略有所了悉，请更提出规定各文化部门之三原则，以供观察文化、批评文化的参考。（一）为体用不可分离。盖体用必然合一而不可分。凡用必包含其体，凡体必包含其用，无用即无体，无体即无用。没有无用之体，亦没有无体之用。如谓宋儒有体无用，近代西洋文明有用无体的说法，皆是不知体用合一关系的不通之论。譬如就宋儒以理学为体言，亦有其对自然、人生、社会、历史种种事业的观察研究以作之基。换言之，宋儒有其理学之体，亦自有其科学之用。又如宋儒虽重人事方面的道德修养，但亦自有其由希贤希圣进而希天的宗教识度，及至诚感神的宗教精神以为之体。至于宋儒的理学及其道德观念，对于中国社会、政治、民族生活影响的重大深长（影响之好坏姑不具论），乃显而易见者，更不能谓为有体无用。至于近代西洋物质文明有其深厚的精神基础，稍识西方文化者类能言之，亦不能谓为有用无体。所以无论事实上、理论上，体用都是不可分离的。（二）为体用不可颠倒的原则。体是本质，用是表现。体是规范，用是材料。不能以用为体，不能以体为用。譬如宗教哲学艺术等在西洋文化中为体，决不会因为介绍到中国来便成为中国文化之用。而科学技术等在西洋文化中老是居于用的地位，亦决不会因为受中国实用主义者的推崇，便会居于体的地位。所谓冠履不同位，各部门文化皆截然有其应有的逻辑地位，决不能因一时实用、个人好恶，而可以任意颠倒的。持体用颠倒说，认形而下之用为本体，认形而上之体为虚幻，便陷于形而上学的割裂，持体用分离说，认为有离用而独立存在之体，有离体而独立存在之用，便陷于孤立的武断论。第三个原则，为各部门文化皆有其有机统一性。因为各部门的文化皆同是一个道或精神的表现，故彼此间有其共通性。一部门文化每每可以反映其他各部门的文化，反映整个的民族精神，集各种文化之大成。这个原则是应用有机的宇宙观的说法以讨论文化。因为据近代有机的宇宙观的说法，每一事物都是全宇宙的缩影，是一个反映全宇宙的小宇宙。甚至可以说，每一事变都是集宇宙过去一切事变的大成。自然事物既然可以说是一个有机统一体，则特此说以表明文化事物为一有机统一体，当然更平正而无偏弊。譬如，试以西洋现代的基督教而论（不管旧教或新教），在不知有机统一说的人，必以为基督教根本是反科学的，反平民化社会的，反无产阶级革命的，反物质文明的。其实我胆敢说一句，中世纪的基督教，是中古文化的中心，近代基督教是整个近代西洋文化的缩影与反映。可以说西洋近代精神的一切特点，基督教中皆应有尽有。反之，西洋近代精神的一切特点，近代科学研究中亦莫不应有尽有。因为西洋近代的科学与近代的宗教，皆不过是从不同的方面以表现此同一的西洋近代精神罢了。

根据上面的一些理论和原则来讨论我们对西洋文化应取的态度的问题，我们可得下列三个指针。

第一，研究、介绍、采取任何部门的西洋文化，须得其体用之全，须见其集大成之处。必定对于一部门文化能见其全体，能得其整套，才算得对那种文化有深刻彻底的了解。此条实针对中国人研究西洋学问的根本缺点而发。因为过去国人之研究西洋学术，总是偏于求用而不求体，注重表面，忽视本质，只知留情形下事物，而不知寄意于形上的理则。或则只知分而不知全，提倡此便反对彼。老是狭隘自封，而不能体用兼赅，使各部门的文化皆各得其所，并进发展。假使以这种偏狭的实用的态度去研究科学，便难免不陷于下列两个缺点。一因治科学缺乏哲学的见解和哲学的批评，故科学的根基欠坚实深厚，支离琐屑，而乏独创的学派、贯通的系统。一因西洋科学家每承中古修道院僧侣之遗风，多有超世俗形骸的精神寄托与宗教修养，认研究科学之目的亦在于见道知天，非徒以有实用价值的技术见长。此种高洁的纯科学探求的境界，自非求用而不求体者所可领略。

我所谓治西学须见其体用之全，须得其整套，但这并不是主张全盘西化。因为说须对于所研究的那一部门的学术文化，得其体用之全，或得其整套，即是须深刻彻底理解该一部门学术文化的另一说法。有了深刻彻底的了解后，不唯不致被动的受西化影响，学徒式的模仿，而且可以自觉地吸收、采用、融化、批评、创造。这样既算不得西化，更不能说是全盘西化。譬如，就政治制度而论，彼持全盘西化之说者，似应将西洋的法西斯主义、民主主义、共产主义等全盘搬到中国来，一一照样模仿扮演。但我仅主张对于各种理论的体与用之全套，源源本本，加以深刻彻底了解，而自己批评地创立适合民族生活时代需要的政治方案。此种方案乃基于对西洋文化的透彻把握，民族精神的创进发扬，似不能谓为西化，更不能谓为全盘西化。且持数量的全盘西化之说，事实上理论上似均有困难。要想把西洋文化中一切的一切全盘都移植到中国来，要想将中国文化一切的一切都加以西洋化，事实上也不可能，恐怕也不必需。而且假如全盘西化后，中国民族失掉其民族精神，文化上中国沦为异族文化的奴仆，这当非提倡全盘西化者的本意。但假如中国人有选择与创造的能力，与西洋文化接触后，中国文化愈益发展，民族精神愈益发扬，这不能算是西洋化中国，只能说是中国化外来的一切文化。譬如，吸收外界食物而营养身体，只能说人消化食物，不能说食物变化人。又譬如宋明的理学，虽是与佛教接触很深很久的产物，但不能说是佛学化的中国哲学，只能说中国哲学将外来的佛教，吸收融化，超越扬弃。所以我根本反对被动的西洋化而赞成自动地自觉地吸收融化，超越扬弃西洋现在已有的文化。但须知这种工作，是建筑在深刻彻底了解西洋各部门文化的整套的体用之全上面。固然，我承认中国一切学术文化工作，都应该科学化，受科学的洗礼。但全盘科学化不得谓为全盘西化。一则科学乃人类的公产，二则科学仅是西洋文化的一部分。

第二，根据文化上体用合一的原则，便显见得"中学为体，西学为用"的说法不可通。因中学西学各自成一整套，各自有其体用，不可生吞活剥，割裂零售。且因体用不可倒置，西学之体搬到中国来决不会变成用，中学之用，亦决不能作西学之体。而且即在精神文明为体、物质文明为用的前提下，或道学为体、器学为用的前提下（因在张之洞时，有认中学为道学、西学为器学之说），中体西用之说，亦讲不通。盖中学并非纯道学、纯精神文明，西学亦非纯器学、纯物质文化。西洋的科学或器学，自有西洋的形而上学或道学以为之体。西洋的物质文明亦自有西洋的精神文明以为之体。而中国的旧道德、旧思想、旧哲学，决不能为西洋近代科学及物质文明之体，亦不能以近代科学及物质文明为用。当中国有独立自得的新科学时，亦会有独立自得的新哲学以为之体。中国的新物质文明须中国人自力去建设创造。而作这新物质文明之体的新精神文明，亦须中国人自力去平行地建设创造。这叫做以体充实体，以用补助用，使体用合一发展，使体用平行并进。除此以外，似没有别的捷路可走。此外以新酒旧瓶、旧酒新瓶之喻来谈调和中西文化的说法，亦是不甚切当易滋误会的比喻。因为各部门的文化都是一有机统一体，有如土壤气候之于植物，密切相关，决不似酒与酒瓶那样机械的凑合。

第三，根据精神（聚众理而应万事的自主的心）为文化之体的原则，我愿意提出以精神或理性为体，而以古今中外的文化为用的说法。以自由自主的精神或理性为主体，去吸收融化，超出扬弃那外来的文化和已往的文化。尽量取精用宏，含英咀华，不仅要承受中国文化的遗产，且须承受西洋文化的遗产，使之内在化，变成自己的活动的产业。特别对于西洋文化，不要视之为外来的异族的文化，而须视之为发挥自己的精神，扩充自己的理性的材料。那人主出奴的东西文化优劣论已成过去。因为那持中国文化优于西洋文化的人，每有拒绝西洋文化以满足自己的夸大狂的趋势。那持西洋文化优于中国文化的人，也大都是有提倡西学、厉行西化的偏激作用的人。我们不必去算这些谁优谁劣的无意识的滥账。我们只需虚怀接受两方的遗产，以充实我们精神的食粮，而深澈地去理会其体用之全，以成就自己有体有用之学。那附会比拟的中西文化异同论，现在亦已成为过去了。若比较中西文化的异同，目的在使生"悟解"，但结果恐会引起"误解"。因为文化乃道、精神之显现，可以说是形而下的价值物。形下事物间的关系，可以说是"毕同毕异"，而无有绝对的异同。若执着文化间之异同，认为绝对，则陷于武断。所以应该直接探求有普遍性永恒性的理则，勿庸斤斤于文化事物的异同。

因此我们无法赞成"中国本位文化"的说法。因为文化乃人类的公产，为人人所取之不尽用之不竭的宝藏，不能以狭义的国家作本位，应该以道，以精神，或理性作本位。换言之，应该以文化之体作为文化的本位。不管时间之或古或今，不管地域之或中或西，只要一种文化能够启发我们的性灵，扩充我们的人格，发扬民族精神，就是我们所需要的文化。我们不需狭义的西洋文化，亦不要狭义的中国文化。我们需要文化的自身。我们需要真实无妄有体有用的活文化真文化。譬如，你写一篇科学论文，我不理会你这是中国科学抑是西洋科学，我只去考察你这篇论文是否满足任何真实的典型的科学所应具备的条件。所以我们真正需要的乃是有体有用的典型文化，能够载道显真，能够明心见性，使我们与永恒的精神价值愈益接近的文化。凡在文化领域里努力的人，他的工作和使命，应不是全盘接受西化，亦不在残缺地保守固有文化，应该力求直接贡献于人类文化，也就是直接贡献于文化本身。

（选自《哲学与哲学史论文集》，商务印书馆，1990年）

什么是文化

朱谦之

朱谦之（1899—1972）：思想家、哲学史家。早年就学于北京大学哲学系，曾任北京大学哲学系教授。著作主要有《周易哲学》、《一个唯情论者的宇宙观及人生观》、《文化哲学》、《日本哲学》等。

文化哲学（Kulturphilosophie）这一个课目，在国内大学尚未设立，厦大虽定有此一科，却是从来无人担任，所以本次讲演，可算得破题儿第一遭了。

自民国六七年李大钊在《言治》发表《东西文明根本上之异点》和陈独秀在《新青年》第一卷发表《东西民族根本思想之差异》以后，国人似渐已注意东西文化问题。《学艺》第三号有屠孝实记金子马治讲演《东西文明之比较》，《东方》第十四卷载伧父《战后东西文明之调和》，第十五卷译载日本杂志《中西文明之评判》一文，《新潮》第三卷有冯友兰《东西文明之比较观》，是和印度泰戈尔谈话记下来的。然而影响最大的，当然要算民国十年秋间梁漱溟先生所讲《东西文化及其哲学》一书了。这本讲演录于民国十八年已经刊行八版，虽然无意于建立什么"文化哲学"，如他自序所说似的："我自始不晓得什么叫哲学而要去讲它"；可是我们应该老实承认他所讲的，正是为我们"文化哲学"开出一条先路。《东西文化及其哲学》出版以后，无论赞成的或反对的，几乎都因此而唤起讨论文化问题的热心，不过在梁先生当时，讨论东西文化的人虽多，对于文化这个东西，有根本了解的却是很少。直到民国十五年七月胡适之先生在《现代评论》（第四卷第三十八期）发表《我们对于西洋近代文明的态度》一文，在那里他始提出几个根本观念，来做讨论的标准。如：

> 第一，文明（Civilization）是一个民族应付他的环境的总成绩；第二，文化（Culture）是一种文明所形成的生活的方式。

在这里他要区别"文明"与"文化"，是很值得注意的。不过胡先生这种呆板勉强的分别，未免含糊不清；所谓"文化是一种文明所形成的生活的方式"，和梁先生所说"文化是生活的样法"几乎意思一样。所以胡先生那篇论文发表以后，便有张崧年君一篇《文明与文化》，载在《东方杂志》第二十三卷第二十四号驳他。以为：

> 大概照适之先生，或漱溟先生的意思，一个人处人行己接物总有一种态度，一民族处人行己接物，也有一个集合的态度，这种集合的总态度，便是文化。

并且如谓文化的生活方式，是一种文明所形成的，那么当然文明在先，文化在后，这不是很费解吗？同期《东方杂志》又有张东荪论《西方文明与中国》，也是对胡先生说法，提出一种补救和修正。许仕廉则在《真理与生命》（第二卷第十六号）发表《论东西文明问题并达胡张诸君》，后又集刊于《文明与政治》（1929年1月，北京书局）一书中。他的文化解释是很受美国著名人类学家克鲁伯（A. L. Kroebde）影响的。他将宇宙间万事万物，分四界现象，每界现象性质不同，因而科学也应分四类，见表1。

表 1

最上级	文化现象	社会科学—人文科学（文化现象）—（时间）—宙
上级	心理现象	心理科学
中级	初级有机现象	生理科学
下级	无机现象	物理科学

（上级、中级、下级右侧合并为：自然科学（自然现象）—（空间）—宇）

因为依克氏的分类，文化是宇宙进化最后最高的现象，所以文化是有三个特点：

（1）文化是有机体所发出的东西；

（2）心灵是文化的基础；

（3）文化是自然界以外所另创造的东西，是人为的，自动的。[1]

这种讲法可算文化社会学者的一种文化观了。和他同调的尚有孙本文君，对于文化社会学的理论，发挥得最为透彻。他著作很多，有《社会学上之文化论》、《文化与社会》、《社会的文化基础》等书，他以为文化就是社会的基础，然则文化是什么呢？他说：

> 文化实在是一种复杂体，包括一切有形的实物，如衣服官室等，与无形的事项的知识、信仰、艺术、法律、风俗以及其余从社会上所学得的种种做事的能力与习惯。（《社会的文化基础》）

所以有人说文化就是一个社会所表现一切生活活动的总名；这种文化学派的社会学，虽然没有一贯的逻辑系统，甚至还没有对文化有深刻的了解，却是屈指一算，从讨论东西文化而至于文化之社会学的研究，不消说已经进步了。但可注意的，就是较近讨论文化运动和文化问题的，似又别开生面，他们因受了俄国前人民教育委员会主席 Lunacharsky 的影响，竭力为"无产阶级的文化"张目。

---

[1] 表1及"三个特点"均引自克鲁伯《文化与政治》。

他们有的从消极方面从事"文化派社会学批评"(《二十世纪》第二期),以为孙博士的"文化社会学是浸渍于和平思想、改良主义、调和观点的意象形态之中的"。有的便主张根本推翻资产阶级学者的文化解释,如陈高傭君(见《世界与中国》第二卷第六号《文化革命与革命文化》)便给文化重下一个新定义:

> 文化是人类在一定的经济基础之上,从事生产劳动的各方面的表现。

不错!文化现在又成为很时髦很新鲜的名词了!一方面我们在地下发掘甲骨文来,在敦煌石室中发掘了古书可以叫做文化;另一方面如陈高傭所说似的,"人类在生活场中各种努力的表现都是文化。一部解剖资本主义社会的《资本论》是文化,在群众游行时,一个工人所喊的'打倒帝国主义'口号,亦是文化"。文化!文化!究竟什么是文化?如果对此没有正确地估定它的意义,便文化哲学亦从何讲起。依我们的解释,则:

第一,文化就是人类生活的表现。在这里很明显地指出"文化"和"人"的关系,可以说生物界中只有人类才能支配环境,创造文化的。Ward说得好:"动物是受环境支配的,人是支配环境的";这种支配环境的生活表现,就是文化。所以文化社会学者告诉我们:

> 文化指自然能力外之创造能力而言。我们人类虽没有翼,然可以制飞艇以驾空;虽没有翅,有船以运水;虽没有利爪牙,我们的武器可以制九牛二虎而有余。我们的腿虽不如马跑得快,我们的汽车却比马要快几倍。凡米麦肉类我们不喜生食,有烹饪之法,以调和五味。又有衣服房屋,火炉风扇,可以寒暑制宜,风雨无惧。我们又有言语文字、书籍报纸以传达意志、记述事实。有社会国家、人情礼教,以巩固人群而保护人道,凡此种种不是天生的能力,是人造的文化。(《文化与政治》)

尤其重要的，就是言语。Ellwood 在《文化进化论》中特别提出人类言语机官的重要。我们所看见的文化，无论是创造工具，创造仪式，创造制度，或创造一个宇宙观，都要靠言语来交互传达，但这在动物却没有这种文化的基础，所以说：

> 所有人类的团体都拥有文化，然而没有动物团体拥有文化的。在动物世界中，任凭哪一个如果能得到特别的技巧或很好的方法，以应付它的环境；但是在任何可贵的范围内，它却没有能力将这些获得的东西，传给它的同伴，这是因为它缺少言语之故。所以这些技巧或方法之于动物，不过是个被感动的行为。然而人类的世界中，心理的交互作用，或交通，则发展到了言语这一步，因此个人便有力量去传达他的概念，给他自己团体中的人员。于是整个团体的行为都被影响了，其结果遂至人类的共同行为，主要的都依赖于言语文字。这种用语言的机关而形成各种概念，和传达概念到别些人去的能力，就是文化进化的基础；而文化的要义则是发明或成绩。（《文化进化论》）

因为文化实在是人类的特殊产物，所以只有人类才有文化；然而文化是活动不是死的，所以不但如一般学者所说人类应付它环境的"总成绩"，而却有永远创造永远进化的文化史。我甚至可以说，人类生活自始即是文化的生活，人类生活的表现自始即是文化史的表现；简单来说，只要叫做人类，不论文明民族抑为野蛮民族，都自然而然有它本身的文化，不过文化的程度不能相同罢了。好比 Morgan《古代社会》又名《从野蛮状态经过未开化状态，以至于文明之域的人类进步趋向的研究》，书中述及亚美利加印第安人的制度技术发明。印第安人诚然野蛮民族，却也有其初民的文化，在他们血族团体中，竟发现了解决希腊、罗马及德意志历史向来所不可解的最重要的谜。可见人类历史，实际即是叙述人类文化生活之纪录；所谓历史哲学，实际即是叙述人类文化发展的阶段。

我们不但承认在经济支配一切之现代的文化，我们甚至要如 Morgan、Tayler 及其他文化人类学者一样，要研究初民生活，以发现初民的文化。

第二，文化就是人类生活各方面的表现。许多学者要分别"文化"与"文明"，有的以为文化是精神的，文明是物质的，有的倒转过去，以为文化是物质的，文明是精神的。如上面所引胡先生的说法，即无形中假定有文明（Civilization）与文化（Culture）对立；却是详细考察起来，英法人谈文化问题的，大多数仍常常把两字混用。张崧年君在《文明与文化》一文，曾举出好多例子，以见用此用彼本无什么分别，他的断案竟谓："文明与文化在中国文字语言中，只可看成差不多与'算学'与'数学'一样，只是一物事之两名，或一学名一俗名，不必强为之区异。或则顶多说文化是活动，文明是结果，也不过一事之两看法"；我对此说本没有异议，却是从科学的见地来明确规定起来，则文化与文明，在语言原义上实在是很有分别的。

（1）德语 Kultur（文化）是对 Civilization（文明）而言，两者是很有区别的。英美及法意拉丁民族通常只用 Civilization 一语，与德语 Kultur 同源之 Culture 则不大常用，既然两者区别不明，当然可以混用。

（2）德语 Kultur 与英语 Culture 同由拉丁语 Cultura 转化出来。据 Cultura 原语考察，本兼有神明拜祭、土地耕作、动植物培养以及精神修养诸义。在中世纪已大体与今日所谓包含物质的文化与精神的文化概念相当，不过当时精神的文化概念，实即指宗教的文化而言。但在德则其意义发达，而为今日之文化概念，在英法则 Culture 仅取义于耕作培养以及精神修养，至如广义的文化概念，通常仍以 Civilization 一语替代之。

（3）德语 Kultur 之语原及意义，均带有宗教色彩，反之 Civilization 的语原、原义，则本与政治法律的生活相关。拉丁语 Civis 系指市民之事，由此转化为 Civilis（形容词），或 Civilization（名词），均不过指市民的地位，市民的权力，以及具有市民的品格、教养诸义而言。所以 Kultur 可以有极深邃之精神的意义，而 Civilization 则不可不与社会的政治的意义有密切的关系。（米田庄太郎：《现

代文化人之心理》，汉译《现代文化概论》）

因为德人重视 Kultur，英美重视 Civilization，结果便将"文化"与"文明"打成两截，如世界大战时，一方面认为"Kultur 乃日耳曼民族利用近代科学以达其民族的利己心之一种科学的野蛮主义，与英美法意诸国所谓 Civilization 即人道的精神所演成者绝对不同；所以世界大战不外就是 Civilization 对于 Kultur 侵略的一种防御战而已"（同上）。反一面德国人则以为人类进步的重心，应求之于精神方面，即 Kultur 方面，所以如 Spengler 便极力掊击文明，以为"一切文化的本质，都是宗教的，因为文明的本质是伪宗教的"。文化是人类内面之灵的精神的修养及其事业，是统一切宗教的艺术的最完善之人类生活的生活的状态；反之文明则关于外面的教育与秩序，统指现代的工业与机械等；换言之，即前者为灵之活泼泼的肉体，后者乃其木乃伊；前者为精神的广义的，后者为物质的限定的；并且文明为文化之最后时期，即文化所不可免之运命的危机，文化一发展到老年时代，便入于文明的境地而没落了。虽然 Spengler 的说法，许多不能使我们满意，却是"文化"与"文明"的确有些区别，也是事实。这就是说，德人所倡导之 Kultur 概念实为精神的文化概念（即宗教、哲学、科学、艺术等知识生活），英美所倡导之 Civilization 则实为社会的文化概念（如政治、法律、经济、教育等社会生活），含混起来固然可如一般学者把两者区别置之不论，若精细考察起来，则此实即代表人类生活之两方面的表现。即一方面表现为人类之知识生活的文化，另一方面表现为人类之社会生活的文化；而所谓文化云者，本包括有此两大部分，所以有人主张在两个之上更造一个新字，叫做 Gesittung，而把"文化"、"文明"并属其中，这也是对的。不过照用语习惯，仍可以"文化"并包知识的与社会的两方面，而以专指社会组织发达的"文明"附入其中；这就是说，文化不是人类生活一方面的表现，乃为人类生活各方面的表现。我们不但要将宗教、哲学、科学、艺术属于文化领域以内，就是政治生活、法律生活、经济生活以及教育生活都应该属于文化领域以内去研究的。

这么一来，所谓文化这个字的意义，便容易明白了。人类生活的一切表现，下自创作一个泥馒头，上至创作一个宇宙观，一本律典，甚至我今天在中山大学讲"文化哲学"，只要是人类生活的表现，便都可以叫做文化，但同在文化之中，因为研究的对象不同，自然而然可以分文化学为两大部门，一个研究 Kultur 即知识的文化生活者，为"文化哲学"；一个研究 Civilization 即社会的文化生活者，为"文化社会学"。文化社会学尤自美国 W. F. Ogburn 1922 年著《社会变迁》以来，在中国便有很大的影响，虽然这一派许多点应受批评，甚至于还未抓着文化社会学之根本核心，却是已经有人提倡，前途是无可限量的。"文化哲学"则这回才算第一次出来讲述，故不免要有许多疑问，因为避免误会起见，应从我自己思想的立足点上，分别出什么是文化社会学和什么是文化哲学。

我们知道从前社会学之祖 Comte，曾从两方面观察人类生活的进化。第一为人类知识的进化，即：①神学阶段；②形而上学阶段；③实证的或科学的阶段。第二为人类物质的进化，即：①军事阶段；②法律阶段；③产业阶段。这两种三级律的根本概念，实在是一而二、二而一的，如知识生活上之神学阶段，即物质生活上之军事阶段；又知识生活上之科学阶段，即物质生活上之产业阶段或经济阶段。由前言之，所谓神学（宗教）、形而上学（哲学）、实证学（科学），是属于文化哲学的范围；由后言之，所谓军事（政治）、法律、产业（经济）则应属于文化社会学的范围。不过在 Comte 当时，实未注意及此，他是将所有这些文化的范畴，统统包括于社会动学即历史哲学之下，当然建立不出文化社会学，更不要说什么文化哲学了。却是从 Comte 以至现代，社会学本身大大进步的结果，已经有一致倾向于第四期文化社会学的趋势。这就是说，社会学史的发展，是从：

第一，生物学的社会学（Comte，社会学上的达尔文说，Spencer 的社会有机体说，Lilienfeld, Schaeffle, Fouillée, Worms）。

第二，心理学的社会学（Tonnies, Ward, Tarde, Small, Giddings, Ross, Baldwin, Cooley, Le Bon, Wundt, Ellwood, Mac Dougall, Hobhouse, Wallas, W. I. Thomas）。

第三，特殊科学的社会学，或经济学的统计学的社会学（Simmel, Vierkandt, Weise, Durkheim, Bougle, 数理及统计学派如 Jevons, Cournot, Walras, Parato, Quetelet, Le Play, Mayo-Smith, Park, Burgess, 马克思主义社会学如 Marx, Engels, Plechanow, Bucharin, 及其他）。

以至于最近发生的所谓文化社会学。文化社会学在美国以 Ogburn, Case, Herskovits 与 Wielley 等为代表；在德国则以 Max Weber 及 Troetlsch 的宗教社会学，Spengler 之世界史的形态学，及 Max Scheler 的知识社会学为代表。不过据实来讲，如 Spengler 所著《西欧的没落》，Max Scheler 所著《哲学的人间学》，谓为文化社会学，均不如老老实实叫他做"文化哲学"。而如美国 Ogburn 及我国社会学界中孙本文等，才真正是文化社会学的代表，何则？Spengler 等所研究的文化，仍为 Kultur，即知识生活的文化，而 Ogburn 等所研究的文化，才真是 Civilization，即社会生活的文化之研究也。所以同属于所谓文化学之中，亦可见德国的研究与英美不同（法国对于文化哲学却是很有贡献），我们如果要从根本上将文化为哲学的研究，则不能不舍却国家的市民的文化概念，即所谓文化社会学，而专探讨文化概念之精神的意义，这就是我们现在需要从事之文化哲学了。

依 Windelband 1910 年发表《文化哲学与先验的观念论》（*Kultur-philosophie und transzenden taler Idealiamus*）所说，则文化哲学实应从 Kant 起始。米田庄太郎在《现代文化概论》也说："在今日所谓文化哲学之创立者，如康德（Kant）实以极深邃的意义而有伦理的文化概念之倡导；菲希特（Fichte）乃更扩而大之；至席林（Schelling）始提倡艺术的文化概念，后复论及宗教的文化概念；黑格尔（Hegel）更有精微之论理的文化概念之建设焉。"这么一来，似乎文化哲学应该属于德国观念论的哲学了，固然如新康德派 Iask 所说，Kant 实将文化与历史一样看待，文化是与自然对立，即历史与自然对立，所谓自然是必然的，不加以当为的人为的意思，如 Herder 即以这样自然作用来支配人类历史，Kant 反对他，主张当为的人为过程，才成为真正历史；这点对文化过程的认识，就是 Kant 所以和启蒙时代相对立的特征，也就是他所以为哲学之祖的原因。却是因此便主张文化哲学即如新康德派所谓"价值哲学"，我无论如何，实有些不敢赞同。依我意思，文化就是生活，所谓文化哲学的元祖，谓为德国的 Kant，不如说是由于法国的 Rousseau；与其根据于 Windelband，Rickert 等所谓"价值哲学"，则不如根据于 Simmel，Dilthey 等所谓"生活哲学"；与其倾向于新康德派西南学派，不如倾向于 Bergson，Croce，Spengler 等生命主义派。可是从过去重要的"文化哲学"的论文来看，即如前面所举 Windelband 的《文化哲学与先验的观念论》，很明白的都是倾向于以价值哲学为文化哲学的。（参照松原宽译：《哲学之根本问题》下卷，米田庄太郎著；Windelband 之《历史哲学》）他说文化哲学是有种种说法：

其一，以文化哲学为文化之创造，盖欲确立一个普遍妥当的规范，以建立将来之文化理想。他们以为哲学任务不在于探求或理解价值，乃在于创造价值，哲学如此，文化哲学当然不出此例。

其二，以文化哲学为文化之根本的理解，对于文化之科学的研究如心理学的分析，社会学的比较，及历史的展开之发生的研究等；然而这些科学只以经验的实在为限，是不能发现文化之根本的构造的。所以文化哲学要更进一步，不限于经验学的认识，而要充分理解文化之超经验的意义。

因为在这两种说法中，Windelband 是倾向以文化哲学为文化之根本的理解，所以主张文化哲学是应建立于"先验的观念论"之上，而究明文化之超经验的意义。但所谓文化之超经验的意义，实际即是所谓超越的妥当者主义之哲学，即价值哲学。米田庄太郎是和 Windelband 抱同一论调的，他告诉我们：

> 由认识上之严密批判以观，吾人所得以认识之超越的云云，非绝对的实在而绝对的妥当也，而此非实在而妥当云者，实即价值之谓。由此可知认识论所谓超越的云云，又实为绝对的价值也。故哲学云者，实为价值之学，至文化哲学必以此超越的妥当者主义之哲学为基础，而后学的可能，

乃能确立；其任务乃能完全贯彻。此在今日哲学之发达上，所谓价值哲学实最能发挥文化之超经验的意义，而遂行其任务也。（《现代文化概论》）

文化哲学实即价值哲学；申言之，以申明文化之超经验的意义，及其普遍妥当的价值之哲学也。而此所谓价值，又即实现于一切文化范域之价值；如真的价值，美的价值，善的价值，灵的价值，均由其相当之文化范域所实现者。而此诸种价值之论究，又自各有价值哲学的学科，如论理学、伦理哲学、美学、宗教哲学，同时存在。（同上）

因此而所谓文化哲学的内容，依米田庄太郎所说，则其所研究的根本问题，有三：

其一，为各种价值之个别的研究，所谓价值各论；

其二，为价值体系之创立，所谓价值体系论；

其三，为人类之历史的意义之究明，所谓历史哲学。（同上）

固然新康德派在"文化哲学"这一门学问上有很大的贡献，但当他们以文化哲学认为就是价值哲学，却是根本错误。依我们意思，文化就是生活，文化哲学应该完全依据于"生活经验"之上，即文化史上的经验之上。如新康德派将"生活经验"抛在一边，而求所谓超经验的绝对价值，结果只有形式而无内容，只有价值而无实在；哲学即成为价值之学，或"当为"（Sollen）之学，而非实在之学，事实（Was ist）之学；那么文化哲学便变成预想许多珍奇事物的评价，如杜显舒所说："最多只有道德的价值而已"，哪里有文化全体之生活经验可言？因为从前所谓文化哲学，不是立脚于生活经验之上，所以文化哲学的基础，尚未能十分稳固。反之我们以为文化之根本理解，就是"生活经验"的理解；生活经验在本质上就是历史的，所以离开文化史，便文化哲学什么也没有了。不但如此，即在文化价值的问题上说，新康德派只注意于超越的价值之决定，而不注意最能直接接触此价值附着之"生活经验"，所以名为理解价值，实际却忘却了文化哲学之最大目的，乃在文化之创造，即价值之创造。先有文化之创造，而后人类才能和一般生物分离，造成如今特殊之地位。文化之泉源不是价值，**是生活的经验之流，生活经验受了环境抑压而生的突进跳跃，乃是一切文化的根柢**，所以一说文化，即联想及创造和发明，创造成功了，发明成功了，然而才有一般似是而非的哲学家，来估定价值的问题。所以文化是本，价值判断是末；文化是原因，价值判断是结果；我们如果希望建立一个有生命的文化哲学，我们便须不顾一切价值的判断，用我们劳动来建立一种新的文化哲学。我们知道，在资本主义社会是把金钱估定商品的价值的，同样他们也以为一切学术思想文学艺术都可以价值估定，于是文化成了抽象的灵物，以至于和生活经验分离。反之我们新的文化哲学，则以为构成文化本质的东西，不仅是那已经可估定价值的人类生活所留下的总成绩，而是根源于人类生活深处那永远创造永远进化的"生命之流"。

（选自《文化哲学》，见《朱谦之文集》第六卷，福建教育出版社，2002年）

关于「生命」的学问——论五十年来的中国思想

牟宗三

牟宗三（1909—1995）：哲学家、现代新儒家。曾就学于北京大学哲学系。著作主要有《才性与玄理》、《心体与性体》、《智的直觉与中国哲学》、《现象与物自身》、《圆善论》等，编有《牟宗三全集》。

民国开国已五十年。在此五十年内，中国的思想界大体是混乱浮浅而丧失其本。我们的工作是民主建国，然而我们学术界的思想中心则不能对应此工作而致其诚。两者脱节，甚至背道而驰。则国运之有今日，亦并非偶然。此种悲惨命运的总原因，是在"生命学问"的丧失。

一个不能建国的民族，是不能尽其民族之性的民族。犹如一个人不能站住其自己，是由于未能尽其性。个人的尽性与民族的尽性，皆是"生命"上的事。如果"生命"糊涂了，"生命"的途径迷失了，则未有不陷于颠倒错乱者。生命途径的豁朗是在生命的清醒中。这需要我们随时注意与警觉来重视生命的学问。如果我们的意识不向这里贯注，则生命领域便愈荒凉暗淡。久之，便成漆黑一团了。

我们自辛亥开国以来，社会上大体皆知道要求科学与民主政治。但是科学与民主政治，自其出现上说，是并不能自足无待的。如果生命不能清醒凝聚，则科学不能出现，民主政治亦不能出现。我们近五十年来的学术方向是向西方看齐，但是我们只知道注意西方的科学。科学中是并无生命的途径的。西方人关于生命的灵感与关于生命的指示，是在他们的文学艺术与宗教。尤其是宗教，乃是他们的灵感的总源泉。但是中国的知识分子以其浅薄的理智主义，对于道德宗教是并无严肃的意识的，因之对于他们的宗教是并不发生兴趣的。要不，就是二毛子的意识，这不在我们讨论范围之内。文学艺术是创造之事，不是学问之事。我们天天在学习西方的文学艺术，但是我们若没有他们那种生命情调，我们是学不来的。我们的学术方向是以科学为普遍的尺度。我们不注意他们的生命学问。读哲学的是以理智游戏为满足。西方的哲学本是由知识为中心而发的，不是"生命中心"的。我们这几十年来的哲学界是以学西方哲学为主的。所以只注意了他们的"知识中心"的逻辑思辨，接触了一些逻辑问题、科学问题以及外在的思辨的形而上学的问题，而并没有注意生命的问题。读西方哲学是很难接触生命的学问的。西方哲学的精彩是不在生命领域内，而是在逻辑领域内、知识领域内、概念的思辨方式中。所以他们没有好的人生哲学。读西方哲学而接近生命的，不外两条路：一是文学的，一是生物学的。然这都不是正宗的。文学的进路是感性的、浪漫的，生物学的进路是科学的、自然主义的，都不能进入生命学问之堂奥。表面看起来，多姿多彩，实则皆未入生命问题之中心。诚如王充所云："丰文茂记，繁如荣华。诙谐剧谈，甘如饴蜜，未必得实。"（《论衡·本性篇》语）揆之西方正宗哲学，此皆不免浪漫外道之讥。

西方人有宗教的信仰，而不能就其宗教的信仰开出生命的学问。他们有"知识中心"的哲学，而并无"生命中心"的生命学问。他们有神学，而他们的神学的构成，一部分是亚里士多德的哲学，一部分是新旧约的宗教意识所凝结成的宗教神话。此可说是尽了生命学问的外在面与形式面，与真正的生命学问尚有间。就是这一点，亦是中国知识分子的学术方向所不接近的。对于西方如此，对于中国的生命学问，则更忽视而轻视了。实则真正的生命学问是在中国。但是这个学问传统早已断绝了，而且更为近时知识分子的科学尺度所窒死。他们对于这个学问传统，在情感上，倒不是偏爱，而是偏憎了。他们对于西方的一切，倒是有偏爱。可是以其科学的理智主义，对于西方的宗教，就是想爱，亦爱不上。这就表示中国近时知识分子的心态是怎样的浅陋了，对于生命学问是怎样的无知了。对于生命学问的忽视，造成生命领域的荒凉与暗淡，甚至达到漆黑一团之境了。所以知识分子的智慧、德性与器识，真是无从说起了。王船山说："害莫大于浮浅"，诚于今日验之矣。《易·系》曰："极深研几。"又曰："唯深也，故能通天下之志。唯几也，故能成天下之务。"极深研几是生命学问透彻以后时事。我们不能"通天下之志"，所以也不能"成天下之务"。民主建国之不成，国运之悲惨，当该于此中求消息。

我说中国的生命学问传统早已断绝。断绝于何时？曰断绝于明亡。满清入主中国，是民族生命一大曲折，同时亦是文化生命一大曲折。今之陋习，是满清三百年恶劣曲折之遗毒。晚明诸大儒，顾黄王之心志，是因满清之歪曲而畅通不下来。他们都是继承中国的生命学问传统而重新反省秦汉以降的政体与制度的，他们都是要求自内圣向外开以重建其外王之道的。他们都痛斥"孤秦陋宋"，以明中国何以遭夷狄之祸。对家天下之私之政体以及随之而来的所谓家法与制度，不能不有一彻底之反省与改变。他们的心志，大体上说，是与西方的十七八世纪的方向并无二致。他们所处的时代亦正当西方十七八世纪之时。然而在西方，却正是一帆风顺，向近代化而趋，而他们的心志，却遭遇满清之歪曲，而继续不下来，因而并未形成与西方相平行之发展。平常说中国落后了三百年，其实不是落后，乃是歪曲了三百年。这歪曲的三百年，说短固不算短，然而把历史拉长了观，健康其心志，不怨不尤，也并不要紧。要紧的是从速觉悟，扭转此歪曲的陷落。可惜入民国以来，这歪曲的遗毒，仍然在蔓延，而不知悔。且藉口于科学以加深其蔓延。人们只知研究外在的对象为学问，并不认生命处亦有学问。人只知以科学言词、科学程序所得的外延真理（Extensional truth）为真理，而不知生命处的内容真理（Intensional truth）为真理。所以生命处无学问、无真理，只是盲爽发狂之冲动而已。心思愈只注意外在的对象，零零碎碎的外在材料，自家生命就愈四分五裂，盲爽发狂，而陷于漆黑一团之境。

在这样的生命状态下,我们凭什么要求科学?我们凭什么要求民主建国?然而追求科学真理,要求民主建国,却是民族尽性之大业。而"尽性"是生命上的事,是靠一种生命学问来恢宏其内容的。我们的思想界并未在这里建立其纲维,以端正学术之方向,清醒并凝聚我们的民族生命的。

中国从古即说"大学之道,在明明德"。试问今日之大学教育,有哪一门是"明明德"。今之学校教育是以知识为中心的,却并无"明明德"之学问。"明明德"的学问,才是真正"生命"的学问。

生命的学问,可以从两方面讲:一是个人主观方面的,一是客观的集团方面的。前者是个人修养之事,个人精神生活升进之事,如一切宗教之所讲。后者是一切人文世界的事,如国家、政治、法律、经济等方面的事,此也是生命上的事,生命之客观表现方面的事。如照儒家"明明德"的学问讲,这两方面是沟通而为一的。个人主观方面的修养,即个人之成德。而个人之成德是离不开家国天下的。依儒家的教义,没有孤离的成德。因为仁义的德性是不能单独封在个人身上的。仁体是一定要向外感通的。"义以方外",义一定要客观化于分殊之事上而曲成之的。故罗近溪讲《大学》云:"大人者连属家国天下而为一身者也。"何以是如此?就因为仁义的德性一定要客观化于人文世界的。且进一步,不但要客观化于人文世界,且要扩及于整个的天地万物。故王阳明云:"大人者以天地万物为一体者也。"程明道云:"仁者与天地万物为一体。"这是根据《中庸》"成己成物"而来。"成己仁也,成物智也。合内外之道也。"也是根据《孟子》"万物皆备于我矣。反身而诚,乐莫大焉"而来。儒家的教义就是要这样充实饱满,才能算是成德。不是个人的得救,一得救一切得救,一切得救始一得救。个人的尽性,民族的尽性,与参天地赞化育,是连属在一起的。这是儒圣的仁教所必然函到的。

有这样的生命学问,始能立起并贞定吾人之生命,而且真能开出生命的途径,个人的与民族的,甚至全人类的。自辛亥开国以来,很少有人注意这种学问。道德价值意识的低沉,历史文化意识的低沉,民主建国意识的低沉,无过于此时。是表示中华民族之未能尽其性也。只有业师熊十力先生一生的学问是继承儒圣的仁教而前进的，并继承晚明诸大儒的心志而前进的。就我个人说，自抗战以来，亲炙师门，目击而道存，所感发者多矣。故自民国三十八年以来，目睹大陆之变，深感吾人之生命已到断潢绝港之时。乃发愤从事文化生命之疏通，以开民族生命之途径，扭转满清以来之歪曲，畅通晚明诸儒之心志，以开生命之学问。此《历史哲学》、《道德的理想主义》、《政道与治道》三书之所由作也。

五十年来，中国思想界大体可分三阶段。康有为、章太炎、吴稚晖诸先生为第一阶段。五四运动为第二阶段。十七年北伐以后为第三阶段。这三阶段的思想之混乱与浮浅，以及其离本走邪，历历在目。故吾自学校读书起至抗战胜利止，这十余年间，先从西方哲学方面厘清吾人所吸取于西方思想者之混杂，而坚定其"理想主义"之立场。此阶段之所思以《逻辑典范》（后改写为《理则学》）与《认识心之批判》两书为代表。此后至今，则归宗于儒家，重开生命之学问。上承孔孟，下接晚明，举直错诸枉，满清以来之歪曲，可得而畅通。中华民族终当尽其性，克服魔难，以屹立于天壤间。

（选自《生命的学问》，三民书局，1978年）

三 哲学：它的本性和价值

简易哲学纲要·绪论 蔡元培

蔡元培（1868—1940）：哲学家。曾任北京大学校长。著作编有《蔡元培全集》。

一、哲学的定义

哲学是希腊文 Philosophia 的译语。这个字是合 philos 和 sophia 而成的，philos 是爱，sophia 是智，合起来是爱智的意思。所以哲学家并不自以为智者，而仅仅自居于求智者。他们所求的智，又不是限于一物一事的知识，而是普遍的。若要寻一个我国用过的名词，以"道学"为最合。韩非子《解老》篇说："凡物之有形者，易裁也，易割也。何以论之？有形则有短长，有短长则有大小，有大小则有方圆，有方圆则有坚脆，有坚脆则有轻重，有轻重则有白黑。短长、大小、方圆、坚脆、轻重、白黑之谓理。"又说："凡理者，方圆、短长、粗靡、坚脆之分也；故理定而后可道也。理定，有存亡，有死生，有盛衰。夫物之一存一亡，乍死乍生，初盛而后衰者，不可谓常。惟夫与天地之剖判也俱生，至天地之消灭也不死不衰者，谓常者。而常无定理。无定理非在于常所，是以不可道也。圣人执其玄虚，用其周行，强字之曰道。"又说："万物各异理，而道盖稽万物之理。""理者，成物之文也；道者，万物之所以成也。"他所说的理，是有长广厚可以度，有轻重可以权，有坚度感到肤觉，有光与色感到视觉，而且有存亡死生盛衰的变迁可以记述。这不但是属于数学、物理学、化学、天文学、地质学等的无机物，而且属于生物学的有机物，也在其内；并且有事实可求、有统计可考的社会科学，或名作文化科学的，也在其内。所以理学可以包括一切科学的内容。至于他所说的道，是"尽稽万理"，"所以成万物"的，就是把各种科学所求出来的公例，从新考核一番，去掉他们互相冲突的缺点，串成统一的原理。这正是哲学的任务。他又说是"不死不衰"的，这就是"无穷""不灭"的境界，正是哲学所求的对象。他又说："圣人执其玄虚，用其周行"，哲学理论方面所求的是"形而上"，是"绝对"，所以说是"玄虚"。他的实际方面是一切善与美的价值所取决，所以说是"周行"。所以他所说的道，是哲学的内容。但是宋以后，道学、理学，名异实同，还不如用哲学的译名，容易了解。

二、哲学的沿革

最早的哲学，寄托在神话里面。我们古代的神话，要解说天地万物生的原因，就说是有一个盘古，开辟天地，死后，骨为山岳，血为河海，眼为日月，毛发为草木，身之诸虫为动物。要解说民族中有体力智力俊异的少数人，就说是上帝感生的。印度人说梵天产生一切，希伯来人说上帝创世，都是这一类。后来有一类人，在人事上有一点经验，要借神话的力量来约束人，所以摩西说在西乃山受十诫；我们的古书也说天命有德，天讨有罪。这些话，是用宗教寄托哲学，来替代神话的时代。这时候的宗教家，是一切知识行为的总管。但看我们自算学、天文学、医学以至神仙、方技与道家的哲学，都是推原黄帝；印度的祭司、学者、诗人，均属于婆罗门一阶级，就可证明。但是宗教以信仰为主，他所凭为信仰的传说，不但不许人反对，并且不许人质问。然而这些传说，虽说是上帝或天使所给，这不过一种神道设教的托词，或是积思以后的幻相。

如《管子》所说"思之思之，鬼神通之"，及后世文人所说"若有神助"之类，实际上是几个较为智慧的人凭着少数经验与个人思索构造出来的，什么能长久的范围多数人心境，叫他不敢跳出去呢？所以宗教盛行以后，一定有人怀疑。怀疑了，就凭着较多的经验，较深的思索，来别出一种解说。这就是哲学的起原。哲学是从怀疑起来的，所以哲学家所得的解说，决不禁人怀疑。而同时怀疑的，也决不止他一人，就各有各的解说。我们自老子首先开放，便有孔、墨等不同的学说接踵而起。希腊自泰利士创说万物原素，就有安纳西门特、安纳西米尼斯等不同的学说接踵而起。这就可以看出哲学与宗教不同的要点。但哲学的性质虽与宗教不同，而在科学没有成立的时代，他也有包办一切知识（关于行为的知识，也在其内）的任务。他的范围，竟与宗教相等。所以哲学常常与宗教相参杂。老子的学说，被神仙家利用而为道教；孔子的学说，被董仲舒等利用而为儒教。希腊柏拉图学说被基督教利用而为近于宗教的新派；亚利士多德学说在欧洲中古时代，完全隶属于基督教麾下。这全是因为科学没有发展的缘故。

欧洲的哲学，托始于希腊人。希腊人是最爱自然、最尚自由的民族。所以泰利士的哲学，就注意于宇宙观，而主万物皆原于水说。其后安纳西门特即改为无定质说。安纳西米尼斯又改为出于气说。而毕泰哥拉又主万有皆数说。希拉克里泰主万有皆出于火说。思比多立主火、气、水、土四原素说。安纳撒哥拉斯又说以无数性质不同的原素。看出他们的注意点全在自然界，而且各有各的见解，决不为一先生之说所限定。后来经过哲人派与苏格拉底、柏拉图等切近人事的哲学，但一到亚利士多德，就因旅行上随地考察的结果，遂于道德、政治、文学、玄学诸问题外，建设论理学，而且博涉物理、动物、植物学等问题。虽在经院哲学时代，亚氏所建设的科学，仍为教会所利用；然文艺中兴以后，欧人爱好自然的兴会，重行恢复，遂因考察、试验的功效，而各种包含于哲学的问题，渐渐自成为一种系统的知识，而建设为实证的科学。其初是自然科学，后又应用自然科学的方法于社会科学，而社会学、经济学、心理学等，均脱离哲学而成为独立的科学；近且教育学、美学等亦有根据实证的方法，而建设科学的倾向。一方面，科学家所求出的方法与公例，都可以作哲学的旁证；一方面又因哲学的范围，逐渐减小；哲学家的研究，特别专精，遂得逐渐深密。所以欧洲哲学的进步，得科学的助力不少。我们古代哲学家，用天、地、水、火、雷、风、山、泽八科卦象，说明万有；后来又有用水、火、木、金、土五行的一说，并非不注意于自然现象。但自五行说战胜八卦说以后，就统宰一切，用以说明天文，说明灾异，说明病理药物，说明政制，说明道德，遂不觉得有别种新说的必要。最早的哲学家老子，是专从玄学的原理，应用到人事。孔子虽号为博物，然而教人的学问，止有德行、政治、言语、文学等科，农圃等术，自称不如老农、老圃；读诗，又但言"多识鸟兽草木之名"，可以看出对于自然界的淡漠。止有墨子，于讲兼爱、尚贤以外，尚有关乎力学、光学的说明，或可推为我国的亚利士多德。然自孔学独尊以后，墨学中断。虽在五代时尚有墨子化金术的假托，但并不能有功于学术。因为孔学淡漠自然的关系，所以汉以后学者从没有建设科学的志愿。陆王一派，偏于唯心主义；阳明至有格竹七日而病之说，固不待言。朱考亭一派，以即物穷理说格物，对于自然现象及动植物等，也曾多方的试为解说，而终没有引入科学的门径。在欧洲因有古代炼金术而演成化学，我国也有淮南子、抱朴子等炼丹术，而没有产出化学的机会。欧洲因有医药术，而产出生理、地质、植物、动物等学；我国也有铜人图、本草等，而没有产出生理、生物等学的机会。所以我国的哲学，没有科学作前提，永远以"圣言量"为标准，而不能出烦琐哲学的范围。我们现在要说哲学纲要，不能不完全采用欧洲学说。

三、哲学的部类

哲学与科学，不是对待的，而是演进的。起初由哲学家发出假定的理论，再用观察试验或统计来考核他；考核之后，果然到处可通，然后定为公例。一层一层的公例，依着系统编制起来，就是科学。但是科学的对象，还有观察试验或统计所无从着手，而人的思想又不能不到的，于是又演出假定的理论。这就是科学的哲学。例如数学的哲学（共学社译有罗素《算理哲学》）、物理的哲学（牛顿与安斯坦的著作等）、生物学的哲学（达尔文、海克尔著作等）、法律哲学、宗教哲学等。再进一步，不以一科学为限，举一切自然科学的理论，贯串起来。这是自然哲学（Naturphilosophie，例如 Sehaller, *Geschichte der Naturphilosophie von Bacon bis auf unsere zeit*；Oswald, *Vorlesungen über Naturphilosophie* 等）。再进一步，举自然科学与其他一切科学的理论统统贯串起来，如孔德的《实证哲学》（*Philosophie de Positive*）、斯宾塞尔之《综合哲学原理》（*A System of Synthesis Philosophy*）等，就是守定这个范围的。但是人类自有一种超乎实证的世界观与人生观的要求，不能对实证哲学而感为满足。又人类自有对于不可知而试为可知的要求，不能对不可知论而感为满足。于是更进一步为形而上学，即玄学（Mataphysik）。古代的玄学，是包含科学的对象，一切用演绎法来武断的。现代的玄学，是把可以归纳而得的学理都让给科学了。又根据这些归纳而得的学理，更进一步，到不能用归纳法的境界，用思索求出理论来；而所求出的理论，若演绎到实证界的对象，还是要与科学家所得的公理，不相冲突的。厉希脱说："正确的判断，在思索与经验相应"，就是此意。所以专治一科学的人，说玄学为无用，不过自表他没有特别求智的欲望，可以听其自由。若是研究玄学的人，说玄学与科学可以不生关系，就不是现代玄学家的态度。

四、哲学纲要的范围

特殊科学的哲学与自然哲学，都是综合哲学的一部分。我们现在要讲的，是合综合哲学与玄学两级而成。我们可以分作三部分来研究：一是专为真理而研究，大抵偏于世界观方面，名为理论的哲学，就是原理问题。一是为应用而研究,大抵偏于人生观方面,名为实际的哲学,就是价值问题。而对于此等所知各方面的研求是否确当,先要看能知一方面能力与方法是否可靠,所以不能不先考认识问题。

(选自《蔡元培全集》第四卷,中华书局,1984年)

哲学究竟是什么

张东荪

张东荪（1886—1973）：哲学家。曾任北京大学教授。著作主要有《新哲学论丛》、《认识论》、《科学与哲学》、《知识与文化》等。

一

哲学的性质颇有些奇怪的地方。学科学的大学生虽然在第一年级未必能知道所学的那一门科学（例如物理学或化学或生物学）究竟是什么，然而等到学到第四年级终了，毕业以后必可明白其性质。但学哲学的大学生往往等到学完了四五年以后，方才恍然大悟，自己能够提出一个问题曰：哲学究竟是什么？这种奇怪的情形确是有的。可见学科学是愈学愈得明白，对于对象愈得有所确信；而学哲学则愈学愈加怀疑，其结果愈须反躬自问。然须知学哲学而学会了怀疑，知道问哲学究竟是什么，这乃是学哲学的成功，并不是失败。不但学哲学的学生有此情形，即我们研究了几十年的人亦是如此。

本篇就是想对于这一个问题求有一个解答。其中所说亦未尝不是我多年蓄积于心中的。现在写出来用以表明这个问题在我心中所告的一段落。

讨论这个问题须从三方面着眼。即第一是问：哲学究竟有没有自己独具的方法？第二是问：哲学究竟有没有自己固有的题目？第三是问：哲学究竟有没有自己所得的理论？这三个问题其实就是三个方面。第一是把哲学当作一个治学的训练来看。第二是把哲学当作一个特别领域来问一问其内容如何。第三是把哲学所诠当作一种结论，而问其性质是什么。于是我们便得三个问题，用换言式表之如下：

一、哲学的方法是什么？

二、哲学的问题是什么？

三、哲学的真理是什么性质？

二

先讲哲学的方法。我在五年以前曾撰有《哲学与科学》一文（载入中华书局出版的《哲学研究》中），就是对于这个问题发表我个人的见解。我的主张迄今未变。我以为如果把"方法"一词用作比较具体的解释，则我们当然说哲学上所用的方法，就是科学上所用的方法。哲学决不会于科学方法另有他自己的奇特方法。因为普通所谓科学方法只是逻辑。哲学亦决不能外乎逻辑。所以我主张哲学与科学之分别不在于方法（即不在于方法上有何不同），而只在于态度。于此我提出"态度"一词，其意义似较广泛，而偏于精神方面。现在把以前所说撮要录一二段如下：

科学与哲学同是先假定我们的这个世界是可以研究出道理来的。换言之，即这个世界是有理可解的。不过如何可以研究出来，则二者的态度却有不同了。科学以为必把它分为若干部分，各部分单独去研究。在各自研究的时候最好只许有关系而不互相倚靠与牵制。科学因此便专注重于精细与严确一方面。我们可以说愈向精微与细密而趋便愈是科学化。但愈求精细即不能不愈分工；愈求严密则不能不愈抽离。而哲学却恰恰采取相反的态度：就是哲学以为我们要了解这个世界之所以为有理可解的缘故，必须先会合其全，以观其整，而穷究其底蕴。所以哲学是专注重于彻底与整全（即会通）。故我主张科哲之不同不在于对象，亦不在于方法，乃只是治学的态度有所偏重而已。哲学不是不要精细，乃是为了会通与彻底之故，在二者不可得兼的时候，宁愿多顾全会通与彻底一些。科学亦不是不要会通，乃只是为了精细的缘故，二者既不能兼得，则只有牺牲整全一些。二者的注重不同则二者必各有所照顾不到的地方，乃是出于万不得已。并且各明知如此，暂时亦未得有善法以补救之。

以上所说，是我那篇文章中的大意，因原文不在手头，恐所引不无语句上的差池。但意思是没有变化。我根据这个意思便有下列的话可说。

如照我的主张，科学与哲学之不同既只在治学精神的态度，则必可首先打破历来认科学与哲学之不同在于方法的一种议论了。换言之，即我主张在方法上科学与哲学没有什么不同。再换言之，即我以为哲学不必有独特的方法。这一点恐有些人未能同意，故有一伸论之必要。近来英美哲学界盛趋向于分析一派。先是德人卡拿帕（Carnapp）开其端，最近英国少壮学者哀野（A. J. Ayer）大发挥之。他们以为"哲学就是分析"（Philosophizing is an activity of analysis）。然而他们所谓分析，其结果却只变为言语的分析，换言之，即分析言语中所含的意义。其唯一的目的是把言语弄得非常清楚，意义十分确定。其实自我看来，这依然不是哲学所独有的方法。因为无论哪一种学都须得用分析法，先把概念弄清楚了。所以拿分析来概括一切哲学，这是不够的。至于又有人说〔例如英人郭令妩（Collingwood）〕哲学以概念的交融为方法。例如佛教上的双非法（即非有非非有与非无非非无）。须知一切言语都是状事物的形态。至于"绝对"则必不是任何一事物，所以无法状之。不得已只有用这种双遣法，说他是如此，而又非如此。这乃是一种"消极的叙述法"（negative description），并没有什么奇特。因为积极的正面无法叙述，万不得已只好用这样的方法完全由消极的负面来把它衬托出来。所以就方法来说，这仍不是奇特的方法而为哲学所独有。不过这种消极的叙述法在他处没有这样厉害罢了。此外即为直觉说，有人以直觉为哲学方法。但我则以为哲学与宗教的分家即在此，哲学之所以邻近于科学亦因此。即直觉如是指神秘的经验而言，哲学实不需要这样东西。综上所说，足见哲学所使用的依然是和科学所使用的相同，即同是逻辑上的方法而已。但中文"方法"有时意义较具体，恰与英文 technique 相当。有时则包含原则便变为英文之 method 了。有时较为广泛则与英文之 way 相当。须知科学实验室中所用的科学方法是指 scientific technique 而言，各科学即各不相同。至于 scientific method 就是逻辑方法。所以我们可以说在方法上实寻不出哲学与科学有严格的分界。

三

第一个问题解决了，自然对于第二个问题即会有些暗示。我在前作(《科学与哲学》)上亦曾对于这个问题发表一些意见。我以为科学与哲学既不是方法的不同而只是治学精神的态度有差异，则任何题目都可由科学来研究，同时亦都可由哲学来研究。这样便无异乎把哲学变为"哲学观点"。同时科学亦只成为"科学态度"。任何题目用科学态度去研究，即成为科学。科学所有的题材倘用哲学观点去看，去探讨，则又必变为哲学了。一切对象无不可加以研究。只问这个研究采何种观点与态度。倘用采取分科与抽离的态度，把他愈分愈细，对于所分割出来的小部分作精确厘定，则便是科学所为。倘使从其与各方面联合来着眼，向彻底来追问，这就变为哲学了。因此有人不主张有"哲学"而以为只有"哲学地"(philosophically) 或"哲学的"(philosophical)。这就是说任何题材只须取哲学态度去研究都可以变为哲学的。这个情形近来甚为显著。不仅新物理学已大大富有哲学的色彩，即生物学亦是如此。英国的 Woodger 与 Needham 等人都是向这一方面努力。至于最近逝世的 J. S. Haldane 更不必说了。

心理学方面如 Koffka 一流亦是富有哲学色彩。我们可以说晚近科学界渐有哲学化的趋势，乃是不容讳言的。

根据上述的话，我们能不能说哲学没有特自的题材么？不过我以为尚须分别言之。即自哲学史来看，哲学上历来所研究的问题还是为哲学所固有。但我们对于这些问题却不可以为科学无法问津。老实说，有些问题科学不但可以置喙，并且其回答似乎较哲学还要有力量些。所以不是科学对于哲学的问题永远无法参与。不过有时从科学来解决哲学的问题，却专从一种科学是不够的，势必联合其他科学。这样一来便超出该科学的本身了。联合各科学本是属于哲学的职务。所以这样依然是哲学而不是科学。

并且有些问题其本身一经分析即化为无有，或化为另一种性质的问题。我们看见哲学史上哲学问题之嬗变就是为此。不过我们亦不可一概而论，以为一切哲学上的问题都是由于言语混淆而生的问题——言语一经分析清楚，其问题自然消灭。其实不然。确有些问题是所谓"传统的问题"。因此学者遂有"永久哲学"之称。并不是说哲学永久不灭，乃是说哲学的问题永久不易以致哲学亦跟着不会消灭。这些问题究竟是什么，须在下文论到哲学真理的时候一并说明。现在我们不妨姑且对于这两个问题（即哲学方法与哲学问题）作一个不完全的答案（因为完全解答必须俟第三个问题亦有解决时方可）。

其答案可如下：关于方法，我们可以说哲学所用的分析法亦就是一切学问所用的，并不有独特的地方。不过哲学的精神确有些不同。因为必须求贯通，必须追问到彻底，乃以致将其分析更显得厉害些了。这乃是因态度而影响了方法。并不是有特别的方法。从这一方面来说，我们可以把哲学当作一个训练。换言之，即可以训练人们的头脑，使他有很快的联想力与分别心。所以习哲学的功用不在能背诵出来若干大哲学家的学说以及一串的专门名辞和一大套的主义称谓，而只在于使学习的人们训练成了一副敏锐的脑筋。能够自己运思，又能够发现古人思想中联络处与间隙点。久而久之，把自己的运思积成了固定的思路。于是这个人便算对于哲学真入了门了。所以哲学不能"教"（即"授"）

而只能"养"。初学哲学的学生无论如何聪明，都有些格格不入。因此必须长期的陶养。往往学哲学的青年必是到了三五年后才发生真切的兴趣。等到你一旦有了哲学的脑筋以后，你无论再研究任何其他的学问，你必觉得总是不如哲学来得味道醇厚，有些不过瘾。到了那时你虽要把哲学舍弃，而依然是舍不掉的。

这是讲哲学的看法（即以哲学的眼光来看一切东西），至于哲学的问题亦易明白：即你只须用哲学的看法，则无论对于任何东西都可以看，换言之，即都可以研究。所以自科学发达以后，不是哲学的题目被科学悉行抢去，乃是哲学反而可以取科学的题目来研究了。有人说哲学无将来，这乃是一句不通的话。

四

我们现在要讨论到最后一个问题。这亦是我此篇中最要紧的地方。在上段已经说到哲学的问题虽没有一个不可由科学来窥测，然而究不能不承认自有哲学以来，确有所谓传统的哲学问题。这些问题有时候可以变一个形式再出现，但却不能化为无有。所以卡拿帕一派要把哲学问题认为"不成问题"，这实是由于不明哲学的性质。从某种眼光来看，若说他不成问题，固然亦可言之成理，持之有故。但这只是限于某种眼光而已，而并不是这些问题真正归于无有。你不承认这些问题则可，你说没有问题则不可。所以哲学上的问题虽不能完全一个亦没有自行消灭，但在实际上却确是只有增加。哲学问题的逐渐增加可用哲学史来证明。一部哲学史不是问题的解决，乃是问题的翻新。我尝说哲学上新问题若能层出不穷，这就是哲学的发展。至于有人以为非把问题解决不能得安慰，这便是不甚了解哲学的任务。因为哲学的功用不在于能解决问题，而在于能提出问题。问题倘使时时有新的提出来，则哲学内容便是增加了丰富。我主张以哲学上的"丰富"代表哲学上的"进步"。就丰富来说，当然是旧问题不灭而新问题又起。现在专就旧问题的永存性来讨论一下。至于新问题的发生无讨论必要，因为其理由是自明的。

哲学的问题所以有永久性以及所以有时变相而仍存在的缘故，我以为是由于关乎这些问题的概念都是那个文化中之最根本的概念。我们虽不能说那个文明是依赖这些概念而始存，但至少我们可以说这些概念确为那个文明的核心。把这些概念抽去了，则这个文明必须随之而倒。我们可以拿西洋哲学为例。西洋哲学就是整个儿代表西方文明。虽则严格说来，西方文明可以分为希腊文化、罗马文化以及希伯来文化等等。然在大体上总可以总括为一个。例如西洋哲学上的"本质"（substance）观念与"因果"法则等等都可算是西方文明的柱石，离了这些则西方文化决不会开出灿烂的花来。中国文化又是一支。所以中国人倘没有西洋学术的素养，决不会了解西洋人何以会有这样的问题。近来唐君毅君在《新民杂志》上有一文，列述中西哲学上问题之不同。我觉得他甚有见地。不过我们不能只见其不同的问题而止，必须更一追究其所以不同之故。我以为在此处最好以文化来讲哲学。固然从哲学的眼光可以研究文化。普通所谓文化哲学，大概是属于哲学，而为哲学中之一分支。我现在要从文化来看哲学，不是从哲学来看文化。虽然以文化来看哲学亦可以形成一个文化哲学，然而终是以文化为较大的概念来包含哲学。如此便可改名为"文化的哲学观"。须知"文化"与"哲学"这两个概念本来是分不开的。若说先有文化后有哲学，或说先有哲学后发为文化，这都是不必要的议论。前者是唯物论的史观，后者是唯心论的史观。我则以为这种史观上的唯心唯物之争是最无聊的。我在此处只须承认某一种文明有其某一种哲学，某一种哲学上的根本概念亦就是某一种文化的基础形式即够了。就像对于一个活人来问究竟先有心呢先有身呢。其实身亦不能离心，心亦不能离身。所以关于唯物史观或非唯物史观的争论只须一经分析，便可知其莫须有的事了。我们大可不必侈谈，而只须承认文化之基型大部分就是那个民族的哲学观念就行了。

于此我拉了来一个新名词，曰"文化基型"（cultural pattern）。这是从文化人类学（即社会人类学）上借来的。晚近人类学上大倡文化基型之说。不过他们所说与我并不十分相同，虽则大体上亦有相通的地方。大抵文化基型之意义是说一种文化中有一个根本观念或形式能使此文化中所有的一切都染了他的色彩,但我在此处却训为文化中之最根本最基础的方式。每一种文化都有其文化基型。我在上文说唯物史观等说是无聊的,就是因为这种议论好像把文化与其基型的关系看作为心与物的关系了。其实文化与其基型的关系决不是主客与心物的关系。西洋哲学上的问题与西洋哲学上大部分的学说就是西方文化基型的表现。有时一种文化且可有复杂的基型。西方文化即是其例。返观中国思想亦是如此。唐君毅君把中西哲学上问题性质的不同列举得很清楚,现在似无重述的必要。我在前作《论中国言语构造与中国哲学思想之关系》上,亦是阐明这一点。我并不是主张言语影响思想,亦不是主张思想左右言语,乃是表明言语与思想同表现一个文化基型。我们愈研究中国思想的特征,拿来和西方相比较,以见其特别的地方,便愈可发现中国的文化基型是什么。我们愈研究西洋哲学,愈发现其中的传统问题与对于这些问题的传统看法,纵然新说层出,而其态度无大变,不过翻新花样而已,便愈可知道西方文化的基型是在哪里。因此我们可以暂下一个断语:即哲学问题与哲学上大部分学说所以有永久性的缘故,就是因为这些乃是关于那一种文化中的基型的。

五

以上是以文化来说明哲学。但我们有哲学癖的人到此还不满足,必须再从哲学方面来解释文化。从哲学以说明文化乃是属于我个人的主张了。我并不希望大家皆赞同此说。而上段所说哲学是文化基型则我信为是真理。此段所下的文化之解释不过表明我个人的所信而已。至于个人所信何以不必即为真理,其故则当于下文详之。

文化是对于"素朴"而言。凡对于素朴而有所增加即都可谓之文化。例如一块玉,在土中时是所谓素朴的,掘了出来,加以打磨使之光润,这就是文化。又如一棵苹果树,当其自然生长,是所谓素朴,等到种在园中,加以肥料,使其结果肥大，这便是文化。这两个例固是很甚浅显，然尚有些不足。大概社会学家讲文化的人多取此说。我则以为文化的涵义尚须较广。例如对于一个东西，我们看他是一块玉，这便是有我们的辨别作用加于其上了。凡我们所加于其上的都可以谓之文化。我们的认识作用加于"单纯的所与"（bare given）之上亦未尝不属于文化的范围。因为已往的教育与民族的根性以及传统的思路在在都影响于我们的当下对物的认识。我们对物的认识不是一个简单的作用；而反之，却是一个极复杂的作用。不过牵涉过去的经验，并且同时亦含有各种因素，甚至于民族性都可以有影响。琼格（Jung）所谓"集合的不自觉心理"（the collective unconscious）未尝无充分的见地。所以这样一讲，便知道前举两例之不切了。详言之，即讲文化不可在认识论上完全采取常人的素朴实在论的见地，直承认所见为真实而不加批判。据我的私见，则以为必须把认识论亦列为文化学上之一问题，同时讨论之。这样固然是更繁难了，然而为学问计，是不可不如此的。因此我愿意从认识论方面对于文化求一个解释。这乃是从我的认识论上的见解来作解释的。

我们既然承认凡加于素朴之上的都是所谓文化。则第二问题便是：什么是素朴？从认识论的见地来讲，当然就是所谓外界。而在我则将外界的"所与"分为二。一为感觉，一为外在的架构。感觉一词不如"感相"（sense）来得切当。外在的架构亦不如"外在的界点"（natural limits）来得切当。关于后者，我在前作《多元认识论》中称之为"自然条理"（natural order）。现在我发现"条理"一词最易引起误会。因为凡是条理离不了辨别作用。于是纯客观的条理究竟有没有便成为争论了。我现在避免这一点，决不主张外界有个纯客观自然存在的条理。不过只主张一切条理都不能没有"外在的根据"，于此仅仅乎说到"根据"为止。这些根据我名之曰"界点"。所以称之为自然界点（不是自然界的点，乃是自然的界点），我在前作中曾列举原子性连续性等以明这个自然条理，现在我的思想变化了，决定把原子性连续性等之说放弃了，而专言这个外在的界点。我在《多元认识论重述》一文上曾举一个比喻以明这个界点。譬如有四个点。我们可以就此四点画一个圆形。又可就此四点画一个方形。或画一个 X 形。所画的各形是我们所造成的,至于这四个点却是固有的与自然的。不过这些界点只是可用名学上"有限变化之原理"(principle of limited variety)去测定他。除此以外,却不能直接辨认出来。因为四个点总是藏在圆形与方形里头的,从来没有单纯地自己存在过。例如橘子是可以吃的,可以拿的,可以嗅的,可以供在桌上的等等;但你若拿它来当作石头用,去筑屋基,便不成功了。只有在这样的不成功处乃是碰着了界点。这正和上述的四点只能画成方圆诸形,而不能画成三角形一样。因此须知一切秩序与条理不能纯是主观的产物,属于心的一方面。不能不承认其背后确有客观的根据。不过只是根据罢了,绝对不是客观能如实地现于主观的心中。所以我们可以大胆主张外界确有秩序,不过其秩序不是打成一片的,乃只是疏疏落落若干界点而已。我在前作中列为四个层次,即界点层、感相层、造成者层与解释层。其详见《多元认识论重述》之改正后刊入张菊生先生寿诞纪念册中者(《东方》十九期所载者无之)。这四个层次是互相套合的,没有一个可以离开而独存。关于这些我希望读者能参阅我的前作,现在不多说了。

　　就文化与素朴的对立来说,我以为前二层即界点层与感相层是素朴。至于造成者与解释则都是文化。现在恐读者不易明晓,再把后来这两层来说一说。通常我们把造成者与解释都称之为"概念"。前者是所谓"普通概念",例如桌子、椅子、笔、墨、纸等。后者是"理论概念",如"仁"、"比率"、"本体"、"理性"等。桌与椅不是实有这个东西,乃是我们由经验上造成的。比率与理性亦不是真有这样的东西自存于外界,乃是由于我们的理解而始起的。对于这些概念,我曾采取唯用论(pragmatism)的态度来说明之。我以为凡是概念,其功用都在于对付我们自己。详言之,即概念所代表的并不是对象的自身,乃只是我们对于对象的观察,亦就是我们对付他的态度。所以我主张每一个概念就是我们对于对象的反应态度之一组。须知这些态度就是所谓文化。照这样说,只有单纯所与的感相与伏在感觉背后的外在界点是素朴而自然的。此外都是对于素朴有所加于其上,便都在文化范围以内了。则可见我们生活于文化中正犹鱼生活于水中一样,没有一秒钟离得开。其实这个比喻亦还不切。须知不但离不开,乃直与文化打成一片。人的一举一动都是文化在那里暗中支配着。不仅最显著的剪发与穿衣可谓为文化的作用,即运思与观物亦何不然?所以人性不啻由文化而铸成。明白了这一点便可知哲学是什么了。

哲学就是所谓理论概念。哲学上的问题与一切学说无一不是理论概念(或是关乎理论概念的)。既然概念只是代表我们的态度,则概念的功用亦必只在于能变更我们的态度。换言之,即哲学只能对于文化有作用。这句话的意义无异乎说:倘有个哲学家自以为能掘发宇宙的秘密,窥见了客观的真际,这个人就是自欺欺人。老实说,哲学家无论费了九牛二虎的力量去探宇宙的险,其结果制成一个宇宙观,而仍然必须殿以一个人生观。古往今来的哲学家很少能避免这样一套的。所以我认为一切形而上学都只是人生哲学的序言。形而上学必须归结到人生哲学乃是极自然的。因为形而上学所讨论的全是理论概念。这些理论概念诚如卡拿帕所说,是永不能证实的无已,则惟有回过头来,只好施其作用于自己以及人类。所以宇宙观与人生观是分不开的。换言之,即形而上学在暗中本具有人生哲学的性质是不必讳言的。我们中国的哲学对于这一点尤为显明,它就直截了当以人生观为中心来解决宇宙问题。总之,哲学的性质若从哲学的功用上来看便可明白。哲学的功用就在于变更文化,因为其本身就是文化。惟有文化可以变更文化(于此所谓变更是只指"开拓"与"修改"而言,没有"无中生有"的意思在内)。在这一点,我的意见可以说是完全相同于马克思(K. Marx)对于哲学的看法了。然而其立论的理由则大不相同。

我始终以为哲学的职务有两个。一个是自觉地去干的;一个是不自觉地去做的。自觉的那一个是所谓追求最后的真实,对于宇宙寻有一个无漏义的说明。不自觉的那一个就是上文所说的"宇宙观在其本质上就自具有人生哲学作用"。每一个宇宙观在不知不觉中自然而然对于人生观会起很大的作用。因为宇宙观本身是一套理论,亦就是概念,并且是永远无法在对象上证实的概念,自然这些概念的作用只有回过头来对于我们对付环境的态度上表现了。我佩服马克思的地方就在于他能够揭穿这个不自觉的方面。他所说的话，我大部分全不能同意，我不过只佩服他这一点眼光而已。若就我的观点来说，宇宙就没有秘密；我们一生就寻不着最后的真实。因为真属于外界的，在经验上只是所谓界点。此外即为感相。我主张感相不属于物亦不属于心，是所谓"非存在者"。凡我们向外追求所获得的，其结果乃只成为我们所造的文化。所以不是愈追求愈逼近客观的真际，乃只是愈研究愈推展自己的态度。换言之，即愈追求即愈把已有的文化加以变化，而成为新文化。依然是在文化中翻来翻去打斤斗。好像在如来佛的掌心中一样，总是跳不出去。因为依我的主张，可以变化的只有我们自己的文化，至于真正素朴的外在者（即界点）本无可变化。凡对于素朴而为之加工，都是文化。文化是可以改变的，可以增益的。所以一切理论，其本身既是文化，自是可以改正，可以变更。（用旧日的术语来表示，可以说哲学只能祛"惑"，而不能有"得"。因为"惑"是文化，惟文化可以改变文化。其结果旧惑去，而新惑又起，即出世的佛教本身亦是一种理论，成为出世文化的基型，仍不免于有一种惑之议。）可见哲学，本身既只是文化，自是亦只能对于文化起作用，决不能对于素朴的自然起作用（即所谓不能有"得"）。

六

哲学既只是文化，岂非哲学就没有真理可言么？这一点又须分别言之。老实说，哲学之为文化亦无异乎科学之为文化。倘若哲学无真理，则科学必亦无真理。所以不能如此说。不过哲学的真理确有不同于科学的真理的地方。在上文已说过，科学的研究在于细微与精确，所以科学的真理比较上单纯些。换言之，即异说少些。哲学反之，在于求会通，求整全，求彻底，则自可容许各种不同的观点。所以哲学上总是异说纷纭，不能定于一尊。

我个人对于这一点是采取"型式"（type）之说以解释之。每一个学说而能代表一个型式的都可以永久不灭。因此亦可以说就是真理。特此处所谓真理却与普通所谓真理不甚相同。因为两个相反的真理可以并存。例如多元论与一元论各代表一个型式，所以都不失为真理。唯心论与唯物论亦然。不明此理者往往执一偏见，以为唯物论是真理了以后，唯心论决不能同为真理，其实乃隳于偏见了。所以哲学上必须有"忍容"，而特别名之曰"哲学的忍容"。哲学的忍容与普通的忍容颇有不同。普通忍容不过态度谦逊，表示虚心而已，乃只关于态度。哲学忍容不仅关于态度，必须在学理的内容承认异说的可能性。

　　说到这里，我们可以把真理一词不用在单独的一个型式上。则我们可以说若把所有型式总合起来便可愈逼近于真理了。假定我们采取这个态度，我们便可以哲学史来代替哲学。或换言之，即以历史哲学来代替哲学。我近来颇偏向于这一方面。可以说是完全受了黑格儿（Hegel）的影响。我以前很不喜欢他，但近来愈想便愈发现他的伟大了。我以为他的思想在型式上，乃是一个永久不灭的型式。而他的毛病却亦很大。据我看，他有一个大毛病：就是他把哲学当作了历史哲学以后又立了一个历史哲学之纯粹格式，讲这个纯粹格式的名之曰名学，而实际历史却只是这些纯粹格式的呈现。我以为他所谓历史哲学即是我现在所说的文化哲学，亦就是把哲学当作文化来看。这当然是很对的，但却不必另有一个抽象的纯粹格式来作一切文化上型式的根据。所以在我只要历史哲学而不要其根基的名学（皆就黑格儿而说）。换言之，即我们只须研究文化上各种型式的次第发生，而不必预先从其纯粹方面假定有若干型式用以制限将来新型式的出来。所以我之异乎黑格儿即在于我承认哲学史是无限发展的。并且我以为文化上思想型式是有多数的"可能的"，决不能用正反合来制限之。以哲学史来当文化史来讲，亦不过阐明其中的型式如何进展而已，决不能抽出来另成一个形而上学（黑格儿的名学即其形而上学）。黑格儿把哲学变为历史哲学以后依然又造出一个形而上学来，这乃是他的失败。倘若去掉了纯粹方面，而只留具体的型式的发展史迹，则我们便可把文化人类学与哲学冶于一炉；于是即可发生一个"人类学的哲学"。直言之，即我们不需要黑格儿式的历史哲学，而只可取其对于哲学的看法。我相信真要了解黑格儿必须知道什么是他的糟粕。敢于去掉他的糟粕才能真知道他的伟大。我又相信研究康德（Kant）而真能有得的人必会自然而然倾向于黑格儿，虽然康德是另外一个更伟大的永久不灭型式。我自己以为近来对于他们两个人颇能贯通。本篇亦可以说就是这样思索的结果。

以上是就真理的实际而言，至于"个人所信"（personal conviction）却没有关系。你以为唯物论合乎你的脾胃，你尽管可以相信唯物论是真理。反之，你不喜欢唯物论亦未尝不可。每一个有哲学思想的人尽可选择一个思想型式去自己安慰。于是便有所谓康德派、休谟派、亚里斯多德派等等。以个人论，我以为选取一派亦未尝不是一件可以安心的事。不过就整个儿的哲学的史迹来看，真理是不能完全属于一派的。

说到此似已很长了，应得来一个短的结论。我以为哲学确实是一个奇怪得很的东西。它看上去似与自然科学相类，其实它的本质却真是与社会科学一样，或可以说是向来与社会科学为邻。它向前追求，而作用却是向后而起。它虽是用分析法又善于怀疑，好像是对于已成的文化加以破坏，但经它破坏的结果却反把文化为之肯定。物理学、生物学、心理学现在都有哲学化的趋势，我希望将来文化人类学亦会趋于哲学化，以证吾说。

（选自《科学与哲学》，商务印书馆，1999 年）

哲学与生活

金岳霖

金岳霖（1895—1984）：哲学家、逻辑学家。1952年起任北京大学哲学系主任、教授。著作主要有《逻辑》、《知识论》和《论道》。编有《金岳霖文集》（四卷）。

一

并非只是在中国，哲学家才面临着哲学与生活脱节的问题。去年春季的哲学家大会表明，这个问题终于也在美国引起了普遍的注意，但是，似乎还没有什么解决的办法，这不仅仅是哲学家的任务。下面我们将说明，为此受谴责的不仅有哲学家，现行的知识结构和追求知识的方式也不利于形成一种有见识有辨别力的生活，而这一点对于民主的理想来说也是极其危险的。

哲学家之所以被单挑出来承受攻击，原因主要在于，哲学目前的状况与它昔日的荣耀形成了鲜明的对照。过去，哲学处理的是生活中最根本的问题，哲学家通常都是大师，不仅是知识的源泉，也是智慧的源泉，从他们那里，后知后觉者寻到了引导和启示。苏格拉底、柏拉图和亚里士多德不仅是他们时代的活的百科全书，同时也是那一时代的政治家、牧师、专栏作家和电台评论人。在中国，哲学家在古今的差异甚至更大。中国哲学家昔日所占据的位置即使不比美国历史上和平时期的伟大律师们更有权威，也比他们更有影响力，而在紧要关头，他们会挺身而出，捍卫他们的王朝或祖国。自然有人会问，中国哲学家眼下都在做什么，去满足一个尚未摆脱中世纪状态的国家的需要？这个国家正受着凶残的外敌入侵，经过七年的现代战争，早已凋敝不堪，涣散无序。正是古今的对比使哲学成为人们宣泄不满的对象。

有两个问题需要考虑，一个是哲学的界域，一个是哲学的性质。哲学的界域已经改变了，这一事实世人皆知，然而这种改变的结果却似乎没有在思想上获得承认。哲学好像是一个破落的乡村家庭，它的财产已经被分割得七零八落，分别落入都市代理人之手，现在在大学里仍然被称为哲学而教授的，只不过是残留给这个乡村旧家的微不足道的一小部分而已。在昔日辉煌和荣耀的光芒之下，哲学在总体上仍然被安置得很好。如果人们认为哲学的财富中仍然包含着已被都市代理人拿走的部分，那么，哲学就没有丧失对当下问题的关切，也没有放弃对民族危机的回应。如果我们在最宽泛的意义上理解哲学，华盛顿地区就是哲学的最大集中地。大师确实消失了，分化成了无数的专家，他们毫无疑问应当被理解为哲学家，但是，如果我们狭义地理解哲学，那么，哲学是否有效地昭显了人的命运，就是值得怀疑的了。

更加值得注意的是，哲学的性质也已经改变了。一种客观研究的方法兴起来了，它使哲学研究更倾向于与科学而不是与宗教联盟。这种新的研究方法的核心概念是怀疑，最重要的原则是使研究者独立于研究对象之外，或者，至少使他尽可能成为研究的无关紧要的背景。不难看出，采取这种方法，哲学几乎可以无条件地接受任何原则，可以不偏不倚地与任何学说发生联系。教条消失了，随着教条的消失，哲学不再为生活提供任何动力。它不再敦促人们做任何事，它甚至不再鼓吹什么，如果它要坚持某些前提，也只是为了进行推论，而不是要断然灌输什么东西。如果一个哲学家咄咄逼人地鼓吹某种学说，推动他的决不是哲学，而是属于牧师、政治家或者社会改良者的东西。学院派的哲学不再像中国古代的儒家学说那样是一种道德的力量，在它的各种训练中，技巧的要求越来越多，而教训的意味越来越稀薄。

现代哲学是否有用的问题有赖于我们如何看待哲学所产生的作用。在这里，值得注意的事实不是认识论主宰了哲学，而是整个哲学领域都是为了理解或者说是为了追求知识而构建起来的。伦理学不再教导学生为善，它教学生理解善为何物；美学不再教学生欣赏美，它教学生理解什么是美。格瑞翰·瓦勒斯关心思想方法的孤心独旨之所以值得赞赏，是因为近来的逻辑课程为学生提供的是知识的合法性证明，而不是训练他们如何合理地进行思考。有所失必有所得。哲学的现代研究方法使哲学比过去更加清晰明确，也更有助于知识的积累，使蕴藏在哲学中的知识能够唤起广泛的兴趣。并且，哲学的知识能够遗留给后代而哲学的经验和洞察则不能。无可否认的是，从进行理解和获得知识出发而建构起来的哲学已经取得了稳固的进步。因为知识总是有用的，无论直接还是间接，所以哲学不可能丧失其有用性，尽管它的作用已经转移了领域，这个领域与我们按哲学的昔日风范所指望它发挥作用的领域不甚相同。

然而确实有些东西无可挽回地丧失了。为了知识而建构起来的哲学甚至成为可以在八小时以内从事的职业，某些人据此把生活的某一侧面哲学化了，但是这一侧面依然是与一般生活分离着的。哲学家与人的有机联系似乎已经消失了。人们得到这种印象，成堆的哲学教授中，几乎没有一个哲学家。哲学逐渐变成对几个专家位置的垄断，它不再是市井的茶楼酒肆和优雅的沙龙茶会都能够随意取用的日常用品。哲学昔日对意义的渴望已经被把握观念的技巧所取代，然而这种技术哲学满足不了人内在的哲学冲动。在一般人的眼里，哲学已经变得像科学一样云遮雾绕，无比神奇，可是又不像科学能够以有形的成就明确展示其作用。哲学有什么理由走当前的发展之路？理由很多，但我们只谈其中的一个。

二

哲学采取当前的发展趋势，只不过是追随其他学科的榜样而已。当前，几乎所有学科都是为着效率而组织起来的，在这样的结构形式中，它们不可避免地伴随着某些特征。首先，总的趋势是分工日益细密，越来越多的学者在越来越窄的知识领域里成为专家。每一个细小的知识分支都成为一个技术园地，很难指望安居其中的专家成为整个学科的大师。在自然科学领域，大师已经消失了，他们也正在经济学和社会学的领域里消失。在哲学的领域，也会很快出现逻辑学家、认识论专家、美学家等等，但就是出不了哲学家。其次，为了获得成果，学者们不得不尽可能使自己与研究对象分离开来。从获得确实可靠的知识或信息的观点来看，这种态度是值得赞赏的，但与此同时，它又具有使研究成果外在于研究者的倾向。毫无疑问，学者的研究是他职业生涯中的一个重要因素，但是，它是否同样是他生活中的重要因素，却在于他的职业是否融入了他的生活。如果融入了，他就是一个狭隘的人，因为他生活中的其他许多方面都被淹没了，或者是没有得到发展，或者是被弃之不顾。如果他的职业没有融入他的生活，他的研究就变得外在于他的生活了。也许还能提到另外一些特点，但仅此两点就足以显示当代学术的风貌了。更重要的是，这些特点一再发挥作用和彼此作用，促使当前的趋势加速发展。我们的知识处于此种趋势之下，研究变得越细碎，它们就越外在化，而它们越外在化，研究又变得更加细碎。

在效率的基础上组织研究，完全为推进知识而开展研究，其直接后果便是上述这些特点。曾经有一个时期，学术研究不是这种形态，在那时，有文化的几乎就是有教养的，其中的一些人甚至完全随兴所至，让各种兴趣自然地得到满足。中国过去也有一些学者根本不在乎功名，就在上一个世纪，英国也有不少学者根本不费心思去撰写学术著作。对于他们来说，只要过一种有辨别力的生活就足够了。确实，在当时社会的一般经济及社会条件下，只有极少数人能够醉心于这样的理想。但是，在目前条件已经改善的情况下，为什么不把这种理想普及到广大民众呢？这种理想之所以不能保持，原因在于，对于现代的个人来说，它在事实上已经失去了保存的价值。在高度工业化和经济竞争的社会里，每一个人都要发挥一种作用，只有有效地发挥其作用，一个人才有可能、同时也才有资格存在。悠闲的有钱人确实存在，但是这一点不应当蒙蔽我们，使我们看不到总趋势是追求越来越高的效率。正是这一趋势，应当对当前的危机承担责任。如果追求效率的趋势通行于生活的其他领域，我们怎么可能指望它在学术研究的领域里缺席呢？

不幸的是，这里还有一个原因。过去，中国的学术活动是个人的事，甚至是私人的事，醉心学术无需大量的财产来支持，学者构成了一个阶层，成为一种社会的和政治的身份，学术不是一种职业。贫穷肯定减少了学者的可能数量，但那些有幸拥有些许财产的人都有可能成为学者。更重要的是，他们自己就拥有从事学术活动的种种用具，在这一方面，他们有点像欧洲中世纪的手艺人。他们无需在社会里或者在政治上确认自己的身份。随着工业化的到来和学术在研究所里协作组织，学者从事学术研究的用具被拿走了，就像工厂把生产设备和工具从工人那里拿走一样。现在，科学家已经完全依赖科研机构，在人文研究领域，如果有钱，也还可以私人从事研究，但这样做的机会在一天天地减少。学者成为雇员，以研究换取报酬，并不断遭受质询，除非他们不断地出示理由，说明他们应当被如此雇佣。学术职业化了，学者的工作就是生产知识。职业网球运动员的出现引起了抱怨，同时也获得了支持，但是，职业学者的出现既没有人宣告和称颂，也没有人支持或诅咒。哲学自然也难逃职业化，哲学家现在受到的责难是，他们将为公众生产什么产品？与其他知识领域的学者相比，哲学家可能更痛苦，但所有学者都同样在遭受被当前的趋势所支配而造成的痛苦。

希望诸位充分理解，我们在这里并没有诅咒上面所提到的学术趋势。从获取知识的观点来看，这种趋势应该受到高度赞扬。无论直接还是间接，知识总是有用的，更重要的是，它是一种力量，一种我们可以用来反抗自然或者仅仅与他人对抗的力量。它也并非与生活无关,而是可能改善我们生活条件的最强有力的因素,用一句老话来说,排除自然设置的障碍,最有效者无如知识,知识为我们所希望的生活提供种种条件。知识有点像金钱,在不同的人那里扮演着不同的角色,这取决于它是在穷人还是在富人手里。在穷人手里,它可能改变某些不如人意的生活条件,在富人手中,它却不会使生活更尽如人意。还是像金钱,知识是一种通货,拥有它,意愿能够得到满足,但是拥有知识的财富不一定能够提高生活质量。

我们绝无小看科学的意思。普天之下,莫非科学研究之对象,这是一件好事。我们也没有说,有关的训练对于生活中的一般事务无所补益,相反,从科学态度应该被推广到生活的其他方面的观点来看,这些训练是特别有用的。问题是,无论我们如何根据科学的观点来理解生活的进程,无论这种理解达到何种程度,我们仍然不得不以个人的身份来过自己的日子,在社会中感受生活给予我们的那一份特殊的馈赠。以营养学的全面了解可以使人挑选有益于身体健康的食品,但是并不必然使他爱好那些有益健康的食品而不是符合他的口味的食品。对性科学的全面了解肯定无助于性经验,一个性学专家能否成为恋爱专家,这是大可怀疑的。一个醉鬼不知道酒精对他有害,当他死于酗酒时,他只是值得同情,而他本人不一定不幸福;但是,如果他知道酒精对他有害却依然贪杯,当他死于酒精中毒时,他就制造了一个悲剧。知识本身是否具有直接的影响,这是值得怀疑的。如果它曾经有,那么对于大多数人来说,它现在已经不再有了;在大多数人那里,知识像是牙刷一类的用具,只要不用,就被挂起来了。知识是否是某种意义上的美德?古希腊人认为是,我们无须断言它在今天已经不是了。知识是中性的,影响不了我们的爱好和口味;它的分寸感太强,使我们不能靠它来解决它的恰当范围以外的问题;它太外在,不能支持我们以信仰来行动;它太软弱,不能为我们提供帮助,它不是情感和欲望的主宰者或伙伴,相反,它成了它们的奴隶。

三

除了德国，高度工业化的国家都是民主国家。民主国家在经济上是帝国主义的，但是，它们在近年以来尚未成为叫嚣军事的侵略者。如果这个世界要保障民主国家的安全，那么，民主国家也应当保障这个世界以及本国国民的安全。因为国民是民主国家的最终主宰者，所以，他们本身应当是自由的、独立的和有分辨力的个人，这一点非常重要。为了做到这一点，他们不应当被盲目地引导，不应当仅仅充当一架燃料充足的机器的润滑剂，而应当过一种有分辨力的生活。由于是大多数人说了算，大多数人的决定就应当是经过分辨的选择而不是盲目的冲动，这一点也是很重要的。如果强权政治在国际关系中是受谴责的，那么，它在一个国家内部也应当同样被谴责。如果强权政治在国际上让弱国无助地遭受强国的欺凌，一个国家内的强权政治也会让它的国民享受不到自己的权益，不能在自己的政府里传达出自己的声音。国际政治确实更加根本，因为，如果一个国家内的政治举措是特殊利益拉锯的最终结果，谁也不能保证他们将不拉扯到国界之外。为了让民主国家保障世界的安全，民主国家就应当被造就得能够保障它自己的国民的安全。民主的理想只能由自由的、独立的、有分辨力的国民来实现，这些国民永远不放松自己的公共责任。民主制度要求普通人承担重要的责任，而对于那些信仰民主制度的人来说，应当由他们承担的责任却正好符合他们的愿望，因为在他们看来，这些责任与做人的尊严是一致的。

在集权国家，某些特殊的观念被强加于全体人民，以此把他们驱赶到某个单一的目标之下。这个目标产生于某种统一的行为，而这种行为正是他们的领袖或政治寡头所希望的。任何国家都需要一定程度的统一行为，大多数国家除了依靠共同的血缘纽带来实现这一点，还依靠共同的语言、共同的文化类型或遗产。现代工业为此所做的贡献是很微妙的，以至于它达到了某种统一的行为方式却不被认为是在强加于人，因为没有人感到有人或有一群人在那里强迫他们。例如，工业在美国可能是最强大的统一力量。工业的效率为政治的效验提供保障，在中国难以推行的措施在美国就可能轻而易举地实行。工业的力量还是军事的力量。就它本身而言，它也仅仅是军事力量而已，这种力量在经济上是帝国主义的，但不是军事侵略的，所以，它是防御的而不是进攻的军事力量。它拯救了民主国家，使它们不至于在战争中被击败。虽然它使民主国家可能在经济上成为帝国主义的，但与集权的力量相比，民主国家使它们的邻居感到安全。回想1940年，当纳粹入侵荷兰、巴尔干和法国时，中国的一些人感到，民主国家是衰弱的、无效的。如此迅速得出结论，他们确实脆弱，并且结论肯定是不恰当的。没有多少人知道民主国家的力量是潜在的，不推上火线不会发挥威力。然而，一旦做出了决定，建立起军事行动的全套设置，它的力量顿时显现。但是，力量总是危险的，它可以用之于善，也可以用之于恶；它究竟被用于这种用途还是另一种用途，就要看操作它的人是谁了。

我们习惯于把工业化和民主化相提并论，丝毫没有想到，沿着一定的路线发展，它们将变得不再彼此协调。民主制度下的国民需要成为独立的、有辨别力的个人，而工业制度下的工人需要成为有效率的、有机械化头脑的专家。让我们使用人和机器这两个词来取代灵性和物性这两个术语，民主制要求的是人，而工业化要求的是机器。如果一切都被工业化了，或者一切事物的背后都透露着工业的精神，那么，结果很可能是极大地（如果不是全部的话）破坏属于人的东西。如果把宗教工业化，我们可能得到庄严的教堂，甚至得到专家型牧师，但可能失去古老的谦卑精神的园地和道德感化所散发出的深切善意。把我们的创造冲动工业化，我们可能得到专家型的手艺人，却会丧失天才和艺术家。工业化的方式可能被应用到各个方面，无论什么时候，只要它一成不变地被加以应用，就会出现一些度量标准。根据这些标准，效率会上升，这一领域里活泼泼的人将越来越变成专家，并拥有机械化的头脑。工业再加上经济竞争，我们几乎难逃这种灾难性的后果。如果人在一周的每一天都高效率地工作，那么，充分利用周末时间的愿望几乎不可抑制。这种想用最大数量活动来充实空闲时间的愿望轻而易举地排除了悠闲，也很少在情感和思想方面花费时间。某一领域的专家很可能对其他领域一无所知,在面临人生新的境遇时,具有机械化头脑的人像新生的婴儿一样束手无策。很难指望这样的人能够对复杂的国内和国际政治做出警觉的和有辨别力的反应,需要做重大决定时,这些人往往从自己的职业或工业上的利益出发来考虑问题。民主的理想很可能在民主的制度下被粉碎。

  有不少令人吃惊的假设被赞赏民主制度的人们不自觉地接受了。可能很少有人相信经济人的存在,很少有人无条件地相信经济决定论,但是,许多人都多少有些相信,或者他们的行为表明他们相信,经济的解放是包治一切社会和政治邪恶的灵丹妙药。对于经济人来说也许是这样,但是对于大多数有血有肉的人来说,经济问题的背后还有大量其他问题有待解决。可能很少有人会说人类是会思想能认知的机器,然而有不少人假定,只要人们知道该做什么和怎样去做,一切问题都将迎刃而解。对于会思想或会认知的机器而言,知识问题的解决将化解其他一切问题,使之不再成其为问题,但是,对于有情感有追求、有爱有恨、有希望有畏惧、七情六欲无不具备的人类来说,知识的获得不仅不能解决问题,而且有可能使这些问题比以前更加混乱。现在,西方流行着一种民主的新观念,这种观念放弃了民主的旧名称,而称作国家社会主义,它主张政府集中很大的权力,以此改善大多数国民的生活条件;在民主制的旧框架中实施这种观念,它不失为一个美妙的民主新观念;但是,把它强加在民主制度之外的人们身上,那就很危险了。因为国家社会主义不再只是旧式的民主制,它还是极权主义的,甚至有可能转变成法西斯主义。在缺乏旧式民主的地方,似乎有一种对民主新观念的偏爱。这种偏爱的态度之下,潜伏着一个假定:人性天生是善的,然而对于大多数支持民主新观念的人来说,把这个假定作为前提是不能接受的。罗素早就说过,一个富有的人完全有可能是一个道德败坏的公民,一个聪明博学的人也有可能是一个腐化堕落的畜牲,因此,如果没有政治制度的制约或强制的话,新民主制度的领导者不可能成为公众的灵魂。在民主制度下,人的问题比在其他任何的政府之下更值得重视。

四

在知识的推进和应用被工业化的时候,教育却不应当走这样的路。知识已经专门化并且变得实用了,从知识的推进和应用来看,它们已经有了大量的产品。基金会、研究所和大学都可以被视为是推进知识发展的工业。总体上看,它们都十分有效率,标准还在继续探讨,真理时有发现,产品的质量也没有下降。希望从社会或政治上证明知识工业的正当性,这种愿望可能不利于知识采取恰当的标准,但这只是可能,此处无需论及。知识的工业化仅仅意味其雇员的职业化,涉及不到知识工业的产品。知识还很容易被市场化,以便被公众使用。知识的市场化确实是教育的一个部分,但肯定不是教育的全部。目前大学和学院的一般方式是大班授课、记笔记、考试和修学分等等,似乎把教育与知识的市场化混淆了。教育不仅要为青年人未来谋职做准备,更要培养他们成为独立的、有辨别力的个体。知识的市场化还能在追求利益的动机下被工业化,大学和学院可能被认为是这类工业的最佳部分。这里没有反对工业化的意思,但也不能认为这就是教育的全部,因为教育所涉及的范围远不只是专门化和实用化了的知识。后者有助于提供谋生手段,却不能帮助人们校订自己的生活方向和丰富他们的生活。教育的本质是个体的发展;它的消极作用是防止青年人反社会,积极作用是使个人的潜能得到充分的发展。教育不应当被工业化,严格地说,它也不可能被工业化,因为独立的个体是不可能批量生产的。知识已经变成了欲望和情感的奴仆,我们越是把知识的解析等同于教育,就越可能使欲望和情感停留在原始的和无知的状态,使知识变成满足欲望和情感的工具,同时使我们的欲望和情感变得比蒙昧无知的时代更难于控制。教育的主要目的是培养个性,消除野性,使人变得坚定;是在冲突的人生需求之间建立平衡,养成某种节操以便自我控制其他方面;是休养本性从而使受到滋养的本性变得有教养和有文化的内涵。价值观念必须自觉地接受,信仰必须自觉地皈依。这里的意思不是说教育应该灌输价值或观念,但是,教育肯定应当对价值和信仰加以分辨，应当鼓励青年人清醒地意识到自己的选择，使他们能够明确地说出自己的价值观念是什么，并确信自己无愧于天地。当一个人为自己的价值观念和信仰感到愧疚时，他要么退回去，承认人是动物；要么陷溺于复杂的心境，无一刻安宁。为了求得可信的知识，怀疑是必要的，是具有引导作用的。但是应当把它局限在思想和观念的领域，如果把它推行到价值和信仰的领域，它只会使人放纵情感，或者使他的情感与理智冲突。一战期间成长起来的一代人中有不少是情感放纵主义者，对于他们而言，生活最好只是"娱乐"，一个被"娱乐者"主宰的世界难免令某些人，例如亨利亚当斯感到可怕，转而指望从13世纪的大一统中获得安慰。我们不是在鼓吹任何特殊形式的大一统，我们所坚持的只是，通过教育，人们应当学会安详，能够毫无愧色地宣称自己的价值观念和信仰，因为正是他们的价值观念和信仰在推动着他们的生活。那些放纵情感的人无论在自己选定的职业中取得多大的成就，他们对于民主制度而言都或多或少是不利的因素。在他们投票的地方，重大决定要么是任意做出来的，要么根本做不出来。

  一种全面的通才教育是必要的。这种教育应当包括对价值观念的辨别和对信仰的毫无愧色的宣称。对知识进行分析仍然是必要的，为了这个目的，现行的课程设置应当继续保留，但应当补充自由的、随意的却是严肃的讨论，对理想、信念、价值、欲望、爱好、隐含的假设、爱和恨、喜和怨等等进行讨论；从事教育的教授应当不断地与学生接触，在实际生活中为他们做出榜样，无论是否自如，无论是否成功，教授们所讲的应当是他们自己的人生观。出于知识市场化的目的，大学的规模已经扩大了，然而大学应当建立众多的小学院，配置各自的导师，目的是引导青年人通过一个缓慢的学习过程成长为一个人。所有人文学科都应当用来丰富年轻人的性格，正如各种可靠的知识都应当用来丰富他们的头脑一样。经费的问题不是需要考虑的问题。必须强调的是，无论一个人将来想做什么，无论他想当工程师还是医生，想当银行家还是码头装卸工，想当音乐家还是物理学家，温和而庄重的仪表、严肃认真的工作态度和发自内心的愉悦都是他作为人所应当具有的，这些比其他一切都重要。人们普遍对优雅的观念感到厌烦，也许是因为以现实的标准来衡量，这个观念太苍白，太随意，不能以原则来处理它，在一个普遍务实的世界里显得太不真实。我们对优雅观念的评价是否恰当，这里无需断言；平等对于法西斯才是恶，而对于民主制度则是善。只有把平等与优雅结合起来，我们才可能成为真正的人，成为我们自己的情感和欲望的主人，这样，知识和权力才不会被用于破坏。只有到那时，人类才不会自己危害自己。

（选自陈静译，《金岳霖文集》，中国社会科学出版社，2000年）

新唯识论·明宗（语体文本） 熊十力

今造此论，为欲悟诸究玄学者，令知一切物的本体，非是离自心外在境界，及非知识所行境界，唯是反求实证相应故。

　　译者按：本体非是离我的心而外在者，因为大全大全，即谓本体。此中大字，不与小对。不碍显现为一切分，而每一分又各各都是大全的。如张人，本来具有大全，故张人不可离自心而向外去求索大全的。又如李人，亦具有大全，故李人亦不可离自心而向外去求索大全的。各人的宇宙，都是大全的整体的直接显现，不可说大全是超脱于各人的宇宙之上而独在的。譬如大海水喻本体。显现为众沤，喻众人或各种物。即每一沤，都是大海水的全整的直接显现。试就甲沤来说罢，甲沤是以大海水为体，即具有大海水底全量的。又就乙沤来说罢，乙沤也是以大海水为体，亦即具有大海水底全量的。丙沤、丁沤乃至无量底沤，均可类推。据此说来，我们若站在大海水底观点上，大海水是全整的现为一个一个的沤，不是超脱于无量的沤之上而独在的。又若站在沤的观点上，即每一沤都是揽大海水为体。我们不要以为每一沤是各个微细的沤，实际上每一沤都是大海水的全整的直接显现者。奇哉奇哉！由这个譬喻，可以悟到大全不碍显现为一切分，而每一分又各各都是大全的。这真是玄之又玄啊！

又按本体非是理智所行的境界者，熊先生本欲于《量论》广明此义。但《量论》既未能作，恐读者不察其旨。兹奉熊先生之意而略明之。学问当分二途：曰科学，曰哲学。即玄学。科学，根本从实用出发，易言之，即从日常生活的经验里出发。科学所凭藉以发展的工具，便是理智。这个理智，只从日常经验里面历练出来，所以把一切物事看作是离我的心而独立存在的，非是依于吾心之认识他而始存在的。因此，理智只是向外去看，而认为有客观独存的物事。科学无论发展到何种程度，他的根本意义总是如此的。哲学自从科学发展以后，他底范围日益缩小。究极言之，只有本体论是哲学的范围，除此以外，几乎皆是科学的领域。虽云哲学家之遐思与明见，不止高谈本体而已，其智周万物，尝有改造宇宙之先识，而变更人类谬误之思想，以趋于日新与高明之境。哲学思想本不可以有限界言，然而本体论究是阐明万化根源，是一切智智，一切智中最上之智，复为一切智之所从出，故云一切智智。与科学但为各部门的知识者自不可同日语。则谓哲学建本立极，只是本体论，要不为过。夫哲学所穷究的，即是本体。我们要知道，本体的自身是无形相的，而却显现为一切的物事，但我们不可执定一切的物事以为本体即如是。譬如假说水为冰的本体，但不可执定冰的相状，以为水即如冰相之凝固者然。本体是不可当做外界的物事去推求的。这个道理，要待本论全部讲完了才会明白的。然而吾人的理智作用，总是认为有离我的心而独立存在的物质宇宙，若将这种看法来推求本体，势必发生不可避免的过失，不是把本体当做外界的东西来胡乱猜拟一顿，就要出于否认本体之一途。所以说，本体不是理智所行的境界。我们以为科学、哲学，原自分途。科学所凭藉的工具即理智，拿在哲学的范围内，便得不着本体。这是本论坚决的主张。

是实证相应者，名为性智。性智，亦省称智。这个智是与量智不同的。云何分别性智和量智？性智者，即是真的自己底觉悟。此中真的自己一词，即谓本体。在宇宙论中，赅万有而言其本原，则云本体。即此本体，以其为吾人所以生之理而言，则亦名真的自己。即此真己，在《量论》中说名觉悟，即所谓性智。此中觉悟义深，本无惑乱故云觉，本非倒妄故云悟，申言之，这个觉悟就是真的自己。离了这个觉悟，更无所谓真的自己。此具足圆满的明净的觉悟的真的自己，本来是独立无匹的。以故，这种觉悟虽不离感官经验，要是不滞于感官经验而恒自在离系的。他元是自明自觉，虚灵无碍，圆满无缺，虽寂寞无形，而秩然众理已毕具，能为一切知识底根源的。量智，是思量和推度，或明辨事物之理则，及于所行所历，简择得失等等的作用故，故说名量智，亦名理智。此智，元是性智的发用，而卒别于性智者，因为性智作用，依官能而发现，即官能得假之以自用。此中得者，言其可得，而非恒然。若官能恒假性智以自用，即性智毕竟不得自显，如谓奴恒夺主，无有主人得自行威命者。此岂应理之谈。易言之，官能可假性智作用以成为官能之作用，迷以逐物，而妄见有外，性智作用，以下省云性用。见有外者，以物为外故。由此成习。习者，官能的作用，迷逐外物。此作用虽当念迁谢，而必有余势续流不绝也。即此不绝之余势，名为习。而习之既成，则且潜伏不测之渊，不测之渊，形容其藏之深也。常乘机现起，益以障碍性用，而使其成为官能作用。则习与官能作用，恒叶合为一，以追逐境物，极虚妄分别之能事，外驰而不反，是则谓之量智。以上意思，俟下卷《明心章》当加详。故量智者，虽原本性智，而终自成为一种势用，迥异其本。量智即习心，亦说为识。宗门所谓情见或情识与知见等者，皆属量智。吾尝言，量智是缘一切日常经验而发展，其行相恒是外驰。此中行相一词，行谓起解，相者相状，行解之相，曰行相。外驰者，唯妄计有外在的物事而追求不已故。夫唯外驰，即妄现有一切物。因此而明辨事物之理则，及于所行所历，简择得失而远于狂驰者，狂驰犹俗云任感情盲动者也。此或量智之悬解。悬解，借用庄子语。量智有时离妄习缠缚而神解昭著者，斯云悬解。悬者，形容其无所系也。解者，超脱义，暂离系故，亦云超脱，然以为真解则未也。以其非真离系，即非真解。必妄习断尽，性智全显，量智乃纯为性智之发用，而不失其本然，始名真解。此岂易言哉？上云悬解者，特习根潜伏而未甚现起耳。且习有粗细，粗者可暂伏，细者恒潜运而不易察也。量智唯不易得真解故，恒妄计有外在世界，攀援构画。以此，常与真的自己分离，真己无外，今妄计有外，故离真己。并常障蔽了真的自己，攀援构画，皆妄相也，所以障其真己而不得反证。故量智毕竟不即是性智。此二之辨，当详诸《量论》。今在此论，唯欲略显体故。本体亦省言体，后凡言体者仿此。

哲学家谈本体者，大抵把本体当做是离我的心而外在的物事，因凭理智作用，向外界去寻求。由此之故，哲学家各用思考去构画一种境界，而建立为本体，纷纷不一其说。不论是唯心唯物、非心非物，种种之论要皆以向外找东西的态度来猜度，各自虚妄安立一种本体。这个固然错误。更有否认本体，而专讲知识论者。这种主张，可谓脱离了哲学的立场。因为哲学所以站脚得住者，只以本体论是科学所夺不去的。我们正以未得证体，才研究知识论。今乃立意不承有本体，而只在知识论上钻来钻去，终无结果，如何不是脱离哲学的立场？凡此种种妄见，如前哲所谓"道在迩而求诸远，事在易而求诸难"。此其谬误，实由不务反识本心。易言之，即不了万物本原与吾人真性，本非有二。此中真性，即谓本心。以其为吾人所以生之理，则云真性。以其主乎吾身，则曰本心。遂至妄臆宇宙本体为离自心而外在，故乃凭量智以向外求索，及其求索不可得，犹复不已于求索，则且以意想而有所安立。学者各凭意想，聚讼不休，则又相戒勿谈本体，于是盘旋知识窠臼，而正智之途塞，人顾自迷其所以生之理。古德有骑驴觅驴之喻，盖言其不悟自所本有，而妄向外求也。慨斯人之颠倒，可奈何哉？

前面已说，本体不是离我的心而外在的。这句话的意思，是指示他们把本体当做外界独存的东西来推度，是极大的错误。设有问言："既体非外在，当于何求？"应答彼言：求诸己而已矣。求诸己者，反之于心而即是。岂远乎哉？不过，提到一心字，应知有本心习心之分。唯吾人的本心，才是吾身与天地万物所同具的本体，不可认习心作真宰也。真宰者，本心之异名。以其主乎吾身，而视听言动一皆远于非理，物欲不得而干，故说为真宰。习心和本心的分别，至后当详。下卷《明心章》。今略说本心义相：一、此心是虚寂的。无形无象，故说为虚。性离扰乱，故说为寂。寂故，其化也神；不寂则乱，恶乎神，恶乎化。虚故，其生也不测；不虚则碍，奚其生，奚其不测。二、此心是明觉的。离闇之谓明，无惑之谓觉。明觉者，无知而无不知。无虚妄分别，故云无知。照体独立，为一切知之源，故云无不知。备万理而无妄，具众德而恒如，是故万化以之行，百物以之成。群有不起于惑，反之明觉，不亦默然深喻哉。哲学家谈宇宙缘起，有以为由盲目追求的意志者，此与数论言万法之生亦由于闇，伏曼容说万事起于惑，同一谬误。盖皆以习心测化理，而不曾识得本心，故铸此大错。《易》曰："乾知大始。"乾谓本心，亦即本体。知者，明觉义，非知识之知。乾以其知，而为万物所资始，孰谓物以惑始耶？万物同资始于乾元而各正性命，以其本无惑性故。证真之言莫如《易》，斯其至矣。是故此心谓本心。即是吾人的真性，亦即是一切物的本体。或复问言："黄檗有云，'深信含生同一真性，心性不异，即性即心'云云。此与孟子所言'尽心则知性知天'，遥相契应。宋明理学家，有以为心未即是性者。此未了本心义。本心即是性，但随义异名耳。以其主乎身，曰心；以其为吾人所以生之理，曰性；以其为万有之大原，曰天。故'尽心则知性知天'，以三名所表，实是一事，但取义不一而名有三耳。尽心之尽，谓吾人修为工夫，当对治习染或私欲，而使本心得显发其德用，无有一毫亏欠也。故尽心，即是性天全显，故曰知性知天。知者证知，本心之炯然内证也，非知识之知。由孟子之言，则哲学家谈本体者，以为是量智或知识所行之境，而未知其必待修为之功，笃实深纯，乃至克尽其心，始获证见，则终与此理背驰也。黄檗言即心即性，是有当于孟子。然世人颇疑在我之心，本心，亦省云心。他处准知。云何即是万物之本体，此如何开喻？"答曰：彼所不喻者，徒以习心虚妄分别，迷执小己而不见性故也。性字，注见前。夫执小己，则歧物我、判内外，内我而外物，两相隔截。故疑我心云何体物。体物，犹云为万物之本体。若乃廓然忘己，而彻悟寂然非空，生而不有，至诚无息之实理，是为吾与万物所共禀之以有生，即是吾与万物所同具之真性。此真性之存乎吾身，恒是虚灵不昧，即为吾身之主，则亦谓之本心。故此言心，实非吾身之所得私也，乃吾与万物浑然同体之真性也。然则反之吾心，而即已得万物之本体。本体乃真性之异语，以其为吾与万物所以生之实理，则曰真性。即此真性，是吾与万物本然的实相，亦曰本体。此中实相，犹言实体。本然者，本来如此。德性无变易故，非后起故，恒自尔故。吾心与万物本体，无二无别，其又奚疑？孟子云："夫道，一而已矣。"此之谓也。

或复难言："说心，便与物对。心待物而彰名，无物，则心之名不立。如何可言吾心即是吾与万物所同具的本体？"答曰：汝所谓与物对待的心，却是吾所谓习心。习心者，原于形气之灵。由本心之发用，不能不凭官能以显，而官能即得假借之，以成为官能之灵明，故云形气之灵，非谓形气为本原，而灵明是其发现也。形气之灵发而成乎习，习成而复与形气之灵叶合为一，以追逐境物，是谓习心。故习心，物化者也，与凡物皆相待相需，非能超物而为御物之主也，此后起之妄也。本心无对，先形气而自存。先者，谓其超越乎形气也，非时间义。自存者，非依他而存故，本绝待故。是其至无而妙有也，则常遍现为一切物，而遂凭物以显。由本无形相，说为至无。其成用也，即遍现为一切物，而遂凭之以显，是谓至无而妙有。故本心乃夐然无待，体物而不物于物者也。体物者，谓其为一切物之实体，而无有一物得遁之以成其为物者也。不物于物者，此心能御物而不役于物也。真实理体，无方无相，虽成物而用之以自表现，然毕竟恒如其性，不可物化也。此心即吾人与万物之真极，其复何疑？**真极，即本体之异语。**

如前已说，本体唯是实证相应，不是用量智可以推求得到的。因为量智起时，总是要当做外在的物事去推度，如此，便已离异了本体而无可冥然自证矣。然则如何去实证耶？记得从前有一西人，曾问实证当用什么方法。吾曰：此难作简单的答复，只合不谈。因为此人尚不承认有所谓本心，如何向他谈实证？须知，剋就实证的意义上说，此是无所谓方法的。实证者何？就是这个本心的自知自识。换句话说，就是他本心自己知道自己。不过，这里所谓知或识的相状很深微，是极不显著的，没有法子来形容他的。这种自知自识的时候，是绝没有能所和内外及同异等等分别的相状的，而却是昭昭明明、内自识的，不是浑沌无知的。我们只有在这样的境界中才叫做实证。而所谓性智，也就是在这样的境界中才显现的，这才是得到本体。前面说是实证相应者，名为性智，就是这个道理。据此说来，实证是无所谓方法的。但如何获得实证，有没有方法呢？应知，获得实证，就是要本心不受障碍才行。如何使本心不受障碍？这不是无方法可以做到的。这种方法，恐怕只有求之于中国的儒家和老庄以及印度佛家的。我在这里不及谈，当别为《量论》。

今世之为玄学者，全不于性智上着涵养工夫，唯凭量智来猜度本体，以为本体是思议所行的境界，是离我的心而外在的境界。他们的态度只是向外去推求，因为专任量智的缘故。所谓量智者，本是从向外看物而发展的。因为吾人在日常生活的宇宙里，把官能所感摄的都看作自心以外的实在境物，从而辨识他、处理他。量智就是如此而发展来。所以量智，只是一种向外求理的工具。这个工具，若仅用在日常生活的宇宙即物理的世界之内，当然不能谓之不当；但若不慎用之，而欲解决形而上的问题时，也用他作工具，而把本体当做外在的境物以推求之，那就大错而特错了。我们须知道，真理唯在反求。我们只要保任着固有的性智，保者，保持。任者，任持。保任即常存之，而无以感染或私意障碍之也。即由性智的自明自识，而发见吾人生活的源泉。这个在我底生活的源泉，至广无际，至大无外，至深不测所底，至寂而无昏扰，含藏万有，无所亏欠，也就是生天生地和发生无量事物的根源。因为我人的生命，与宇宙的大生命原来不二；所以，我们凭着性智的自明自识才能实证本体，才自信真理不待外求，才自觉生活有无穷无尽的宝藏。若是不求诸自家本有的自明自识的性智，而只任量智，把本体当作外在的物事去猜度，或则凭臆想建立某种本体，或则任妄见否认了本体，这都是自绝于真理的。所以我们主张量智的效用是有限的。量智只能行于物质的宇宙，而不可以实证本体。本体是要反求自得的，本体就是吾人固有的性智。吾人必须内部生活净化和发展时，这个智才显发的。到了性智显发的时候，自然内外浑融，即是无所谓内我和外物的分界。冥冥自证，无对待相，此智的自识，是能所不分的，所以是绝对的。即依靠着这个智的作用去察别事物，也觉得现前一切物莫非至真至善。换句话说，即是于一切物不复起滞碍想，谓此物便是一一的呆板的物，而只见为随在都是真理显现。到此境界，现前相对的宇宙，即是绝对的真实，不更欣求所谓寂灭的境地。寂灭二字，即印度佛家所谓涅槃的意思。后仿此。现前千变万动的，即是大寂灭的；大寂灭的，即是现前千变万动的。不要厌离现前千变万动的宇宙而别求寂灭，也不要沦溺在现前千变万动的宇宙而失掉了寂灭境地。本论底宗极，只是如此的。现在要阐明吾人生命与宇宙元来不二的道理，所以接着说《唯识》。

（选自《熊十力全集》第三卷，湖北教育出版社，2001年）

哲学之职分（节选） 张岱年

一、哲学之基本特征

哲学有派别之不同。不同之派别，所主张之学说不同，而且其所谓哲学者亦复不同。

哲学之各派别之所谓哲学，虽不相同，然皆自谓为哲学，皆可谓属于哲学。是故，哲学之各派别之所讲，虽面目迥殊，而亦有其共同之点。此哲学之不同派别之共同点，即哲学之基本特征，亦即哲学之本指之所在。

此哲学之基本特征为何？可谓：哲学之研究，实以探索最根本的问题为能事。不论何派哲学家，其主要工作，或在研究宇宙之根本原理（或世界事物之源流）；或在探讨人类生活之根本准则（或改造社会的道路），或在考察人类认识之根本规律（或科学知识之基础）。总而言之，凡关于自然世界、人类生活或人类认识之根本问题之研究，统谓之哲学。

哲学为根本问题之哲学，亦可谓以基本概念范畴之研究为主要内容。何谓范畴？范畴即世界中之根本的区别，亦即世界事物之基本类型，或关于世界事物之最基本的概念。兹所谓范畴，不同于德哲康德所谓范畴。范畴非人心之内在格式，而实为客观事物之基本类型。

哲学为根本问题之学，亦即事物基本类型之学，研究世界事物中之基本区别及其统一关系。自古及今，哲学家之主要工作，或在创立概念范畴，或在诠释概念范畴，或在厘清概念范畴，或提出若干重要概念范畴而特别表彰之，或统综一切概念范畴而厘定其相互关系。

哲学研究一切事物之基本类型及其相互关系，故是普遍的。然此所谓普遍，即谓哲学之研究范围与宇宙实际同其广远。哲学之真知，依靠宇宙实际如其所是，生活经验如其所是。一部分新实在论者谓哲学乃论一切可能的宇宙之所同者，而与宇宙实际之为实际无关，实乃错误。一切认识皆在于辨别同异。对于世界之认识之最要之务，即辨别其中之根本的同异关系。故基本概念范畴之研究，可谓为一切学术之基础。

根本问题分三方面：一、宇宙事物之根本原则，二、人生之根本准则，三、人类认识之根本规律。在历史中，有若干哲学家专从事于宇宙之研究，有若干哲学家专从事于认识之探讨，亦有若干哲学家专从事于人生理想之推阐。哲学实包括三个方面。

一部分新实在论者谓哲学不应讨论人生与理想。其所持之理由不外谓依其哲学之界说，人生与理想不在哲学范围之内。然吾人亦正可为哲学立一界说，依此界说？人生与理想正是哲学之中心问题。

认为哲学不应讨论人生与理想，如有正当理由，必取下列三式之一：(1) 对于人生与理想，不能作哲学的研究。(2) 人生与理想，另有其它学术研究之，而不须哲学越俎代庖。(3) 人生与理想，根本无研究之必要。然而，(1) 对人生与理想，实不能说不能作哲学的研究，至多止能说不能作形式逻辑的研究，然而哲学非即形式逻辑。(2) 并无其它学术或研究活动，研究人生与理想。过去时代，在哲学之外，宣示人生之准则或理想者，可谓有宗教及文学。然宗教乃悬定一组信仰而令人信持之，文艺乃在人生现象之描写与情感之发抒之中，提示理想或作理想之启示，皆非对于人生与理想作理论的系统的研究。关于人文之科学又皆系分门作经验之考察，而不论及人生之总原则，更不涉及其理想。所以，实际上，在哲学之外，并无对于人生与理想作研究者，有之唯是哲学。

(哲学之此一部分，称为人生哲学或伦理学。)(3)人群实甚需要对于人生准则与理想之提示，以为安心定志之根据。研究人生之实际而审衡其理想，实为哲学之不可逃避之责任。

二、哲学系统与理论探索

在历史中，不少哲学家建立巨大的哲学系统。然大多哲学系统是真妄交织，虽含有若干真知灼见，而亦多诡词谬论。哲学系统应为广大而一贯的理论系统，亦即基本概念范畴之系统。此系统应有三特点：(1)包括一切重要的概念范畴；(2)对于各基本概念范畴，皆予以适当的位置；(3)能解释一切经验而无漏，并可预先解释一般的未来经验。

自己一贯的理论系统可有种种，而与实在相应之理论系统必止有一个。哲学研究之目标，是建立广大而一贯的理论系统，然哲学家之工作亦不必专以建立系统为务。有时专门问题之探索，个别概念范畴之剖析，较之建立一个一偏而空洞的系统更为重要。哲学家之工作，与其说是建立系统，不如说是探索问题，发阐原则，即仅就一部分根本问题而充分研究之。

英哲博若德（C. D. Broad）分哲学为二种，一为批评哲学，一为玄想哲学。颇为有见。玄想哲学从事于系统之创造，批评哲学则从事于各种哲学问题之研讨。自一方面言之，批评哲学乃哲学之前奏曲，而玄想哲学乃哲学之中心；自另一方面言之，如批评哲学尚未奏功，而冒然致力于玄想哲学，将必劳而无成。自今观之，从事于系统的钻研，而能免于玄想，进行批判的探索，而不陷于支离，然后为尽哲学思维之能事。

三、哲学系统之不同类型与最真确的哲学

哲学系统都是理论系统，亦即概念范畴的系统。凡理论系统必以一个范畴

或一组范畴为其最基本的范畴。哲学系统之不同，即在于其所设定之基本范畴之不同。

自哲学之历史观之，哲学系统可谓共有五类型：

(1) 物本论系统或唯物论系统，以物或实际存在为基本范畴，即谓物为最究竟者，为一切之根本。

(2) 心本论系统或唯心论系统，以心为基本范畴，即谓心为最究竟者，为一切之根本。

(3) 理本论系统或理性论系统，以理为基本范畴，即谓理为最究竟者，为一切之根本。（理本论之典型为程朱之学。）理本论亦称为客观唯心论。区别于客观唯心论，前述唯心论亦称为主观唯心论。

(4) 生本论系统或生命论系统，以生为基本范畴，即谓生为最究竟者，为一切之根本。（生本论之典型为柏格森哲学。）

(5) 实证论系统或经验论系统，以经验或证验为基本范畴，即谓经验为唯一可信者，在经验外之一切皆属虚构。

此五类型中，物本论与心本论为两极端，而其余三者为介于两极中间之折衷的类型。近今西方流行的新实在论与实用论，皆可谓实证论之支派。新实在论虽肯定外在世界之实在，而仍以感觉经验为根本。实用论则重个人经验，以对个人生活有用为真理，可谓比较重视生命的实证论。

哲学系统可有多型，而真确的哲学系统则唯有一个。真确的哲学系统即是与客观实在相契合之系统，亦即能解释各方面之经验而圆满无憾之系统。

哲学家之研究，如非游戏，则必系努力寻求此唯一的真确的理论系统。此唯一的系统，将永为哲学家之理想，为其努力之目标。然因新的经验、新的事物将永远时时涌出而无有穷竭，哲学家所尝试建立之摹写客观实在之理论系统，亦将永是"未济"，永须更新。

此唯一的真确的理论系统，虽未必能实际获得，然吾人可以设想规定其一部分主要特征。哲学之圆满的系统，必有下列特征：

（1）简易，即不设立无需之概念范畴。一组经验，如可以二概念解释之，则不以三个概念解释之。

（2）见赜，即充分注意宇宙事物之复杂而不随意予以简化。亦即，经验必需二个概念以为解释，则不仅立一个概念，此亦即不忽略任何重要之区别。

（3）从征，即遵从证验而不违反之。凡有征之事实，虽不易解释，亦必承认其为实。凡无征者则不设立。

此三点可谓"能解释各方面之经验圆满无憾"一语之所涵。此三点，如更加引申，可谓涵括如下三义：

（1）不设立超越的概念范畴。超越的概念范畴即超乎经验的，即是虽可思议而于感觉经验无征。概念范畴之确立，唯有以实际经验为最后依据，否则将可随便设定而漫无限制。

（2）不设定虚幻的区别。虚幻的区别即于经验无征之区别，亦即可以谈称而不可指示于人之区别。区别之设定，实必以人之共同生活经验为准衡。

（3）不以一偏的概念范畴统赅总全。如一全体包括若干相异之部分，则不可以其中某一部分之特性为全体之本性。亦即，如两类现象相异甚为显著，则不当将一类消归于另一类，亦即不以适用于一部分经验之概念范畴为解释一切经验之根本范畴。

此诸点，皆可谓建立哲学系统所当遵循之准则。吾人必须尊重此类准则，然后方可期望达到一切哲学家公认的哲学系统。

一个哲学家之工作，如非全属虚耗，则必多少有其所得。故不同类型之哲学，虽皆非全真，而必各有所见。唯一的真确的哲学系统，至少应是各派哲学之所见之综合。

物本论有见于物质之为生心诸象之基本，物质之为理之所依附，物之范畴为解释生活经验之所必需。心本论有见于心之精卓，心之能影响于物，以及有心而后有之文化现象在宇宙中之位置。理本论有见于事物之有常，理之为实在的，以及穷理对于生活之重要。生本论有见于变易之周遍，生活之本性。实证论有见于经验为哲学思维之基本根据，无征之不可置信。

往昔物本论取机械论形式，无见于生与心之独特的本性，不识变易之繁复。心本论无见于心之凭赖于物，而妄以心为物之所从出。理本论无见于常仅是变中之常，理仅是事中之理，而虚称有自在之理。生本论忽略生之范畴之适用界域，而必欲以生命解说无生之物质。实证论唯以个人的感觉经验为可尊而不重视共同生活方面之经验，囿于个人经验而又无以充分解释之，或且陷入于怀疑论而谓永不能达到实在，不知其个人之存在即实在之大海之一粟，而将本为达到实在之钥键之经验，误认为隔绝实在之障壁。此为诸类型哲学之主要偏蔽。

从基本观点言之，物本论实为正确。物为根本，此乃真理，而心本、理本、生本、实证论，皆以非本者为本，其宗旨皆误。物本论而能免于机械论之偏失，于理、生、心以适当的说明，即足以解释生活经验而无憾。

理本论与实证论皆在谓其哲学为最哲学的哲学。所谓最哲学的哲学者，实以某一哲学界说为标准，而谓最合于此界说之派别为最哲学的。理本论所谓最哲学的哲学，即谓最抽象的或最远于具体经验的。实证论所谓最哲学的哲学，即谓最批评的或最远于独断的。

所谓最哲学的哲学，实以界说之不同而不同。是故，与其讲最哲学的哲学，不如讲最真确的哲学，即最合于客观实在的哲学。从基本观点言之，物本论可谓比较接近于最真确的哲学。

四、哲学与实证科学

人类知识之二大部门，为哲学与实证科学。实证科学又分二类，即自然科学与社会科学。哲学之职分有二：一显真，二明善。科学之职分亦有二：一求真，二利用。研求真知，此哲学与科学之所同；而一则显真以明善，一则研真以利用，为两者之所异。科学供人以达到目的之途术，哲学则示人以应有何目标，而阐明生活之归趋。

哲学之为学。在于凭思以索隐。科学之为学，在于恃器以发覆。科学能发现前未发现之事实，哲学则止能就已经发现之事实而剖析之以寻求最适宜的解释。

真确的理论系统之获得，有待于二者：1. 经验之扩充，此待科学；2. 概念范畴之选择，此待哲学。真确的理论系统之获得，在于哲学与科学之协作。

〔附识〕此章是我30年代对于哲学的见解，强调概念范畴对于哲学理论的重要，推崇唯物论，但也予理性主义、生命哲学、实证主义以一定地位。这些都只是我当时的一些个人见解而已。1981年3月记。

（选自《张岱年全集》第三卷，河北人民出版社，1996年）

哲学智慧的开发　牟宗三

一、有取之知与无取之知

人的生物生活，一方面是吃食物，一方面是消化食物。吃是有取，消化是无取。人的意识生活亦是一方是有取，一方是无取。有取于物是明他，无取于物是"明己"。明己即自觉也。从学问方面说，明他是科学活动，给我们以"知识"；明己是哲学活动，不给我们以知识，而给我们以智慧。人生"自觉的过程"即是哲学智慧的开发过程。是以老子说："为学日益，为道日损。"为学即是有取，故日益也。为道即是无取，故日损也。"损之又损，以至于无"，即表示从明他而纯归于明己也。

孔子曰："知之为知之，不知为不知，是知也。"这个知就是自知之明，故此是一种智慧语。《庄子·齐物论》篇载："啮缺问乎王倪曰：子知物之所同是乎？曰：吾恶乎知之。子知子之所不知耶？曰：吾恶乎知之。然则物无知耶？曰：吾恶乎知之。虽然，尝试言之，庸讵知吾所谓知之非不知耶？庸讵知吾所谓不知之非知耶？"你知道这个那个吗？我全不知。你知道你不知吗？我全不知。我只是一个"无知"。这个无知就是把一切"有取之知"停止而归于一个绝对之无知。这个"无知"就是从不断的超越亦即是绝对的超越所显之无知。而无知就是一种自觉之真知，亦是最高之智慧。此不是科学之知也。故云:"庸讵知吾所谓知之非不知耶？庸讵知吾所谓不知之非知耶？"你那些有取之知，对自知自明言，全不济事。我这种不知，对自知自明言，倒是一种真知。故要返回来而至无取之知，则必须把一切"有取"打掉，洒脱净尽，而后归于照体独立，四无傍依，此之谓哲学智慧之开端。

一天，邵尧夫问程伊川曰：你知道雷从何处起？伊川曰：我知道，你却不知道。尧夫愕然，问何故？伊川曰：你若知道，就不必藉数学来推算。求助于数学，可见你不知也。尧夫曰：你知从何处起？伊川曰：从起处起。尧夫一听佩服之至。从"有取之知"的立场上说，知道"一定的起处"才算是知。现在却说"从起处起"，这等于没有答复，如何算得知？岂不是笑话？至多亦是玩聪明。但是邵尧夫毕竟不同。他听见这话，却佩服程伊川的"智慧"。这不是玩聪明。这是从"有取之知"转回来而归于"无取之知"的一种境界。

大凡从"有取之知"的追求，而至于知有无穷无尽，即知有一个无限，不是你的有取之知所能一口吞，因而转回来而归于谦虚，或归于"自己主体"之自知，这都是一种智慧的表示。当牛顿晚年说：我只是一个海边上的小孩在拾贝壳，我所知的只是沧海之一粟。这就表示牛顿已进到谦虚的智慧。当康德晚年说：上而苍苍者天，内而内心的道德律，我越想它，越有敬畏严肃之感。这就表示康德已进到归于"自己主体之自知"的智慧。

由科学家的追求而归于谦虚，我这里且不说。表示无取之知的哲学活动也是一种学问，此就是哲学。我在这里要说一点：藉哲学活动所表示的"哲学智慧之开发"之意义。

二、哲学的气质

你要作哲学活动，先要预备几种心境：

第一，现实的照顾必须忘记，名利的牵挂必须不在意。以前的人说，古之学者为己，今之学者为人。照顾与牵挂都是为人，不是为己。在日常生活中，如果你照顾的太多，你必疲于奔命。这时，你的心完全散落在外面的事物上，你不能集中在一处，作入微的沉思。我们平常说某人在出神，视而不见，听而不闻，完全是个呆子。其实不是个呆子。他现实上的照顾完全忘却了。现实的照顾是社交。社交不是哲学活动。照顾自己与照顾他人，都足以分神。照顾自己的琐事是侍奉自己的躯壳，不是侍奉自己的心灵。而侍奉自己的躯壳亦是为的他人。照顾他人太多，则或者只是好心肠的浪费，或者只是虚伪。虚伪固不必说。好心肠的浪费亦是于事业于真理的表现无补的。这只是婆婆妈妈的拖沓。孟子说"惠而不知为政"。这也是表示一个一个的照顾之不行。我们现在尚说不到政治道理上的是非，只说婆婆妈妈的拖沓不是哲学活动的心境。这时你必须不要有婆气，而须有点利落的"汉子气"。当有四五人在场与你聚谈，你这里敷衍几句，那里敷衍几句，有性情的人决不能耐，他根本不合你谈，他走了。这时你固不能得到任何真理，你也不能认识任何有肝胆的朋友。而那个不能耐的人，却是个可以作哲学活动的人，他将来也可能是一个作大事的人，或于任何方面总有所成的人。你可以骂他没有礼貌，但在此时，他可以不管这点礼貌。礼貌与婆心，在经过哲学智慧的开发过程后，将来终要成全的。但在哲学活动的开始过程中，礼貌与婆气，一起须丢掉。这不是故意的傲慢，这是假不来的。我说作哲学活动要预备这种心境，假如你终不能有这种心境，则即不能有哲学活动。所以这种哲学的心境我们也可以叫做哲学的气质。哲学的气质是一个人气质上先天的气质。气质上先天的汉子气可以作哲学活动，而婆气则不能。经过哲学活动的过程，婆气变为婆心。成全礼貌与婆心，这将是你的哲学智慧之大成。这是通过"无取之知"的理性的自觉而来的。这是不顺你的气质上先天的气质而来，而是顺你的心灵上先天的理性而来。你若没有经过汉子气的"称心而发"的哲学活动，你的好心肠只是婆气的拖沓，你的礼貌只是世俗的照顾。你不过是在风俗习惯中过活的一个一般的人。当然，不能天下人都能有哲学活动，这自不待言。

我这里只就"照顾"一点说，至于名利的牵挂更不必说。

第二，要有不为成规成矩乃至一切成套的东西所粘缚的"逸气"。直接是原始生命照面，直接是单纯心灵呈露。《庄子·田子方》篇："温伯雪子适齐，舍于鲁。鲁人有请见之者。温伯雪子曰：不可。吾闻中国之君子，明乎礼义，而陋于知人心。吾不欲见也。至于齐，反舍于鲁。是人也，又请见。温伯雪子曰：往也蕲见我，今也又蕲见我，是必有以振我也。出而见客，入而叹。明日见客，又入而叹。其仆曰：每见之客也，必入而叹，何耶？曰：吾固告子矣。中国之民，明乎礼义，而陋乎知人心。昔之见我者，进退一成规，一成矩，从容一若龙，一若虎。其谏我也似子，其道我也似父。是以叹也"。这是藉有道之士的温伯雪子来反讥落于外在的成套中的邹鲁之士、缙绅先生，这些缙绅先生，其所明之礼义都是成为风俗习惯的"文制"，亦就是所谓外在的成套。他们并不真能通过自觉而明乎礼义。他们的明只是习惯地明。他们依照其习惯之所学，言谈举动，都有成式。故曰："进退一成规，一成矩，从容一若龙，一若虎。"郭象注曰："槃辟其步，逶蛇其迹。"此如学舞者然。学好步法，以成美妙之姿。此只是外在的好看，而不是心灵之美。其心灵完全为成规成矩所拘系，此是殉于规矩而不能自解，故其心灵亦不能透脱而得自在。有物结之，灵光已滞，故智慧亦不显也。此即是"明乎礼义，而陋于知人心"。一切礼义要成全，但须是耶稣的精神才行，不是法利赛人的僵滞所能办。在法利赛人手里，一切礼义都死了。所以通过哲学智慧的开发，礼义是要完成的。但那时是透过形式主义的形式，而不是殉于形式主义的形式。一个能有哲学活动的人，他开始自然达不到这种境界。但他开始必须有不在乎一切成套，不注意一切规矩，下殉于一切形式的气质。一个人在现实生活中过活，不能不有现实的套。衣食住行都有套；自然不必奇装怪服，惊世骇俗，但亦不必斤斤较量，密切注意，而胶着于一定之格。他甚至可以定全不注意这些。有衣穿就行了，有饭吃就行了。你说他总是穿这一套，必是他拘在这一套。其实不然。他随时可以换，无可无不可。他开始这样，这不是他的成熟。这只是他的不注意。而他之如此不注意，只是他的原始生命之充沛，只是他的自然气质之洒脱，因而也就只是他的单纯心灵之直接披露，而不陷溺。常有这样心境的人，可以作哲学活动，此也就是一种哲学的气质。此也许是一种浪慢性，但不是否定一切的泛滥性。我愿叫它是"逸气"。

第三，对于现象常有不稳之感与陌生之感。罗近溪《盱坛直诠》载："不肖幼学时，与族兄问一亲长疾。此亲长亦有些志况，颇饶富，凡事如意。逮问疾时，疾已亟。见予弟兄，数叹气。予归途谓族兄曰：某俱如意，胡为数叹气？兄试谓我弟兄读书而及第，仕宦而作相，临终时还有气叹否？族兄曰：诚恐不免。予曰：如此，我辈须寻个不叹气的事做。予于斯时，便立定志了。"立志就是立志学道，寻个不叹气的事做。现实上，凡事如意，临终尚不免数叹气。此即表示：一切荣华富贵都是不稳的，都是算不得数的。当你叹气的刹那间，你的心灵就从现实荣辱的圈套中跃跃欲现，从现实的云雾中涌出光明的红轮。此时你就超越于你所不安的现实而透露一片开朗的气象。人的外部生活都是你靠我，我靠你的。相依为命，亦可怜矣。此即庄子所谓："一受其成形，不化以待尽。与物相刃相靡，其行如驰，而莫之能止。不亦悲乎？终身役役，而不见其成功。苶然疲役，而不知其所归，可不哀耶？人谓之不死，奚益？其形化，其心与之然，可不谓大哀乎？人之生也，固若是芒乎？其我独芒，而人亦有不芒者乎？"（《齐物论》）人在相刃相靡的因果链子中打旋转，就是一种可悲的芒昧。试想：人立必托足于地，坐必托身于椅，卧必依赖于床。若无一支持之者，则由于地心吸力，必一直向下堕落而至于无底之深渊。推之，地球靠太阳，太阳靠太阳系。此之谓相刃相靡，其行如驰，而莫之能止。一旦，太阳系崩溃，因果链子解纽，则嗒然无所归，零落星故，而趋于毁灭。然则现实，人间的或自然的，宁有稳定可恃者乎？假若你能感觉到山摇地动，则你对于这个冻结的现实一大堆即可有通透融化轻松之感。向之以为稳定着实是冻结也。你要从冻结中通透，就要靠你的不稳之感。这在叔本华，名曰形而上的要求。一旦从冻结中通透，则一切皆轻松活跃，有本有原，不稳者亦稳矣。此在古人，名曰觉悟，亦曰为天地立心，为生民立命也。故罗近溪复云："盖伏羲当年亦尽将造化着力窥觑，所谓仰以观天，俯以察地，远求诸物，近取诸身。其初也同吾侪之见，谓天自为天，地自为地，人自为人，物自为物。争奈他志力专精，以致天不爱道，忽然灵光爆破，粉碎虚空。天也无天，地也无地，人也无人，物也无物。浑作个圆团团光烁烁的东西，描不成，写不就，不觉信手秃点一点，元也无名，也无字，后来只得唤他做乾，唤他做太极也。此便是性命的根源。"（《盱坛直诠》）这一段便是由不稳之感而至陌生之感。由不稳而通透，由陌生而窥破。天是天，地是地，人物是人物，这是不陌生。你忽然觉到天不是天，地不是地，人物不是人物，这就是陌生之感起。一有陌生之感，便引你深入一步，而直至造化之原也。人到此境界，真是"骨肉皮毛，浑身透亮，河山草树，大地回春"。这是哲学智慧的最高开发。但你必须开始有不稳之感与陌生之感的心境。这种心境，我愿叫它是"原始的宇宙悲怀"。

以上，第一点汉子气是勇，第二点逸气是智，第三点原始的宇宙悲怀是仁之根也。哲学的气质，当然可以说很多。但这三点是纲领。这三点都表示从"向外之有取"而转回来归之于无取。一有取，即落于现实的机括（圈套）中。从有取归于无取，即是从陷溺于现实机括中而跃起，把内心的灵光从云雾荆棘中直接涌出来。此是无所取，亦是内心灵光之呈露。故罗近溪又云："于是能信之真，好之笃，而求之极其敏焉，则此身之中生生化化一段精神，必有倏然以自动，奋然以自兴，廓然浑然以与天地万物为一体，而莫知谁之所为者。是则神明之自来，天机之自应，若铳炮之药，偶触星火，而轰然雷震乎乾坤矣。至此，则七尺之躯，顷刻而同乎天地一息之气，倏乎而塞乎古今。其余形骸之念，物欲之私，宁不犹太阳一出而魍魉潜消也哉？"此就是哲学生命之开始，亦就是哲学智慧之焕发也。

三、无取之知的哲学系统

哲学生命开始，哲学智慧焕发，则顺此路，更须作细密的哲学活动之工夫。

这部工夫可从两面说：一面是柏拉图的路，一面是康德的路。

哲学活动总是无取的，反省的。但是无取反省，有是从客体方面表现，有是从主体方面表现。前者是柏拉图的路，后者是康德的路。柏拉图首先指出在变化无常的感觉世界之外，有肯定理型世界的必要。把握理型，须靠纯净的心灵，而心灵之为纯净，因而可以把握洁净空旷圆满自足的理型，是由感觉的混杂中陷溺于躯壳中，解脱出来，始成其为纯净。心之纯净化即心之解放。这一步解放即表示人的生命之客观化。此所谓客观化是以纯净的心灵之理智活动把握普遍性永恒性的理型而成者。即由心之纯智活动而成者。故此步客观化是由"无取之知"中首先表现：人要成为一真正的人须是一"理智的存在"。这是希腊人的贡献。纯智活动之把握理型即成功一"形式体性学"（formal ontology）。这不是科学。因为它虽然讲感触现象之变与永恒理型之不变，它却不是就一定的经验现象实验出一定的知识系统，如物理或化学。它只是在思辨中，于变化现象外必须肯定一"不变者"。否则，变亦不成其为变，任何对象亦不成其为一对象，而任何名词与命题亦无意义。这种思辨是在变之可能，一物形成之可能，名词与命题有意义之可能之间进行，进行不变者之肯定。故纯是一种反省的，辨解的。结果亦是"无取之知"。这种"无取之知"只在使我们自己明白，坚定理型之信念，洞彻灵魂之归宿。这就是内外明白：内面的明白是灵魂的纯洁化，有了寄托与归宿，外面的明白是在变化混杂的感觉现象外有一个秩序整然圆满自足的本原，这就是万物总有其"体性"。因此，内面的明白是纯净了灵魂，外面的明白是贞定了自然。这就是无取之知的哲学活动所成功的形式体性学所表现的智慧。这一种活动就是叫我们能欣赏"形式"之美。所以柏拉图必叫人读几何学。数学几何都在此种精神下完成。如果你再对于数学几何乃至体性学中的理型系统加以反省，则逻辑出焉。所以你要作细密的哲学活动之工夫，你必须首先作无取之知的逻辑训练，认识各种的逻辑系统。（辩证法不在内。）这就是柏拉图一路所开之一支。

但是，柏拉图一支之反省尚是平列的，其对于心灵之纯净化只形成为"纯智的认识活动"，即，只把"主体"确定为"认识的心"，尚不能真正把主体建立起来。康德的反省活动，在科学知识成立之后，由认识主体方面反省科学知识所以可能之根据，才真正把主体建立起来，才更恰合于哲学的"无取"之义，而纯归于主体之彰显。因此，他所彰显的认识主体不只是一个纯智的了解，而且是一个主动的理性之心。由其自身之自发性发出一些使经验知识为可能的超越条件，因此，主动的理性之心是有内容的。这完全是由反省认识主体所彰显出的在"向前有取"的活动背后的一个超越的系统，由超越条件所形成的一个超越系统。藉这个系统，始真把认识主体建立起来；而哲学之方向、范围，始真见其不同于科学；而其为"无取"与科学之"有取"始真厘然划得清。

但是，他这样建立起来的认识主体尚只是理论理性的（或曰观解理性）。主体尚须再推进一步而被建立，即，建立其为实践理性的，即，由认识主体再转进一层而至实践主体。实践主体即是"道德的心"，抒发律令指导行为的意志自由之心。主体，至此始全体透出，整个被建立起来。此真所谓"海底涌红轮"，而以其自身之"系统纲"笼罩整个经验界或现象界。至此，中国人所谓"人极"始真建立起，而在西方文化生命的立场上说，上帝与灵魂不灭亦因道德的心之建立而有了意义，有了着落。这一步开启，所关不小。认识主体之建立，尚只是智的、理论的；实践主体之建立，则意与情俱有其根，而且其地位与层次及作用与内容俱卓然被确立，而不只是浮游无根，全不成其为一客观之原理者。（如只知科学知识者，或只是理智主义者，以其一刀平之平面，即不能把情与意视为一客观之原理，而只是浮游无根者，而亦不予以理会。他们找不出它的意义来，亦不敢正视它。因此，他们尚未到立体的境界。）

由认识主体进而实践主体，智、意、情三度立体形之彻底形成，就是人生宇宙之骨干。智、意、情之客观性原理性之彻底透出各正其位，是无取的反省的而唯是以显露主体为职责的哲学活动之登峰造极。孔子说："兴于诗，立于礼，成于乐。"这也是意与情之彻底透出之立体形。惟其"兴于诗"一语只表示生命灵感之悱启，相当于"原始的宇宙之悲怀"（仁之根）。而智一层，即认识主体，则在儒家并未彻底转出。吾人现在的哲学活动须补上这一度，以补前人之不足。惟有一点可说者，即，认识主体必是下级的，而实践主体，意与情，则是上级的。立体之所以为立体惟赖此"上级的"之透出；而若只是智，只是认识主体，则未有不落于平面者。只知科学知识者，或只是理智主义者，则于"实践主体"完全不能接触，视意与情为浮游无根之游魂，让其随风飘流而漫荡，故亦不敢正视人生宇宙也。此其所以为干枯的浅薄的理智主义，所以流入理智的唯物论之故也。而若知"认识主体"之限度，进至"实践主体"之建立，把意与情之客观性原理性彻底树立起，则向之浮游无根，飘流而漫荡者，实正居于人生宇宙之背后而为擎天柱，亦曰"实现原则"也。其为漫荡者实只自限之智之作茧自缚而封闭以成者。

惟有智意情三度立体形之完成，始能开出精神生活之认识，始能开出历史文化国家政治之为"精神表现"之认识。这一步是黑格尔所开启，吾名之曰"辩证的综合系统"。惟黑氏学不能尽无弊。吾在这里大体言之是如此："辩证的综合系统"必以柏拉图的逻辑分解系统，与康德的超越分解系统，以及儒家的心性之学仁义之教为底子，而后始可以言之恰当而无弊，而且正可以见其利也。一个哲学活动贯通了这一整系，始真可以说："为天地立心，为生民立命，为往圣继绝学，为万世开太平。"（张横渠语）

对于这一整系，如不能贯通到至精至熟的境地，稍有差谬，即见其弊。而现实上已有之矣。如：干枯的浅薄的理智主义，理智的唯物论，只认科学工业技术—机械系统为真实，则必引出魔道而毁之。同时，意与情一不得其正，则必引出尼采希特勒之疯狂。此中脉络，了如指掌。此在善学者之用其诚。

夫一有哲学气质之心灵乃天地灵秀之所钟，为任何时代所必须。此是污浊混乱呆滞僵化时代中清新俊逸之气也。惟赖此清新俊逸之气始有新鲜活泼之生命，始有周流百代之智慧。所谓"握天枢以争剥复"，其机端在此清新俊逸之气也。众生可悲，有一焉而如此，则亦旦暮遇之也。

(选自《生命的学问》，三民书局，1978年)

哲学中唯一的假定

熊伟

1. 一切科学，无论其对象如何殊异，总之因为它们各在其领域面前立下一道门限，遂都有一层方便，为哲学所无。这道门限是任何"登堂入室"瞻仰科学的人所必经。但因来瞻仰的人们各各不同，故无论科学自身是如何精明，它对于年年不断的瞻仰的来客总是无法理清的。幸亏它有这道门限，故可对门限以外的事，连来客包括在内，一概不管；而门限以内就可以有条有理，处处醒目。

这一层方便同时就使科学成为人类的公器。科学的门限以内，满陈着理，比如物理学的理，心理学的理，生理学的理，法理学的理，等等。因为科学是公同的，故来客中无论是否人同此心，却一定心同此理。

2. 科学之自立门限，无可诟病，因为科学横竖是划地自限的。一科与一科的领域之相接，有些近得不易分辨。有些远得不易见到其间之关系。如此，各别的领域可以很多。

虽然如此，吾人并不能说科学支离宇宙。因为科学并非直接在宇宙中自划领域，而乃在宇宙经过一番抽象，由此抽象就宇宙剥离出一"理的世界"或称"论理世界"之后，在此论理世界中自划领域。故物理学的领域中，并非直接为宇宙之物，而乃就物抽象出来的物理。余类推。如云支离，则剥离出一论理世界已为支离，且始为支离，亦真为支离。

科学无非在论理世界中尽其一环的功用。一环之内,处处醒目;一环之外,它全不管。故支离二字,非可以加诸科学之身的适当罪名。

3. 一个领域为一种……理学。所有的领域配合,自成"理学"(如朱熹、冯友兰的)或"论理学"(如黑格尔的)。理学的范围即论理世界的范围。理学中尽是"可说"的理。论理世界既由整个宇宙抽象而出,则宇宙中凡"可说"的理全被爬梳入论理世界之内,毫无遗漏。其经抽象后被遗留于论理世界之外,**但仍在宇宙之内**者,无论是什么,总之只可能是"不可说"者。

所有的……理学配合,全是有机的配合,而不是乱七八糟的堆积。如此有机配合的"理学",既只相当于经抽象而得的论理世界的范围,当然就不等于现宇宙本身。它没有生命,而其所以没有生命,是因为:没有气。

这气,古今中外,从亚里士多德、周敦颐、朱熹,以至唯物论者,都曾努力摸索。无论他们说得如何天花乱坠,总之气在理学的论理世界范围之外,故可能是"不可说"者。

理与气之被拆开,乃真为支离宇宙。历史上是哪些人在如此支离宇宙,这个问题,在此无暇追究。理与气是否可以支离,这个问题,目前就可得到消息。至若理与气根本不能拆开时哲学工作该当如何工作,则是摆在人类当前的问题。

4. 今世有机化学家对于蛋白质的探究,已知由五种原质构成的二十六种基本化合物配合而成。然以其分子数量过于巨大,故仅能于分析中判定其各种成分之数量,而不能于配合中实现其巨量分子排列程序以操纵其各种化合可能。苟一旦发现其程序公式,遂可操纵其化合可能而使人造蛋白质成功,则化学家对于生机现象的物质基础之探究殆已尽其能事,然仍不必对生机现象本身能有根本的解答。

化学即一种……理学,故亦划地自限。则生机问题以及其他问题能获解决与否,无损化学毫厘。因为化学家可以悠然以"问题不在范围之内"作遁辞。

化学如此,一切……理学皆如此。任何……理学皆只解答宇宙一部的问题,故皆振振有词,以"不在范围之内"为由,推卸其余问题之责任。但"理学",

却是解答宇宙全部的问题，宇宙既"至大无外"，则理学将无可遁，无推卸任何问题的余地，对宇宙生命之谜亦无推卸之余地——**没有法子摆脱"气"**。

5. 各种……理学对于在其领域以外的，非谜的亦不管，是谜的更不管。故可**严格把住**其界限。各种……理学配合，则此等界限消失。一成"理学"，更没有法子摆脱"气"。于是无论从何方面看，"理学"的界限都**根本把不住**。

这是说，"科学"（即各种理学）可以成立，**"理学"根本不能成立**。

但不能成立云云，只是说，在严守界限的"科学原则"下，"理学"不能成立，**并非说此种理学工作不能作**。康德在《纯粹理性批评》中自不同的途径亦达到同一结论而判决理学之"不可能"，但康德自己仍在作此种理学工作。

6. 此种理学工作不但可作，而且，如康德所指出，直是非作不可。既非作不可，又把不住界限，结果只有取消界限。黑格尔的《论理学》即是打破界限的。故黑格尔的《论理学》不是严格的"理学"，也不是"科学的论理学"（形式论理学），更不是严格的"科学"。

事实上，黑格尔以外，从古至今，作此种理学工作的人，从老子、柏拉图、仆罗丁（Plotinus）、朱熹、康德，以至冯友兰，没有一个能把住界限而摆脱气。既把不住界限，而气又"不可说"，故根本"可说"者与"不可说"者混在一起，既"可说"又"不可说"。

既"可说"又"不可说"，于是有翻来覆去无可无不可的情形，如康德所指出的 Antinomie。此所谓"反复境界"（Transzendentale Dialektik），或称"辩证境界"。自从开天辟地，此反复境界即苦恼着人类，一直苦到今天。历史上多少聪明俊杰之士皆被此反复境界弄得茫然失措，有"惚兮恍兮，恍兮惚兮"者，有"茫乎何之，忽乎何适"者，有"推之于前而不见其始之合，引之于后而不见其终之离"者，甚至有根本认这"非是哲学，乃是神秘经验"者。

7. 康德所指出的非作不可不外是：依科学工作（理性活动）的"自然倾向"往前走，将如水之就下，自然而然流入"反复"的深渊，中途并无任何扞格。除非根本任何……理学工作都不作，否则"反复"非有不可。这指明：因"理学"

之"不可能"而**根本变了质**的理学工作，其实就从各种……理学生长出来。

不宁唯是，科学因有一道门限的方便，故对居于"相对者"地位的一切人等，一概不问。"理学"既是负责宇宙全部的问题，而且已经打破界限，那么居于相对者地位的人也必然混入"理学"之内。然而，"人"本来正因为与其工作对象截然二事始被科学隔于门限之外，今因打破一切界限而混入"理学"之中，却并不因此即与原来对象同为一物。于是就"理学"必须纳入与一切……理学对象根本不同的"人"一点观，"理学"和"科学"也起了**根本的不同**。

8. 休谟谓人性本有一种好怪诞的倾向，为知识学问所可轻减而不可斩绝，适足证实康德的"自然倾向"说。故休谟以人类没有那样长的绳子可以达到宇宙的深渊为由，主张定一"合理的"研究范围，而把范围以外的一切交付诗人之类去把弄：可以成一种"不作理学工作"之态度，而不能成"不可以作理学工作"之理由。

所谓"自然倾向"亦即一切……理学的倾向，但衍至此种理学工作之境已起根本的不同。"理学"一名既以其"科学身世"遇此根本不同而不能成立，则在此需有别名，是为"哲学"。

9. 哲学本如此循科学的自然倾向，囊括科学（3.），而又越过科学（6. 7.）而来，故在"科学方法即是哲学方法"这句话里，主词周延，宾词不周延：这句话可以适用。但科学只应付"可说"者；又不应付"人"。哲学囊括"人"与"不可说"者，故科学方法至此而穷。哲学还须有应付"人"与"不可说"者的方法：哲学方法并不止是科学。

10. 哲学因囊括"不可说"，故自胎中即带来越过科学——并非违反科学——有所表现之权利。

哲学**既内涵**科学**而又越过**科学之总结果曰"表现"。哲学之既内涵科学方法而又越过科学方法的方法曰表现法。

11. 科学与哲学虽同名"学"，但科学之学完全"可说"而尽，"可说"亦全可以科学而尽；哲学之学则既非全可以科学而尽，亦非完全"可说"而尽。

故科学之学虽即哲学之学，哲学之学则不止是科学之学。科学之学以外，还有别的"学"，亦属哲学，而非科学。因哲学囊括宇宙所有，故哲学亦即笼统的"学"，亦即"大学"。

事实上，人类五千年来的表现，从不出此"大学之道"的范围。无非格于各种后天条件之分歧，遂皆表现得残缺不完。例如希腊发端的传统长于科学之学（求知），先秦发端的传统长于科学之学以外的学（修养），然而通通都是"学"。虽曰各有所长，实皆各局一隅。通途昧于大学之道，遂不知摄取各方精义以见大学之纯，反而执着一方，甚或一家，以论断哲学。于是所谓东方哲学与西方哲学遂似不合符节，甚至削足适履，强以一方准绳拘执他方。其实，哲学表现的传统可有东方西方之分，而各传统所表现的哲学本身却是**公同的**，并无东方西方之分。

12. 理虽因科学为公有之故而为心之所同（1.），但"人"并未因破除门限而被纳入理学之内遂同此心（7.）。人既始终不同此心，则不但科学理不清，哲学也理不清。科学的领域因与人有门限之隔而可完全醒目。但此领域与人同被囊括入哲学之内即无门限之隔；人既理不清，则和人挤在一起的领域是否还理得清都成了问题。

所以哲学的最吃紧而基本的问题是要把握此纳入门限以内的"人"。

可是，哲学一取消门限，门外的人便如江河直泻，排山倒海而来。

前水复后水，古今相续流；
新人非旧人，年年桥上游。

如此桥上的来人年年更换，哲学直如惹了一身祸胎，简直不知从何处把握起。

13. 哲学若根本一个人都把握不着固然是糟，就是把握着人，无论这人是谁，还有问题：

第一，不知道这个谁究竟"登堂入室"在那儿了没有。如果他根本不"在"，哲学还是无法起头。

即令他确乎在那儿了，又不知道他究竟"不在"了没有，换言之，死了没有。如果他虽"在"了而又"不在"了，哲学还是无法起头。

即令他既"在"而又没有"不在"，但是人是随时可以死的。如果他突然一下"不在"了，则哲学随时有被他过河拆桥的危险。

哲学苟不能操纵这个谁的"在"与"不在"，则由此起头永远千钧一发，危险万分。

14. 第二，这个谁的"在"是哲学的前提。但这个谁的"在"，哲学根本把握不着。即令这个谁既"在"而又没有"不在"，但哲学可以把握的永远是已经在那儿或已经**在出来的**这个谁，而不是这个谁的"在"。这个**纯**"在"，哲学绝对把握不着。这是说，哲学把握得到"在"的"在者"，而把握不着"在者"的"在"。但哲学要把握的正是"在"而不在乎"在者"。这个谁"不在"了以后的死尸也是一个"在者"，哲学把握着这个死尸还是无法起头。

15. 第三，哲学把握着死尸之所以还是无法起头，皆因像死尸这样的"在者"正是科学领域中的对象。哲学把握半天苟只把握着"在者"，则根本还未越出科学领域的雷池一步，那么就还没有一点"人"的影子，还没有丝毫"哲学"的影子。

可见，哲学就算把握着人，但这人——无论是谁——永远是"在者"而非"在"，换言之，永远还是科学领域中的对象，则由此起头不止是危险万分的问题，而是根本无法起头的问题。

16. 科学因不管人的问题而立门限，哲学因要管人的问题而取消门限。取消门限，把握人，才发现人有①是"在者"，②"在"，两方面。"在者"皆属科学领域中的对象。故人的"是在者"方面，换言之，是"在者"的人，对于科学是老生常谈。人原是因与科学陌生才被隔于门限之外，故人的**纯真的**部分决非对于科学是老生常谈的部分，而乃对于科学完全生疏的部分——"在"。

17. "在"所**在出来的**"在者"可以成对象。"在"而没有在出来的纯"在"不可以成对象。不可以成对象的"在"，绝对把握不着。既然绝对把握不着，则连"在"都根本"不可说"。

18. 既然连"在"都根本"不可说",则:一方面,"哲学"在宇宙中把握"在"的时候(从把握方面着眼),根本什么都把握不着,宇宙中根本空无一"在",也就空无一在出来的"在者",只剩一"哲学"**自己**的无着的把握。另一方面,"哲学"在宇宙中把握"在"的时候(从"在"方面着眼),宇宙中要不是就根本没有谁"在",要不是就**只有谁自己**"在"谁就把握着自己的"在"。如果因"在"之把握不着而遂自己对自己的"在"也把握不着,但在此**至**少可以——**也只**可以——把握着"自己""在"出来的"在者"。

在前一情形中根本还不知道是谁把握,只泛泛的说"哲学"把握。关于此点,原则上是只怕根本没有谁;只消有"谁","谁"都可以把握。

在后一情形中则已经有**一个**"自己"——"自己"永远只有一个——"在",是这一个"自己""在"把握。

前后两情形合观:宇宙中**要不是就根本没有谁**,空无一"在"(也就空无一"在者"),**要不是就只有一个**"自己""在"。

19. 因只有一个"自己",故那"哲学"的"谁"亦只有是此一"自己",而亦只有是宇宙中这**唯一**的"自己""哲学"。

这"唯一的自己"就是"我"。"自己"永远是"我";"我"永远是"我自己";"我自己"永远只有一个。这是"我"的定义。

20. 日常生活中到处闻人说我,其实皆**武断的**指(无论是谁指,指谁)一衣冠动物为我。究竟我是什么?这个能指的谁为什么单指这一个衣冠动物为我?这个所指的谁凭什么被指为我?并没有人问,更没有人懂。这是说,"我"的问题从未被真正提出,更不消说解答。

"我"的情形非常之特别:

第一,有人名希特勒者曰:"天命叫我来的!"此言中人(名词)和我(代名词)皆指希特勒。但人除在此外随时随处均指希特勒,我则不但仅在"天命叫我来的!"这句话里,且须此话被希特勒曰时始指希特勒。

21. 第二，通常不懂人而问人是什么时，至少有实例可举，比方举希特勒，即可懂。抓着希特勒即抓着人。但"我"则无实例。即曰"天命叫我来的！"时的希特勒举希特勒，也不是"我"的实例。无实例故亦抓不着，懂不着。懂就是懂，不懂就是不懂，懂不懂都"不可说"。

22. 第三，人是定的，我是跑的。在第一项中人与我皆指希特勒，但以后再碰见希特勒时，人永远还指希特勒，我则不一定。以后如此，以前亦然。"我"仿佛代数中的 X，可以代来代去。稚童初学认字时，大人拿着方字块教：这是"人"，他说人。这是"马"，他说"马"。但：这是"我"，他说"你？"这是"你"，他说"我？"此即因人是定的，我是跑的。

"我"在第二项中无实例，在第三项中是跑的，故顶多只能就第一项榨出一条解释："说话的人自己就是我"。

此似已尽通常人解释的能事，而实际听这话的人**至多只能勉强懂得**。因为，如果听话的人反问："说话的人自己就是你？"则解释者之术已穷，不懂者还是不懂。

可见，"我"的确是"不可说"的。

23. "自己"完全是**哲学的**。科学界中无"自己"。自行车、自来水的自都不是"自己"。自动电话、各种自动机的自动，到底还是被动，不是"自己"动。机器、马的动，都不是"自己"动。许多人，甚而至于我，虽会动，**到底**不是"自己"动。我会动，但要由"我自己"动，才是自动。所以在我没有"自己"的时候，我便俯仰浮沉，随波逐流，完全被动。近世兴起的行为派心理学即研究如何刺激人动，则此动中即**无被刺动的**人的"自己"，所以此种心理学可以成科学，亦正因此而**不够**"哲学"。对于"哲学"的由"自己"——自由——的纯真的"人"（16.），此种"科学的心理学"即穷于应付（9.）；在此另想方法，**乃事实上迫切的要求**（7.9.），至此种心理学家对"哲学"无论存何种武断的态度均无足轻重。

正因科学界中无"自己"，一切被动，科学才能操纵一切。

哲学中唯一的假定

24. 科学界中无"我"。

无论石头，机器，即狗，亦无所谓我。无论是狗本身，抑是人替狗主设想，皆未尝有我的问题发生。

就是人，亦往往**武断的**说我而已，实际未尝有"我"，而仅在他"人"的立场中作点缀甚至玩物。

万一有非武断的说我而真有"我"者，此"人"马上越过科学，进乎"哲学"。

25. "我自己"的定义**完全是哲学的**。

"我"是"我自己"的"在"。"我"之"在"不能成对象，是把握不着的。

"我"之"在"**在出来的我**，是一个人，即"在者"，则可以把握着。日常生活中"我"即以在出来的我出现。

我在日常生活中，我这个人在日常生活中。我这个**人**在科学中，但我并不在科学中。我在科学中不能得定义。但在此可为日常生活之用根据哲学的"我"之名得一**武断的我**（无" "号）之名。

26. 我虽即"我"的我，但在哲学中须将"我"我分清。

旧哲学中有一屡见而致命的疏忽，即将哲学的"我"与武断的我混为一事。"哲学"之终必追至"我"，殆两千年来希腊传统中若干巨著及先秦传统的整个风格所已显示的事实。但大多数哲学家仅追至武断的我而止；武断的我何自来，皆置不问。如此自武断的我起头，不止如盲人眼下之黑漆一圈且危险万分之也。夫本因深究"在者"始追至"我"（"在"）；今武断的我亦"在者"，自此起头，全盘追问有以异于摆设迷阵自欺解嘲乎？

27. 历史上始终不断有机会**真正**发现"我"者，当推先秦传统中人。惜此传统的作风失之太泛。如云"万物皆备于我"或"吾心即宇宙"，诚是。但万物**如何**备于我，吾心**如何**即宇宙，则从未讲求，甚至根本反对格物致知之学，则欲不流为残缺不完的"哲学"（11.）必不可得，甚至连发现哲学的"我"与武断的我之别的机会都没有了。

希腊传统中最早获得发现"我"的机会者当推普罗太哥拉斯,彼谓"人为万事万物之权衡"。但他的用意只重指明构成知识的知觉作用和知觉内容两方面都是因人而异的,他根本没有注意到这知觉主体或权衡主体方面的问题,于是失之交臂。柏拉图在《哲人篇》(244A)里一度"堕入迷惘"中时已经摸索到"在"的问题的边缘,可是他的整个系统的风格和倾向阻止了他由此攻入"我"的问题的秘密。仆罗丁在解释其所谓"太一"(Tòεv)与实际世界之间的关系时已经把"我"的问题发展成近代的规模,可是一直到笛卡儿发现cogito sum 的时候,分明已经"我在"了,仍然没有正视"我"的问题。笛卡儿号称发现了哲学的新基础的时候,他立刻把这个"我"看作一个我执或思执(res cogitans),于是"在"也立刻被"在者"的阴影遮掩得一丝不见。结果笛卡儿不但糟塌了他的新发现,甚至反而加强了希腊中世纪以降传统本体论(Ontologie)中"明了在者当然也就明了在"的成见,而根本阻碍了后世探讨"我"的问题的去路。从康德一直到黑格尔,都无形中沿袭了笛卡儿的见地而深受其害。那"纯思"的"我",到了康德的经验世界中,实若执掌枢机而并不露面的幽灵,要在实践世界中才得体验。康德的苦心安顿虽建立批评古典形而上学的奇功,可是他根本没有发现"在"的问题,根本不是以完整的"我"为基础以解决问题,反而是以"我"去迁就他的安顿,而不三不四的分化在两个世界。驯致摸索"我"的问题前无古人的费希德,竟始终是在重描一实践世界的"我"而非直接发展一纯真完满的"我"。顶到黑格尔的时候,率性走回希腊本体论的老路,根本从范畴世界方面来了解"我"的问题了。

28. 在如此情形之下,若干哲学家根本规避甚至抹煞"我"的问题,其余虚心接触此问题者,则莫不在其系统中引起若干迷乱。而无论上述哪一种哲学家,在其系统中出现的若干难点或缺口,皆多多少少是以"我"的问题为起因。

现象学(Phänomenologie)之兴起,始使人类从两千年来只追究现象之"是什么"的成见,鞭辟入里,更进而追究现象之"如何是"。前者即追究"在者",自然(广义的)科学实优为之;后者即追究"在",乃科学所无能为力而有待于哲学者。于是以康德之丰功伟绩，尚难免舍勒（Scheler）的严厉批评：《纯粹理性批评》实把哲学沦为自然科学的奴婢。

海德格尔（Heidegger）指出外物之在，苟以中世纪术语 Essentia 及 Existentia 言之，舍其所显现的 Essentia 则其 Existentia 实属缈茫。但"我"之在则适反是。"我"犹靡所显现而无 Essentia 之可言时，其 Existentia 已湛然澄明而为一"我在"矣。

故"我"始为"在"的庐山真面。

然"我"之发展既极晚近之事，有待于开阔者犹多；对于哲学的"我"与武断的我之分的揭发是否已达充分，甚至引起注意的程度，未易言也。

29. 哲学的工作根本是从科学里生长出来的。但在此工作中自始即完全醒目者仅科学（1.）。循科学的倾向自然而然步入"反复"的深渊，然后需要把握"人"（7.16.）。把握无着始发现宇宙中仅"我自己"——"人""在"（18.19.）。

这一个"人"是哲学的"人"。哲学的"人""在"。哲学的"人"在出来的人，亦"在者"，亦科学的对象，为科学的人（无" "号）。旧哲学的"人学"（Anthropologie，从希腊的一直到笛卡儿以后的）中有许多漆黑不明之点，皆因将哲学的"人"与科学的人混为一事。

"我""在"出来的我，是一个人。此人即科学的人学的对象。人是在出来的"在者"。在出此在者来的"人"，就是"我"。"我"这个"人""在"，但不是"在者"，非科学的对象，根本不是对象，根本不能成对象。

"我""在"日常生活中，但我完全不在科学中。只有"我"这个"人"在出来的人在科学中。故有科学的人，而无所谓科学的我。

"我"这个"人""在"日常生活中在出一个人来时，"我自己""可说"（别人皆"不可说"）；"我"是我。此时，如果有人问：这是谁？"我""可说"：是我。但我不在科学中，没有解释（22.），没有实例（21.），故是武断的我，而无所谓科学的我。

"我"永"在"日常生活中，故我**当下即是**。但我是"我"，"我"乃**全宇宙**

被搜遍始出现者（13. 至 19.）。故就日常生活说我是**至近无间**，就"哲学"说"我"又**至远无外**。

要不是就宇宙中根本没有谁，空无一"在"，亦无"在者"，则亦不消"哲学"；否则"哲学"近至切身远至无外搜得"我自己"为**唯一的**出发点，幸也。

30. 闻"哲学"须从"我自己"入手而色变者，苟其本人对"我"的问题不外习惯中武断的说说而并未追究更未解答者，则其言无论是赞是否，概可置之。

我不在科学中，故从科学的或"不可能的理学"的观点对我完全茫然失措，乃当然之事。"不可能的理学"家每欲在此截去我，此所谓削足。但此种茫然失措的观点并非"哲学"的观点。在"哲学"的观点中，"我"容或"不可说"，但毫无茫然失措之事（9.）。故若以"不可能的理学"来准备"哲学"，必成康德所说的趣剧：不怪衣服缝得太小，倒怪身子长得太大。

"哲学"即"大学"（11.）。"大学"苟有所**除外**，则在"除外"的护符下，宇宙一切，科学艺术宗教固优为之（如休谟所想象者），"哲学"本身直成多事。

"哲学"只有在"**吞没**宇宙一切"（"大学"）上立足始不为多事。"哲学"苟不为多事，则必须从"我"入手。"可说"仅"哲学"之一局部，写读又仅"可说"之一局部。"哲学"若不从"我"而从写读入手，乃舍本逐末之尤。即就本篇之工作而论，必先发现"我自己"始能作出，亦必先发现"我自己"始能明了。苟无"我自己"，则虽读一辈子亦至成书呆子，决不会"哲学"。苟"我自己""在"，则虽"好读书不求甚解"，亦多多少少是"哲学"。

历史上真正的哲学书皆在读者尚未读前**已先懂了**始能读懂，绝不会完全靠读而懂：乃从开天辟地已然的事实，无非尚乏人说破且道出其哲学上的根据而已。

古籍中有"忠恕""克己""反身""识仁""慎独"诸说，苟**补益**其中尚阙而剔除其中过偏的成分，则亦指此"哲学"的出发点。

31. "我"（"在"）为"哲学"中无可再追的最后壁垒。"在"为一切科学、一切现象（Phanomen）、一切"表现"、一切"哲学"之最后前提。不但要

"在"才可以"哲学",且因"哲学"就是"我""哲学"(19.)而"我"又即"在"而非"在者",故**根本"哲学"自己就是"我","哲学"自己就是"在"**。

如此,"哲学"之以"我"("在")为假定实以自己为假定。

科学皆以**其他的**为假定。以其他的为假定的假定全是可以不要的假定,如果追出其假定之假定时即可不要。"哲学"到了这一步:以自己为假定。以自己为假定的假定实即不假定的假定(Unbedingte Bedingung)。"哲学"以自己为假定的意思是说:

如果"哲学",就要"哲学"。

如此以自己为假定的假定,即令还算假定,也是再没有法子不要的假定,不能不要的假定。

不能不要的假定就**不能**不要。其所以不能,则因没有法子跳出现宇宙之外。现宇宙因"哲学"囊括其中所有之故实即"哲学的宇宙"。在现宇宙中,即不能不"哲学"。"不'哲学'",没有谁能。发现"我自己",固不免为"哲学家";即无"我自己"的"顽石",仍属"哲学"("在")出来的"在者"。科学之"可说"固内涵于"哲学"(10.),佛家之"不可说,不可说"亦不外"哲学"(9.)。

"不'哲学'",除非跳出现宇宙之外。既跳不出去,故"不'哲学'"的境界始为**绝对达不到**者。佛家之"不可说,不可说",不但达不到,且仍是"哲学"境界,绝非冯友兰的"新理学"所可能"除外"者(4.7.)。

如此,"哲学"不但是以自己为假定,且直以现宇宙为假定:

除非不是现宇宙"在"这儿,否则必须"我""哲学"。

(选自《自由的真谛——熊伟文选》,中央编译出版社,1997年)

哲学自身的问题

陈康

陈康（1902—1992）：哲学史家。曾任北京大学哲学系教授。著作主要有《亚里士多德论分离问题》、《智慧：亚里士多德所寻求的学问》，编有《陈康：论希腊哲学》。

在某一次哲学演讲会里，张东荪先生因为一个玄学问题之不能解答发生了苦闷。他将这个苦闷扩大到哲学自身上去，以致对哲学发生怀疑。这个怀疑在张先生自己也许只不过是一个修辞方面的技术，用以加重那个玄学问题的。然而这个技术不作为一个技术看，却反比那个玄学问题自身重要得多。因为它可以给哲学一个反躬自问的机会，引起哲学的自我批评。认识，无论是个人的还是超个人的，在最初的阶段里皆是直线的、向外的；它经过了相当的发展以后，方才折转方向以自身为问题的对象。中国在西洋的方式下研究哲学已有几十年的历史了，哲学家也应该不仅忙于创造玄学系统而采取一种批评的态度，对哲学自身加以评价。假使研究哲学，真如人所嘲笑的，乃是在暗室中寻找黑猫；哲学家岂不必须首先知道，那只猫确实是在那一间暗室里么，哲学的自我批评，除了在理论方面的重要以外，在实际方面当前也是急需的。现在许多大学里皆有哲学系，在研究学术、造就人才的旗帜下广招生徒，动机诚然极可钦佩；然而假如所寻找的那只黑猫并不在那一间暗室里,良善的动机岂不反要获得相反的结果么,哲学的反省,哲学的自我批评,只能在哲学家的思想里表现出来。至于我们这些兴趣只在哲学的历史方面的人,本来只应俯首恭听哲学家的宏论。然而专家总是审慎的,非至一鸣惊人,决不轻易启齿;但是问题却等候着讨论。在这青黄不接的时候,门外汉不妨轻浮些,吐露一些外行的意见,听说演戏方面有所谓"反串"的,本篇里的工作即作为"反串"吧!

一、哲学史上的问题和哲学问题

据说有人根据以下的理由认为哲学不可能:即以前哲学家的学说多是些谬误的命题。如若未有人如此主张,为了使问题尖锐化起见,让我们自己暂时这样假设:以前一切的哲学学说皆是些谬论。这样,哲学是否不可能,所谓不可能,乃指不可能成为一个严格意义的学科。我们的回答是:不一定。它或者是可能,或者是不可能。如若它是不可能,也不因为以前的哲学学说全是些谬论。它是否可能与此完全无关,乃基础于另一事实上。这个事实乃是有无哲学问题。

现在让我们进一步假设:不但以前哲学家的学说皆是些谬论,而且他们的问题也全是些由于字义不清所产生的混淆,事实上它们并非真实问题。让我们再进一步假设:不但以前人所陈述的哲学问题皆是如此,甚至以后任何一个可能的哲学家的陈述也皆莫不如此。这样,是否即无哲学问题,因而哲学不可能?我们的回答仍是:不一定。哲学也许可能,也许不可能。它的问题的有无和哲学家所陈述的是否确当,完全无关。

这里的情形是相当复杂,它决不如表面上看起来之简单。我们必须仔细分析,且先从分辨哲学史上的问题和哲学问题入手。任何一个问题——不只限于哲学问题——实际上之被提出,皆有许多条件。为了初步分析,我们仅举出其中一些最易见的来。在这些条件中有些自成一组,且名为甲组;其中的条件,譬如问题的对象。有些另自成一组,且名为乙组;其中的条件,譬如一时代的文化水准，一个人的教育程度、经验和学识的状况（其实一时代的文化水准即可在一人的最高的学识里反映出来），以及他当时的心理状态。问题的一切条件若不完全满足，一个问题不能被提出来。相反的，如若这些条件全备了，而且皆在合宜的状况下，它也就实际上被提出来。因此一个在这样的情形下未被提出的问题并非根本没有，否则这一切条件皆满足了它怎样能被提出来呢？因此这样的一个问题乃是可能的，只是未曾实际提出而已。那些条件乃是一个可能问题。实际上之被提出的条件，即现实问题的条件。它们中间，除了甲组的条件以外，其余的满足与否只影响可能问题之实现，并不影响未曾实现的问题之可能，即它们并不影响可能问题。至于甲组条件呢，它们不只影响现实问题，而且也影响可能问题。因为假如没有问题的对象，问题即无所指，因此根本不能有问题。正如甲组条件不只影响问题之实现，而且还直接影响问题之可能；乙组条件不仅影响问题之被提出，而且还直接影响现实问题的内容，这一层尤其是在一个关于人事方面的问题里可以看得最清楚，譬如怎样由于一个人的喜、怒、爱、憎、利害等等的不同，影响他对同一事物的反应，因此一个实际上所提出的问题的内容，不一定和那个可能被提出的问题的内容吻合。过去的哲学家，甚至未来的哲学家的问题皆是实际上所提出的问题；它们在内容方面和那些可能被提出的问题不一定吻合。前者我们称为哲学史上的问题，后者称为哲学问题。因此哲学问题之有无，不以哲学史上的问题叙述得正确与否而定，不以后者是否是真实问题而定。至于哲学是否可能，这只以有无哲学问题而定。然而有无哲学问题呢？

二、问题的基础——不配合的认识关系

为了解答这个问题，我们先进一步分析问题自身。以下是几件人人可以承认的事实：我们有认识，有认识的有认识机能。认识机能有它的结构，虽然我们不必知道，什么是我们的认识机能，更不必知道，我们认识机能的结构究竟

是怎样。（认识机能的结构属于第一节里甲组条件项下。）此外我们也都承认：我们既然有认识，也有为我们所认识的。那个是认识的对象或事物，后者也有它的结构，即使我们不知道它的结构是怎样。

既然这些皆是些我们人人承认的事实，那么，这样这样结构的认识机能和这样这样结构的事物，或者（一）发生认识关系（gnoseologisches Verhältnis），或者（二）不发生这样的关系。譬如听觉和音响发生认识关系，听觉和颜色不发生这样的关系。如若情形是：（一）这种关系或者是（甲）认识，或者是（乙）不认识，或者是（丙）部分的认识。（甲）的事例譬如人的认识机能相对于 $1+1$ 或者 $\sqrt{4}$。（乙）的事例譬如它相对于 $\sqrt{2}$。（丙）的事例譬如它相对于 $\sqrt{8}$。如若我们计算，在情形（甲）里我们知道它的究竟价值是多少，在情形（乙）里我们不知道 $\sqrt{2}$ 的究竟价值是多少，在情形（丙）里我们部分地知道它的究竟价值是多少。于是我们问：$\sqrt{2}$ 的究竟价值是多少。[1] 这是一个问题，一

---

[1] 所谓我们不能认识 $\sqrt{2}$ 的究竟价值是多少，意义如下：我们不能认识 $\sqrt{2}$ 的究竟价值是多少，像我们能认识 $\sqrt{4}$ 的究竟价值是多少一样。因为后者我们可以正确地用一个数目 2 表示出来，前者则不能。诚然 $\sqrt{2}$ 自身即是一个数目，不必须另一个数目去表示它；至于它是多少呢？即 $\sqrt{2}=2$。这样我们诚然认识了它的价值，但是这只是一个迂回的认识。我们认识它 als $\sqrt{2}$ potenziert ist, aber nicht $\sqrt{2}$ als solche。这在 $\sqrt{4}$ 的情形则不然；我们不但在它乘方了以后认识它的价值；而且还认识它 als solche，即它是 2。我们所谓我们不认识 $\sqrt{2}$ 的究竟价值和认识 $\sqrt{4}$ 的究竟价值是多少，意即指此分别。数学家对于 $\sqrt{2}$ 并不问：什么是它的究竟价值，这因为他并不必须求出这个究竟价值来，方可计算；反之，他即将 $\sqrt{2}$ 作为一个单位去计算，正如他不必将 $\sqrt{4}$ 化为 2（甚至不必求出任何一个置于括弧中的数目来）再去计算一样。然而这件事实只证明这样的不认识无碍于计算，并不证明 $\sqrt{2}$ 的究竟价值是多少，已为我们所知。否则我们即可用其它的数字来表示它。所谓认识，本即谓用语言文字等等将所认识的正确地表示出来。

承胡世华先生的询问：所谓 $\sqrt{2}$ 的究竟价值何指，我们乃追加这样一个说明。这些话对于数学家自然比篇中所说对于哲学家还要格外外行些。然而我们终难看出，怎样 $\sqrt{2}$ 的究竟价值——其意义如以上所解释的——可以为人所知。因为在它后面隐藏了一个正方形的对角线和同一正方形的边是无公共衡量单位（inkommensurabel）的现象，正如纪元前四世纪里人所发现的。即使我们关于 $\sqrt{2}$ 的意见是个错误，这并不牵动篇中的基本思想，因为 $\sqrt{2}$ 的究竟价值是多少，只是一个例子；其初（第二节）只不过用以表示一个问题而已，以后（第四和第六节）乃用以例证人非 intellectus infinitus；为了达到后一点，我们也可以引用其它标准的现象（譬如生命的现象、感觉认识的现象等等）。但是我们不愿因例证而引起玄学方面无结果的纷争，因而避免，未曾援引。再退一步，即使人是 intellectus infinitus，以上的主要结论：哲学可能，可能成为学科，不但仍然可以成立，而且哲学势必被认为只有可解决的问题，因此从功利派的眼光看来，它的价值比我们所估计的还要更大些。

个我们实际上提出来的问题。这个问题之所以可能,乃由于以下一事实:即这样这样结构的认识机能对于这样这样结构的事物有了认识关系(gnoseologisches Verhältnis),但就着认识这点前者和后者是不配合的;问题的基础——可能问题的基础亦即是现实问题的基础——即是这一种不配合的认识关系。

$\sqrt{2}$ 的究竟价值是多少,乃是一个我们不能回答的问题,然而问题却不只限于不能回答的。

三、以配合为根据的不配合

$\sqrt{2}$ 的究竟价值是多少,这个问题在什么条件下始能产生?显然它是不能在任何情况下产生的。譬如一个未曾学过开方的人即不会提出这样一个问题来。因此这个问题的产生只能在某些条件满足了以后。这里我们只举出几个和我们当前的讨论最有关系的来。它们是哪些呢?简单地讲起来,一个人必先认识了 2 这个数目,又认识了 $\sqrt{}$ 。诚然 2 的认识和 $\sqrt{}$ 的认识也只能在其它的、更基本些的条件满足了时始能产生。关于这些条件的条件我们这里从略。我们这里且仅就着上述的两个条件看,它们乃是积极的条件。然而如若只满足了这两个积极的条件,上述的问题还不会产生。此外还有消极的条件,即这人必然不认识 $\sqrt{2}$ 的究竟价值;否则他即不再问 $\sqrt{2}$ 的究竟价值是多少了。再者,他必然不只不认识,而且他还必定觉察这个不认识了。这又是一个深一层的积极条件。这样,问题有以下的成份:(一)认识,(二)不认识,(三)不认识的觉察,问题乃是由于对于某些事物的认识而产生的对于另一些事物的不认识的觉察。人若提出什么是 $\sqrt{2}$ 的究竟价值是多少一问题,他不但认识了什么是 2,什么是 $\sqrt{}$,以及不认识 $\sqrt{2}$ 的究竟价值是多少,和觉察了这个不认识;而且 $\sqrt{2}$ 的究竟价值是多少对于他成为问题,正是以他关于 2 的认识和关于 $\sqrt{}$ 的认识为根据。

人的认识机能的结构对于 $\sqrt{2}$ 的结构是不配合的,然而对于 2 的结构和对于

$\sqrt{2}$ 的结构是配合的，否则人也不能认识它们。正如问题是以认识为根据的，不配合的认识关系是以配合的认识关系为根据的。否则人的认识机能的结构对于 $\sqrt{2}$ 的结构不能是不配合的认识关系了。总之，这样这样的认识机能的结构对于这样这样的事物结构在一些或有些方面是配合的，但在另一方面是不配合的；而且不配合是以配合为根据。这样以配合的认识关系为根据的不配合的认识关系，乃是问题的基础。可能问题的有无全看有无这样的基础。

四、相对的不配合和绝对的不配合

事件并不如此简单，以上的分析还不足以表明问题的详细性质，我们还得作进一步的分析。以下也是一件不容否认的事实：人类的以及个人的认识是累积的；它不但是累积的，而且还是进步的。累积的和进步的分别乃是如此，即所谓进步乃是直线的累积，这层在科学发展上可以看得最清楚，即在前一阶段里还未认识的，对于人还是一个问题的，在后一阶段里问题解决了，为人所认识了。因此在以前那些阶段里的问题，全是些可以解决的问题。如若认识进步到了一个阶段，它的内容不能再有直线的累积了，它那时的问题就是些不可解决的问题。认识达到这个极限的迟速，不必各方面保持同一步骤。譬如 $\sqrt{2}$ 的究竟价值是多少，是不能为人的认识机能所发现的。远在纪元前四世纪，人已发现对角线和四方形的边之间的关系乃是 Inkommensurabilität（在当时人呼为 ἀσυμμετρία）。这样，问题有两种：一种是可能解决的，另一种是不能解决的。

我们以上认为问题的基础乃是认识机能的结构对于事物的结构以配合的认识关系为根据的不配合的认识关系。现在问题既然有可解决的和不可解决的分别，那么以上那个结论仍嫌不够精密，必须再加以限制。如若认识是进步的，认识机能的运用也是发展的，它的结构在这发展的历程里某阶段上对于事物的结构不配合，但是在后一阶段上对于同一结构也许就配合了。因此这些不配合只是相对的。如若在它发展至于极限时，对于事物的结构仍然是不配合，那个不配合方是绝对的不配合。因此相对的不配合是可解决的问题的基础,绝对的不配合是不可解决的问题的基础。

五、事物结构中的 φ 方面

问题分析请止于此,我们进而研究有无哲学问题。所谓"哲学问题"在这里用作何义,已在第一节里解释了。至于问题中可解决的和不可解决的分别,在这里尚谈不到。如若以上所讲的无误,那么哲学问题的基础乃是人的认识机能的结构对于事物的结构的某一方面以配合的认识关系为根据的不配合的认识关系。所谓事物结构的某一方面,即指素来被认为是哲学研究对象的一方面。然而在我们研究有无这样的不配合关系一问题以前,我们必须查看事物可否有这一方面;否则我们犯了 petitio principii 的错误。

我们且看以下一些事实:这里是两张椅子,像是椅子,每一张和另一张相同。它们是相同的椅子。每一张椅子又同于它自己,它是自同的椅子。相同并不即是相同的椅子,自同也不即是自同的椅子。再者,相同异于自同。这里我们有以下五点:相同的椅子,相同,自同的椅子,自同,异。相同、自同、异,正和相同的椅子、自同的椅子一样,都是不可否认的现象。它们之间的关系在哲学史上属于哲学研究的范围以内。即使以前的哲学家关于它们各种不同的解说全是些谬论(如我们以上为了使问题尖锐化起见所假设的),然而它们自身都是些确有的情形,即使人将相同的椅子和相同、自同的椅子和自同混为一谈,不加辨别,甚至也不辨别相同和自同;然而同和异终必被辨别为有所差别的。因此异不能由于以上的混淆再和相同的椅子、自同的椅子并为一谈。反之,它乃是另外一回事,它也就是组成事物(譬如椅子)的一个成份。它以及和它类似的、相近的一切等等共同组成事物结构中某一方面。为了言词简便起见,我们且称它为 φ 方面。现在我们就问人的认识机能的结构对于事物的结构中 φ 方面,有无不配合的认识关系。

六、哲学问题的有无

在下列三种情形任何一种之下，皆无这样不配合的认识关系，这三种情形也就是仅有的可能情形：（甲）如若人的认识机能的结构根本不和事物结构中 φ 方面发生认识关系，自然也和它无不配合的认识关系。若无这样的关系，哲学问题即无基础，因此亦无哲学问题。（乙）如若它和事物的结构发生认识关系，而且对于它是完全配合的，这样只有认识而无问题，因此也无哲学问题。（丙）如若它和事物的结构发生认识关系，而且对于这结构的其他方面多少是不配合的，对于 φ 方面却是配合的，因此只有其它的问题而无哲学问题。人的认识机能的结构是如（甲）、如（乙）、如（丙），还是和（甲）、（乙）、（丙）皆不同呢？

我们先看情形（甲）。唯有以下一种的认识机能的结构才根本不和事物的结构中 φ 方面发生认识关系，即它的活动完全只限于低级认识活动的范围以内。所谓低级认识活动指在空间和时间以内，或仅在时间以内的个别的（Einzelnes），即所谓实际事物、对象的认识活动。何以一种认识机能的结构，其活动只限于这个范围以内，根本不和事物的结构中 φ 方面发生关系呢？原因在此：因为事物的结构中这一方面完全不在低级认识范围以内。譬如就着以上所举的例子言，我们不能以认识相同的椅子的活动认识相同；因为相同不是某时某地里的一个个别的，像相同的椅子是这样的一样。但是人的认识机能的结构，其活动不只限于低级认识活动范围以内；即使它不能认识什么是相同的内容（Inhalt der Identität），即它里面包含那些组成份子，至少它知道辨别相同和相同的事物（譬如椅子）。因此它并非根本不和事物结构中 φ 方面发生认识关系。反之，它和事物的结构中这一方面乃是发生关系的。

现在我们再看情形（乙）。即认识机能的结构不但和事物的结构发生认识关系，而且对于它是完全配合的。在这样的情形下，无任何问题的基础，因此亦无任何问题，也就无哲学问题。但是这种认识机能的结构是否即是人的认识机能的结构呢？如若它即是人的，那么人即成为 omnisciens，那种认识机能也就是 intellectus infinitus 了。但是我们很有理由承认，人只是 intellectus finitus，例证不待远求，以上所举的即足以证明此点：即人永不能像认识 $\sqrt{4}$ 的究竟价值那样认识 $\sqrt{2}$ 的究竟价值。

诚然，这只证明 $\sqrt{2}$ 的究竟价值是一个问题；然而这个问题却不是一个哲学问题。因此人可以作以下的假设，即对事物结构中的数的方面，人的认识机构的结构有界限；但对事物的结构中另一方面，即 φ 方面却无界限。这样的假设将我们引到情形（丙）。

我们请看情形（丙）。这样的假设，就着现在学术上的情形看，很难符合事实。因为现在若将哲学和数学比较，显然人的 intellect 在前一种研究里远不及在后一种研究里适宜。相反的假设更为可靠：即人不是全知的，而且在哲学方面他的认识能力远逊于在数学方面。这就是说：人的认识机能的结构对于事物的结构中 φ 方面并非是完全配合的，如若它不比对于同一结构中数的方面更不配合些。如若情形是如此，即有哲学问题的基础。既有这基础，哲学问题即可能；因此亦即有哲学问题。

如若人过分的骄傲，他不甘于承认上述的界限，却自认是 intellectus infinitus。在这狂妄的假设下，人的认识机能的结构对于事物的结构中的 φ 方面必被认为是完全配合的了。即使情形真如人如此自许的，由以上曾经指出的那一件事实，在这样的假设下更足以证明有哲学问题。以上所举出的事实乃是：人的认识是进步的，因此即使人可有 omniscientia，这全知却非 uno intuitio 得来，乃是由于直线地累积的。这个直线的累积即已肯定了哲学问题，因为所谓直线的累积乃指由于问题的解决所产生的认识的增加。这样，在这假设之下，情形必被认为是如此的：即人的认识机能结构的运用在未发展以前和事物的结构中 φ 方面是不配合的，即至完全发展了以后，乃成为和它完全配合的了。因此除在这个发展历程的最后阶段上，在其余任何一个阶段上，人的认识机能的结构和事物的结构中 φ 方面皆是有所不配合的，因此在这样的一个骄傲的假设下，人更必须承认有哲学问题。

既然人的认识机能的结构既不合乎情形（甲），也不合乎情形（乙），又不合乎情形（丙），以下的结论乃是必然的：人的认识机能的结构对于事物的结构中 φ 方面有不配合的认识关系。这关系乃是哲学问题的基础，因此亦即有哲学问题。

七、问题和学科的价值

既有哲学问题，那么哲学即可能。它也自然可以成为一个学科，因为有问题，研究即可能，学科也就是在一定范围内的系统研究。

然而学科的价值高下不同。哲学学科究竟有多少价值？学科的价值决不由于它一时的成就而决定，因为那可以是偶然的。换言之，决不主观地依靠哪一学科的学者——人在万有里实在太渺小了，他算不得什么——乃是客观地依靠哪一学科的问题。如若一个学科的问题全是些不可解决的问题，它虽然不失为一种有固定范围的研究，然而这研究只是无穷尽无结果的追求。它也即是永远的徒劳无功，因此它在学术上的价值极其微小。如若一学科的问题皆是些可解决问题，它乃居于另一极端，正如在第一种情形下的学科居于相反的极端一样。如若那一学科在学术上的价值极其微小，那么这一学科在学术上的价值应当是极其高大的了。初看起来似乎是如此，因为它可以完全成功。但是它大功告成之日，也就是它死亡之时。因为当它的问题皆解决了以后，它即再无问题，无可研究，乃陷于停滞状态中，失去了活力。它成为一组刻板的道理，它不能再是一个学科。它自己毁灭了它自己，因此它不能是理想的学科。如若一个学科的问题有些是可解决的，有些是不可解决的，它乃是理想的学科，它在学术上的价值也最大。因为一方面它的努力并非徒劳，另一方面它永无失去活力的一日。哲学究竟是哪一种学科呢？

八、哲学的价值

这个问题只有研究哲学问题是些什么问题，方可解答。第一，哲学显然有不可解决的问题。唯理论者不肯承认这一点，然而他们的狂妄实足以贬损哲学的价值。我们以上已经见到，人非 intellectus infinitus。不言其它，只是 $\sqrt{2}$ 的究竟价值是多少，他已不能认识了。人诚然可以设想，人的 intellect 对于事物的结构中其它方面，譬如数的方面，是有限的，而却单独对于事物的结构中 φ 方面是无限的。然而这样的假设，除去了哲学家的自大以外，更无其它足以考虑的理由。反之，相反的假设则更为可靠，即它对于事物的结构中 φ 方面也和对于其它的方面，譬如数的方面一样，同样是有限的。如若情形是如此，那么人的认识机能的结构即至完全发展了以后，对于事物的结构中 φ 方面仍然是有所不配合的，那里即是 intellect 的界限。在这界限边缘上的问题即是不可解决的问题。

第二，哲学既有不可解决的问题，它有无可解决的问题呢？对这一问题的肯定答复事实上以上第六节已经给予我们了。这里，让我们再详细点回答：有；而且更多。原因如下：它既有不可解决的问题，它必也有可解决时问题；不可解决的问题已肯定了可解决的问题，这点也许须要较详尽的解释。哲学问题所以是不可解决的，因为人的理性对它可以作矛盾的答复。这个问题的答复可以是 x，也可以不是 x。然而这究竟是 x，还是不是 x 呢？理性自身不能决断。因此甲说不能证明乙说为错误，乙说也不能证明甲说为错误。但是因为问题的对象辽远地超出低级认识范围以外，甲说和乙说皆不能从低级认识得到积极的或消极的证明。因此甲说和乙说陷于一种无结果的对垒中，这也就是理性自身的矛盾。因而这一类的问题是不可解决的问题。

这些问题全是些离开低级认识范围辽远的问题。然而人的认识皆从低级认识开始，人不能不由于相关的低级认识而凭空进入高级认识范围以内；所谓高级认识乃指以普遍的（Allgemeines）为对象的认识。譬如人不能辨别相同和相同的椅子，如若人不先认识了相同的个别的。这就是说：人的认识机能的结构对于事物的结构中 φ 方面里离开低级认识对象一方面辽远的部分不能发生不配合的认识关系，除非它对于同一方面里离开低级认识对象一方面较近的部分已经发生了配合的认识关系了。以上我们已经分析出来，不配合的认识关系乃以配合的认识关系为根据，问题乃以认识为根据。因此如若人的认识机能的结构对于事物的结构中 φ 方面是不配合的，它必然已经和同一方面与低级认识对象一方面之间的结构发生了配合的认识关系了。具体言之，如若相同的组成分子是些什么，对于人成为一个问题，这人必然已经辨别了相同和相同的个别的了。但是它们之间的辨别，乃是对相同和相同的个别之间的差别一问题的解答。因此若有相同的组成分子问题，亦即必然已经有了相同和相同的个别的之间的差别一问题。后者乃是可解决的问题，因为在相同的组成分子是些什么成为问题时，它必然已经获得解答了。相同的组成分子的问题也许还不是不可解决的问题，那些不可解决的问题离开低级认识对象的范围格外辽远，因此它所肯定的可解决的问题也愈多。这样，哲学如有不可解决的问题，它必有更多可以解决的问题。

九、玄学万有论和认识论

如若我们在另一篇文章里所讲无误，哲学当它初被建立为一个学科时，它乃是万有论或是玄学，附带一些认识论。因此，严格意义的哲学也只是万有论、认识论或玄学。玄学的问题，即使我们为了讨论的彻底，我们否认是像康德所举出来的那些，它们也必是些不可解决的问题。一方面因为关于它们，理性自身陷于矛盾；另一方面因为它们辽远地超出低级认识范围以外，理性自身的矛盾不能从低级认识得到——即使间接的——消极的或积极的证明。因此玄学的问题乃是永久研究的对象，永久徒劳无功的研究的对象。这样，玄学是价值很低的学科，也许我们称它为一种 intellektuale Romantik 格外合宜些。然而这只限于名实相符的玄学，至于那些无问题根据的玄思幻想，即使很精巧，也不过是 Gedankenspiel 罢了。

　　这样，玄学作为一种 intellektuale Romantik，从严格意义的哲学学科里提出去了，所余的只是万有论和认识论，它们如何呢？如若哲学不但可以成为一个学科，而且它还有很大的价值，那么万有论和认识论也皆是如此，因为它们从哲学成为学科以来，即是哲学。如若学说方面讲正统，那么在它们中间万有论是 πρώτη φιλοσοφία（"第一哲学"）唯一合法的后继。在最初，认识论的一部分只是附属于万有论里的。认识论应从万有论分开（事实上现已如此），它和万有论各自成为一个独立的、然而相互密切联系着的学科（因为他们各有各的问题范围）。这样，即使全部哲学史全是些谬论，哲学——即万有论——仍是可能的。

　　　　　　　　　　（选自《陈康：论希腊哲学》，商务印书馆，1995 年）

玄学问题

罗家伦

罗家伦（1897—1969）：哲学家。曾就学于北京大学。著有《科学与玄学》、《新人生观》、《逝者如斯集》、《新民族观》等。

人类知识的兴趣，是一动以后就不能停止的。科学的责任，在于描写，一方面给我们以生活统治的安全，一方面也给我们一部分知识兴趣的满足，但是我们总不高兴就停止在这里，而且实际上受那种"动性"——既动以后可以说是"惰性"——的支配，也不能停止在这里。科学说是他不问事物的实体（reality）——我在此地特别唤起注意的，就是"不问"与"不知"的分别，因为这是两件事——但是我们就不想问到我们所知的是否是实体，还是空中楼阁的环境吗？我们常听说什么是科学的真理（truth），究竟什么是真理，他"真"的程度如何，我们如何知道的？真理与实体的关系如何？相符吗？符合到什么地步？不相符吗？难道有毫无根据的真理，究竟这可以称为真理吗？我们问到此地，已经从科学谈到玄学里来了。

玄学（metaphysics）的名词，在中文带着有历史背景的"玄"字，是很不幸的。因为涉及"玄之又玄""方士谈玄"……种种意义，引起许多无聊的误解。但是现在再作更改，已经迟了；而且一个名词，往往因用而有伸缩变动，也不必勉强再改。只是请大家看见"玄学"的名词，尽忘一切"玄"字向有意义，而只当他作西文的

Metaphysics 看待，就可以避免许多无聊的纠纷。

可巧的事，"玄学"在中文为不幸；而 Metaphysics 这个名词，在西文也经过多少的不幸，惹起许多不相干误解。这种名词，始源于希腊文亚里士多德的一种著作[1]，名叫 τὰ μετὰ τὰ φυσικὰ。τὰ μετὰ 的意思，不过是"在后"，τὰ φυσικὰ 的意思，不过是"自然知识"（当时 Physics 之意，与近代"物理学"迥异，不可混淆）。当时这位大哲学家亚里士多德写成这部著作，却不曾把他安上一个名字。到纪元前一世纪的时代，罗得的安兹罗尼库斯（Andronicus of Rhodes）为他编定全集，找不到著者对于此书的定名；因为他编订的时候，适巧把这部书放在 τὰ φυσικὰ 之后，所以叫他做 τὰ μετὰ τὰ φυσικὰ，命意不过是"在自然知识之后"（After physics）。不幸后来竟引起学问界一个绝大的误会，历千数百年，把他当"超越自然知识"（Transcending physics）及"在自然知识之外"（Beyond physics）的解释；几乎成了一个神秘的名词，为一切不可知的东西的"逋逃薮"，一直到近代，方经一般学者纠正，这也非当年编订人所及料的了！

Metaphysics 之名，既非为玄学本身作界说；至于以后所定的界说，又人人各殊。大都许多哲学家以他们自己哲学的系统，为各自诠定玄学的标准。积重难返，所以界说纷殊。有以为玄学是"最始原理（first principles）的学说"；有以为"超于自然的科学（super-natural science），一切超于人类经验的学说"；有以为"心的科学用内省和分析，不以实验和科学的观察去研究的"；有以为"任何研究，只根据于先设，而不尚归纳的理论与观察的"；有以为"一组抽象的与难解的学说，为科学所存而不问的"。[2] 像这类的界说，不可胜举，虽然也常有所据——根据于一种或一家的态度——但是其间真错杂出，不完不备，是无可讳言的了。所以要找一条严格的玄学的定义，几不可能。就是相沿下来最有权威的诠释，根据亚里士多德而来的，以为玄学是研究"有"的本体之科学

---

[1] 注意，玄学之名，虽由于亚里士多德这种著作，但玄学并不始于亚里士多德。自泰勒斯（Thales）至柏拉图，希腊哲学家早讲玄学了。

[2] F. J. E. Woodbridge, *Metaphysics*, p. 5.

(science of being as such),也经过后来许多变迁,不足以尽近代玄学之义。[1] 我们现在要真能明白玄学的意义和范围,不在强立一条"装饰的"定义,而在真正懂得玄学所研究的问题是些什么。因为各玄学家的态度和方法虽有不同,而其所研究的问题——无论他取得一部分或全部分——总是在那里的,是他们十万八千个"筋斗云"也翻不出的。我们于开始的时候,已经提到这类问题的端倪,现在且仔细看看问题的内容吧。

(一)我们天天的经验,接触许多东西,他们是真在那里吗?分明在那里的东西,转身就变过了,难道他们是真"有"的吗?于那些"新陈代谢"、"花谢水流"的东西之中,究竟也有不变的吗?若是没有,那变的本质是什么?若是有,那不变的本质又是什么?

(二)我们分明看见一张桌子,但是仔细看下去,不过是几种颜色,硬质,木料所构成。不但我们从各方面看去颜色不同,而且在黑暗之中,一点颜色也看不见了。我们摸去是平的,但是用显微镜一照,简直累累的"有若丘山"。难道我们所看见的桌子,是真的桌子吗?是他的形态吗?还是他的本体吗?

(三)再把桌子分下去,化学家说是成于多少原子,原子的数目,现在知道的是 88 个。自从镭(radium)发现以后,这 88 个本质的严格区分也摇动了。物理学研究原子的构造,知道所有的原子都是成于电子及结核(nucleus),由电子绕结核而行。[2] 化学家与物理学家只要这些原子动作的现象合于他们描写的公式,满足他们实验的条件,则其余的问题,都可不问。但是我们追问宇宙的本体是什么构成的,是一种东西构成的,还是多种物质构成的,难道不合法吗?难道不是理性上所逼到的问题吗?

(四)这些东西的构成,是自由的,还是前定的呢?他们是本性上有规则的,还是受外力支配而成的呢?为什么有些东西会合在一起,为什么有些又不能够?科学定水的公式为 H_2O,只要把 H_2 与 O 合在一起,预备相当的环境,

---

[1] 这点下文还要讲到。
[2] 参看 B. Russell, *The A B C of Atoms*, pp.17-43.

化而为水，就对于他的公式满足了。但是为什么 H_2O 合起来就会成水呢？进一步的什么理由，其所以然的关系，难道是不当问的吗？难道我们就只愿"知其然"，而不愿知其"所以然"吗？

（五）宇宙间许多东西，我们称为"生物"与"无生物"，表面上各有不同的表现。科学家定了许多条件，以为合于某项条件者为生物，合于其他某项条件者为"无生物"。但是进一步研究，则生物的本质，归于几个原子，与无生物相共同；无生物天天被生物吸收进去，又为生物。为什么同的东西有不同的表现？设"无生物"而竟是我们普通所谓死的，则何以又能为生物吸收而相融化（integration）呢？这是机能的不同呢，还是本质的不同呢？

（六）不但这些异同何从而来，并且这全体——宇宙的总量——何从而来呢？他是"目的的"，还是"机械的"呢？是由他因而来，还是靠自己的活动而存在的呢？有始吗？始从何处而来？有终吗？终至何处而去？还是永久常住，无始无终的呢？

（七）宇宙是"有限的"，还是"无穷的"呢？有限吗？限将何自而止？无穷吗？则其积（extension）的性质如何？是数理概念的呢？还是物质推广的呢？我们是在"袖中天地"里跳舞，百变不离其宗的呢？还是以有限精神，在茫茫的无穷之中丧失的呢？

（八）难道这宇宙的本体是"连续"（continuity）的吗，还是"不连续"的吗？是可分的吗，还是不可分的吗？还是二者都可有的吗？不可分吗？为什么我们有整数？可分的吗？为什么我们有无尽的分数？宇宙的性质究竟是怎样？

（九）时间是什么？空间是什么？两者的关系是怎样？是可分离的，还是不可分离的？我们所知道的，难道是时间的本身，还只是我们自立的记载？我们难道能看见空间，还是只不过看见物质的位置？难道他们是由我们的直觉假设的，还是真正构成事实的？这些天天离不了的东西，难道我们不想知道他们的本质？

（十）我们得了些知识，叫他做真理。但是真理究竟是什么？是合于实体的吗？还是只顾他自身的命题和推论，就足以自存呢？是变的呢，是不变的呢？

说他是绝对的，则我们看见多少一时以为真理的，他时即不成为真理。说世间没有绝对的真理，则世间如果无绝对的真理，此言即系绝对的真理。这种奇怪的情形，我们难道不要问下去吗？

（十一）如果是有真理，我们如何知道？如果是有实体，我们又如何知道？凡是实的都是真的吗？我们如何能够决定？外界的物，如何能到我们心里，是物呈到我们心里来，还是我们的心造成种种物的概念呢？

（十二）我们以前说过，科学只问感觉张本，只顾现象的符合。但是我们要问还是世间只有现象呢，还是我们只知道现象呢？现象是真的呢，还是不真的呢？如果只有现象，则现象难道不就是实体，或实体的一部分吗？如果现象只是官感的幻觉，则岂不是现象之后，还有什么所谓形式、本质、实体（form，essence，substance）等等东西吗？所谓现象的关系是什么？是质量的不同呢，还只是组织系统（system）的不同呢？

（十三）科学家谨守他自己的范围，可以说是不问最后的实体。但是如果最后实体只是在现象系统以内逻辑的先假，而不必"遁迹"到现象的外面，则岂不是他所治的——纵然他自己不觉得——就是实体系统的一部分吗？科学家以细心分析的结果，不敢自己承认所知道的是实体的全相；但是不知道全相是一件事，因为不知道实体的全相而否认能知道实体或实体的一部分，又是一件事，逻辑上岂容混淆的吗？[1]

（十四）若是现象与实体的关系，不是一定表里的关系，而仅是组织系统不同的关系；然则这种关系，是属于逻辑的呢，还是不属于逻辑的呢？再加上我们"知"的一重系统，对于他们所有的系统，有影响呢，没有影响呢？

（十五）若是我们认外界种种事物的动作是"有"的，是"真"的。如电的

---

[1] 此两段最宜注意，因与上篇所论科学仅问现象之处，关系太切。全文所用"现象"或"现象界"，系就感觉张本而言，并不含与"实体"立于对抗，或"实体"超于（transcend）现象之义。此处重言声明"不问"是一件事，"不知"又是一件事。不知实体的全相是一件事，因为不知全相而竟否认能知实体之一部分，又是一件事。此处系正宗的"现象主义"（phenomenalism）及"唯心主义"（idealism）二者与近代的"新唯实主义"（new realism）及"彻底经验主义"（radical empiricism）二者之分手的地方。

发射，量子的跳动，树木的生长……都是有的"事"（event）。但是我们自己"心"的动作呢？我们思想（thinking）的进行呢？是真实的（real），还是非真实的呢？

（十六）我们自己对于宇宙的关系是怎样的呢？如果宇宙只是"浮光掠影"，我们自己真实的程度又怎样呢，或者竟是毫非真实的呢？我们是可以独立的个体吗？还是在时间空间的系统中与外界作不断的融合（integration）呢？若是不断的与外界融合，又何以分其为"我"呢？

（十七）经过无限的历史，不停的努力，我们所谓人生，究竟是有含意识的目的呢？还只是机械的动作，或盲目的冲动呢？是有进步的吗？如果说是有进步，则没有目标，进步的意义何解？如有目标，则目标是什么？是宇宙原有的呢，还是我们人定的呢？我们的生活究竟有否意义？我们在宇宙全系统之中，是占什么位置？我们人类经历了许久的生活，难道不应当有合理的反想吗？

（十八）平时常听人说："真的都是好的，美的。"说来是容易，但是仔细一想，就不容他随便说了。若是真的，就是好的，美的，但是何以解说恶的和丑的呢？难道他们不是真实的吗？如果他们都不是真的，则让他们自己"烟消雾散"好了，为什么又说当与恶的和丑的奋斗呢？和本来没"有"的东西奋斗，这话有意义吗？在纯粹哲学或伦理学上，最感困难而最危险的话，莫过于不承认恶和丑的真实。析辩最精的柏拉图，和以后的唯心主义者，都不停的因为这个问题而遇着困难，而经不起批评，何况其余不加反想的呢？

（十九）又如说到"好"——或"善"——的问题，究竟什么是"善"？是有标准的呢，还是纯粹主观的呢？是有最后最高的善，各种个体的善向他逼近，还是只有个体的善呢？若是有最后最高的善，则其性质如何，又如何能同个体的善发生关系？若是只有个体的善，则如何这些"个善"可以有适当的协调（coordination）？他们的价值如何评定？这不是一种最令人迷惑而要利用全部智慧的问题吗？

（二十）我们有了许多科学的知识，难道不当反省全体，分析各部，问问他"可靠"（validity）的程度吗？从各种不同的方面，推测宇宙、人生的全体吗？

我们有种种观察的方法,而竟"蚁步自封",我们甘心吗?

这些问题都是任意提起来的;虽括玄学问题的大要,却不足谓尽玄学问题的全体。玄学重要问题,可以从此窥见一斑。[1] 各派的玄学家,也往往只是在这些问题之中注重几个;而从几个特殊方面,再去审察玄学的全体。这也是各个系统不同的一个原因。至于我的列举方法,不过是借以说明,而不作任何解答的努力,以免膈于一偏,是不必多说的了。

从这些问题里,我们可以得着几种的启示,打破以前许多"见一体而不顾全身"的论断。我们知道亚里士多德以讲"有"(being),讲"常住"(existence)而诠释玄学,虽然还占玄学的一个重要部分,但并不足以尽玄学之全体。因为不但本体问题,就是知识问题,也同样重要。18世纪哲学家克里斯蒂安·沃尔夫(Christian Wolff)以为玄学只是"讲可能的科学"(the science of what is possible),也不足以尽实情。因为玄学所讲,也常及实际的事体(actual facts),而不尽属"可能"。以前还有些玄学家,限于追问宇宙之所由始的问题,于是于无可再推之处,归原于"上帝"。在中世纪及其后宗教兴趣甚浓的时候,一部分本体论的玄学,不幸而为神学所利用。[2] 如安塞姆(Anselm)及笛卡尔以"本体论证明上帝之存在"(the ontological proof of the existence of God),是最著名的。即19世纪末叶的斯宾塞讲起他的"宇宙的进化"(cosmic evolution)来,也还不能脱离这种"窠臼"。不过自洛克的知识论和经验主义起来以后,研究玄学问题的趋势,颇受影响。自黑格尔一切"有"(being)与"非有"(non-being)互相酝酿而成无穷的"变"(becoming),宇宙成于自因,始于"自动"

---

[1] 威廉·詹姆士在"Some Problems of Philosophy"中之"The Problems of Metaphysics"一篇内,也列举这种的问题,以说明玄学内容,我很感谢他方法上的指教。虽论法各有不同,但读者可以参看。

[2] 玄学与神学绝系两事,不容混淆。丁在君君文中攻击玄学之处,似多出自此项误会,甚至于谓"玄学鬼在欧洲没有地方混饭吃"。老实说,讲哲学的人,没有说是能离得开玄学的;各国大学的哲学讲座上,没有一个期间停止讲玄学。"没处混饭吃"本不甚辞,而各国学者以精刻批评的方法治玄学,亦断非身受"鬼附",不知所云。纵然中国有人受了"鬼附",也不能以世界研究哲学的思想家都受了"鬼附"。因为近代所研究的玄学,已经不是丁君所谓的玄学可以代表的了。有一位朋友笑说玄学是一种"知识的精神病态"。我笑为解说道:谢谢上帝!近代的这些哲学家还不曾都入精神病院。

(self-acting)之说发生以来，从前欲借"上帝"或任何外力以求原始之解答，几致"一蹶不振"。[1] 原始之推求，虽仍为玄学问题的一部分——而且还是不停讨论的部分——但是玄学的范围和兴趣，却不专在于此。尽可不问"原始"的问题，而近代哲学家仍可从事物之关系（relation）、变迁（change）和融合（integration）间，一样的建设玄学的系统。[2]

并且以上那些问题是躲避不了的。我们如果够得上几微的反想，则这些问题总不会不到我们心上来。小孩子遇着事还不停的问道："为什么这样"？"为什么那样"？"这是谁造的"？"那是从什么地方来的"？"天有边吗"？可见这些玄学的种子是在人类天性上种下来的；不但是玄学的根本是起源于此，就是一切人类知识的根源，也在于此。不过玄学能根据知识的进步，作最合理性的解答，从这些问题的本身上去作研究罢了。

人生的经历稍微多一点，如果不永久是醉生梦死，则对于这些问题的兴趣只有发展，而见解亦只有深入。印度人在他们的吠陀经典中的《奥义书》（*Upanishads*）里问道："难道婆罗门（Brahman）就是最后的因？我们何从而生？我们所栖身者何地，所前向者何境？阿，你懂得婆罗门的人啊！告诉我们是谁教我们生存的；不问是快乐是痛苦，告诉我们吧！"[3] 其实这种的问题，不是平常所谓"神秘的"印度人所独有的，是人类天性上所共有的。就是我们站在思想所积下的"金字塔"上，于"前不见古人，后不见来者，念天地之悠悠"，而不必"怆然涕下"的时候，难道不曾一回想到这种的问题吗？纵

---

[1] 黑格尔的系统，实以思想的实在及其活动为中心；形自生质，形质互成而生未来。他所谓上帝，绝非创造万物之因的上帝。若是有人问道："设万物是上帝造的，则上帝是谁造的？"黑氏的回答是："上帝是自己造的，就是令'有'与'非有'而造的。"他虽然指定一部分地位给基督教的上帝，但这个上帝不过是他的大系统中之一部分。他的"思想"从高处下望着这种的上帝。讲宇宙原始问题，以黑氏为最大胆而博赅。此处不能详说，读者当参看其原著。无论近代对于黑格尔哲学的攻击如何，他在哲学史上的地位和影响是不可丝毫忽视的。

[2] 参看 J. Dewey, "Subject-matter of Metaphysical Inquiry" 一文，见 *Journal of Philosophy, Psychology, and Scientific Method*, Vol. XII, pp. 337-345, 1915.

[3] 参看 N. M. Buder, *Philosophy*, p.7, 此段系从该书转引。

然一个月不回想到一次，难道一年也不回想一次？一年不回想到一次，难道一生也不回想一次？这种的回想，正是叔本华所谓"玄学的要求"（metaphysiche Bedürfnis）。若是这种的要求起来了，而不能作合理的、有根据的、而且经得起批评的解答，那便是人生和知识上一个大恐慌了。[1]

所以叔本华说得好："除人以外，再无他物对于他自己的存在发生问题的。当人最初有意识的时候，他把他自己当作是一件当然的事，不需再有解答。但是这种情形，不能持久，因为第一个反想起来，就发生这个疑问：这就是玄学的母亲，这也就是所以使亚里士多德说：'人现在而且永久要对于事物去寻哲学的解答正是因为这种疑问'之理由。人的知识方面愈低，则这种迷藏的存在，对于他愈不觉得。……但是他的意识愈清楚，则这种问题的伟大，使他觉得愈深。"[2] 仔细反省西洋的思想史，这是极有深见的话。

康德不算是不重要的哲学家，而且常常认为近代最大的哲学家。他指出以下三个是玄学主要的问题：

（1）什么是我们所能知的？
（2）什么是我们所当做的？
（3）什么是我们可以希望的？

虽然我们对于康德解决这些问题的方法，不能尽表赞同；但是他所列的问题，是很谨慎而能扼要的。他把知识问题列在最前，先从考察我们知识的限度和真实着手。根据休谟的精神，而建设他的批评哲学和智识论，真是一个哲学界大大的进步。

我们既然知道玄学的问题是不能避免的。不但在人生方面如此，并且在知识的内部，也是如此。科学的所谓"存疑主义"，与不问玄学问题的态度，真

---

[1] 但是我们应当注意的，就是人生问题不过是玄学上的一部分，而且不是可以单纯独立的部分。张君劢君所谓"人生观"，或即指此。但是他要把"人生观"认为玄学的全体，而且是超越一切，极浪漫而没有标准的，便是大大的不妥。此点以下还要论到。

[2] 参看 Schopenhauer, *The World as Will and Ideas*, Vol. II, Chap. XVII, pp. 359-395, R. B. Haldane and John Kemp 译本。此处系照 W. James 之 *Some Problems of Philsophy*," pp. 38-39 之节译。

能做得到吗？仔细的和严格的考察起来，是不然的。除非科学家对于什么知识都不下定论——但是这就没有知识可言——或者可以做到。不然，就是用暂时定论的遁词，已足以摧残其逻辑上的一贯（consistency）。[1] 有如化学家和物理学家说一张桌子的本身是原子或电子所构成的，心理学家要画一个梦境与实境的区别，伦理学要说明真事与谎话的区分……他们所说的——如果他们不怀疑到他们所说也是丝毫不真的地步——已经是谈到所谓"虚形"（appearance）与"实体"（reality）的问题，已经是深入玄学的"大内"了！

马赫不幸叫他自己的系统是"反玄学的"，使"望文生义"的人起多少误解。其实他的"知识论"所述的，都是玄学的问题。他一方面持休谟的精神分析经验，一方面否认康德的"自在之物"（dingansich），而又不愿意摧毁知识的真实；于是造成他的"普遍物象论"（universal physical phenomenology）。这还不是玄学吗？[2]

又如罗素有时批评所谓"正宗的"玄学（traditional metaphysics），或者引起人家以为他也是反对玄学的误会；[3] 其实他所批评的，只是遗传下来所谓"正宗的"玄学家，而并不是反对玄学的本身。因为他自己论到事物的关系（relations）、真理的性质和共相的"常住"等等，[4] 已经成为很重要的玄学家了。

更说到赫胥黎的"存疑主义"（agnosticism）。这个主义，可以说是他专为

---

[1] 这是进一步的批评。因立说所用的"参考系"不同，所以与前篇论科学不作最后论断及科学定律属于假定之处，并非冲突。这是态度和观察点的不同，并非本质的差别，不可不注意。

[2] 参看 Thomas Case 在 *Encyclopaedia Britanica* 中之 "Metaphysics" 一文。其中论 Mach, Kirchhoff, Pearson 等玄学之处甚佳，并可以打破多少对于 Mach 派学说之误会。Thomas Case 为英国很有学问的一位哲学家，牛津大学玄学教授。所著 *Physical Realism*（1888年出版）一书，颇有贡献，甚可参读。其地位颇接近新唯实主义，虽然他的著作较所谓新唯实主义为早。

[3] 参看 Russell's *Mysticism and Logic* 中之 "Mathematics and Metaphysicians" 一章。

[4] 参看 Russell's *The Problems of Philosophy*，*Scientific Method in Philosophy*，及 *Introduction to Mathematical Philosophy* 等专著。对于 "Universals" 为 "常住的" 之说，于 *The Problems of Philosophy* 中之 "The World of Universals" 一章说得最明显，此系罗素哲学中之 Platonic elements。美国新唯实主义者尚宗此说。但最近罗素谈"相对论"以来，恐已有改变。罗素是一位仅问真理所及，而不问本人学说一贯的哲学家。

对待宗教——基督教——和宗教里的上帝而设的。我们不要忘了他是处于英国国教制度之下，而与首相格拉德斯通（Gladstone）及一班牧师（clergymen）辩论的人；这是他最好闪避迫害运动（persecution）的方法。至于讲到知识论和宇宙论方面，绝对的"存疑主义"是通行不过去的；而且赫氏自身也并不遵守。他的副现象论（epiphenomenalism）在玄学上正占一个地位。若是有人把赫氏对待"上帝"的规避法去对待玄学，那便大大的上当了。

全部的否定，是最危险的事，也是逻辑上很难通的事。以之对待本来是假托而成的"上帝"则可，以之应用在知识本身的真实问题上则不可。因为假定全体的事都不真，则你知道其不真的这件事是真的；一切知识都不可靠，则你知道一切知识不可靠的知识是可靠的。如果我们还要按照理性说话——因为我们还只有这条路——我们难道能逃过这个逻辑的难关吗？

我们既然对于玄学的问题不能避免，所以我们现在的问题，不是能推翻或舍弃玄学——因为以前已经说明这是"不可能的"事——而在建设，或任人建设一种"妥适的"（adequate）玄学，而不让"不妥适的"（inadequate）玄学发生流弊。因为科学家只是专门一部分的事体，有时以他为根据去做一切系统的解答，这是最危险的事。统筹知识的全体，审察并综合各种科学的基本概念与含义，是要一种有特殊训练和职守的人去做的事。这就是哲学家——或叫他做玄学家——的职务。詹姆士说得好：

> 如以下问题：一切东西是，或者不是，从一样的质构成的；他们是，或者不是，从同源而出的；他们是，或者不是，完全前定的；如此类推，不必详举。对于两种不同的方面，何去何从，要做最后的决定，是"不可能的"事；但是除非有了最后完全的证实，否则，此项问题临着我们头上，是很正当的，并且应当有人专门管理他们。纵然那人自己不能增加新的解答，也应当把他人所建议的解答，保管起来。一班有学问的人对于这些问题的意见，总而言之，必须分门别类，作负责任的讨论。譬如，谈到宇宙原始的问题，

究竟有多少种的学说？斯宾塞说宇宙或是无始无终的，或是自成的，或是由外力而成的。所以在他看去，不外这三种。难道这是对的吗？若是不出所列三种，其中以哪种最为合理？并且为什么是合理？就谈到此地，我们已经在玄学的中心了。我们就是要同斯宾塞去决定宇宙起源之说是不可思议的，或是这整个问题是毫无根据的，我们自己已经成为玄学家了。[1]

所以与其使这些根本的问题随意的听人去作一知半解的论断，何如教一班负责的人去作负责任的讨论呢？

况且当现在知识发展到这个地步，千头万绪，无论是科学家或常人，难道不想根据努力之所得，有一个全体的概观？即自身作知识努力的人，也何曾不有时要知道他努力的目的何在，与其所得的结果是否真实？罗素评桑塔亚纳的哲学为"固体的哲学"（philosophy of solidity）。[2] 其实他人纵不像桑塔亚纳一样谈本质、形式、实体（essence, form, substance）等，又何尝不想望自己的努力是真实的，结果是可靠的，而全座"庄严灿烂"的大厦，不是仅仅的建在"流沙"上面，一触即倒的呢？

纵观知识的全体，而尽力做事物的解答，就是玄学的系统。因为所用的"参考系"不同，所以系统各有差异。系统之妥适或真实（true）的程度，以所解答事物的范围之大小，及是否能经理性的批评为试验。近代哲学家虽然没有前一世纪的哲学家——如康德、黑格尔等——建设系统的大胆，但是凡属真正的哲学家，没有不造系统的；这不是好事，乃是他们的努力程序中所不能避免的。不过近代的哲学家不像以前的性急，也不那样浪漫——如黑格尔的系统——胆敢先从几条玄想的概念着手，而后推及于个体的概念和事物。他们只是细心的先从各方面具体的事物着手（distributively），然后再从全局方面着手

---

[1] William James, *Some Problems of Philosophy*, pp. 32-33.
[2] 参看罗素在 *The Dial*, Vol. LXXIV, No. 6 中之 "A Synthetic Mind" 一文，及在 *The Dial* 中发表关于桑塔亚纳著作之评论。

(collectively)。这种态度的不同，也可以看见近代哲学精神的进步了。

观察近代哲学的系统，虽然不像19世纪初叶那样的蓬勃，但是表面的沉静之下，却有几个坚实而更耐久的系统。如怀特黑德，S.亚历山大，及美国新唯实主义者建设唯实派的系统；詹姆士与杜威建设"彻底经验主义"（radical empiricism）的系统；[1] 柏格森等建设生物哲学的系统；桑塔亚纳建设唯美派的系统。[2]……回想这个时代，正是玄学上很不寂寞的时代呢！

（选自《科学与玄学》，商务印书馆，1999年）

---

[1] 詹姆士和杜威派的哲学，从玄学方面说起来，就是"彻底经验主义"。詹姆士晚年建设这个系统，未完备而死。他的 Essays in Radical Empiricism 及 Pluralistic Universe 都是关于这派玄学的重要著作。他的 Some Problems of Philosophy 是一部浅入深出的书，惜未及完，而著者身死；其目的也在从基本上表现彻底经验主义对于一组玄学中心问题之见解。杜威为詹姆士同派的同辈；他现在的努力，是向着完成这个系统方面。他于1921—1923年在哥大哲学院所授的 Types of Philosophical Thoughts 一课，毫不涉及历史性质；专以批评的方法，建设此种新经验论，他于第一讲将完的时候，即向听者声明道："诸位不要以为我又将实验主义（pragmatism）加于诸位；我所要讲的，从玄学方面说起来，是彻底经验主义（radical empiricism）。"1922年，美国哲学会中，杜威应 Paul Carus Lectureship 之请，作专门的演讲三次，所涉及都是玄学主要问题。唯实主义者 Frederick J. E. Woodbridge 向我说起来，称为二十年哲学集会中少有之论文。此三次演讲，仅为杜威所预备的新书中之一部分；他说这本书拟名为"Experience and Nature"。詹姆士及杜威派的哲学本身，在西方也受他们的从者与批评者之误解。如美国所谓"Chicago Pragmatists"，虽认杜威为领袖，然其所注重之问题，及其解答此项问题之态度，与杜威同的地方很少。如杜威的教育哲学，在哥大教育院中，也受其从者 William H. Kilpatrick 相仿之待遇。Kilpatrick 取杜威教育哲学之机械的与近于实用的方面，大为发挥，而遗其哲学的根本出发点和全系统于不顾。所以他所授的名为教育哲学，而实际上仅系"社会学原理"。杜威对于他自己的地位，和从者及批评者对于他的误解，在"Tradition, Metaphysics, and Morals"一文中（见 Journal of Philosophy, Psychology, and Scientific Method, Vol. XX, No. 7, 1923）有明白的表示与抗议。中国谈杜威哲学的，也仅注重其实验主义与应用的教育哲学方面；而批评之者，竟敢谓杜威哲学无玄学的系统，可谓胆大已极。认不知者为不存在，是知识论上最犯忌的问题。一种哲学的结论，看去或者简单，但其所以得此结论的步骤，并不简单。真正可以站得住的哲学，背后没有不具逻辑上可以自卫的玄学系统的。

[2] 乔治·桑塔亚纳之近著 Scepticism and Animal Faith 一书，名为其玄学系统之导言，其实已深入玄学大内。此书颇尽 dialectics 之能事。有人以为 Santayana 无专门哲学者，当读此书以破其成见。关于此书公允之评判，可参见 Dewey："George Santayana"（*The New Republic*, Vol. XXXV, No. 453）；Russell："A New System of Philosophy"（*The Dial*, Vol. LXXV. No. 3）。

形而上学问题的哲学分析

洪谦

洪谦（1909—1992）：哲学史家。曾任北京大学哲学系教授。著作主要有《维也纳学派哲学》等。

一、"认识"与"理会"

康德在哲学上的大贡献，就是将形向上学摒诸知识外。的确，形而上学在原则上就不是一种知识的体系，因为它对于事实是既无所传达，又无所表达的。但是知识之所以为知识，从它的本质而言，它对于事实非有所传达，有所表达不可。我们这里所谓能传达的、能表达的，就是我们能用一种符号表现的，能用一种公式叙述的，或者能用一种语言形容的，无论属于哪一方面的实际知识，都是应用它的符号、公式或它的语言对于事实的一种传达，对于事实的一种表达，所以知识之所以为知识，原则上只能如维也纳学派所言："一切知识都是对于事实有所传达，每种知识都必须是能传达的，仅有能传达的，方能成为一种知识。"[1]

什么是原则上不能传达的，假如我见到一块红颜色，我虽知道

---

[1] 见石里克于1930年在《康德研究》三十一卷发表的"体验、知识、形而上学"一文。

这是红的颜色，我可不能将这个红的"体验内容"传达出来。一个患色盲的人无论从怎样的对于某种颜色的形容中，亦无法得到某种颜色的意象。谁从未有见过一种乐趣的感觉，则对于他绝对不能从某种知识中而使其发生乐趣的感觉。谁曾经有过一种生活上的体验，可是他对于这个体验早已忘记了，那么即使他根据当时的记载，亦无法得到那个相同的体验。假如有人与我同时见到一块红颜色，或者有人与我患着同样的牙疾，我虽知道他也见到一种颜色，感到一种痛觉，但我并不知道他是否将所见的颜色亦称为红颜色，他所感到的痛觉与我所感到的是否相同。我们对于这些"意识波流的内容"仅能直接的体验，直接的"理会"（kennen），可是我们所体验的所"理会"的内容的意义，仍就是原则上所不能传达的，所不能表达的。因此维也纳学派认为某种对象是不能传达的，或是能传达的，就是我们对于那个对象是"理会"，还是"认识"（erkennen）。凡是属于"理会"的对象是不能传达的、不能表达的，仅有属于"认识"的对象方是能传达的能表达的。[1]

二、"形式"与"内容"

不仅一切体验的性质和意识的内容是不能传达的，就是体验间意识间的关系也是不能传达的。我们对于"空间距离"和"时间持续"两种体验之区别，我们所感到在臂上和牙里两种痛觉之不同，我们所听到收音机和留声机内两种音调之高低，我们所见到桌子上两种红颜色之深浅，都是不能借任何形式的概念的叙述所能传达的，所能表达的，我们对于它也如一切意识的体验的内容一样，最后还非直接的体验，直接的"理会"不可。所以从维也纳学派观点而言，凡是原则上属于"认识"的对象，既不是一切体验的性质和意义的内容，也不是一切体验间意识间的关系，而是一种纯粹的形式关系，或者如卡尔纳普所谓

---

[1] 见石里克同上一文。

"构造命题"。[1]

无论在日常生活中或精确科学内，仅有根据某种形式关系或"构造命题"，我们才能对于事实有所传达，有所表达。至于我们从体验上"理会"上所得的内容的意义，因为我们既无法借某种形式的概念能有所说明，亦无法联合若干的"个体"能有所"认识"，于是乎它永远是主观的、privatum 的，永远是非属于"理会"的对象不可了。

维也纳学派之能主张知识仅有形式关系的知识而非所谓"体验"内容的知识，在理论上是不能不归功于由柏夫所启端至希尔伯特才完成的一种"新"的几何学的发展[2]。根据希尔伯特的"新"几何学的思想原则，所有几何学的基本概念如"点"、"线"等等，不仅不象康德所言的以"纯粹直观"为基础，且为一群根本不能从形式上定义或证明的概念，而在原则上是非常轻而易举，就是我们对于某个几何学概念的定义或证明所应顾到的，某个所定义的几何学概念的"效用性"是否包含在那个概念的公设之内，是否为严整而不可动摇的。我们用希尔伯特的话来说：我们对于某个几何学概念的定义，是以这个概念能否满足它的公设为标准[3]。这就是维也纳学派所谓"从公设中得到的定义"（die Definition durch Axioma），"从假定中得到的定义"（die Definition durch Postulat），或者说"蕴涵定义"（die Implizite Definition）。[4]

从"蕴涵定义"的理论原则而言，我们对于某个几何学的概念之构成，无须具有直观性的对象为根据，我们只须从某个"构造命题"中将那个概念的形式关系加以确定，加以"认识"。所以一种根据"蕴涵定义"所构成的概念之能否成立，仅在于它能否满足其在公设中的形式关系，可不在于它本身之能否想象、能否直观。譬如我们说在 a 的直线上 C 是 AB 的中间，在这个语句中之

---

[1] 见卡尔纳普的《宇宙的逻辑构造》一书。
[2] 参阅柏夫的《新几何讲义》。
[3] 参阅希尔伯特的《何学基础》，1922 年（五版）。
[4] 参阅石里克《普通认识论》第一部分第七章"蕴涵定义"，1925 年（二版）。

所谓"中间"的概念，就是表示在 a 的直线上 C 与 A 与 B 的一种形式关系，就是说出在 a 这个直线上 C 是 A 的左边和 B 的右边或者在 B 的左边和 A 的右边，可不在 AB 的左边 BA 的右边或者 BA 的左边 AB 的右边的那种形式关系。同时我们对于这个"中间"的概念的定义和了解，亦仅能以某种相似的形式关系为根据，亦仅能以这个概念能否满足它的形式关系为标准，至于它是否具有"纯粹直观"的基础，是否具有"纯粹直观"的内容，在这里则是毫无意义可言的。其实所有数学几何学的概念，都是对于某种数学的、几何的形式关系的一种名称，如同"中间"的概念之为它应有的形式关系的名称一样。所以我们对于一切形式科学的概念在原则上所能要求的，就不是某个概念本身之能否想像、能否直观的问题，仅是它在任何条件之下都能代表某种形式的关系，同时我们也在任何条件之下都能应用它以表达某种形式关系而已。[1]

这个"蕴涵定义"的思想原则，是数学、几何概念所构成的基本原则，是数学之为纯粹的形式科学的理论基础。我们应用它和它的方法能构成一切纯粹形式而无内容的概念。至于这些纯粹形式的概念之能得到实际的内容和意义，则所谓"配合定义"的应用是它的唯一标准，唯一根据。但是所谓体验的或直观的作用，无论在形式科学或者实际科学里，都是根本不可能的[2]。因此维也纳学派认为"一切知识仅在于形式，而不在于内容"。"一切知识不是对于物的体验，而是一种实际关系的传达，一种形式关系的计算。""知识之所以为知识仅在一定的形式关系之下，才合乎知识概念的逻辑意义，至于一切'内容的'则只属于主观的范围。因此知识具有一种特殊的优越性，就是它的效用性，是不为一切主观所能限制的。"[3]

---

[1] 参阅石里克同上一书及同部分同章。
[2] 参阅石里克同上一书。
    (a) 第一部分第七章"什么真理"。
    (b) 第一部分第八章"什么不是知识"。
[3] 见石里克《体验、知识、形而上学》一文。

三、自然科学与精神科学

　　科学知识既然仅能对于宇宙的形式关系有所传达，可无法对于许多生活间的体验内容有所表达，如是物理学就引起人对于它的非难；就是它虽然从形式的关系上将宇宙的事物构成一种抽象的理论体系，可是因之却将宇宙的"质"的部分完全忽视过去了。其实物理学之为整个自然的叙述即从理论物理学命题而言，就与所谓精神科学（die Geistwissenschaft）或日常生活中的命题，是事实上毫无可区别的，我们假如认为在它们中间非有可区别之点不可，那么这个可区别之点仅在于在精神科学或日常生活中的命题中，包含了许多带直接体验性的言词，但是这是在精确科学的命题中根本所不可能的。因为一个物理学家总不能如诗人对于"蔚蓝的天空"、"碧绿的草原"有所表现吧！亦不能如历史学家或日常生活里对于某个"热烈的英雄事业"或某个"牺牲的宗教事迹"有所叙述吧！但是因此我们认为这一类带直接体验性的言词在精确科学中就根本无法应用，这是对的；不过我们不能认为凡属于历史、诗歌以及生活中的这一类的对象，根据物理学的形式体系是无法表达的。关于这一类带直接体验性的对象从物理学的叙述原则而言，我们照样的能将其归到一种相当的纯粹形式的关系，照样的能由此而加以表达加以"认识"。例如物理学中之所谓"蓝"、"绿"的对象，则视为一种"光的速度的反复"，视为一种带规律性的纯粹形式的公式。但是由此而说明的"蓝"、"绿"的意义，由此而构成的"蓝"、"绿"的概念，我们就不能用之以表现诗歌中的"蔚蓝的天空"的"蓝"，"碧绿的草原"的"绿"。换句话说：我们因之对于所谓"蓝"、"绿"的对象有所传达有所"认识"，可并不能对于"蓝"、"绿"之为意义内容有所体验，有所"理会"。但是无论为历史家或诗人对于这类带直接体验性言词的应用，根本就不是对于那个所叙述的事实有所"认识"；它们所要求的仅能因之增进他们对于这个现象的体验性，或者说"直观性"而已。

　　所以精神科学与精确科学的基本不同点，并不是因为前者所能表现的对象，是后者所不可能的，只因为科学家与精神科学家对于科学对于知识看法的不同。科学家是以求知求真为对象为目的，求知求真是他唯一的对象、唯一的目的。精神科学家则期于从科学知识中增进他们理想中的体验内容，扩张他们生活中的体验境界。所以维也纳学派认为精确科学与"精神科学"之所以不同，就是前者以"认识"宇宙事物为对象，后者则以体验宇宙事物为对象，科学家既以"认识"宇宙事物为对象，那么求知识真理是他唯一的目的。精神科学家既以体验宇宙事物为对象，那么所谓真理所谓知识，仅是一种"达到目的的方法"，不过假如我们以精神科学家比之诗人，则诗人又比精神科学家为直截了当：就是他根本无须知识或科学为之方法，他直接的置身于宇宙万物之内，而加以模拟，加以欣赏，加以体验。

四、实在论形而上学的批评

但是维也纳学派的知识对象从哲学史方面而言，是不难持异议的。我们认为仅有纯粹的形式关系才合乎知识的内容，不过我们还可以说凡是我们对于实际所叙述的关系，事实上只是"我们共有的体验关系"，同时是不能超出这点关系而后还有知识可言的。我们用康德的说法来形容，则可以说是一切知识仅在于"现象"，仅在于"内在的"（von Immanenten）的关系，可不是"超感能的"。从康德这样的知识假定中所能引起的形而上学问题，就是所谓"外界的实在性问题"，就是所谓"超感能的"对象，是一种"逻辑的组织"，如实证论者之所言，或者如实在论者所主张，它是具有"独立的实在性的"；不过从维也纳学派的理论立场而言：这个实证论和实在论的实在观是原则上所不能证实的，所不能说明的。因为无论为实证论实在命题"实在仅有能感觉的实在"，或者如实在论的实在命题"真正的实在是超感觉的"，都是一种原则上既不能肯定也不能否定的命题，都是一种所谓"似是而非的命题"。我们固然不能将一切不能感觉的科学对象，不是视为一种"逻辑的组织"，就是视为一种"思想的方法"，可也不能将原则上就否定所有证实条件的实际命题以"认识"的事实的内容，以客观的说明的意义。我们对于所谓"真的实在"与"假的实在"的区分，事实上所能持为标准的，并不在于某种对象之能否感觉，仅在于它在原则上能否经感觉的证实，所以一切科学的有效公式、电、磁场、原子、电子因其能间接的试验，正如日常生活中桌子板凳一样的实在。但是假如有人认为在电子内有某类核子的存在，但他并不说明它的存在与电子的关系，而且它还根本否定这种关系，那么我们对于这个核子的存在就无法加以肯定或否定，就无法知道这个核子到底是否存在！因为我们对于它的肯定或否定对于它的存在的认识只能以它与电子的关系为标准，但是这一点在这个核子的定义中就被否定了[1]。

  实证论者与实在论者认为"真的实在"仅有在感觉的内外，但是这个特殊的实在在原则上我们既不能从逻辑上加以说明，亦不能从经验上加以证实。因为凡逻辑上所能说明的实在标准，仅在于能否经感觉的试验，可不在于能否由感觉的限制。至于经验上所能证实的仅为一切能经感觉证实的实在命题，一个根本不能经感觉证实的命题则是绝对无客观的事实的意义的，是一种所谓空虚而无意义的"似是而非的命题"而已。

  我们对于实证论与实在论的形而上学之所说，同样的可以说明康德所谓"现象"与"物自体"的形而上学。康德认为一种"现象"的存在必须背后有一物的存在。所谓"现象"者，就是表示它为某一物一定的"现象"，不过康德在事实上所未见到的：如我们将代表背后某一物的"现象"的关系根本就不认为是固定不变的，那么这就是表示这个"现象"并不是与背后一物有一定的关系，也并不能代表某一物或为某一物的"现象"，它是独立存在的；如是我们就不能从某种"现象"上而推论到"本体"或"物自体"，如是康德所谓"物自体"与"现象"在客观认识上的区分，就根本失了它的意义了。其实某种形式关系对于实际有所"配合"，有所叙述，则所谓"超感能的"对象是必须假定的。假如这

---

[1] 这个例子来自石里克在《认识》第三卷1932年所发表的"实证论与实在"一文。

种形式关系对于实际能有所传达，有所"认识"，那么就不能说它所传达的我们因之而"认识"的仅在于"现象"，但不在于"物自体"，它必须在原则上对于这两个不同境界中的对象具有相同作用的。我们对于"认识"与不能"认识"的对象的区分，仅在于它是属于能传达的或不能传达的对象，可不在于"现象"与"物自体"。康德由于不了解"认识"与"理会"的作用，所以认为"超感能的"对象是不能"认识"的，"认识"的仅属于"现象"的对象。其实"超感能的"对象不是不能"认识"的，而是不能"理会"。仅有属于"现象"的对象才能"理会"，可是我们对于它是无法"认识"的。关于这一点，罗素在他的《数理哲学入门》中曾说过：假如一个语句能有传达的意义，那么它必须对于这两个不同的境界有其作用，或者一无作用，在这里所能区别的仅在于"个体"方面而已。但是这个"个体"上的区分是不能表达的，因此它对于科学是毫无意义可言的。

五、归纳形而上学的错误

不仅康德或实证论者认为"超感能的"是一种形而上学的特殊境界，就是素以主张归纳法的哲学家也认为形而上学是一种对于"超感能的"宇宙的知识体系。形而上学与科学在原则上是同样的对于实际有所叙述，仅是它所叙述的实际对象因为在科学的"那方面"（jenseits），所以我们对于它从科学的立场是不能解释的。譬如康德认为所谓"宇宙的无穷性问题"，就具有形而上学问题的本质。又如杜布伊斯·雷芒所代表的"不可知论"（der Ignorabimus）中所谓"物质的本质"与"力的本质"等问题，都是从科学上所不能答复的形而上学问题，都是所谓"永远不能解决的问题"。而且杜布伊斯·雷芒还说过："在一定的境界之内，科学家是主人，是专家，他分析一切，构成一切，但是超过这个境界，则他就一无所能，一无所知，而且是永远不可知的：Ignorabimus，这就是所谓宇宙永久之谜。[1]

但是这个归纳的形而上学之所以产生，在原则上就完全在于不了解归纳法之为科学的知识基础的意义。所谓归纳法教我从已知的事实推论到未知的事实，在理论上的根据是如此的：我们只有根据归纳原则，才能从个别的命题而推到一种普遍的事实命题；同时我们还能将所根据的命题的效用性移植于所推论的命题之上。所以从归纳法中所得到的知识从其本质而言，只能在相同的知识对象中方有其作用。同时它所能给我们的实际知识，也仅在于对某种经验的知识范围以整个的统一的见解。因此我们从归纳知识中所能推想的事实是有限制的：就是它在相同的知识对象中，或者相同的经验境界内，方有其意义，可是我们绝对不能借之以构成一种根本不同的非经验的"新"的假设。换句话说：所有归纳的推论都是经验的推论，都是科学的推论，而且永远是经验的推论，或科学的推论，所以从它所能推论的仅在于经验科学的范围之内，可无法引导我们到经验的科学的"那方面"去，到所谓形而上学的特殊境界里去。就是假如归纳的知识在事实上能超过它所不能超过的范围，那么我们借之所能得到的，亦仅在于带普遍性的科学假设，带先天性的科学理论原则。不过这绝不是归纳的形而上学家所能满足的；因为这样的科学假设和理论原则还是科学的，还是从经验上所能肯定或否定的，绝不能为在原则上就不能肯定或否定的形而上学的原则和假设的，而且它们还是科学对象之"这一方面"（diesseits），而不是科学的对象之"那一方面"的。

从归纳立场欲思建立一种形而上学是根本不可能的。因为从事实方面而言：我们根据任何归纳的事实亦无法推论到一种形而上学的假定，这一点已如上所说；从逻辑方面而言：所谓归纳知识之为"超感能的"形而上学知识，就与归纳知识的概念根本矛盾的，根本不相容的。假如归纳的形而上学家将归纳的概念以新的意义以新的用法，那么，所谓归纳就能放弃它的经验的性质，就

---

[1] 见杜布伊斯·雷芒《自然认识的限制》，1872年。

能与非经验的形而上学以逻辑上的联系，不过因此就无所谓归纳的形而上学了，而且因此更给科学中所谓归纳的概念之为科学的唯一方法的证明了，这样自非他们所愿为的。归纳的形而上学家虽明知由此对于归纳原则和形而上学本质得到正确的认识，可是他们之为归纳的形而上学家的身份可就完全失去了。

六、直觉形而上学的矛盾

我们在以上所说的种种形而上学以外，还能见到一种所谓直觉的形而上学。根据这个形而上学的思想原则，形而上学不是一种"超感能的"知识，而是一种"超感能的直觉知识"。关于直觉的形而上学之为"超感能的直觉知识"体系的意义，叔本华、柏格森等曾有"最哲学底"说明。叔本华说："自然科学对于'物'仅能从外表观之，譬如其物为一房屋，则科学家仅能从房屋的周围观察，仅能将其所观察的所得作简短的记录，但是形而上学家则已经升堂入室，举目四瞩了。"柏格森则说："科学只能用空间性的公式或符号对于客体加以叙述，哲学家则用一种'直觉的作为'（der Intuitionsakt）将本身置之客体之内。"还有德国大形而上学家洛采（R. Lotze）说得更好："我们对于宇宙的过程不仅加以计算，同时对于它所希望的是如何亦加以体验。"[1]

无论直觉的形而上学家对于他的思想原则说法如何的不同，可是在他们的形而上学理论中总假定了所谓"直觉的作为"。这个"直觉的作为"既不是一切伟大发明家所具有的灵感，也不是所有的天才家对于宇宙事物认识所具的智力，而是一种能意识到的直接存在的意识内容，而是他们所谓"直觉知识"的本身。假如我们应用我们的术语来形容这个"直觉的作为"，那么它在事实上就是我们所谓体验。因为这样的直觉仅有当我们的主体与认识的客体合而为一的时候，才有其意义，当我们对于事物有所体验、有所意象的时候，才有其内

---

[1] 见石里克《体验、知识、形而上学》一文。

容,这是任何的形而上学家所不能否认的。所以他们之所谓直觉的知识,不过是对于体验之为知识的概念一种解释、一种说明而已。因此观念论的形而上学家认为"超感能的"实在就是一种"理会",或者一种意识的内容。从柏拉图而言,我们对于这个"超感能的"对象的认识,就是对于这个"理会"的一种直观,或者将它置诸我们意识之内。从叔本华而言,则是所谓超感能的物入我们的"心灵"(Die Seele)之内,则我们由之所得的体验是一种"意志的体验"(ein Willenerlebnis),所以我们对于这个"意志的体验"有所"理会",就是对于"超感能的实在"有所"认识"。柏格森则认为直觉的"超感能的"知识,仅在于他之所谓"élan vital"。杜里舒以"Entelechien"为科学的理论的"最后成分"和基础,也是对于这样带直觉性的知识概念一种说明。总而言之,无论怎样直觉的形而上学家,都是鉴于从科学知识中不能对于"超感能的"事实以满意的认识,以满足他们感情上的说明,如是他们就反身于"直觉的作为""直觉的知识"。他们以为我们既不能从知识中去"认识""超感能的"事实,那么只有从体验上去"认识"它了。

但是所谓直觉之"超感能的"知识也是原则上所不可能的。我们说过所谓"直觉的作为"事实上仅是一种体验的内容,同时无论怎样的体验内容总不外乎是一种带内在性的意识内容,所以一种直觉的"超感能的"知识概念,仅是一种错误的语言联系。因为凡是属于体验的性质的内容,都仅能直接的"理会",直接的体验,可无法超乎此而能有所"认识"的,至于"超感能的"实际之所以为"超感能的"实际,在原则上就无法直接的体验或"理会";同时它只有在这个不能直接的体验或"理会"条件之下才能合乎"超感能的"实际的定义,才是一种"超感能的"实际。虽如"意志论者"所言"超感能的"实在的本质就是一种"意志",则他事实上仅认为不能体验的可体验了,这就是所谓"意志",那么他的所说仍旧为无意义的;因为这样的形而上学命题本身就是一种"矛盾的综合体"。唯如"精神论者"或"现象论者"所言,凡是"超感能的"都是具有心理的本质,则他实际上的所说仅是凡是"超感能的"都不是"超感能的"而是"内在"的。那么他们这样的说法，或者为一种同语反复，或者为一种不相容性，都是一种对于事实无所传达无所表达的命题，都是一种仅如维也纳学派所谓"似是而非的命题"而已。[1]

　　直觉的形而上学家想从直觉上以得到"超感能的"实际知识，从体验上"理会"上以认识宇宙事物，结果如以上所说虽未能如愿以偿，而本身已陷于重重矛盾中了。假如我们对于"超感能的"实际有以认识，那么我们所必须求之于形式的关系，事实上科学已经做到了，可不应求之于体验的对象或意识的内容。同时我们对于任何一种实际的认识，亦仅能以科学的知识方法为根据，无法以所谓"直觉的作为"为标准。凡是想从直觉上体验上以期得到事实的认识，这不过将不能体验的加以体验，不能"理会"的加以"理会"。反之就等于将不能"认识"的加以"认识"，不能传达的加以传达，这样我们自然是违背了知识的逻辑意义和知识的事实内容。至于我们不因之陷入理论上的错误和事实上的矛盾，自然是根本不可能的了。

七、形而上学本质的说明

　　从我们以上对于几种主要的形而上学学派的分析中，就不难了解任何形而上学派之为实际知识理论的体系，都是原则上所不可能的。它之所以不可能的原因，并不如康德所谓"人类未具有解决形而上学问题的理智"，而是因为任何的形而上学理论之为实际的知识理论，都包含了逻辑的矛盾性和事实上的不相容性。假如形而上学家对于宇宙事物期有所体验，那么他应当求之于诗歌艺术或生活本身，甚至于教义神学，这些都是能充实我们意识的内容和扩张我们体验的境界的。但是他们计不出此，偏欲从知识理论中以达到他们的这个内心的

---

[1] 假如一个命题是一种同语反复或一种不相容性，那么这就是说明它对于事实无所传达，无所表达：它是常真的，但是空虚的，无实际意义可言。关于同语反复与不相容性本质，请参阅维特根斯坦的《逻辑哲学》，1918年。

欲求，如是想将超感能的对象加以体验，如是则不能不从"认识"与"理会"的误解中而自陷于重重矛盾之境了，不过对于这些形而上学家所能安慰的是：他们的形而上学体系在事实上也是一种充实我们内心生活和体验境界的方法，它也能从所谓形而上学命题中如"灵魂不死"、"意志自由"、"上帝存在"等，以弥补我们生活内容的空虚，满足我们理想中的欲求和精神上的愿望。所以从维也纳学派的立场而言："形而上学的体系颇不能给我们以实际的知识，但确能给我们以生活上许多理想和精神上许多安慰，所以人称形而上学为概念的诗歌，这是对于形而上学一种最恰当的看法。其实形而上学在整个文化中的作用确如诗歌一样，就是它的确能充实我们的理想生活和体验境界。只是不能充实科学的知识体系和科学的真理理论。即以形而上学家的理论体系而言，它有时是科学的，有时是文学的，但何尝有所谓形而上学为其内容呢？"[1]

（选自《维也纳学派哲学》，商务印书馆，1989 年）

---

[1] 见石里克《体验、知识、形而上学》一文。

四 现代思潮和观念

天演进化论 严复

严复（1853—1921）：哲学家、思想家。曾任北京大学校长。著作编有《严复集》、"严译名著丛刊"。

一千七百九十八年，有景教士马尔图者著论云：人民生齿日繁，地产虽增，必有不足养之一日。达尔文家学生理，因读是书而作《惟念》，谓世间种类既以日蕃，而所具能力多异，或强，或弱，或黠，或愚，或捷疾，而或迟钝。然则当不足于养之时，是虽强、黠、捷疾者，其得食而存之数岂不以多，而反是者岂不邻于馁绝乎？不宁惟是，势必强、黠、捷疾者，其种多传；而弱、愚、迟钝者，其种易灭。此即达氏《原种》书中《天择》一篇之所深论也。案《原种》一书印行于一千八百五十九年。当是时，斯宾塞氏方运至深之思，著为《会通哲学》，言一切自然之变，名天演学，见达氏之说，翕然欢迎，而以最适者存，诠达氏"天择"之义。

天演西名"义和禄尚"，最先用于斯宾塞，而为之界说，见拙译《天演沦》案语中。如云天演者，翕以合质，辟以出力，方其用事之时，物质由浑而之尽，由散而之凝，由纯而为杂，质力相缄，相与为变者也。今欲取此界说所云，而一一为之引证，此诚非鄙人所暇及。故独举似其语，以为诸公研究之资，而本日所欲特标而求诸公留意者,则有达尔文所发明之二例:其一即天择,所谓各传衍最宜者存;其二则先世所习传为种业。至今学者于第一例翕然承认,以此为天演最要功能,一切进化皆由于此。其第二例虽为达氏所笃信,而学者则不必以此为信例。彼谓祖父虽有薰习,然与体性所原具者异,其效果不必遂传。德人怀士满驳之犹力。然其例虽不必尽信,而亦不得竟斥为妄,盖经后人博验,生物界中固有以先世薰习传为种性者,如医家验有一种传疫微生,以经入病体之后其毒弥烈,由是传衍所具毒性皆烈于前。由此观之,则达之第二例所云先世薰习传为种业者,亦不过〔可〕遂斥为诬,尽行抹煞明矣。

通此二家之说,而后进化天演可得而言。夫进化之事众矣,广而言之,则一切众生皆有进化之事。顾吾今日所欲诸君讨论者,乃人群社会之进化。既论社会之进化,欲吾言之有序,自不得不言社会之太初,然此又见于拙译《社会通诠》、《群学肄言》等书,故今又可以不论。所为诸君举似者,当去西人旧籍中有著名巨谬而不可从者,如卢梭《民约》之开宗明义谓:民生平等而一切自由是已。盖必如其言,民必待约而后成群,则太古洪荒,人人散处,迨至一朝,是人人者不谋而同,忽生群想,以谓相约共居乃极利益之事,尔乃相吸相合,发起一巨会者然,由是而最初之第一社会成焉。此自虚构理想不考事实者观之,亦若有然之事,而无如地球上之无此。何也?必欲远追社会之原,莫若先察其幺匿之为何物。斯宾塞以群为有机团体,与人身之为有机团体正同。人身以细胞为幺匿,人群以个人为幺匿。最初之群,幺匿必少。言其起点,非家而何?家之事肇于男女,故《易传》曰:"有男女然后有夫妇,有夫妇然后有父子,有父子然后有君臣,有君臣然后有上下,有上下然后礼义有所错。"此吾国之旧说也。

然则顺序为言,不得不略及男女夫妇之进化。夫言如甚美,于理想若至顺,而与事实不相应者,有如道德家言,人类男女之伦,始杂乱繁多,而后教化日高,乃渐专一而匹合。此不独著论然也,即鄙人前日亦以为如是。当为原人之时,必然无别,而后则或多夫焉,多妻焉,而渐归于匹合。夫匹合之为善制,鄙人固无异辞，特其渐进之序，察之事实，则不如此。盖匹合不独为浅化之民所多有，乃至下级生类每有然者，而于禽鸟则尤多见，虽鸠挚而有别，即吾国旧学早有知之者矣。总之，按最〈近〉学者所调查言之，则杂乱无别，人类为极少之俗，而匹合发现极早，不必甚高之教化而后然。若夫多妻多夫及他种族合制度，则依所居之外缘牵系而发生，譬如丁口之间有所偏重，多妻因于少男，多女〔夫〕缘于少女。而匹合之制所以最善者，以其最便家庭教育之故，即吾国多妻之制，往往为新学家所深诟，然而西国主持其说者亦不乏人，即在西洋诸国大抵莫不行匹合矣，而自由结婚之余，亦未尽离苦趣。夫妇道苦，由是而二弊生焉，一曰不事嫁娶，一曰轻为离异。前之弊中于生齿；后之弊中于所生，故至今论者尚纷然无所折中，鄙人今日所以及此者，盖变法之后，人人崇尚欧、美之风，俯察时趋，所破坏者，似首在家法。顾破坏之而国利民福，其事宜也；若破坏矣，而新旧之利两亡，尚冀诸公凛其事之关系重大，自种族之进退视之，则慎以出之可耳。

既言男女婚配之进化，则女子地位关于社会进化者亦有可得而言。吾国近十余年来，始有男女平权之说，浸假言自由婚姻矣，至于今则言女子参政权矣，此其为是为否，哲家不敢轻下断语，但就事实上之实验，科学上之研究，有可言者，请为诸公更一及之。盖匹合非最后之制，而旧说妄为一概之论，谓浅化之民，其待女子必然深加压制者，已成不根之论。观群学家威思马克之所发明，始知旧吏所言多为谬说。盖初民妻女往往据地颇高，不必尽为奴隶。即在澳洲内地土人，其女子亦有应得之权利。曩时以男役女，不啻牛马之说，大抵子虚。盖社会无分文质，其中男女原为天设之分功，男子固不无自利之私，而女子所居，实未若旧日说之污下。大抵旧说常谓野蛮人必多妻，而多妻之社会，其女子必无善地，此其说不必深辩。但今日所可欲言者，世间有无数野蛮人，确然匹合，即使俗用多妻，而实行者必其中之少数，其大多数仍匹合也。

人类世系多用男统，有德人巴卓芬者，言世界有用女统之一时，当此之时，女权最重。不知女统之用，乃坐极父之故，此正女权最劣之时。故至今学者谓社会自古至今，女统从未行用。惟是女子之在社会，当进化之际，其地位隆污实为不一，其所以然之故，因缘复沓，难以欲言，但其大略有可论者：盖人类以食为天，而能食人者，其品皆类，是故耕稼之世，则女子之地位渐高，而畜牧之世，则女权最弱。虽然弱矣，而犹未至贱也。独至宗教说兴，以妇女为污秽不可事神之物，而女界乃大受影响。比如婆罗门佛陀、谟哈蓦德、犹大、希百来诸教宗，皆难逃其责者矣。西人好言妇女地位增高，景教之功为独伟，顾考之历史，则又不然。当天主教宗初行组织之若干年，其贵男贱女，则灼然可知矣。至吾中国之女权受损大要而言，则在宗法。但男女地位相悬要不尽如今人之论。今人之论，此学旧法，什八九皆过情实也。

是故新学家言：观一国进化程度之高下，观其女权之大小、其地位之贵贱而可知。人谓女子地位弥隆，其教化之文明弥进。凡此为不易之说，即不佞亦无间然。顾其中亦有难言者。际今新旧递嬗时代，此事殆开〔关〕国种之命脉，故不得不为诸公郑重言之。彼西洋先进国既以为大危，窃愿吾国不必重寻其覆辙耳。

盖自生理学而言之，则有生之分功。天之生必体有最郑重最分明之天职，曰继续种类，无使灭绝。其经最多数医家之考验，知男女及岁而不婚娶者，其精神动作往往不快，至成大病者有之，然则反天性、违自然之大罚也。

今日女子所与男子竞争者，名曰女权。顾权不可徒得。既得之后，必明所以用之方。故既倡女权，不可不从事于智育。而不幸女子智育推于极点，则于所以为母之龙〔能〕事、性质，大致而论必有相妨，此又西医之经验也。故今日问题，是与女子以甚高之智育矣。而智育程度当达何点，乃能无害于生生之机，此甚难解决之问题一也。

虽然谓女子智育必与女性相妨，亦非极挚之论。盖使斟酌得宜，转于女子之体力、神明为其利而无其害。一种之进化，其视遗传性以为进退者，于男女均也。且后此社会，必由匹合。而欲处家和顺，女子教育亦在必讲之一论。夫男子既受完全教育，长成求偶，其为满志，必不仅在形容丑好之间，假使秀外而不慧中，则色衰爱弛，又将属适他人，以求相喻相知之乐，而正〔匹〕合之制乃尔不牢。古者雅典全盛时有所谓赫胥黎者可以证也。

惟是进化以今日阶级而言，其智育实有制限。制限维何？即因其形体大成，别有大用之故。夫精神本于体力，而女子体力，以经数言逊于男子，此学者所共知。诸公尝治物理之学，则知力量功效，有效实储能之分。效实之力易见，储能之力难知。然不可谓其非力量而无关系。故女子以生生为天职，其力以储能为多；而男子之力见于事功，固多效实。又近时生理家谓女子能事主于翕聚，而男子能事则在发施。女子有翕聚功能，种族乃有蕃衍继续之效，而既有此项重大功用，自不能复竞于效实发施之功。是故使具女体者，而成于女体，如大《易》所谓"坤作成物"，自不能与男子竞于开物发业之场。其必鹜此者，是谓违天，是谓丧其女性。夫以女而丧其女性，亦未必遂成男也。

且治进化之学，则观物必于其微。每恨常俗之人有见于显，无见于幽。须知无论何级社会，女权本皆极重，观于中西历史，则大变动时，必有女子为之主动之力，此治史学所同认也。即如吾国目前之事，岂非全出前清孝钦之手。姑〔故〕女子教育，所不可不亟者，一曰妃〔配〕偶关系，二曰遗传关系，而最后则有生计关系。凡此皆社会极大问题，而皆操诸粥粥群雌之手，故西谚有曰："旋乾转坤即是握动儿篮之手。"又曰："世界可趋光荣，可趋黑灭，而导引之人，必女非男。"夫女权谛而言之，其大如此而无知者，乃日出以与男子争于事业之场，此无异主人见奴仆之有功，而攘臂褰裳，欲代其役，不悟其争之也，正所以缩小之耳。常人但知近效，社会所以重可叹也。

总之，今日吾国所谓女权，无非与男子争权。既与男子争权，则不得不过于智育，过于智育，则女性必衰。女性之衰非他，一曰不事嫁娶，二曰不愿生育，此欧、美之已事。是故至今各国生齿，其进步皆逊于前，惟俄国、中华、日本不在此例。果其不改，则数十百年，将亦同之，至此之时，恐不止夫妇之道苦，而人类亦少生活之趣，吾人果何取耶，而必尤效之耶！

论社会为有机体

　　此说发于斯宾塞尔，乃取一社会与一生物有机体相较，见其中有极相似者。如生物之初，其体必先分内外部。外部所以接物，内部所以存生。而社会亦然，稍进则有交通俵散之机，于生物则为血脉，于社会则有道路商贾；再进则有统治机关，于生物则有脑海神经，于社会则有法律政府。诸如此类，比物属功，殆不可尽。学者欲考其详，观拙译《群学肄言》可也。案此说，中西古人莫不知之。盖社会进化则有分功易事，相待为存之局。而生物之体亦然，是故耳目脏腑皆有常职，西人谓之机关功用，而中国谓之官司。有机关则有功用，犹之有官则有司也。有时取无官之物，而予之以官，今人谓之组织，古人谓之部署，谓之制置。

　　以二者之分功，有其极相似如此，吾人既以天演言化，见一可以知二，观此可以知彼，乃极有益之事。顾其中有极美〔异〕之点。何以言之？生物之有机体，其中知觉惟一部主之，纵其体为无数细胞、无数么匿所成，是无数者只成为一。至于社会有机体，则诸么匿皆是觉性，苦乐情想箴〔咸〕于人同，生物知觉聚于脑海，而以神经为统治之官，故以全体得遂其生，为之究竟。至于社会团体则不然，其中各部机关通力合作，易事分功，求有以遂全体之生固也，而不得以是为究竟。国家社会无别具独具之觉性，而必以人民之觉性为觉性。其所谓国家社会文明福利，全〔舍〕其人民之文明福利，即无可言。生物有时以保进生命，其肢体可断，其官骸可瘳，而不必计肢体官骸之苦乐。君形者利，不暇顾其余故也，而社会无此独重之特别主体也。

　　斯宾塞曰：生物么匿无觉性，而全体有觉性。至于社会则么匿有觉性，而全体无别具觉性。是故治国是者，必不能以国利之故，而使小己为之牺牲。盖以小己之利而后立群，而非以群而有小己，小己无所利则群无所为立，非若生物个体，其中一切么匿支部，舍个体苦乐存废，便无利害可言也。

　　虽然，公等须知此是十八世纪以来纯粹民主学说，而与前人学说，治道根本反对。希腊、罗马前以哲学，后以法典，皆著先国家后小己为天下之公言，谓小己之存，惟以国故，苟利于国，牺牲小己，乃为公道，即我中国旧义亦然。故独治之制得维持至六千年不废。必待二十世纪，外潮震荡，而所谓共和国体始兴。或曰古今之说各有所长，谓国立所以为民，此重人道之说也；而谓民生所以为国，此重公义之说也。由前之说，而后政平；由后之说，而后国固。两者皆是，不可偏非，视时所宜用之而已。应之曰：子云民生所以为国固矣，然子所谓国者，恐非有抽象悬寓之一物，以为吾民牺牲一切之归墟。而察古今历史之事实，乃往往毁无数众之权利安乐，为一姓一家之权利安乐，使之衣租食税，安富尊荣而已，此其说之所以不足存也。路易"权〔朕〕即国家"之说，虽近者不□见于〈言论〉，乃往往潜行于事实，此后世民主之说所由起也。

尝说最初社会，为之君者必一群中最为壮俊勇健之夫，其力足为大众所惮而屈服者。此说前此信之者多，即不佞少时，亦以为当然之事。乃近者有一学士法拉哲尔著《金支》一书，其中深论此事，学者始知旧说之实误。其言曰："社会有君臣之制，必求天演之真形，则第一可以断言者，君之所以为君，乃以智之过人，而非以力之服众。"又曰："民执业之最古者，无逾于巫与医之力，足与神抗者也。"其中固多迷信谬诞，而初民之智又不足以破之。澳斯大利内地医师位置乃在酋长之先，而酋长亦多巫觋之苗裔，若中国之张道陵然。近者非洲内部，多为学士所游，于巫觋为王之说亦多实证。是故质而言之，知初民之君，其所以号令种人，当以智而不以力。至今进化程度较之初民，诚不可以道里计，然所谓君王神圣，其役使幽明之能力，又足以被除不祥者，尚有影响可追寻也。且其说即证之以中国上古，事亦从同，盖太古之君未闻有武功之赫，而所谓庖牺、女娲、神农、轩辕大抵皆以神智前民。又三代以前辅佐多以巫史为之，此其理由固可以引证而得之。

佛拉哲又言：人类自草昧而入文明，其时期以有独治之君为之始。其君为大巫而通神道故。浸假而此种种迷信渐轻，以民之阅历日积，智力渐开故。然而迷信未尝尽绝也。于是民于君德别生一种之观念，以与其时宗教之关〔观〕

念同兴。特此时所谓宗教观念与吾人所谓迷信不甚悬殊,于是则有感生神种之说。佛拉哲尝遍考五洲历史,以征此例之信。再降,民又晓然于感生神种之不足信,于是班彪《王命论》之说大行,此说殆与独治之制相为终始者矣。

由是而知民业贵贱之分肇于智慧者为多,而始于武力者为少。智慧首争于巫医,由巫医而生君长。具有巫医滥觞而演为今日之二类人:一曰宗教家,又其一曰学术家。是二类之民至今反对,不知其至何日乃合为一途者也。夫巫医之徒皆以使物通神,弹厌呵禁为能事,旱能致雨,潦使放晴,而又有前知之验。则由是而有研究物情,深求理数之人,夫如是谓之学术家;又由是而有笃信主宰,谓世间一切皆有神权,即至生民,其身虽亡,必有魂魄,以为长存之精气者,如是谓之宗教家。宗教、学术二者同出于古初,当进化程度较浅之时范围极广,而学术之事亦多杂以宗教观念,无纯粹之宗风,必至进化程度日高,于是学术之疆界日涨,而宗教之范围日缩。二者互为消长,甚者或至于冲突,此至今而实然者也。

论社会之宗教起点

有社会必有宗教,其程度高下不同,而其有之也则一。然则宗教者,固民生所不可须臾离者欤?世之以宗教为业者,必以其教主为通上帝,谓膺命受箓之家,玄符通神,不可訾议。又为之徒侣者,自受法具仪之后,必负导扬传布、度世救人之义务。盖自彼意而言之,若生人舍此一切法,皆空花无实也者,其重也如此。故其事与民群进化有绝大之关系,特较法政所以治其驱〔躯〕骸,制其行谊者,进退左右之能,殆过之而无不及,是不可不取其起点、状态而细论之耳。景教士之四出传道也,见五洲崇信樊然,不同其小同,以己之道为独挚,而其余皆外道。久之乃见异数中大有从同之点,且诸教即与己教亦有从同之点。往者犹大教以希百来为选民,耶和华独于其种有〈神〉灵降衷之事,乃最后而适美洲,见红种人亦有大神之说,则于是以为〈神〉灵之事随土有之。

谓初皆一神之教，由是民种退化，渐丧本来；而后有多神以下诸教。然而最初之神理，虽于程度极低之宗教，继可认取云云。虽然此说实谬，而征诸事实，乃一无佐证之可言。一神之教决非最初，以天演眼庄（法藏）观之，乃在末第二级。然则宗教滥觞又何如？

宗教起点，其存于今有二说焉。其一发于法人恭特；其一发于斯宾塞。二家之说皆有真理，而后说尤胜。请今先明其第一说。彼谓人之心理不能安于所不知，而必从而为之说也，又往往据己之情以推物变，故物变必神鬼之所为。而是神鬼者，又有喜怒哀乐爱恶之事，是故宗教之起，必取山川阴阳而祀之。震电风涛之郁怒，日月星慧之流行，水旱厉灾之时至，彼之智不足以与其所以然也，则以为是有神灵为之纲维张主。神之于物变，犹己心志之于百为，故其祠山川、祀阴阳也，所祀所祠非山川阴阳也，祗畏其主之神而已。是说也，其所据之心理公例，所弥纶至广。凡古人之拜明神、警天变，皆可用此例以为推。且由是而知必科学日明，而后宗教日精，宗教日精由迷信之日寡也，宗教、迷信二者之不可混如此也。

此其说固然。然以谓一切宗教之兴皆由是道，则吾人又未敢以其义为无漏而其说为至信也。盖使即野蛮人，抑村里小民之心理而实验之，未见其于物变恒作尔尔之推求也。且作夕息，鼓腹含哺，纯乎不识不知而已。问以日月之所以周流，霜露之所以时施，彼将瞠目而应曰：是之为物固如是也。夫即两问之物变而叩其所由然，如是而不能通，乃以为是居无事而披拂之者有鬼神焉，其情如已，是其时圣哲之事也，而非所望于蚩蚩然休养生息者矣。彼以谓主变有神，而神又无形气之可接。则神鬼观念，彼必先成之于心，夫而后可举以推物变明矣。而是鬼神之观念，果何自而起欤？

斯宾塞之言宗教起点也则不然。彼谓初民之信鬼始于人身，身死而游魂为变实，而尚与人间之事，如是名曰精气观念 animism。乃从而奉事之，亲媚之，以析人事之福利。惟先位此而后推之为魁，为天神，而宗教之说乃兴。故宗教者，以人鬼为起点者也。然而人鬼之信又何从肪乎？曰始于以人身为有魂魄也，信人身之有魂魄，又由于生人之有梦。浅化之民以梦为非幻，视梦中阅历无异觉时之阅历也。以梦为非幻，于是人有二身，其一可死，其一不可死。又因于生理学浅，由是于迷罔失觉、诸暴疾无由区别，而不知似死真死之分。谓似死则暂死而魂返，真死则长往而魂不返，于是有臬〔来〕复招魂之事，以灵魂为不死而长存。此中国古制，一切丧礼祭仪之所由起也。

民之造像范偶而拜之者，非信是像偶为有灵也，亦谓有神灵焉主是像偶者。则由是而有多神之教，多神而统之以一尊，则由是而有太岁，有玉皇，浸假而多神之说不足存，于是乎有无二之上帝，此读内〔旧〕新二约可以得进化之大凡者也。

前谓宗教、学术二者必相冲突。虽然，学术日隆，所必日消者特迷信耳，而真宗教则俨然不动。然宗教必与人道相终始者也。盖学术任何进步，而世间必有不可知者存。不可知长存，则宗教终不废。学术之所以穷，即宗教之所由起，宗教可以日玄而无由废。

（选自《严复集》第二册，中华书局，1986年）

世界观与人生观

蔡元培

世界无涯涘也，而吾人乃于其中占有数尺之地位；世界无终始也，而吾人乃于其中占有数十年之寿命；世界之迁流，如是其繁变也，而吾人乃于其中占有少许之历史。以吾人之一生较之世界，其大小久暂之相去，既不可以数量计；而吾人一生，又决不能有几微遁出于世界以外。则吾人非先有一世界观，决无所容喙于人生观。

虽然，吾人既为世界之一分子，决不能超出世界以外，而考察一客观之世界，则所谓完全之世界观，何自而得之乎？曰：凡分子必具有全体之本性；而既为分子，则因其所值之时地而发生种种特性；排去各分子之特性，而得一通性，则即全体之本性矣。吾人为世界一分子，凡吾人意识所能接触者，无一非世界之分子。研究吾人之意识，而求其最后之原素，为物质及形式。物质及形式，犹相对待也。超物质形式之畛域而自在者，惟有意志。于是吾人得以意志为世界各分子之通性，而即以是为世界之本性。

本体世界之意志，无所谓鹄的也。何则？一有鹄的，则悬之有其所，达之有其时，而不得不循因果律以为达之之方法，是仍落于形式之中，含有各分子之特性，而不足以为本体。故说者以本体世界为黑暗之意志，或谓之盲瞽之意志，皆所以形容其异于现象世界各各之意志也。现象世界各各之意志，则以回向本体为最后之大鹄的。其间接以达于此大鹄的者，又有无量数之小鹄的。各以其间接于最后大鹄的之远近，为其大小之差。

最后之大鹄的何在？曰：合世界之各分子，息息相关，无复有彼此之差别，达于现象世界与本体世界相交之一点是也。自宗教家言之，吾人固未尝不可于一瞬间，超轶现象世界种种差别之关系，而完全成立为本体世界之大我。然吾人于此时期，既尚有语言文字之交通，则已受范于渐法之中，而不以顿法，于是不得不有所谓种种间接之作用，缀辑此等间接作用，使厘然有系统可寻者，进化史也。

统大地之进化史而观之，无机物之各质点，自自然引力外，殆无特别相互之关系。进而为有机之植物，则能以质点集合之机关，共同操作，以行其延年传种之作用。进而为动物，则又于同种类间为亲子朋友之关系，而其分职通功之例，视植物为繁。及进而为人类，则由家庭而宗族、而社会、而国家、而国际。其互相关系之形式，既日趋于博大，而成绩所留，随举一端，皆有自阂而通、自别而同之趋势。例如昔之工艺，自造之而自用之耳。今则一人之所享受，不知经若干人之手而后成。一人之所操作，不知供若干人之利用。昔之知识，取材于乡土志耳。今则自然界之记录，无远弗届。远之星体之运行，小之原子之变化，皆为科学所管领。由考古学、人类学之互证，而知开明人之祖先，与未开化人无异。由进化学之研究，而知人类之祖先与动物无异。是以语言、风俗、宗教、美术之属，无不合大地之人类以相比较。而动物心理、动物言语之属，亦渐为学者所注意。昔之同情，及最近者而止耳。是以同一人类，或状貌稍异，即痛痒不复相关，而甚至于相食。其次则死之，奴之。今则四海兄弟之观念，为人类所公认。而肉食之戒，虐待动物之禁，以渐流布。所谓仁民而爱物者，已成为常识焉。夫已往之世界，经其各分子之经营而进步者，其成绩固已如此。过此以往，不亦可比例而知之欤。

道家之言曰："知足不辱，知止不殆。"又曰："小国寡民，使有什伯之器而不用，使民重死而不远徙，虽有舟舆，无所乘之。虽有甲兵，无所陈之。使民复结绳而用之。甘其食，美其服，安其居，乐其俗。邻国相望，鸡狗之声相闻，民至老死而不相往来。"此皆以目前之幸福言之也。自进化史考之，则人类精神之趋势，乃适与相反。人满之患，虽自昔借为口实，而自昔探险新地者，率生于好奇心，而非为饥寒所迫。南北极苦寒之所，未必于吾侪生活有直接利用之资料，而冒险探极者踵相接。由推轮而大辂，由桴槎而方舟，足以济不通矣；乃必进而为汽车、汽船及自动车之属。近则飞艇、飞机，更为竞争之的。其构造之初，必有若干之试验者供其牺牲，而初不以及身之不及利用而生悔。文学家、美术家最高尚之著作，被崇拜者或在死后，而初不以及身之不得信用而辍业。用以知：为将来牺牲现在者，又人类之通性也。

人生之初，耕田而食，凿井而饮，谋生之事，至为繁重，无暇为高尚之思想。自机械发明，交通迅速，资生之具，日超〔趋〕于便利。循是以往，必有菽粟如水火之一日，使人类不复为口腹所累，而得专致力于精神之修养。今虽尚非其时，而纯理之科学，高尚之美术，笃嗜者固已有甚于饥渴，是即他日普及之朕兆也。科学者，所以祛现象世界之障碍，而引致于光明。美术者，所以写本体世界之现象，而提醒其觉性。人类精神之趋向，既毗于是，则其所到达之点，盖可知矣。

然则进化史所以诏吾人者：人类之义务，为群伦不为小己，为将来不为现在，为精神之愉快而非为体魄之享受，固已彰明而较著矣。而世之误读进化史者，乃以人类之大鹄的，为不外乎其一身与种姓之生存，而遂以强者权利为无上之道德。夫使人类果以一身之生存为最大之鹄的，则将如神仙家所主张，而又何有于种姓？如曰人类固以绵延其种姓为最后之鹄的，则必以保持其单纯之种姓为第一义，而同姓相婚，其生不蕃。古今开明民族，往往有几许之混合者。是两者何足以为究竟之鹄的乎？孔子曰："生无所息。"庄子曰："造物劳我以生。"诸葛孔明曰："鞠躬尽瘁，死而后已。"是吾身之所以欲生存也。北山愚公之言曰："虽我之死，有子存焉。子又生孙，孙又生子，子子孙孙，无穷匮也；而山不加增，何苦而不平。"是种姓之所以欲生存也。人类以在此世界有当尽之义务，不得不生存其身体；又以此义务者非数十年之寿命所能竣，而不得不谋其种姓之生存；以图其身体若种姓之生存，而不能不有所资以营养，于是有吸收之权利。又或吾人所以尽义务之身体若种姓，及夫所资以生存之具，无端受外界之侵害，将坐是而失其所以尽义务之自由，于是有抵抗之权利。此正负两式之权利，皆由义务而演出者也。今曰：吾人无所谓义务，而权利则可以无限。是犹同舟共济，非合力不足以达彼岸，乃强有力者以进行为多事，而劫他人所持之棹楫以为己有，岂非颠倒之尤者乎。

昔之哲人，有见于大鹄的之所在，而于其他无量数之小鹄的，又准其距离于大鹄的之远近，以为大小之差。于其常也，大小鹄的并行而不悖。孔子曰："己欲立而立人，己欲达而达人。"孟子曰："好乐，好色，好货，与人同之。"是其义也。于其变也，绌小以申大。尧知子丹朱之不肖，不足授天下，授舜则天下得其利而丹朱病，授丹朱则天下病而丹朱得其利。尧曰，终不以天下之病而利一人，而卒授舜以天下。禹治洪水，十年不窥其家。孔子曰："志士仁人，无求生以害仁，有杀身以成仁。"墨子摩顶放踵，利天下为之。孟子曰："生与义不可得兼，舍生而取义。"范文正曰："一家哭，何如一路哭。"是其义也。循是以往，则所谓人生者，始合于世界进化之公例，而有真正之价值。否则庄生所谓天地之委形委蜕已耳，何足选也。

（选自《蔡元培全集》第二卷，中华书局，1984 年）

敬告青年

陈独秀

窃以少年老成，中国称人之语也；年长而勿衰（keep young while growing old），英美人相勖之辞也：此亦东西民族涉想不同现象趋异之一端欤？青年如初春，如朝日，如百卉之萌动，如利刃之新发于硎，人生最可宝贵之时期也。青年之于社会，犹新鲜活泼细胞之在人身。新陈代谢、陈腐朽败者无时不在天然淘汰之途，与新鲜活泼者以空间之位置及时间之生命。人身遵新陈代谢之道则健康，陈腐朽败之细胞充塞人身则人身死；社会遵新陈代谢之道则隆盛，陈腐朽败之分子充塞社会则社会亡。

准斯以谈，吾国之社会，其隆盛耶？抑将亡耶？非予之所忍言者。彼陈腐朽败之分子，一听其天然之淘汰，雅不愿以如流之岁月，与之说短道长，希冀其脱胎换骨也。予所欲涕泣陈词者，惟属望于新鲜活泼之青年，有以自觉而奋斗耳！

自觉者何？自觉其新鲜活泼之价值与责任，而自视不可卑也。奋斗者何？奋其智能，力排陈腐朽败者以去，视之若仇敌，若洪水猛兽，而不可与为邻，而不为其菌毒所传染也。

呜呼！吾国之青年，其果能语于此乎？吾见夫青年其年龄，而老年其身体者十之五焉；青年其年龄或身体，而老年其脑神经者十之九焉。华其发，泽其容，直其腰，广其膈，非不俨然青年也；及叩其头脑中所涉想所怀抱，无一不与彼陈腐朽败者为一丘之貉。其始也未常不新鲜活泼，寖假而为陈腐朽败分子所同化者有之；寖假而畏陈腐朽败分子势力之庞大，瞻顾依回，不敢明目张胆，作顽狠之抗斗者有之。充塞社会之空气，无往而非陈腐朽败焉，求些少之新鲜活泼者，以慰吾人窒息之绝望，亦杳不可得。

循斯现象，于人身则必死，于社会则必亡。欲救此病，非太息咨嗟之所能济，是在一二敏于自觉勇于奋斗之青年，发挥人间固有之智能，抉择人间种种之思想——孰为新鲜活泼而适于今世之争存，孰为陈腐朽败而不容留置于脑里——利刃断铁，快刀理麻，决不作牵就依违之想，自度度人，社会庶几其有清宁之日也。青年乎！其有以此自任者乎？若夫明其是非，以供抉择，谨陈六义，幸平心察之：

一、自主的而非奴隶的

等一人也，各有自主之权，绝无奴隶他人之权利，亦绝无以奴自处之义务。奴隶云者，古之昏弱对于强暴之横夺，而失其自由权利者之称也。自人权平等之说兴，奴隶之名，非血气所忍受。世称近世欧洲历史为"解放历史"：破坏君权，求政治之解放也；否认教权，求宗教之解放也；均产说兴，求经济之解放也；女子参政运动，求男权之解放也。

解放云者，脱离夫奴隶之羁绊，以完其自主自由之人格之谓也。我有手足，自谋温饱；我有口舌，自陈好恶；我有心思，自崇所信；绝不认他人之越俎，亦不应主我而奴他人。盖自认为独立自主之人格以上，一切操行，一切权利，一切信仰，唯有听命各自固有之智能，断无盲从隶属他人之理。非然者，忠孝节义，奴隶之道德也〔德国大哲尼采（Nietzche）别道德为二类：有独立心而勇敢者曰贵族道德（morality of noble），谦逊而服从者曰奴隶道德（morality of slave）〕；轻刑薄赋，奴隶之幸福也；称颂功德，奴隶之文章也；拜爵赐第，奴隶之光荣也；丰碑高墓，奴隶之纪念物也。以其是非荣辱，听命他人，不以自身为本位，则个人独立平等之人格，消灭无存，其一切善恶行为，势不能诉之自身意志而课以功过；谓之奴隶，谁曰不宜？立德立功，首当辨此。

二、进步的而非保守的

人生如逆水行舟，不进则退，中国之恒言也。自宇宙之根本大法言之，森罗万象，无日不在演进之途，万无保守现状之理；特以俗见拘牵，谓有二境，此法兰西当代大哲柏格森（H.Bergson）之《创造进化论》（*L'Evolution Creatrice*）所以风靡一世也。以人事之进化言之：笃古不变之族，日就衰亡；日新求进之民，方兴未已；存亡之数，可以逆睹。矧在吾国，大梦未觉，故步自封，精之政教文章，粗之布帛水火，无一不相形丑拙，而可与当世争衡？

举凡残民害理之妖言，率能征之故训，而不可谓诬，谬种流传，岂自今始！固有之伦理、法律、学术、礼俗，无一非封建制度之遗，持较皙种之所为，以并世之人，而思想差迟，几及千载；尊重廿四朝之历史性，而不作改进之图，则驱吾民于二十世纪之世界以外，纳之奴隶牛马黑暗沟中而已，复何说哉！于此而言保守，诚不知为何项制度文物，可以适用生存于今世。吾宁忍过去国粹之消亡，而不忍现在及将来之民族，不适世界之生存而归削灭也。

呜呼！巴比伦人往矣，其文明尚有何等之效用耶？"皮之不存，毛将焉傅？"世界进化，骎骎未有已焉。其不能善变而与之俱进者，将见其不适环境之争存，而退归天然淘汰已耳，保守云乎哉！

三、进取的而非退隐的

当此恶流奔进之时，得一二自好之士，洁身引退，岂非希世懿德；然欲以化民成俗，请于百尺竿头，再进一步。夫生存竞争，势所不免，一息尚存，即无守退安隐之余地。排万难而前行，乃人生之天职。以善意解之，退隐为高人出世之行；以恶意解之，退隐为弱者不适竞争之现象。欧俗以横厉无前为上德，亚洲以闲逸恬淡为美风；东西民族强弱之原因，斯其一矣。此退隐主义之根本缺点也。

若夫吾国之俗，习为委靡：苟取利禄者，不在论列之数；自好之士，希声隐沦，食粟衣帛，无益于世，世以雅人名士目之，实与游惰无择也。人心秽浊，不以此辈而有所补救，而国民抗往之风，植产之习，于焉以斩。人之生也，应战胜恶社会，而不可为恶社会所征服；应超出恶社会，进冒险苦斗之兵，而不可逃遁恶社会，作退避安闲之想。呜呼！欧罗巴铁骑，入汝室矣；将高卧白云何处也？吾愿青年之为孔、墨，而不愿其为巢、由；吾愿青年之为托尔斯泰与达噶尔（R.Tagore，印度隐遁诗人），不若其为哥伦布与安重根！

四、世界的而非锁国的

并吾国而存立于大地者，大小凡四十余国，强半与吾有通商往来之谊。加之海陆交通，朝夕千里。古之所谓绝国，今视之若在户庭。举凡一国之经济政治状态有所变更，其影响率被于世界，不啻牵一发而动全身也。立国于今之世，其兴废存亡，视其国之内政者半，影响于国外者恒亦半焉。以吾国近事证之：日本勃兴，以促吾革命维新之局；欧洲战起，日本乃有对我之要求。此非其彰彰者耶？投一国于世界潮流之中，笃旧者固速其危亡，善变者反因以竞进。

吾国自通海以来，自悲观者言之，失地偿金，国力索矣；自乐观者言之，倘无甲午庚子两次之福音，至今犹在八股垂发时代。居今日而言锁国闭关之策，匪独力所不能，亦且势所不利。万邦并立，动辄相关，无论其国若何富强，亦不能漠视外情，自为风气。各国之制度文物，形式虽不必尽同，但不思驱其国于危亡者，其遵循共同原则之精神，渐趋一致，潮流所及，莫之能违。于此而执特别历史国情之说，以冀抗此潮流，是犹有锁国之精神，而无世界之智识。国民而无世界智识，其国将何以图存于世界之中？语云："闭户造车，出门未必合辙。"今之造车者，不但闭户，且欲以《周礼》、《考工》之制，行之欧美康庄，其患将不止不合辙已也！

五、实利的而非虚文的

自约翰弥尔（J. S. Mill）"实利主义"唱道于英，孔特（Comte）之"实验哲学"唱道于法，欧洲社会之制度，人心之思想，为之一变。最近德意志科学大兴，物质文明，造乎其极，制度人心，为之再变。举凡政治之所营，教育之所期，文学技术之所风向，万马奔驰，无不齐集于厚生利用之一途。一切虚文空想之无裨于现实生活者，吐弃殆尽。当代大哲，若德意志之倭根（R. Eucken），若法兰西之柏格森，虽不以现时物质文明为美备，咸揭櫫生活（英文曰 life，德文曰 Leben，法文曰 la vie）问题，为立言之的。生活神圣，正以此次战争，血染其鲜明之旗帜。欧人空想虚文之梦，势将觉悟无遗。

夫利用厚生，崇实际而薄虚玄，本吾国初民之俗；而今日之社会制度，人心思想，悉自周汉两代而来——周礼崇尚虚文，汉则罢黜百家而尊儒重道。——名教之所昭垂，人心之所祈向，无一不与社会现实生活背道而驰。倘不改弦而更张之，则国力将莫由昭苏，社会永无宁日。祀天神而拯水旱，诵《孝经》以退黄巾，人非童昏，知其妄也。物之不切于实用者，虽金玉圭璋，不如布粟粪土？若事之无利于个人或社会现实生活者，皆虚文也，诳人之事也。诳人之事，虽祖宗之所遗留，圣贤之所垂教，政府之所提倡，社会之所崇尚，皆一文不值也！

六、科学的而非想象的

科学者何？吾人对于事物之概念，综合客观之现象，诉之主观之理性而不矛盾之谓也。想象者何？既超脱客观之现象，复抛弃主观之理性，凭空构造，有假定而无实证，不可以人间已有之智灵，明其理由，道其法则者也。在昔蒙昧之世，当今浅化之民，有想象而无科学。宗教美文，皆想象时代之产物。

近期欧洲之所以优越他族者，科学之兴，其功不在人权说下，若舟车之有两轮焉。今且日新月异，举凡一事之兴，一物之细，罔不诉之科学法则，以定其得失从违；其效将使人间之思想为云为，一遵理性，而迷信斩焉，而无知妄作之风息焉。

国人而欲脱蒙昧时代，羞为浅化之民也，则急起直追，当以科学与人权并重。士不知科学，故袭阴阳家符瑞五行之说，惑世诬民；地气风水之谈，乞灵枯骨。农不知科学，故无择种去虫之术；工不知科学，故货弃于地，战斗生事之所需，一一仰给于异国；商不知科学，故惟识罔取近利，未来之胜算，无容心焉；医不知科学，既不解人身之构造，复不事药性之分析，菌毒传染，更无闻焉；惟知附会五行、生克、寒热、阴阳之说，袭古方以投药饵，其术殆与矢人同科。其想像之最神奇者，莫如"气"之一说；其说且通于力士羽流之术；试遍索宇宙间，诚不知此"气"之果为何物也！

凡此无常识之思惟，无理由之信仰，欲根治之，厥维科学。夫以科学说明真理，事事求诸证实，较之想像武断之所为，其步度诚缓；然其步步皆踏实地，不若幻想突飞者之终无寸进也。宇宙间之事理无穷，科学领土内之膏腴待辟者，正自广阔。青年勉乎哉！

（选自《陈独秀文章选编》，三联书店，1984年）

物质变动与道德变动

李大钊

李大钊（1889—1927）：思想家。曾任北京大学教授、北京大学图书馆主任。编有《李大钊文集》、《李大钊全集》。

（一）

近几年来常常听关心世道人心的人，谈到道德问题。有的人说现在旧道德已竟破灭，新道德尚未建设，这个青黄不接人心荒乱的时候真正可忧。有的人说，别的东西或者有新旧，道德万没有新旧。又有人说，大战以后欧洲之所应为一面开新，一面必当复旧，物质上开新之局或急于复旧，而道德上复旧之必要必甚于开新。这些话都很可以启发我的研究兴味，我于是想用一番严密的思索去研究这道德问题。

我当研究道德问题的时候，发了几个疑问：第一问道德是甚么东西？第二问道德的内容是永久不变的，还是常常变化的？第三问道德有没有新旧？第四问道德与物质是怎样的关系？

以上诸问，都是从希腊哲学以来没有解决的问题，因为解决这个问题是一件很不容易的事情。但是道德心的存在却是极明了的事实，不能不承认的。我们遇见种种事体在我们心中自然而然发出一种有权威的声音，说这是善或是恶。我们只有从着这种声音的命令往善这一方面走，往光明一方面走，自然作出"爱他"、"牺牲"等等的行为。在这有权威的声音指挥之下，"忠信"、"正直"、"公平"诸种德性都能表现于我们身上。我们若是不听从他，我们受自己良心的责斥，我们自己若作了恶事，就是他人不知，我们也自觉悔悟，自感羞耻，全因为我们心中有道德心的要求，义务的要求。这自然发现、自有权威的点就是道德的特质。自然科学哪、法律哪、政治哪、宗教哪、哲学哪，都是学而后能知的东西，决不是自然有权威的东西。惟有道德，才是这样自然有权威的东西。

但是这道德心究竟是怎样发生出来的呢？有人归之于个人的经验；有人归之于教育；有人归之于习惯礼俗；有人归之于求快乐、求幸福的念望；又有人归之于精练的利己心，或对于他人的同情心。这些都不能说明人心中的声音——牺牲自己爱他人的行为。

道德这个东西，既是无论如何由人间现实的生活都不能说明，于是就有些人抛了地上的生活、人间的生活，逃入宗教的灵界，因为宗教是一个无知的隐遁地方。在超自然的地方，在人间现实生活以外的地方，求道德的根原，就是说，善心是神特地给人间的，恶心是由人间的肉欲生的，是由物质界生的，是由罪孽生的。本来善恶根原的不可解，就是宗教发生的一个原因。人类对于自然界，或人间现象不能理解的地方，便归之于神。道德心、善恶心的不可思议，也苦过很多的哲人。这些哲人也都觉得解释说明这不可思议的现象非借重神灵不可，所以柏拉图、康德之流都努力建设超自然的灵界。直到十九世纪后半，这最高道德的要求之本质才有了正确的说明。为此说明的两位学者就是达尔文与马克思。达尔文研究道德之动物的起原，马克思研究道德之历史的变迁。道德的种种问题至此遂得了一个解决的方法。

（二）

我们先用达尔文的"进化论"解答道德是什么的问题。

人类的道德心不是超自然的，也不是神赐的，乃是社会的本能。这社会的本能，也不是人类特有的，乃是动物界所同有的。有些人类以外的动物，虽依动物的种类，依其生活状态的差异，社会的本能也有种种的差异。但是他们因为生存竞争，与其环周的自然抗战，也都有他们社会的本能。占生物界一大群合的动物生存竞争、天然淘汰的结果，使他们诸种本能——若自发运动，若认识能力，若自己保存，若种族蕃殖，若母爱本能等等——日渐发达。社会的本能也和这些本能有同一的渊源，为同一的发展。而在有社会的共同生活的动物，像那一种的肉食兽、很多的草食兽、反嚼兽、猿猴等类，社会的本能尤其发达。人类也和上举诸兽相同，非为社会的共同生活，则不能立足于自然界。故人类之社会的本能也很发达。

社会的本能也有多种。有几种社会的本能确是社会生活存续的必要条件，没有这种本能，社会生活，无论如何，不能存续。这种本能，在不与人类一样为社会的结合便不能生活的动物种属间，也颇发达。这种本能果为何物呢？第一就是为社会全体，舍弃自己的牺牲心。若是群居的动物没有这种本能，各自顾各自的生活，不肯把社会全体放在自己以上，他的社会必受环周的自然力与外敌的压迫而归于灭亡。譬如一群水牛为虎所袭的时候，其中各个分子如没有为一群全体死战的决心，各自惜命纷纷逃散，那水牛的群合必归灭亡。故自己牺牲，在这种动物的群合，是第一不可缺的社会的本能。在人类社会也是如此。此外还有拥护共同利益的勇气，对于社会的忠诚，对于全体意志的服从，顾恤毁誉褒贬的名誉心，都是社会的本能，都曾发见于动物社会极高度的发达的也很多。这些社会的本能和那被称为至高无上灵妙不可思议的人类道德，全是一个东西。但是"公平"这一样道德在动物界恐怕没有。因为在动物的社会里，虽有天然生理上的不平等，却没有由社会的关系生出的不平等，从而没有要求社会的平等之必要，也没有公平这一样道德存在的理由。所以公平只是人类社会特有的道德。

这样看来，道德原来是动物界的产物。人类的道德，从人类还不过是一种群居的动物时代，就是还没有进化到现今的人类时代，既已存在。人类为抵抗他的环境，适应他的周围，维持他的生存，不能不靠着多数的协力，群合的互助，去征服自然。这协力互助的精神，这道德心，这社会的本能，是能够使人类进步的。而且随着人类的进步，他的内容也益益发达。

因为人类的道德心，从最古的人类生活时代，既是一种强烈之社会的本能，在人人心中发一种有权威的声音，到了如今我们的心中仍然有此声响，带着一种神秘的性质，不因外界何等的刺激，不因何等的利害关系，他能自然挟着权威发动出来。他那神秘的性质和性欲的神秘、母爱的神秘、牺牲心的神秘，乃至其他生物界一般的神秘是一样的东西，绝不是超自然的力，绝不是神的力。

正惟道德心是动物的本能，和自己保存种族蕃殖等本能有同一的根源，所以才有使我们毫不踌躇、立即听从的力量，所以我们遇见什么事情才能即时判断他的善恶邪正，所以我们才于我们的道德判断有强大的确信力，所以探求他的活动的理法，分解他，说明他，愈颇困难。

明白了这个道德，"义务"是什么，"良心"是什么，也都可以明白了。所谓义务，所谓良心，毕竟是社会的本能的呼声。然"自己保存"的本能、"种族蕃殖"的本能也有与此呼声同时发生的时候。在这个时候，这二种本能常常反抗社会的本能，结果这二种本能或得相当的满足，可是这不过是暂时的现象，不久归于镇静，社会的本能发出更强的声音，就是愧悔的一念。有人以良心为对于共同生活伴侣间的恐怖——就是对于同类所与的摈斥或刑罚的恐怖——之声音。但是大错了。良心之起，于对他人全不知觉的事也起，对于四围的人都夸奖赞叹的事也起，甚至对于因为对于同类及同类间的舆论的恐怖而作的行为也起。可见良心的威力全系自发的，非因被动的。至于舆论的褒贬固然也是确与人的行为以很大影响的要素，然舆论所以能有影响的原故，全因为豫先有一种名誉心的社会的本能存在。舆论怎样督责，假使没有注意褒贬的名誉心的社会的本能，当不能有什么影响。舆论作出社会的本能的事，是作不到的。

依了这样说明，我们可以晓得道德这个东西不是超自然的东西，不是超物质以上的东西，不是凭空从天上掉下来的东西。他的本原不在天神的宠赐，也不在圣贤的经传，实在我们人间的动物的地上的生活之中。他的基础就是自然，就是物质，就是生活的要求。简单一句话，道德就是适应社会生活的要求之社会的本能。

（三）

达尔文的理论可以把道德的本质阐发明白了。可是道德何以因时因地而生种种变动？以何缘故社会的本能之活动发生种种差别？说明这个道理，我们要用马克思一派的唯物史观了。

马克思一派唯物史观的要旨，就是说：人类社会一切精神的构造都是表层构造，只有物质的经济的构造是这些表层构造的基础构造。在物理上物质的分量和性质虽无增减变动，而在经济上物质的结合和位置则常常变动。物质既常有变动，精神的构造也就随着变动。所以思想、主义、哲学、宗教、道德、法制等等不能限制经济变化物质变化，而物质和经济可以决定思想、主义、哲学、宗教、道德、法制等等。

我们先说宗教与哲学。一切宗教没有不受生产技术进步的左右的，没有不随着他变迁的。上古时代，人类的生产技术还未能征服自然力，自然几乎完全支配人类，人类劳作的器具，只是取存于自然界的物质原形而利用之，还没有自制器具的知识和能力。那时的人类只是崇拜自然力，太阳、天、电光、火、山川、草木、动物等，人类都看作最重要的物件，故崇拜之为神灵。拜火拜物诸教均发生于此时。直到现在，蛮人社会还是如此。纽基尼亚人奉一种长食的椰子为神，认自己的种族是从椰子生下来的，就是一个显例。

后来生产技术稍稍进步，农业渐起，军人宗祝这一类的人渐握权力，从前受制于自然，现在受制于地位较高的人类了。因为这时的社会已经分出治者与被治者阶级，这时的宗教又生一大变化。从前是崇拜自然物的原形，现在是把自然物当作一个有力的人去崇拜他了。在希腊何美尔（Homer）的诗中所表现的神，都是男女有力的君长，都是智勇美爱的化身。因为生产技术与人以权力的结果，自然神就化为伟大的人了。后来希腊人的生产技术益有进步，商工勃兴，智勇美爱肉体的属性又失了重大的位置，有神变不可思议的万能力的乃在精神。因为在商业竞争的社会里，人类的精神是最重大的要素，计算数量的也是他，创作新发明的也是他，营谋利益的也是他，精神实是那时商业社会人类生活的中心。故当时哲家若棱格拉的，若柏拉图都说自然界久已不足引我们的注意了。引我们注意的只是思想上及精神上的现象。这种变迁明明白白是生产技术进步的结果。但是人类精神里有很多奇妙不可思议的现象，就像道德心是什么东西，善恶的观念是从何发生，柏拉图诸哲家也不能解释。由自然界的知识与经验不能说明，结局仍是归之于神，归之于天界。故当时多数人仍把道德的精神认作神，认他有超自然的渊源。

各国分立，经济上政治上全不统一的时代——就是各国还未组成一个大商业社会的时代——尚有多神及自然神存在的余地。自希腊之世界的商业发达以来，罗马竟在地中海沿岸的全部建一商业的世界帝国。这种经济上的变动反映到当时思想上，遂以唯一精神的神说明当时的全世界及存于其中的疑问，使所有的自然神全归于消灭。驱逐这些自然神的固然是柏拉图及士多亚派哲学上的一神论，而一神论的背景，毕竟是当时罗马的具有绝大威力的生产技术，罗马的商业交通，罗马的商业大社会。

到了罗马帝政时代，大经济组织、大商业社会正要崩坏的时候，恰有一种适合当时社会关系的一神教进来，就是耶稣教了。耶稣教把希腊原来的一神论吸收进去，把所有的势力归于一个精神，归于一个神。

罗马商业的大社会崩坏之后，从前各个分立的自然经济又复出现。中世纪的经济组织次第发展，耶稣教也不能保持他的本来面目，他的内容自然发生了变动。中世纪的社会是分有土地的封建制度、领主制度的社会，社会的阶级像梯子段一样，一层一层的互相隶属，最高的是皇帝，皇帝之下有王公，王公之下有诸侯，诸侯之下有小领主，百姓农奴被践踏在地底。教会本来是共产的组合，到了此时这种阶级的经济组织又反映到教会的组织，渐次发达，也成了个掠夺组织、阶级组织。最高的是教皇，教皇之下有大僧正、僧正等，僧正之下有高僧，由高僧至普通僧民的中间还有种种僧官的阶级。百姓农奴伏在地底，又多受一层践踏。这种阶级的经济组织又反映到耶教的实质，天上也不是一个神住着了。最高的是神，神之下有神子，有精灵，其下更有种种的天使，堕落的天使，又有恶魔。神的一族，恰和皇帝教皇及其隶属相照应；人在诸神之下，恰和百姓居社会之最下层相照应。人类的精神把地上的实物写映于天上，没有比这个例子再明白的了。

后来都市渐渐发达，宗教上又生一变化。意大利、南德意志、法兰西、英吉利、荷兰诸国都市上的居民，因其工商业的关系，渐立于有权力的地位，对于贵族、僧侣有了自由独立的位置。随着他们对于社会的观念的变动，对于宇宙的观念也变了。于是要求一种新宗教。他们既在经济上不认自己以上的势力，又在政治上作了独立的市民、独立的资本家、独立的商人，立于自由的地位，他们觉着自己与宇宙的中间，自己与神的中间，也不须有中间人介绍人存在了。所以他们蔑视教皇，蔑视僧官，自己作自己的牧师，直接与神相见，这就是路德及加尔文所倡的新教。这样看来，宗教革新的运动全是近世资本家阶级自觉其经济的实力的结果。资本家是个人的反映出来的，所以新宗教也是个人的。

美洲及印度发现以后，资本主义的制度愈颇强大，工商贸易愈颇发达，人与人的关系几乎没有了，几乎全是物品与物品的关系了。一切物品于其各个实质的使用价值以外，又有一般共通抽象的交换价值。所以这时的人也互认为抽象的东西。因而所信的神也变成一个抽象的概念了。又因资本主义制度发达之下，贫困日见增加，在这种惨烈的竞争场里，社会现象迷乱复杂的程度有加无已，人若想求慰安与幸福，除了内观、冥想、灵化而外，殆不可能。而资本家的个人的表象照映于精神界就成了一个绝大的孤立的神。十七世纪的哲学家，若笛卡儿、斯宾挪撒等都认神是有绝大精神的绝大体,能自动自考,就是这个原故。又因生产技术的进步,资本主义制度的发达对于自然界的知识骤见增大,十七世纪间自然现象的不可解大概已渐消灭,但于精神科学尚未能加以解释。这时的宗教渐渐离开自然界和物质,神遂全为离于现实界的不可思议的灵体。基督教贱肉的思想,与夫精神劳动与手足劳动分业的结果,也加了许多的势子。这时的哲家,若康德,则说时间的空间的事物是单纯的现象,没有真实的存在;若菲西的,则只认精神的主观就是我的。实在都是受了当时物质界经济界的影响,才有这种学说。就是因为当时的资本主义制度使每个人都成孤立,都成灵化,反映到宗教哲学上去,也就成一种孤立的抽象的精神。

蒸汽机发明以后,生产力益加增大,交通机关及生产技术益加发达,对于自然的研究益有进步。自然现象的法则渐为人智所获得,超自然的存在一类神秘的事遂消灭于自然界。同时人类社会的实质也因交通机关生产技术发达的结果,乃有有史以前、有史以后的种种研究,或深入地底,研究地层地质;或远探蛮荒,研究原始社会的状况。又得了种种搜集历史统计材料的方法,而由挟着暴力的生产过程而生的社会问题,更促人竭力研究人类社会的实质。以是原因,自然现象、人类社会都脱去神秘的暗云,赤裸裸的立在科学知识之上,见了光明。以美育代宗教的学说,他就发生于现代了。

资本阶级固然脱出神秘宗教的范围了,就是劳工阶级也是如此。因为他们天天在工厂作工,天天役使自然,利用自然,所以他们也了解自然了。自然现象于他们也没有什么神秘不可解的权威了。至于人类社会的实质,他们也都了解,他们知道现在资本主义制度是使他们贫困的唯一原因,知道现在的法律是阶级的法律,政治是阶级的政治,社会是阶级的社会。他们对于社会实质的了解,恐怕比绅士阀的学者还要彻底,还要明白。太阳出来了,没有打着灯笼走路的人了。

以上所论,可以证明宗教、哲学都是随着物质变动而变动的。

（四）

再看风俗与习惯。社会上风俗习惯的演成，也与那个社会那个时代的物质与经济有密切的关系。例如老人和妇女在社会上的地位，也因时因地而异，这也是因为经济的关系。在狩猎时代，食物常告缺乏，当时的人总是由此处到彼处的迁徙流转，老人在这社会里很是一种社会的累赘，所以常常被弃被杀被食。如今的蛮人社会也常常见此风俗。日本古代有老舍山的话，相传是当时舍弃老人的地方。中央亚非利加的土人将与他部落开战的时候，必先食其亲，因为怕战事一经开始，老人很容易为敌人所捕获，或遭虐待，或被虐杀，所以老人反以为自己的儿子所食为福，儿子亦以食其亲为孝。马来群岛的布尔聂伊附近，某岛中人遇着达于一定年龄的老人必穷追他，使他爬上大木，部落的青年群集木下摇之使他落下，活活跌死。耶士魁牟的女子亦以把他比邻罹病垂危的老太婆带到投弃老人的地方，由崖上把他推下，为爱他比邻、怜他比邻的行为。到了畜牧时代、农业时代，衣食的资料渐渐富裕，敬老的事渐视为重要。而以种种经验与知识渐为社会所需要，当时还没有文字的发明，老人就是知识经验的宝库，遂为社会所宝重。近来生产技术进步的结果，一切事象日新月异，古代传说反足以阻碍进步，社会之尊重老人遂又与前大不相同。不专因为他的衰老就尊重他，乃因为他能终其生涯和少年一样奋斗，为社会作出了许多生产的事业、创造的功绩。因为他不但不拿他的旧知识妨害进步，并且能够吸入新思潮，才尊重他。妇女在社会上的地位随着经济状况变动，也和老人一样。在游猎时代，狩猎与战争是男子的专门事业，当时的妇女虽未必不及男子骁勇，而因负怀孕哺乳育儿的重大责任，此类事体终非妇女所宜，遂渐渐止于一定的处所，在附近居处的田地里作些耕作，在家内作些烧煮的事情。因为狩猎的效果不能一定，而农作比较着有一定效果，且甚安全，所以当时妇女的地位比男子高，势力比男子大。后来牧畜与农业渐渐专归男子去作，妇女只作烧煮裁缝的事情，妇女的地位就渐渐低下。到了现代的工业时代，一方面因为资本主义发达的结果，家内手工渐渐不能支持，大规模的制成许多无产阶级，男子没有力量养恤妇女，只得从家庭里把他们解放出来，听他们自由活动，自己谋生。一方因为生产技术进步的结果，为妇女添出了许多与他们相宜的职业，妇女的地位又渐渐的提高了。这回欧洲大战（一九一四年的大战），许多的壮丁都跑到战场打仗，所有从前男子独占的职业，一时不得不让给女子，不得不仰赖女子，他们于是从家庭里跳出来，或入工厂工作，或当警察，或作电车司机人，或在军队里作后方勤动，都有很好的成绩。但是这回大战停了，战场上的兵士归来，产业凋敝没有工作，从前的职业又多为女子所占领，男工女工的中间现在已起了争议。不过以我的窥测，这个争议第一步可以促女工自己团结，第二步可以促男女两界的无产阶级联合，为阶级战争加一层势力，结果是女子在社会上必占与男子平等的地位。颇闻从法国回来的人说，战后的法国社会道德日趋堕落，男子游惰而好小利，女子好奢侈而多卖淫。忧时之士至为深抱杞忧，说欧洲有道德复旧的必要。但我以为此不必忧，这种现象全是因战争而起的物质变动的结果。欧洲这回大战，男丁战死于战场的不知有几千百万，社会上骤呈女子过庶的现象，女子过庶的结果，结婚难，离婚及私生子增多，卖淫及花柳病流行。物质上有人口的变动，而精神上还没认作道德的要求（如法国女子与华工结婚还为法政府及社会所不喜，就是一例），社会上才有这种悲惨的现象。在这个时期必要发生一种新道德，适应社会的要求，使物质的要求向上而为道德的要求。至于男子的游惰好小利，女子的奢侈，也是物质变动的结果。男子在战争时期中，精神上物质上都经了很多的困乏，加以生活难、工作难的影响，精神上自然要发生变动。游惰哪，好小利哪，都是因为这个原故。将来物质若是丰裕，经济组织若有相当的改造，精神上不会发现这种卑苦的现象。女子骤然得到工作的，自然要比从前奢侈些，也是当然的现象。固然战后的人口增加，或者加猛加速，女子过庶的不平均，或者可以调剂许多，而经济的组织生产的方法则已大有改动。故就物质论，只有开新，断无复旧；就道德与物质的关系论，只有适应，断无背驰。道德是精神现象的一种，精神现象是物质的反映，物质既不复旧，道德断无单独复旧的道理，物质既须急于开新，道德亦必跟着开新，因为物质与精神是一体的，因为道德的要求是适应物质上社会的要求而成的。耶土魁牟的女子本性上不能多产多生，所以他们的风俗就不以未婚的妇人产生及怀孕的处女为耻辱，所以在他们的社会多生多产的德比贞操的德重。女子贞操问题也是随着物质变动而为变动。在男子狩猎女子耕作的时期，女子的地位高于男子，女子生理上性欲的要求强于男子，所以贞操问题绝不发生，而且有一妻多夫的风俗。到了牧畜、农业为男子独占职业的时期，女子的地位低降下去，女子靠着男子生活，男子就由弱者地位转到强者地位，女子的贞操问题从而发生，且是绝对的、强制的、片面的。又因农业经济需要人口，一夫多妻之风盛行。到了工业时期，人口愈增，人类的欲望愈颇复杂，虽因生产技术的进步，生产的数量增加，而资本主义的产业组织分配的方法极不平均，造成了很多的无产阶级。贫困迫人日益加甚，女子非出来工作不可。男子若不解放女子，使他们出来在社会上和男子一样工作，就不能养赡他们。女子的贞操，就由绝对的变为相对的，由片面的变为双方的，由强制的变为自由的。从前重"从一而终"，现在可以离婚了；从前重守节殉死，现在夫死可以再嫁了。将来资本主义必然崩坏。崩坏之后，经济上生大变动，生产的方法由私据的变为公有的，分配的方法由独占的变为公平的，男女的关系也必日趋于自由平等的境界。只有人的关系，没有男女的界限。贞操的内容也必大有变动了。家族制度的变动也是如此。狩猎时代及劣等农作时代，因土地共有共同耕作的关系，氏族制度才能成立。后来人口渐增，氏族中的个人自进而开辟山林，垦治荒芜的人所在多有，因而对于个人辛苦经营的地面，不能不承认个人的私有。既经承认了个人的私有权，那些勤勉有为的人大都努力去开辟地面，私有的地面逐日增大，从前氏族制度的经济基础就从而动摇了。到了高等农作时代，因为私有制度的发达，农业经济的勃兴，父权家长制的大家族制度遂继氏族制度而兴起。后来生产技术进步的结果，由农业时代入了工商时代，分业及交通机关日见发达，经济上有了新变动，大家族制度遂渐就崩坏。这个时期就发生了一夫一妻制的小家族制度，以适应当时的经济状态。可是到了现代，机械工业、工厂工业又复压倒了手艺工业、徒弟工业，大产业组织的下边造成多数的无产阶级，生活日趋贫困，妇女亦不得不出来工作，加以义务教育、儿童公育等制度推行日广，亲子关系日趋薄弱，这种小家庭制度，也离崩坏的运命不远了。

由此类推，可见风俗习惯的变动，也是随着经济情形的变动为转移的。

（五）

再看政策与主义。一切的政策，一切的主义，都在物质上经济上有他的根源。Louis Boudin 氏在他的"社会主义与战争"里说了许多很精透的道理，我们可以借来说明一种政策或主义与物质经济的关系。他说资本主义发达的历史，可以分作三个时期：第一是少年时期，是奋进的时代，富有好战的气质。第二时期，是成年时期，是全盛的时代，专务为内部的整顿，气质渐化为平和。第三是衰老时期，是崩颓的时代，急转直下，如丸滚坡，气质又变为性急好战的状态。这种变动，在英国历史上最易看出。由耶利撒别士即位到七年战争，二百年间，英国确是一个好战的国，东冲西突，转战不休。因为当时英国的资本主义方在少年时期，经了二百年间的苦战，才立下了世界第一商工业国的基础。七年战争以后，英国的资本主义已经确立，遂顿归平和。拿坡仑战争全是别的原因，不是英国的资本主义惹起来的。直到这次大战以前，英国的资本阶级总是爱重平和，世界上帝国主义的魁雄不在英而转在德。美国独立所以成功，不全是因为美洲独立军的勇武，华盛顿的天才，英国不愿出很大的牺牲争此殖民地，也是一个重大的原因。固然英国也未尝不欲得此土地，但因此起大战争，他们以为很不值得。当时英国政家巴客大声疾呼，主张美国民有独立的权利。表面的言辞说来很是好听，骨子里面也不过是亚丹斯密氏殖民政策的应用罢了。亚丹斯密氏主张母国与殖民地之间，若行排他的贸易，不但于殖民地及世界一般有害，即于母国亦大不利。故母国应使其殖民地自由平等，与世界通商。美国所以能够独立的原故，毕竟是因为正值英国持平和政策的时期。以后英国在南非又承认波亚人组织的二共和国，也是这个原故。过了十五年，波亚人又与英国开战，二共和国就全为英国所压服了。那时英国的态度全然一变。最初波亚人与英国开战时候，英国正是正统经济学的国，自由贸易的国，满切士特（Manchester）学派的国，亚丹斯密氏殖民政策的国，新帝国主义的波浪还未打将进来。到了第二战争，英国已经不是从前的英国了，是新帝国主义的英国，是张伯伦氏新殖民政策的英国了。使英国的主义政策起这样变化的经济关系的，实质是什么呢？简单说，就是从前的时代是织物时代，现在的时代是钢铁时代了。英国的工业当初最盛者首推织物，织物实占近世产业的主要部分。英国织物产业的中心，却在满切士特，满切士特的织物产业为世界产业的焦点，亚丹斯密氏的自由贸易主义，就以满切士特为根据，成了满切士特学派。郭伯敦之蹶起反对谷物条例，反对保护税，在自由平和一些美名之下，为新兴的商工阶级奋斗，也是因为这个原故。

当时的英国既以织物类的生产为主要的产业，其销路殆遍于全世界，以握海上霸权、工业设备极其完密的英国，自无用兵力扩张的必要。且以低廉的价格出卖精良的货物，也是很容易的事情。所以自由贸易主义、平和主义、殖民地无用论，都发生在这个时代。以后各半开化国及各殖民地工业渐能独立，像织物类的单纯工业不须仰给于英国，英国要想供给他们，必须另行创制益加精巧的工业。恰好各后进国工业新兴，很需要机械一类的东西，于是英国的产业就由纺纱时代入了钢铁时代了。英国销行世界的产物，就由织物类变为机械类了。英国的产业中心，就由满切士特移到泊明港了。泊明港是钢铁的产地，张伯伦是生于泊明港的人，所以张伯伦代表泊明港的钢铁，代表英国钢铁产业时代物质上的要求、经济上的要求，主张一种的新殖民政策、新帝国主义。张伯伦初次入阁的时候，自己要作殖民总长，大家都很以为奇怪，因为从前的殖民部是一个闲部，张伯伦是一代政雄，何以选这闲部？哪里知道当时的殖民部已经应经济的变化，发生重大意义了。但是机械的贩卖，与织物类的贩卖不同，贩卖织物类只须借传教士的力量，使那半开化国和殖民地的人民接洽文明生活的趣味，就能奏功，而贩卖机械，则非和他的政府官厅与资产阶级交涉不可。那么政治的、外交的、军事的策略，就很要紧了。以是因缘，自由贸易的祖国也变为保护政策的主张，平和主义的国家也着了帝国主义的彩色。

德国的产业进步比英国稍晚。英国正当成年时期，德国方在少年时期，好战的气质极盛，还没有到平和时期，又正逢着第二次的好战时期。最近十年内英德两国的产铁额大有变动。当初德国的产业仅当英国的什一，到大战以前，德国的产额已经超过英国了。观此可以知道德国为世界帝国主义的魁雄的原因，也就可以知道这回大战的原因了。

综观以上三个时期：第一时期是使当时新兴商工阶级打破封建制度束缚的物质的要求，向上而为国民文化主义；第二时期是使当时织物贩卖的物质的要求向上，而为自由主义、世界的人道主义；第三时期是使机械贩卖的物质的要求向上而为帝国主义。有了那种物质的要求，才有那种精神的道德的要求。

（六）

总结本篇的论旨，我们得了几个纲领，写在下面：一、道德是有动物的基础之社会的本能，与自己保存、种族繁殖、性欲母爱种种本能是一样的东西。这种本能是随着那种动物的生活的状态、生活的要求有所差异，断断不是什么神明的赏赐物。人类正不必以万物之灵自高，亦不必以有道德心自夸。二、道德既是社会的本能，那就适应生活的变动，随着社会的需要，因时因地而有变动，一代圣贤的经训格言，断断不是万世不变的法则。什么圣道，什么王法，什么纲常，什么名教，都可以随着生活的变动、社会的要求，而有所变革，且是必然的变革。因为生活状态、社会要求既经变动，人类社会的本能自然也要变动。拿陈死人的经训抗拒活人类之社会的本能，是绝对不可能的事。三、道德既是因时因地而常有变动，那么道德就也有新旧的问题发生。适应从前的生活和社会而发生的道德，到了那种生活和社会有了变动的时候，自然失了他的运命和价值，那就成了旧道德了。这新发生的新生活新社会必然要求一种适应他的新道德出来，新道德的发生就是社会的本能的变化，断断不能遏抑的。四、新道德既是随着生活的状态和社会的要求发生的，就是随着物质的变动而有变动的，那么物质若是开新，道德亦必跟着开新，物质若是复旧，道德亦必跟着复旧。因为物质与精神原是一体，断无自相矛盾、自相背驰的道理。可是宇宙进化的大路，只是一个健行不息的长流，只有前进，没有反顾；只有开新，没有复旧；有时旧的毁灭，新的再兴。这只是重生，只是再造，也断断不能说是复旧。物质上，道德上，均没有复旧的道理！

这次的世界大战，是从前遗留下的一些不能适应现在新生活新社会的旧物的总崩颓。由今以后的新生活新社会，应是一种内容扩大的生活和社会——就是人类一体的生活，世界一家的社会。我们所要求的新道德，就是适应人类一体的生活，世界一家的社会之道德。从前家族主义、国家主义的道德，因为他是家族经济，国家经济时代发生的东西，断不能存在于世界经济时代的。今日不但应该废弃，并且必然废弃。我们今日所需要的道德，不是神的道德、宗教的道德、古典的道德、阶级的道德、私营的道德、占据的道德，乃是人的道德、美化的道德、实用的道德、大同的道德、互助的道德、创造的道德！

（选自《李大钊选集》，人民出版社，1959年）

谈谈实验主义

胡适

此番美国大教育家杜威博士到中国来，江苏省教育会请他明天后天到这儿来演说，又因为我是他的学生，所以叫我今天晚上先来演讲。方才主席说我是杜威博士的高足弟子，其实我虽是他的弟子，那"高足"二字可也不敢当，不过今天先要在诸君面前把杜威博士的一派学说，稍稍演述一番，替他先开辟出一条道儿，再加些洒扫的功夫，使得明天诸君听杜威博士的演说有些头绪，那也是做弟子的应尽的职分。

我今天所要讲的题目，是"实验主义"，英文中有人译做"实际主义"，我想这个名词也好用，并且实验主义在英文中，似当另为一个名词。那么，我何以要把实际主义改为实验主义呢？那也有个道理，原来实验主义的发达，是近来二十年间的事情，并且分为几派，有欧洲大陆派，有英国派，有美国派，英国派是"人本主义"。他的意思是万事万物都要以人为本位，不可离开了人的方面空去说的，所以是非、有无、利害、苦乐，都是以人为根本的。美国派又分两派，一派就是"实际主义"，为杜威博士那一般人所代表的。一派是"工具主义"，这派把思想真理等精神的产物都看做应用的工具，和那用来写字的粉笔，用来喝茶的茶杯一样。以上各派，虽则互有不同，然而有一点是共同的，那就是注重实验，所以我今天的题目叫做"实验主义"。

我们要明白实验主义是什么东西，先要知道实验的态度究竟是怎么样，实验的态度，就是科学家在试验室里试验的态度，科学家当那试验的时候，必须先定好了一种假设，然后把试验的结果来证明这假设是否正当。譬如科学家先有了两种液体，一是红的，一是绿的，他定了一个假设，说这两种液体拼合起来是要变黄色的。然而这句话不是一定可靠，必须把他试验出来，看看拼合的结果是否黄色，再来判定那假设的对不对。实验主义所当取的态度，也就和科学家试验的态度一样。

既然如此，我敢说实验主义是十九世纪科学发达的结果，何以见得实验主义和科学有关系呢？那么，我们不可不先明白科学观念的两大变迁。

一、科学律令　科学的律令，就是事物变化的通则，从前的人以为科学律令是万世不变，差不多可以把中国古时"天不变，道亦不变"的二句话，再读一句"科学律令亦不变"，然而五十年来，这种观念大为改变了。大家把科学律令看作假设的，以为这些律令都是科学家的假设，用来解释事变的。所以，可以常常改变。譬如几何学的定律说，从直线的起点上只有一条直线可以同原线平行。又说，三角形中的三个角相加等于二直角，这二律我们都以为不可破的。然而新几何学竟有一派说，从直线的起点上有无数的直线同原线平行；有的说，从直线的起点上没有一条直线可以同原线平行；有的说，三角形中的三角相加比二直角多；有的说，比二直角少。这些理论，都和现在几何学的律令不同，却也能"言之成理，持之有故"。连科学家也承认他们有成立的根据。不过照现在的境遇说，通常的几何学是最合应用，所以我们去从他的律令。假使将来发现现在的几何学不及那新几何学合用，那就要"以新代旧"了。我们对于科学律令的观念既改，那么研究科学的方法也改了，并且可以悟得真理不是绝对的。譬如我们所住的大地，起初人家以为是扁平的，日月星辰的出没，都因为天空无边，行得近些就见了，行得太远就不见了。这种说话现在看来固然荒谬，然而起初也都信为真理，后来事变发现得多了，这条真理不能解释他了。于是有"地圆"的一说，有"地球绕日"的一说，那就可见真理是要常常改变的。又譬如三纲五常，我们中国从前看做真理，但是这八年之中，三纲少了一纲，五常少了一常，也居然成个国家。那就可见不合时势的真理是要渐渐的不适用起来。

二、生存进化 起初的人以为种类是不变的，天生了这样就终古是这个样儿。所以他们以为古时的牛就是现在的牛，古时的马就是现在的马，到了六十年前达尔文著《种源论》，才说明种类是要改变的。人类也是猿类变的，我们人类有史的时代虽只有几千年，而从有人类以来至少有一万万年，假使把这一万万年中的生物，从地质学考究起来，不晓得种类变得多少了，那种类变化的根本，就是"物竞天择，适者生存"八个字。再简单说一句，就是"适应环境"罢了。譬如这块地方阳光太大，生物就须变得不怕阳光。那块地方天气太冷，生物就须变得不怕寒冷。能够这样的变化方可生存，不能变的或变得不完全适合的难免淘汰。而且这种变化，除了天然以外，人力也可做到的。譬如养鸡养鸭，我们用了择种的法子，把坏的消灭了，好的留起来，那么数世之后只有好种了。又譬如种桃，我们用了接木的法子，把桃树的枝接到苹果树上去，一二年中就会生出特种的桃子，可见生存进化的道理，全在适应环境的变化。

上面我说了两大段的话，现在把他结束起来，就是：一、一切真理都是人定的。人定真理不可徒说空话，该当考察实际的效果。二、生活是活动的，是变化的，是对付外界的，是适应环境的。我们明白了这两个从科学得来的重要观念，方才可以讲到杜威博士一派的实际主义了。

杜威博士所主张的实际主义，我们分三种来讨论：

一、方法论；二、真理论；三、实在论。

一、方法论 实验主义和政治、经济、社会、教育、学理的种种方面都有关系，就因为他的方法和别个方法不同。他的方法，简单说起来，就是不重空泛的议论，不慕好听的名词，注意真正的事实，采求试验的效果，我们把这种方法应用到三方面去。

（甲）**应用到事物上去** 我们要明白事物，必须先知道事物的真意义，不可因为晓得事物的名称就算完事。譬如瞎子，他也会说"白的""黑的"。但是叫他把两样物件中间拣出那"白的"或"黑的"来，他就不能动手，因为他实在没有知道黑白的真意义。又譬如一个会说话的聋子，他也会说"小叫天""梅兰芳"，但是叫他说出小叫天或梅兰芳的声调怎样好法，他就不能开口，因为他并没有知道"谭迷""梅迷"的真意义。所以要明白事物，第一须知道事物对于我发生怎样的感觉。譬如"黑"在我身上的感觉是怎么样，"电灯"在我身上的感觉是怎么样。第二须知道我对于事物发生怎样的反动。譬如"黑"了我将怎样做，"空气不好"我将怎样做。若仅仅如孔子所说的"多识鸟兽草木之名"，那就和实际主义大相反背了。

（乙）应用到意思上去　实验主义的学者，把凡所有的意思都看做假设，再去试验他的效果。譬如甲有一个意思说这样方可以齐家，乙有一个意思说那样方可以治国。我们都不可立刻以为是的或否的，先得试验他的结果是否可以如此。然后再去批评他，捷姆斯博士把意思看作银行的支票一样，倘然我的意思是可行的，行了出去竟得到我所预期的结果。那就好比兑现的支票一样，不然，那就是不兑现的支票了。所以在实验主义看来，意思都是假设的，都是要待人家去试验的。

（丙）应用到信仰上去　信仰比意思更进一层了，意思是完全假设的。意思等到试验对了之后方成信仰，然而信仰并不是一定不易的，须得试验试验才好。譬如地球扁平的一说，当初也成为信仰，但是现在观察出来，地球并不是这样，所以这信仰就打破了。又譬如我们假使信仰上帝是仁慈的，但何以世界上有这样的大战，可见得信仰是并非完全靠得住，必得把现在的事情实地去考察一番，方才见得这种信仰是否合理。迷信的事姑且勿论，就是普通社会的信条也未必是完全合情合理的，在实际主义看来，那都要待人试验的。

上面所说的实际主义方法的应用，和教育究竟有什么关系呢？这个问题的答案就是，教育事业当养成实事求是的人才，勿可专读死书，却去教实在的事物，勿可专被书中意思所束缚，却当估量这种意思是否有实际的效果，勿可专信仰前人的说话，却当去推求这些信条是否合于实情。

二、真理论 实验主义关于真理的论据，前面已经讲得不少了。此处所要说明的，就是"真理都是工具"一句话。譬如三纲五常从前在中国成为真理，就因为在宗法社会的时候，这个"纲常"的理论，实在可以被我们用作工具来范围人心，并且着实见些功效。到了现在社会的情形变了，这个"纲常"也好像是没用工具一般，只好丢去，另寻别的适用的工具了。既然如此，所以真理是常常改变的。捷姆斯博士说过，大凡真理都是替我们做过媒来的，都是替我们摆过渡来的，因为倘然我们发现了一种事物的变化，不能用旧时的真理去解释他，就不得不另创新的真理去解释，这种新的真理就是替我们和事变做媒摆渡，而旧时的真理的做媒摆渡的功用失去了。所以实际主义对于真理的观念，是要养成主动的思想，去批评真理的，不是养成被动的思想，做真理的奴隶。譬如"不孝有三，无后为大"、"妇者服于人也"，这些话都是中国前代的真理。但是我们要考察这些真理是否合于现在社会的情形，然后来定他们的是非。

三、实在论 实在论就是宇宙论，也就是世界观，那是哲学的问题。照实际主义说世界是人造的。所以各人眼光中的世界是大不相同，譬如同在一块地方，诗人的世界是风花水月之类，工人的世界是桥梁屋宇之类，各人有各人注意的所在，也就是各人有各人的世界。并且世界是由小而大的，各人的生活经验越增加，那世界的范围越扩大，生活的乐趣也越增加。所以实际主义学者的世界是实在的世界，不是空虚的世界。那佛教所创造的"极乐国"、"天堂"、"涅槃世界"、"极乐世界"等都是空空洞洞不可捉摸的，并且他们看得世界是烦恼困苦，怕生活，怕经验，所以才创造这些世界来引诱人。但是实际主义学者像捷姆斯一般人都说世界是人造的，很危险的，很不平安的，人类该当由经验去找安乐，该当冒险去造世界。假使有上帝，那么仿佛上帝对我们说："我是不能为你们的安乐保险的，但是你们毕竟努力，或者可以得着安乐。"实际主义的意思，以为惟有懦夫是不敢生活的，否则都应该在这实在世界中讨生活。

现在我把实验主义的要点说起来作一总束,我们人类当从事实上求真确的知识,训练自己去利用环境的事务,养成创造的能力,去做真理的主人。

（选自《胡适文集》12,北京大学出版社,1998年）

境界

冯友兰

人对于宇宙人生的觉解的程度，可有不同。因此，宇宙人生，对于人的意义，亦有不同。人对于宇宙人生在某种程度上所有底觉解，因此，宇宙人生对于人所有底某种不同底意义，即构成人所有底某种境界。

佛家说，每人各有其自己的世界。在表面上，似乎是诸人共有一世界；实际上，各人的世界，是各人的世界。"如众灯明，各遍似一。"一室中有众灯，各有其所发出底光。本来是多光，不过因其各遍于室中，所以似乎只有一光了。说各人各有其世界，是根据于佛家的形上学说的。但说在一公共的世界中，各人各有其境界，则不必根据于佛家的形上学。照我们的说法，就存在说，有一公共底世界。但因人对之有不同底觉解，所以此公共底世界，对于各个人亦有不同底意义，因此，在此公共底世界中，各个人各有一不同底境界。

例如有二人游一名山，其一是地质学家，他在此山中，看见些地质底构造等。其一是历史学家，他在此山中，看见些历史底遗迹等。因此，同是一山，而对于二人底意义不同。有许多事物，有些人视同瑰宝，有些人视同粪土。有些人求之不得，有些人，虽有人送他，他亦不要。这正因为这些事物，对于他们底意义不同。事物虽同是此事物，但其对于各人底意义，则可有不同。

世界是同此世界，人生是同样底人生，但其对于各个人底意义，则可有不同。我们的这种说法，是介乎上所说底佛家的说法与常识之间。佛家以为在各个人中，无公共底世界。常识则以为各个人都在一公共底世界中，其所见底世界，及其间底事物，对于各个人底意义，亦都是相同底。照我们的说法，人所见底世界及其间底事物，虽是公共底，但它们对于各个人底意义，则不必是相同底。我们可以说，就存在说，各个人所见底世界及其间底事物，是公共底；但就意义说，则随各个人的觉解的程度的不同，而世界及其间底事物，对于各人底意义，亦不相同。我们可以说："仁者见之谓之仁，智者见之谓之智。"

我们不能说，这些意义的不同，纯是由于人之知识的主观成分。一个地质学家所看见底，某山中底地质底构造，本来都在那里。一个历史学家所看见底，某山中底历史底遗迹，亦本来都在那里。因见这些遗迹，而此历史家觉有"数千年往事，涌上心头"。这些往事，亦本来都在那里。这些都与所谓主观无涉，不过人有知与不知，见与不见耳。庄子说："岂惟形骸有聋盲哉，夫知亦有之。"就其知不知，见不见说，就其知见时所有底心理状态说，上所说诸意义的不同，固亦有主观的成分。但这一点底主观的成分，是任何知识所都必然有底。所以我们不能说，上文所说意义的不同，特别是主观底。由此，我们说，我们所谓境界，固亦有主观的成分，然亦并非完全是主观底。

各人有各人的境界，严格地说，没有两个人的境界，是完全相同底。每个人都是一个体，每个人的境界，都是一个个体底境界。没有两个个体，是完全相同底，所以亦没有两个人的境界，是完全相同底。但我们可以忽其小异，而取其大同。就大同方面看，人所可能有底境界，可以分为四种：自然境界，功利境界，道德境界，天地境界。此四种境界，以下各有专章详论，本章先略述其特征，以资比较。

自然境界的特征是：在此种境界中底人，其行为是顺才或顺习底。此所谓顺才，其意义即是普通所谓率性。我们于上章说，我们称逻辑上底性为性，称生物学上底性为才。普通所谓率性之性，正是说，人的生物学上底性。所以我们不说率性，而说顺才。所谓顺习之习，可以是一个人的个人习惯，亦可以是一社会的习俗。在此境界中底人，顺才而行，"行乎其所不得不行，止乎其所不得不止"；亦或顺习而行，"照例行事"。无论其是顺才而行或顺习而行，他对于其所行底事的性质，并没有清楚底了解。此即是说，他所行底事，对于他没有清楚底意义。就此方面说，他的境界，似乎是一个浑沌。但他亦非对于任何事都无了解，亦非任何事对于他都没有清楚底意义。所以他的境界，亦只似乎是一个浑沌。例如古诗写古代人民的生活云："凿井而饮，耕田而食，不识不知，顺帝之则。""日出而作，日入而息，不识天工，安知帝力？"此数句诗，很能写出在自然境界中底人的心理状态。"帝之则"可以是天然界的法则，亦可以是社会中人的各种行为的法则。这些法则，这些人都遵奉之，但其遵奉都是顺才或顺习底。他不但不了解此诸法则，且亦不觉有此诸法则。因其不觉解，所以说是不识不知。但他并非对于任何事皆无觉解。他凿井耕田，他了解凿井耕田是怎样一回事。于凿井耕田时，他亦自觉他是在凿井耕田。这就是他所以是人而高于别底动物之处。

严格地说，在此种境界中底人，不可以说是不识不知，只可以说是不著不察。孟子说："行之而不著焉，习矣而不察焉，终身由之，而不知其道者众也。"朱子说："著者知之明，察者识之精。"不著不察，正是所谓没有清楚底了解。

有此种境界底人，并不限于在所谓原始社会中底人。即在现在最工业化底社会中，有此种境界底人，亦是很多底。他固然不是"日出而作，日入而息"，"凿井而饮，耕田而食"，但他却亦是"不识不知，顺帝之则"。有此种境界底人，亦不限于只能做价值甚低底事底人。在学问艺术方面，能创作底人，在道德事功方面，能做"惊天地，泣鬼神"底事底人，往往亦是"行乎其所不得不行，止乎其所不得不止"，"莫知其然而然"。此等人的境界，亦是自然境界。

功利境界的特征是：在此种境界中底人，其行为是"为利"底。所谓"为利"，是为他自己的利。凡动物的行为，都是为他自己的利底。不过大多数底动物的行为，虽是为他自己的利底，但都是出于本能的冲动，不是出于心灵的计划。在自然境界中底人，虽亦有为自己的利底行为，但他对于"自己"及

"利",并无清楚底觉解,他不自觉他有如此底行为,亦不了解他何以有如此底行为。在功利境界中底人,对于"自己"及"利",有清楚底觉解。他了解他的行为,是怎样一回事。他自觉他有如此底行为。他的行为,或是求增加他自己的财产,或是求发展他自己的事业,或是求增进他自己的荣誉。他于有此种种行为时,他了解这种行为是怎样一回事,并且自觉他是有此种行为。

在此种境界中底人,其行为虽可有万不同,但其最后底目的,总是为他自己的利。他不一定是如杨朱者流,只消极地为我,他可以积极奋斗,他甚至可牺牲他自己,但其最后底目的,还是为他自己的利。他的行为,事实上亦可是与他人有利,且可有大利底。如秦皇汉武所做底事业,有许多可以说是功在天下,利在万世。但他们所以做这些事业,是为他们自己的利底。所以他们虽都是盖世英雄,但其境界是功利境界。

道德境界的特征是:在此种境界中底人,其行为是"行义"底。义与利是相反亦是相成底。求自己的利底行为,是为利底行为;求社会的利底行为,是行义底行为。在此种境界中底人,对于人之性已有觉解。他了解人之性是涵蕴有社会底。社会的制度及其间道德底政治底规律,就一方面看,大概都是对于个人加以制裁底。在功利境界中底人,大都以为社会与个人,是对立底。对于个人,社会是所谓"必要底恶"。人明知其是压迫个人底,但为保持其自己的生存,又不能不需要之。在道德境界中底人,知人必于所谓"全"中,始能依其性发展。社会与个人,并不是对立底。离开社会而独立存在底个人,是有些哲学家的虚构悬想。人不但须在社会中,始能存在,并且须在社会中,始得完全。社会是一个全,个人是全的一部分。部分离开了全,即不成其为部分。社会的制度及其间底道德底政治底规律,并不是压迫个人底。这些都是人之所以为人之理中应有之义。人必在社会的制度及政治底道德底规律中,始能使其所得于人之所以为人者,得到发展。

在功利境界中,人的行为,都是以"占有"为目的。在道德境界中,人的行为,都是以"贡献"为目的。用旧日的话说,在功利境界中,人的行为的目的是"取";在道德境界中,人的行为的目的是"与"。在功利境界中,人即于"与"时,其目的亦是在"取";在道德境界中,人即于"取"时,其目的亦是在"与"。

天地境界的特征是:在此种境界中底人,其行为是"事天"底。在此种境界中底人,了解于社会的全之外,还有宇宙的全,人必于知有宇宙的全时,始能使其所得于人之所以为人者尽量发展,始能尽性。在此种境界中底人,有完全底高一层底觉解。此即是说,他已完全知性,因其已知天。他已知天,所以他知人不但是社会的全的一部分,而并且是宇宙的全的一部分。不但对于社会,人应有贡献;即对于宇宙,人亦应有贡献。人不但应在社会中,堂堂地做一个人;亦应于宇宙间,堂堂地做一个人。人的行为,不仅与社会有干系,而且与宇宙有干系。他觉解人虽只有七尺之躯,但可以"与天地参";虽上寿不过百年,而可以"与天地比寿,与日月齐光"。

用庄子等道家的话,此所谓道德境界,应称为仁义境界;此所谓天地境界,应称为道德境界。道家鄙视仁义,其所谓仁义,并不是专指仁及义,而是指我们现在所谓道德。在后来中国言语中,仁义二字联用,其意义亦是如此。如说某人不仁不义,某人大仁大义,实即是说,某人的品格或行事,是不道德底;某人的品格或行事,是道德底。道家鄙视仁义,因其自高一层底境界看,专以仁义自限,所谓"蹩躠为仁,踶跂为义"者,其仁义本来不及道家所谓道德。所以老子说:"失道而后德,失德而后仁,失仁而后义。"但有道家所谓道德底人,亦并不是不仁不义,不过不专以仁义自限而已。不以仁自限底人所有底仁,即道家所谓大仁。

我们所谓天地境界,用道家的话,应称为道德境界。《庄子·山木》篇说:"乘道德而浮游","浮游乎万物之祖,物物而不物于物",此是"道德之乡"。此所谓道德之乡,正是我们所谓天地境界。不过道德二字联用,其现在底意义,已与道家所谓道德不同。为避免混乱,所以我们用道德一词的现在底意义,以称我们所谓道德境界。

境界有高低。此所谓高低的分别，是以到某种境界所需要底人的觉解的多少为标准。其需要觉解多者，其境界高；其需要觉解少者，其境界低。自然境界，需要最少底觉解，所以自然境界是最低底境界。功利境界，高于自然境界，而低于道德境界。道德境界，高于功利境界，而低于天地境界。天地境界，需要最多底觉解，所以天地境界，是最高底境界。至此种境界，人的觉解已发展至最高底程度。至此种程度人已尽其性。在此种境界中底人，谓之圣人。圣人是最完全底人，所以邵康节说："圣人，人之至者也。"

在自然境界及功利境界中底人，对于人之所以为人者，并无觉解。此即是说，他们不知性，无高一层底觉解。所以这两种境界，是在梦觉关的梦的一边底境界。在道德境界及天地境界中底人，知性知天，有高一层底觉解，所以这两种境界，是在梦觉关的觉的一边底境界。因境界有高低，所以不同底境界，在宇宙间有不同底地位。有不同境界底人，在宇宙间亦有不同底地位。道学家所说地位，如圣人地位，贤人地位等，都是指此种地位说。在天地境界中底人，其地位是圣人地位；在道德境界中底人，其地位是贤人地位。孟子说：有天爵，有人爵。人在政治上或社会上底地位是人爵。因其所有底境界，而在宇宙间所有底地位是天爵。孟子说："君子所性，虽大行弗加焉，虽穷居弗损焉，分定故也。"此是说：天爵不受人爵的影响。

一个人，因其所处底境界不同，其举止态度，表现于外者，亦不同。此不同底表现，即道学家所谓气象，如说圣人气象，贤人气象等。一个人其所处底境界不同，其心理底状态亦不同。此不同底心理状态，即普通所谓怀抱，胸襟或胸怀。

人所实际享受底一部分底世界有小大。其境界高者，其所实际享受底一部分底世界大；其境界低者，其所实际享受底一部分底世界小。公共世界，无限地大，其间底事物，亦是无量无边地多。但一个人所能实际享受底，是他所能感觉或了解底一部分底世界。就感觉方面说，人所能享受底一部分底世界，虽有大小不同，但其差别是很有限底。一个人周游环球，一个人不出乡曲。一个人饱经世变，一个人平居无事。他们的见闻有多寡的不同，但其差别是很有限底。此譬如一个"食前方丈"底人，与一个仅足一饱底人，所吃固有多寡的不同，但其差别，亦是很有限底。但就觉解方面说，各人所能享受底世界，其大小的不同，可以是很大底。有些人所能享受底一部分底世界，就是他所能感觉底一部分底世界。这些人所能享受底一部分底世界，可以说是很小底。因为一个人所能感觉底一部分底世界，无论如何，总是很有限底。有些人所能享受底，可以不限于实际底世界。这并不是说，一个人可将世界上所有底美味一口吃完，或将世界上所有底美景一眼看尽。而是说，他的觉解，可以使他超过实际底世界。他的觉解使他超过实际底世界，则他所能享受底，即不限于实际底世界。庄子所说："乘云气，御飞龙，而游乎四海之外。""乘天地之正，御六气之辩，以游无穷。"似乎都是用一种诗底言语，以形容在天地境界中底人所能有底享受。

或可问：上文说，在高底境界中底人，其所享受底一部分底世界大。在低底境界中底人，其所享受底一部分底世界小。这种说法，对于在自然境界中底人及在天地境界中底人，是不错底。在自然境界中底人，只能享受其所感觉底事物；在天地境界中底人所能享受底，则不限于实际底世界。他们所能享受底境界，一个是极小，一个是极大。但道德境界，虽高于功利境界，而在功利境界中底人所能享受底一部分底世界，是否必小于在道德境界中底人所能享受底，似乎是一问题。例如一个天文学家，对于宇宙，有很大底知识。但其研究天文，完全是由于求他自己的名利。如此，则他的境界，仍只是功利境界。虽只是功利境界，但他对于宇宙底知识，比普通行道德底事底人的知识，是大得多了。由此方面看，岂不亦可说，在功利境界中底人所能享受底世界，比道德境界中底人所能享受者大？

于此我们说，普通行道德底事底人，其境界不一定即是道德境界。他行道德底事，可以是由于天资或习惯。如其是如此，则其境界即是自然境界。他行道德底事，亦可以是由于希望得到名利恭敬。如其是如此，则他的境界，即是功利境界。必须对于道德真有了解底人，根据其了解以行道德，其境界方是道德境界。这种了解，必须是尽心知性底人，始能有底。我们不可因为三家村的愚夫愚妇，亦能行道德底事，遂以为道德境界，是不需要很大底觉解，即可以得到底。愚夫愚妇，虽可以行道德底事，但其境界，则不必是道德境界。

天文学家及物理学家虽亦常说宇宙，但其所谓宇宙，是物质底宇宙，并不是哲学中所谓宇宙。物质底宇宙，虽亦是非常地大，但仍不过是哲学中所谓宇宙的微乎其微底一部分。物质底宇宙，并不是宇宙的大全。所以对于物质底宇宙有了解者，不必即知宇宙的大全，不必即知天。在道德境界中底人，已尽心知性，对于人之所以为人，而异于别底动物者，已有充分底了解。知性，则其所知者，即已不限于实际底世界。所以其所享受底一部分底世界，大于在功利境界中底人所享受底。

境界有久暂。此即是说，一个人的境界，可有变化。上章说，人有道心，亦有人心人欲。"人心惟危，道心惟微。"一个人的觉解，虽有时已到某种程度，因此，他亦可有某种境界。但因人欲的牵扯，他虽有时有此种境界，而不能常住于此种境界。一个人的觉解，使其到某种境界时，本来还需要另一种工夫，以维持此种境界，以使其常住于此种境界。

伊川说："涵养须用敬，进学在致知。"致知即增进其觉解，用敬即用一种工夫，以维持此增进底觉解所使人得到底境界。关于此点，我们于以下另有专章说明。今只说，平常人大多没有此种工夫，故往往有时有一种较高底境界，而有时又无此种境界。所以一个人的境界，常有变化。其境界常不变者，只有圣贤与下愚。圣贤对于宇宙人生有很多底觉解，又用一种工夫，使因此而得底境界，常得维持。所以其境界不变。下愚对于宇宙人生，永只有很少底觉解。所以其境界亦不变。孔子说："回也三月不违仁，其余日月至焉而已。"此即是说，至少在三个月之内，颜回的境界，是不变底。其余人的境界，则是常变底。

上所说底四种境界，就其高低的层次看，可以说是表示一种发展，一种海格尔所谓辩证底发展。就觉解的多少说，自然境界，需要觉解最少。在此种境界中底人，不著不察，亦可说是不识不知，其境界似乎是一个浑沌。功利境界需要较多底觉解。道德境界，需要更多底觉解。天地境界，需要最多底觉解。然天地境界，又有似乎浑沌。因为在天地境界中底人，最后自同于大全。我们于上文尝说大全。但严格地说，大全是不可说底，亦是不可思议，不可了解底（详见第七章）。所以自同于大全者，其觉解是如佛家所谓"无分别智"。因其"无分别"，所以其境界又似乎是浑沌。不过此种浑沌，并不是不及了解，而是超过了解。超过了解，不是不了解，而是大了解。我们可以套老子的一句话说："大了解若不了解。"

再就有我无我说，在自然境界中，人不知有我。他行道德底事，固是由于习惯或冲动。即其为我底行为，亦是出于习惯或冲动。在功利境界中，人有我。在此种境界中，人的一切行为，皆是为我。他为他自己争权夺利，固是为我，即行道德底事，亦是为我。他行道德底事，不是以其为道德而行之，而是以其为求名求利的工具而行之。在道德境界中，人无我，其行道德，固是因其为道德而行之，即似乎是争权夺利底事，他亦是为道德底目的而行之。在天地境界中，人亦无我。不过此无我应称之为大无我。《论语》谓："子绝四，毋意，毋必，毋固，毋我。"横渠云："四者有一焉，则与天地不相似。"象山说："虽欲自异于天地，不得也。此乃某平日得力。""与天地相似"，不得"自异于天地"，可以作大无我的注脚。道学家常用"人欲尽处，天理流行"八字，以说此境界。人欲即人心之有私的成分者，有为我的成分者。

有私是所谓"有我"的一义。上所说无"我"，是就此义说。所谓"有我"的另一义是"有主宰"。"我"是一个行动的主宰，亦是实现价值底行动的主宰。尽心尽性，皆须"我"为。"宇宙内事，乃己分内事。"由此方面看，则在道德境界及天地境界中底人，不惟不是"无我"，而且是真正地"有我"。在自然境界中，人不知有"我"。在功利境界中，人知有"我"。知有"我"可以说是"我之自觉"。"我之自觉"并不是一件很容易底事。有许多小孩子，别人称他为娃娃，亦自称为娃娃。他知道说娃娃，但不知道于说娃娃时，他应当说"我"。在功利境界中，人有"我之自觉"，其行为是比较有主宰底。

但其作主宰底"我",未必是依照人之性者。所以其作主宰底"我",未必是"真我"。在道德境界中底人知性,知性则"见真吾"。"见真吾"则可以发展"真我"。在天地境界中底人知天,知天则知"真我"在宇宙间底地位,则可以充分发展"真我"。上文所说,人在道德境界及天地境界中所无之我,并不是人的"真我"。人的"真我",必在道德境界中乃能发展,必在天地境界中,乃能完全发展。上文说,上所说底四种境界,就其高低的层次看,可以说是表示一种发展。此种发展,即是"我"的发展。"我"自天地间之一物,发展至"与天地参"。

所以在道德境界中及天地境界中底人,才可以说是真正地有我。不过这种"有我",正是上所说底"无我"的成就。人必先"无我"而后可"有我",必先无"假我",而后可有"真我"。我们可以说,在道德境界中底人,"无我"而"有我"。在天地境界中底人,"大无我"而"有大我"。我们可以套老子的一句话说:"夫惟无我耶,故能成其我。"

在上所说的发展中,自然境界及功利境界是海格尔所谓自然的产物。道德境界及天地境界是海格尔所谓精神的创造。自然的产物是人不必努力,而即可以得到底。精神的创造,则必待人之努力,而后可以有之。就一般人说,人于其是婴儿时,其境界是自然境界。及至成人时,其境界是功利境界。这两种境界,是人所不必努力,而自然得到底。此后若不有一种努力,则他终身即在功利境界中。若有一种努力,"反身而诚",则可进至道德境界及天地境界。

此四种境界中,以功利境界与自然境界中间底分别,及其与道德境界中间底分别,最易看出。道德境界与天地境界中间底分别,及自然境界与道德境界及天地境界中间底分别,则不甚容易看出。因为不知有我,有时似乎是无我或大无我。无我有时亦似乎是大无我。自然境界与天地境界,又都似乎是浑沌。道德境界与天地境界中间底分别,道家看得很清楚。但天地境界与自然境界中间底分别,他们往往看不清楚。自然境界与道德境界中间底分别,儒家看得比较清楚。但道德境界与天地境界中间底分别,他们往往看不清楚。

但此各种境界,确是有底,其间底分别,我们若看清楚以后,亦是很显然底。例如《庄子·逍遥游》说："若夫乘天地之正，御六气之变，以游无穷者，彼且恶乎待哉？故曰：至人无己，神人无功，圣人无名。"此无己是大无我，到此种地位底人，其境界是天地境界。《庄子·应帝王》说："泰氏其卧徐徐，其觉于于。一以己为马，一以己为牛。""于于"，司马彪说是"无所知貌"。此种人亦可说是无己底，但其无己是不知有己。在此种境界中底人，其境界是自然境界。此两种境界是绝不相同底。但其不同，道家似未充分注意及之。又例如张横渠铭其室之两牖，东曰砭愚，西曰订顽，即所谓东铭西铭也。此二铭，在横渠心目中，或似有同等底地位，然西铭所说，是在天地境界中底人的话。此于本书第七章所论可见。东铭说戏言戏动之无益，其所说至高亦不过是在道德境界中底人的话。又如杨椒山就义时所做二诗，其一曰："浩气返太虚，丹心照千古。平生未了事，留与后人补。"其二曰："天王自圣明，制作高千古，平生未报恩，留作忠魂补。"此二诗，在椒山心目中，或亦似有同等地位。但第一首乃就人与宇宙底关系立言，其所说乃在天地境界中底人的话。第二首乃就君臣的关系立言，其所说乃在道德境界中底人的话。又如张巡颜杲卿死于王事，其行为本是道德行为，其人所有底境界，大概亦是道德境界。但如文天祥《正气歌》所说："为张睢阳齿，为颜常山舌"，则此等行为的意义又不同。此等行为，本是道德行为，但《正气歌》以之与"天地有正气"连接起来，则是从天地境界的观点，以看这些道德行为。如此看，则这些行为，又不止是道德行为了。这些分别，以前儒家的人，似未看清楚。

或可问：凡物皆本在宇宙中，皆本是宇宙的一部分。本来如是。凡物皆"虽欲自异于天地不得也"，何以象山独于此"得力"？何以只有圣人的境界，才是天地境界？

于此我们说：人不仅本在宇宙之内，本是宇宙的一部分，人亦本在社会之内，本是社会的一部分，皆本来如是，不过人未必觉解之耳。觉解之则可有如上说底道德境界天地境界。不觉解之则虽有此种事实而无此种境界。孟子说："终身由之而不知其道者众也。"（《尽心上》）此道是人人所皆多少遵行者，虽多少遵行之，而不觉解之，则为众人；觉解之而又能完全遵行之，则为圣人。所以圣人并非能于一般人所行底道之外，另有所谓道。若舍此另求，正可以说是"骑驴觅驴"。

所以虽在天地境界中底人，其所做底事，亦是一般人日常所做底事。伊川说："后人便将性命别作一般事说了。性命孝悌，只是一统底事。就孝悌中，便可尽性至命。至于洒扫应对，与尽性至命，亦是一统底事。无有本末，无有精粗。""然今时非无孝悌之人，而不能尽性至命者，由之而不知也。"（《遗书》卷十八）由之而不知，则一切皆在无明中，所以为凡；知之则一切皆在明中，所以可为圣。圣人有最高底觉解，而其所行之事，则即是日常底事。此所谓"极高明而道中庸"。

所以上文所说底各种境界，并不是于日常行事外，独立存在者。在不同境界中底人，可以做相同底事，虽做相同底事，但相同底事，对于他们底意义，则可以大不相同。此诸不相同底意义，即构成他们的不相同底境界。所以上文说境界，都是就行为说。在行为中，人所做底事，可以就是日常底事。离开日常底事，而做另一种与众不同底事，如参禅打坐等，欲另求一种境界，以为玩弄者，则必分所谓"内外""动静"。他们以日常底事为外，以一种境界为内，以做日常底事为动，以玩弄一种境界为静。他们不能超过此种分别，遂重内而轻外，贵静而贱动，他们的生活，因此即有一种矛盾。此点我们于下文第五章第七章中另有详论。

或问：所谓日常底事，各人所做，可不相同，例如一军人的日常底事是上操或打仗，一个学生的日常底事是上课或读书。上文所说日常底事，果指何种事？

于此我们说：所谓日常底事，就是各色各样底日常底事。一个人是社会上底某种人，即做某种人日常所做底事。用战时常用底话说，各人都站在他自己的"岗位"上，做其所应做底事。任何"岗位"上底事，对于觉解不同底人，都有不同底意义。因此，任何日常底事，都与"尽性至命"是"一统底事"。做任何日常底事，都可以"尽性至命"。

或又问：人专做日常底事，岂非不能有新奇底事，有创作，有发现？

于此我们说，所谓做日常底事者，是说，人各站在他自己的"岗位"上做其所应做底事。并不是说，他于做此等事时，只应牢守成规，不可有新奇底创作。无论他的境界是何种境界，他都应该在自己的"岗位"上，竭其智能，以做他应做底事。既竭其智能，则如果他们的智能，能使他有新奇底创作，又如果他的境界是天地境界，则他的新奇创作，亦与"尽性至命"是"一统底事"。

这一点我们特别提出，因为宋明道学家说到"人伦日用"，似乎真是说，只是一般人所同样做底事，如"事父事君"等。至于其余不是一般人所同样做的事，如艺术创作等，他们以为均是"玩物丧志"，似乎不能是与"尽性至命""一统底事"。这亦是道学家所见的不彻底处。洒扫应对，可以尽性至命，做诗写字，何不可以尽性至命？照我们上文所说，人于有高一层底觉解时，真是"举足修途，都趋宝渚；弹指合掌，咸成佛因"。无觉解则空谈尽性至命，亦是玩物丧志；有觉解则做诗写字，亦可尽性至命。

宋明人的语录中，有许多讨论，亦是不必要底。例如他们讨论人于用居敬存诚等工夫外，名物制度，是不是亦要讲求。这一类底问题，是不成问题底。如果一个人研究历史，当然他须研究名物制度。如果一个人研究工程，当然他须研究"修桥补路"的方法。他们如要居敬存诚，应该就在这些研究工作中，居敬存诚。道学家的末流，似乎以为如要居敬存诚，即不能做这些事。他们又蹈佛家之弊，所以有颜李一派的反动。

我们于《新理学》中说，凡物的存在，都是一动。动息其物即归无有。人必须行动。人的境界，即在人的行动中。这是本来如此底。上文说："极高明而道中庸。"中庸并不是平凡庸俗。对于本来如此底有充分底了解，是"极高明"；不求离开本来如此底而"索隐行怪"，即是"道中庸"。

（选自《新原人》，见《冯友兰全集》第四卷，河南人民出版社，2000年）

什么叫做美

朱光潜

朱光潜（1897—1986）：美学家。曾任北京大学哲学系教授、北京大学文学院代理院长、中华全国美学会会长。著作主要有《悲剧心理学》、《文艺心理学》、《诗论》、《西方美学史》等，编有《朱光潜全集》。

一

艺术的美丑既不是自然的美丑，它们究竟是什么呢？

有人问圣·奥古斯丁："时间究竟是什么？"他回答说："你不问我，我本来很清楚地知道它是什么；你问我，我倒觉得茫然了。"世间许多习见周知的东西都是如此，最显著的就是"美"。我们天天都应用这个字，本来不觉得它有什么难解，但是哲学家们和艺术家们摸索了两三千年，到现在还没有寻到一个定论。听他们的争辩，我们不免越弄越糊涂。我们现在研究这个似乎易懂的字何以实在那么难懂。

我们说花红、胭脂红、人面红、血红、火红、衣服红、珊瑚红等等，红是这些东西所共有的性质。这个共同性可以用光学分析出来，说它是光波的一定长度和速度刺激视官所生的色觉。同样地，我们说花美、人美、风景美、声音美、颜色美、图画美、文章美等等，美也应该是所形容的东西所共有的属性。这个共同性究竟是什么呢？美学却没有像光学分析红色那样，把它很清楚地分析出来。

美学何以没有做到光学所做到的呢？美和红有一个重要的分别。红可以说是物的属性，而美很难说完全是物的属性。比如一朵花本来是红的，除开色盲，人人都觉得它是红的。至如说这朵花美，各人的意见就难得一致。尤其是比较新比较难的艺术作品不容易得一致的赞美。假如你说它美，我说它不美，你用什么精确的客观的标准可以说服我呢？美与红不同，红是一种客观的事实，或者说，一种自然的现象，美却不是自然的，多少是人凭着主观所定的价值。"主观"是最纷歧、最渺茫的标准，所以向来对于美的审别，和对于美的本质的讨论，都非常纷歧。如果人们对于美的见解完全是纷歧的，美的审别完全是主观的，个别的，我们也就不把美的性质当作一个科学上的问题。因为科学目的在于杂多现象中寻求普遍原理，普遍原理都有几分客观性，美既然完全是主观的，没有普遍原理可以统辖它，它自然不能成为科学研究的对象了。但是事实又并不如此。关于美感，纷歧之中又有几分一致，一个东西如果是美的，虽然不能使一切人都觉得美，却能使多数人觉得美。所以美的审别究竟还有几分客观性。

研究任何问题，都须先明白它的难点所在，忽略难点或是回避难点，总难得到中肯的答案。美的问题难点就在它一方面是主观的价值，一方面也有几分是客观的事实。历来讨论这个问题的学者大半只顾到某一方面而忽略另一方面，所以寻来寻去，终于寻不出美的真面目。

大多数人以为美纯粹是物的一种属性，正犹如红是物的另一种属性。换句话说，美是物所固有的，犹如红是物所固有的，无论有人观赏或没有人观赏，它永远存在那里。凡美都是自然美。从这个观点研究美学者往往从物的本身寻求产生美感的条件。比如就简单的线形说，柏拉图以为最美的线形是圆和直线，画家霍加斯（Hogarth）以为它是波动的曲线，据德国美学家斐西洛（Fechner）的实验，它是一般画家所说的"黄金分割"（golden section），即宽与长成一与一·六一八之比的长方形。希腊哲学家毕达哥拉斯（Pythagoras）以为美的线形和一切其他美的形象都必显得"对称"(symmetry),至于对称则起于数学的关系,所以美是一种数学的特质。近代数学家莱布尼兹(Leibniz)也是这样想,比如我们在听音乐时都在潜意识中比较音调的数量的关系,和谐与不和谐的分别即起于数量的配合匀称与不匀称,画家达·芬奇(Leonardo da Vinci)以为最美的人颜面与身材的长度应成一与十之比。每种艺术都有无数的传统的秘诀和信条,我们只略翻阅讨论各种艺术技巧的书籍,就可以看出在物的本身寻求美的条件的实例多至不胜枚举。这些条件也有为某种艺术所特有的,如上述线形美诸例;也有为一切艺术所共有的,如"寓整齐于变化"(unity in variety)、"全体一贯"(organic unity)、"入情入理"(verisimilitude)诸原则。一般人都以为一件事物如果使人觉得美时,它本身一定具有上述种种美的条件。

美的条件未尝与美无关,但是它本身不就是美,犹如空气含水分是雨的条件,但空气中的水分却不就是雨。其次,就上述线形美实验看,美的条件也言人人殊;就论各种艺术技巧的书籍看,美的条件是数不清的。把美的本质问题改为美的条件问题,不但是离开本题,而且愈难从纷乱的议论中寻出一个合理的结论。具有美的条件的事物仍然不能使一切人都觉得美。知道了什么是美的条件,创作家不就因而能使他的作品美,欣赏家也不就因而能领略一切作品的美。从此可知美不能完全当作一种客观的事实,主观的价值也是美的一个重要的成因。这就是说,艺术美不就是自然美,研究美不能像研究红色一样,专门在物本身着眼,同时还要着重观赏者在所观赏物中所见到的价值。我们只问"物本身如何才是美"还不够,另外还要问"物如何才能使人觉到美"或是"人在何种情形之下才估定一件事物为美"?

二

以上所说的在物本身寻求美的条件,是把艺术美和自然美混为一事,把美看成一种纯粹的客观的事实。此外有些哲学家专从价值着眼。所谓"价值"都是由于物对于人的关系所发生出来的。比如说"善"（good）是人从伦理学、经济学种种实用观点所定的价值，"真"（truth）是人从科学和哲学观点所定的价值。"美"本来是人从艺术观点所定的价值，但是美学家们往往因为不能寻出美的特殊价值所在，便把它和"善"或"真"混为一事。

"善"的最浅近的意义是"用"（useful）。凡是善，不是对于事物自身有实用，就是对于人生社会有实用。就广义说，美的嗜好是一种自然需要的满足，也还算是有用，也还是一种善。不过就狭义说，美并非实用生活所必需，与从实用观点所见到的"善"是两种不同的价值。许多人却把美看作一种从实用观点所见到的善。我们在第二章里所说的海边农夫以为门前海景不如屋后一园菜美，是以有用为美的最好的实例。在色诺芬（Xenophon）的《席上谈》里有一段关于苏格拉底的趣事。有一次希腊举行美男子竞赛，当大家设筵庆贺胜利者时，苏格拉底站起来说最美的男子应该是他自己，因为他的眼睛像金鱼一样突出，最便于视；他的鼻孔阔大朝天，最便于嗅；他的嘴宽大，最便于饮食和接吻。这段故事对于美学有两重意义：第一，它显示一般人心中所以为美的大半是指有用的；第二，它也证明以实用标准定事物的美丑，实在不是一种精确的办法，苏格拉底所自夸的突眼、朝天鼻孔和大嘴虽然有用，仍然不能使他在美男子竞赛中得头等奖。

我们在讨论文艺与道德时（参看第七章），也提到许多人想把"美的"和"道德的"混为一事，我们的结论是这两种属性虽有时相关而却不容相混。现在我们无须复述旧话，只作一句总结说："美"和"有用的"、"道德的"各种"善"都有分别。

有一派哲学家把"美"和"真"混为一事。艺术作品本来脱离不去"真"，所谓"全体一贯"、"入情入理"诸原则都是"真"的别名。但是艺术的真理或"诗的真理"（poetic truth）和科学的真理究竟是两回事。比如但丁的《神曲》或曹雪芹的《红楼梦》所表现的世界都全是想象的，虚构的，从科学观点看，都是不真实的。但是在这虚构的世界中，一切人物情境仍是入情入理，使人看到不觉其为虚构，这就是"诗的真理"。凡是艺术作品大半是虚构（fiction），但同时也都是名学家所说的假然判断（hypothetical judgement）。例如"泰山为人"本不真实，但是"若泰山为人，则泰山有死"则有真实。艺术的虚构大半也是如此，都可以归纳成"若甲为乙，则甲为丙"的形式，我们不应该从科学观点讨论甲是否实为乙，只应问在"甲为乙"的假定之下，甲是否有为丙的可能。柏拉图和亚理斯多德的争执即起于此种分别。柏拉图见到"甲为乙"是虚构，便说诗无真理；亚理斯多德见到"若甲为乙，则甲为丙"在名学上仍可成立，所以主张诗自有"诗的真理"。我们承认一切艺术都有"诗的真理"，因为假然判断仍有必然性与普遍性；但是否认"诗的真理"就是科学的真理，因为假然判断的根据是虚构的。

我们所说的不分美与真的哲学家们所指的"真"，并非"诗的真理"而是科学或哲学的真理。多数唯心派哲学家都犯了这个毛病，尤其是黑格尔。据他说，"概念（idea）从感官所接触的事物中照耀出来，于是有美"，换句话说，美就是个别事物所现出的"永恒的理性"。美的特质为"无限"（infinitude）和"自由"（freedom）。自然是有限的，受必然律支配的，所以在美的等差中位置最低。同是自然事物所表现的"无限"和"自由"也有程度的差别，无生物不如生物，生物之中植物不如动物，而一般动物又不如人，美也随这个等差逐渐增高。最无限、最自由的莫如心灵，所以最高的美都是心灵的表现。模仿自然，决不能产生最高的美，只有艺术里面有最高的美，因为艺术纯是心灵的表现。艺术与自然相反，它的目的就在超脱自然的限制而表现心灵的自由。它的位置高低就看它是否完全达到这个目的。诗纯是心灵的表现，受自然的限制最少，所以在艺术中位置最高；建筑受自然的限制最多，所以位置最低。

英国学者司特斯（Stace）在他的《美的意义》里附和黑格尔的学说而加以发挥。在他看，美也是概念的具体化。概念有三种。一种是"先经验的"（a priori concepts），即康德所说的"范畴"，如时间、空间、因果、偏全、肯否等等，为一切知觉的基础，有它们才能有经验。一种是"后经验的知觉的概念"

(empirical perceptual concepts)，如人、马、黑、长等等。想到这种概念时，心里都要同时想到它们所代表的事物，所以不能脱离知觉。它们是知觉个别事物的基础，例如知觉马必用"马"的概念。另一种是"后经验的非知觉的概念"(empirical nonperceptual concepts)，例如"自由"、"进化"、"文明"、"秩序"、"仁爱"、"和平"等等。我们想到这些概念时，心中不必同时想到它们所代表的事物，所以是"非知觉的"，游离不着实际的。这种"后经验的非知觉的概念"表现于可知觉的个别事物时，于是有美。无论是自然或是艺术，在可以拿"美"字来形容时，后面都写有一种理想。不过这种理想须与它的符号（即个别事物）融化成天衣无缝，不像在寓言中符号和意义可以分立。

哲学家讨论问题，往往离开事实，架空立论，使人如堕五里雾中。我们常人虽无方法辩驳他们，心里却很知道自己的实际经验，并不像他们所说的那么一回事。美感经验是最直接的，不假思索的。看罗丹的《思想者》雕像，听贝多芬的交响曲，或是读莎士比亚的悲剧，谁先想到"自由"、"无限"种种概念和理想，然后才觉得它美呢？"概念"、"理想"之类抽象的名词都是哲学家们的玩艺儿，艺术家们并不在这些上面劳心焦思。

三

统观以上种种关于美的见解，可以粗略地分为两类。一类是信任常识者所坚持的，着重客观的事实，以为美全是物的一种属性，艺术美也还是一种自然美，物自身本来就有美，人不过是被动的鉴赏者。一类是唯心派哲学家所主张的，着重主观的价值，以为美是一种概念或理想，物表现这种概念或理想，才能算是美，像休谟在他的《论文集》第二十二篇中所说的："美并非事物本身的属性，它只存在观赏者的心里。"我们已经说过，这两说都很难成立。如果美全在物，则物之美者人人应觉其为美，艺术上的趣味不应有很大的分歧；如果美全在心，则美成为一种抽象的概念，它何必附丽于物，固是问题，而且在实际上，我们审美并不想到任何抽象的概念。

我们介绍唯心派哲学家对于美的见解时，没有谈到康德，康德是同时顾到美的客观性与主观性两方面的，他的学说可以用两条原则概括起来：

一、美感判断与名理判断不同，名理判断以普泛的概念为基础，美感判断以个人的目前感觉为基础，所以前者是客观的，后者是主观的。

二、一般主观的感觉完全是个别的，随人随时而异。美感判断虽然是主观的，同时却像名理判断有普遍性和必然性。这种普遍性和必然性纯赖感官，不借助于概念。物使我觉其美时，我的心理机能（如想象、知解等）和谐地活动，所以发生不沾实用的快感。一人觉得美的，大家都觉得美（即所谓美感判断的必然性和普遍性），因为人类心理机能大半相同。

康德超出一般美学家，因为他抓住问题的难点，知道美感是主观的，凭借感觉而不假概念的；同时却又不完全是主观的，仍有普遍性和必然性。依他看，美必须借心才能感觉到，但物亦必须具有适合心理机能一个条件，才能使心感觉到美。不过康德对于美感经验中的心与物的关系似仍不甚了解。据他的解释，一个形象适合心理机能，与一种颜色适合生理机能，并无分别；心对美的形象，和视官对美的颜色一样，只处于感受的地位。这种感受是直接的，所以康德走到极端的形式主义，以为只有音乐与无意义的图案画之类，纯以形式直接地打动感官的东西才能有"纯粹的美"，至于带有实用联想的自然物和模仿自然的艺术都只能具"有依赖的美"。因为它们不是纯粹由感官直接感受而要借助于概念的（参看第六章）。这种学说把诗、图画、雕刻、建筑一切含有意义或实用联想的艺术以及大部分自然都摈诸"纯粹的美"范围之外，显然不甚圆满。他所以走到极端的形式主义者，由于把美感经验中的心看作被动的感受者。

美不仅在物，亦不仅在心，它在心与物的关系上面；但这种关系并不如康德和一般人所想象的，在物为刺激，在心为感受；它是心借物的形象来表现情趣。世间并没有天生自在、俯拾即是的美，凡是美都要经过心灵的创造。我们在第一章已详细分析过，在美感经验中，我们须见到一个意象或形象，这种

"见"就是直觉或创造；所见到的意象须恰好传出一种特殊的情趣，这种"传"就是表现或象征；见出意象恰好表现情趣，就是审美或欣赏。创造是表现情趣于意象，可以说是情趣的意象化；欣赏是因意象而见情趣，可以说是意象的情趣化。美就是情趣意象化或意象情趣化时心中所觉到的"恰好"的快感。"美"是一个形容词，它所形容的对象不是生来就是名词的"心"或"物"，而是由动词变成名词的"表现"或"创造"，这番话较笼统，现在我们把它的涵义抽绎出来。

第一，我们这样地解释美的本质，不但可以打消美本在物及美全在心两个大误解，而且可以解决内容与形式的纠纷。从前学者有人主张美与内容有关，有人以为美全在形式，这问题闹得天昏地暗，到现在还是莫衷一是。"内容"、"形式"两词的意义根本就很混沌，如果它们在艺术上有任何精确的意义，内容应该是情趣，形式应该是意象：前者为"被表现者"，后者为"表现媒介"。"未表现的"情趣和"无所表现的"意象都不是艺术，都不能算是美，所以"美在内容抑在形式"根本不成为问题。美既不在内容，也不在形式，而在它们的关系——表现——上面。

其次，我们这种见解看重美是创造出来的，它是艺术的特质，自然中无所谓美（"自然美"一词另有意义，详见第九章）。在觉自然为美时，自然就已告成表现情趣的意象，就已经是艺术品。比如欣赏一棵古松，古松在成为欣赏对象时，决不是一堆无所表现的物质，它一定变成一种表现特殊情趣的意象或形象。这种形象并不是一件天生自在、一成不变的东西。如果它是这样，则无数欣赏者所见到的形象必定相同。但在实际上甲与乙同在欣赏古松，所见到的形象却甲是甲乙是乙，所以如果两个人同时把它画出，结果是两幅不同的图画。从此可知各人所欣赏到的古松的形象其实是各人所创造的艺术品。它有艺术品所常具的个性，因为它是各人临时临境的性格和情趣的表现。古松好比一部词典，各人在这部词典里选择一部分词出来，表现他所特有的情思，于是有诗，这诗就是各人所见的古松的形象。你和我都觉得这棵古松美，但是它何以美？

你和我所见到的却各不相同。一切自然风景都可以作如是观。陶潜在"悠然见南山"时，杜甫在见到"造化钟神秀，阴阳割昏晓"时，李白在觉得"相看两不厌，惟有敬亭山"时，辛弃疾在想到"我见青山多妩媚，青山见我应如是"时，都觉得山美，但是山在他们心中所引起的意象和所表现的情趣都是特殊的。阿米儿（Amiel）说："一片自然风景就是一种心境"，惟其如此，它也就是一件艺术品。

第三，离开传达问题（参看第十一章）而专言美感经验，我们的学说否认创造和欣赏有根本上的差异。创造之中都寓有欣赏，欣赏之中也都寓有创造。比如陶潜在写"采菊东篱下，悠然见南山"那首诗时，先在环境中领略到一种特殊情趣，心里所感的情趣与眼中所见的意象卒然相遇，默然相契。这种契合就是直觉、表现或创造。他觉得这种契合有趣，就是欣赏。惟其觉得有趣，所以他借文字为符号把它留下印痕来，传达给别人看。这首诗印在纸上时只是一些符号。我如果不认识这些符号，它对于我就不是诗，我就不能觉得它美。印在纸上的或是听到耳里的诗还是生糙的自然，我如果要觉得它美，一定要认识这些符号，从符号中见出意象和情趣，换句话说，我要回到陶潜当初写这首诗时的地位，把这首诗重新在心中"再造"出来，才能够说欣赏。陶潜由情趣而意象而符号，我由符号而意象而情趣，这种进行次第先后容有不同，但是情趣意象先后之分究竟不甚重要，因为它们在分立时艺术都还没有成就，艺术的成就在情趣意象契合融化为一整体时。无论是创造者或是欣赏者都必须见到情趣意象混化的整体（创造），同时也都必觉得它混化得恰好（欣赏）。

最后，我们的学说肯定美是艺术的特点。这是一般常识所赞助的结论，我们所以特别提出者，因为从托尔斯泰以后，有一派学者以为艺术与美毫无关系。托尔斯泰把艺术看成一种语言，是传达情感的媒介。这种见解与现代克罗齐、理查兹诸人的学说颇有不谋而合处。就"什么叫做艺术"这个问题的答案说，托尔斯泰实在具有特见。他的错误在没有懂得"什么叫做美"，他归纳许多十九世纪哲学家所下的美的定义说："美是一种特殊的快感。"他接受了这个错误的美的定义,看见它与"艺术是传达情感的媒介"这个定义不相容,便说艺术的目的不在美。近来美国学者杜卡斯(Ducasse)在他的《艺术哲学》里附和托尔斯泰,也陷于同样的错误。托尔斯泰和杜卡斯等人忘记情感是主观的,必客观化为意象,才可以传达出去。情趣和意象相契合混化,便是未传达以前的艺术,契合混化的恰当便是美。察觉到美寻常都伴着不沾实用的快感,但是这种快感是美的后效,并非美的本质。艺术的目的直接地在美,间接地在美所伴的快感。

四

如果"美"的性质不易明白,"丑"的定义更难下得精确。"美"字的相反字是"不美","不美"却不一定就是"丑"。许多事物不能引起我们的好恶,我们对于它们只是漠不关心,它们对于我们也只是不美不丑。所以在美学中,"丑"不完全是消极的,应该有一种积极的意义。它的积极的意义是什么呢?

一般人所说的丑大半不外指第九章所说的"自然丑"的两种意义。它或是使人生不快感,如无规律的线形和嘈杂的声音;或是事物的变态,如人的残缺和树的臃肿。我们已经见过,这两种意义的"丑"与"艺术丑"之"丑"应该有分别,因为这些自然丑都可以化为艺术美。

此外"丑"对于一般人也许还另有一个意义,就是难了解欣赏的美。一位英国老太婆看见埃及的金字塔,很失望地说:"我向来没有见过比它更丑拙的东西!"一般人的艺术趣味大半是传统的,因袭的,他们对于艺术作品的反应,通常都沿着习惯养成的抵抗力最小的途径走。如果有一种艺术作品和他们的传统观念和习惯反应格格不入,那对于他们就是丑的。凡是新兴的艺术风格在初出世时都不免使人觉得丑,假古典派对于"哥特式"(Gothic)艺术的厌恶,以及许多其他史例,都是明证。但是这种意义的"丑"起于观赏者的弱点,并非艺术本身的"丑"。

我们所要明白的就是艺术本身的"丑"究竟是怎么一回事。这个问题为许多近代美学家所争辩过。据克罗齐说：美是"成功的表现"（successful expression），丑是"不成功的表现"（unsuccessful expression）。这两句结论中第一句是我们所承认的，但是第二句关于"丑"的话却有一个大难点。把"丑"和"美"都摆在美学范围里并论时，就是承认"丑"和"美"同样是一种美感的价值。但是"不成功的表现"就不算是艺术，就是美感经验以外的东西，那么，"丑"（美感经验以外的价值）就不能和"美"（美感经验以内的价值）并列在同一个范围里面了。换句话说，是艺术就必定是美的，艺术范围之内不能有所谓"丑"。"艺术丑"这个名词就不能成立。如果我们全部接受克罗齐的美学，势必走到这种困境，因为克罗齐把美看成绝对的价值，不容有程度上的比较。

英国美学家鲍申葵在他的《美学三讲》里把这个困难说得最清楚：

> 情感表现于形象，于是有美。一件事物与美相冲突，或产生一种影响与美的影响恰相反者——这就是我们所谓的丑——它自身不是有表现性的形象，就是没有表现性的形象。如果它是没有表现性的形象，那么，就美感说，它就没有什么意义。如果它是有表现性的形象，那么，它就寓有一种情感，就落到美的范围以内了。

依鲍申葵说，丑的形象须同时似有表现性而实无表现性。它好像是表现一种情感，但是实在没有把它表现出来。它把想象引到一个方向去，同时又把想象的去路打断，好比闪烁很快的光，刚引起视觉活动，马上就强迫它停住，所以引起失望与不快感。有心要露出有表现性的样子，而实在空洞无所表现，于是有丑，所以丑只可以在虚伪的矫揉造作、貌似神非的艺术里发现。自然中不能有这种意义的丑，因为自然不能像人一样，有意地作表现的尝试。

依我们看，鲍申葵虽然明白"丑"的问题难点，他的答案却仍不甚圆满，因为他没有见到似有表现性而实无表现性的东西究竟还不是"表现"或艺术。既不是表现或艺术，它就要落到以讨论表现或艺术为职务的美学范围以外了。

这种困难根本是从价值问题来的。如果承认美的价值是绝对的，那么，一个形象或有表现性，或无表现性。有表现性就是美，否则就只是"不美"，"丑"字在美学中便无地位。如果承认美的价值是有比较的，则表现在"恰到好处"这个理想之下可以有种种程度上的等差。愈离"恰到好处"的标准点愈远就愈近于丑。依这一说，"丑"、"美"一样是美感范围以内的价值，它们的不同只是程度的而不是绝对的。我们相信这个解释是美丑问题难关的唯一出路。

（选自《文艺心理学》，见《朱光潜全集》第一卷，
安徽教育出版社，1987年）

近代唯心论简释

贺麟

心有二义：一，心理意义的心；二，逻辑意义的心。逻辑的心即理，所谓"心即理也"。心理的心是物，如心理经验中的感觉幻想梦呓思虑营为，以及喜怒哀乐爱恶欲之情皆是物，皆是可以用几何方法当作点线面积一样去研究的实物。普通人所谓"物"，在唯心论者看来，其色相皆是意识所渲染而成，其意义、条理与价值，皆出于认识的或评价的主体。此主体即心。一物之色相意义价值之所以有其客观性，即由于此认识的或评价的主体有其客观的必然的普遍的认识范畴或评价准则。若用中国旧话来说，即由于"人同此心，心同此理"。离心而言物，则此物实一无色相、无意义、无条理、无价值之黑漆一团，亦即无物。故唯心论一方面可以说是将一般人所谓物观念化，一方面，也可以说是将一般人所谓观念实物化。被物支配之心，心亦物也，能支配心之物，物亦心也。而心即理也的心，乃是"主乎身，一而不二，为主而不为客，命物而不命于物"（朱熹语）的主体。换言之，逻辑意义的心，乃一理想的超经验的精神原则，但为经验行为知识以及评价之主体。此心乃经验的统摄者、行为的主宰者、知识的组织者、价值的评判者。自然与人生之可以理解，之所以有意义、条理，与价值皆出于此心即理也之心。故唯心论又尝称为精神哲学，所谓精神哲学，即注重心与理一、心负荷真理、理自觉于心的哲学。

大凡最重要最根本的东西，在认识的程序上，每每最后方为人发现。自然律的发现，已经是人与自然接触很久以后的事。人格、心、理、精神的发现，也是人类生活进化很高的事。由物质文明发达，哲学家方进而追问征服自然，创造物质文明的精神基础——心；由科学知识发达，哲学家方进而追溯构成科学知识的基本条件——具有先天范畴的心。故唯心论是因科学发达、知识进步而去研究科学的前提知识的条件，因物质文明发达而去寻求创造物质文明、驾驭物质文明的心的自然产物。故物质文明与科学知识最发达的地方或时代，往往唯心论亦愈盛，当一个国家只知稗贩现成的科学知识，只知崇拜他人的物质文明，为之作被动的倾销场时，当然无暇顾及构成科学知识的基本条件，和创造并驾驭物质文明的精神基础，则此国家尚未达到精神的独立与自觉，而其哲学思想之尚不能达到唯心的阶段，自是必然而无足怪。譬如，原始人或原始民族，穴居野处，生活简单，用不着多少工具，故不感觉物的重要，更不感觉制驭物质的心的重要。而他们无思无虑受本能或自然环境支配而活动，亦不感觉具有理想和评价力量的心的重要。在此情形之下，唯心的思想绝不会发生。换言之，无创造物质文明、驾驭物质文明的需要，无精神上的困难须得征服的自然人，决不会感觉精神的重要，决不会发生唯心的思想。

严格讲来，心与物是不可分的整体。为方便计，分开来说，则灵明能思者为心，延扩有形者为物。据此界说，则心物永远平行而为实体之两面：心是主宰部分，物是工具部分。心为物之体，物为心之用，心为物的本质，物为心的表现。故所谓物者非他，即此心之用具，精神之表现也。姑无论自然之物，如植物、动物，甚至无机物等或文化之物，如宗教哲学艺术、科学道德政法等，举莫非精神之表现，此心之用具。不过自然之物乃精神之外在化，乃理智之顽冥化，其表现精神之程度较低，而文化之物乃精神自觉的活动之直接产物，其表现精神之程度较高罢了。故唯心论者，不能离开文化或文化科学而空谈抽象的心。若离开文化的陶养而单讲唯心，则唯心论无内容，若离开文化的创造、精神的生活而单讲唯心，则唯心论无生命。故唯心论者注重神游冥想乎价值的宝藏，文化的大流中以撷英咀华取精用宏而求精神的高洁与生活之切实受用，至于系统之完成,理论之发抒,社会政治教育之应用,其余事也。如是则一不落于戏论的诡辩,二不落于支离的分析,三不落于骛外的功利,四不落于蹈空的玄谈。

要免除"唯心论"一名词之易被误解,可称唯心论为"唯性论"。性(essence)为物之精华。凡物有性则存,无性则亡。故研究一物,贵探讨其性。哲学家对于事物的了解,即可以认识其性,而对于名词下界说,即所以表明其性。如"人是有理性动物"一命题中之理性,即人之本性也。理性是人之价值所自出,是人之所以为人的本则。凡人之一举一动无往而非理性的活动。人而无理性即失其所以为人。性为代表一物之所以然及其所当然的本质,性为支配一物之一切变化与发展的本则或范型。凡物无论怎样活动发展,终逃不出其性之范围。但性一方面是一物所已具的本质,一方面又是一物须得实现的理想或范型。如生命为一切有生物的本性。自播种、发芽、长躯干枝叶、开花结实,种种阶段都是发展或实现生命的历程。又如,理性为人之本性,在人的一切活动中,如道德艺术宗教科学的生活,政治社会经济的活动,皆是理性发展或实现的历程,不过程度有不同而已。

"性格即是命运"(Man's character is his fate)、"性格即是人格"(The character is the man)是唯性论者对于人性的两句格言。由于为理性所决定的自由意志应付环境而产生的行为所养成的人格即是一人的性格。也可以说人性中最原始的趋势与外界接触而愈益发展扩充,足以代表一人的人格的特点即是性格。故性格为决定人之一生的命运的基本条件,如人之穷通成败、境遇遭际,均非出于偶然,而大半为其本人的性格所决定。故小说家或戏剧家最紧要的工作即在于描写剧中人的性格。而哲学家亦重在认识人的性格,以指出实现自性的途径,又在于认识物之性格,以资驾驭宰制。

唯心论在道德方面持尽性主义或自我实现主义。而在政治方面,唯心论则注重民族性之研究认识与发展。所谓民族性即是决定整个民族的命运的命脉与精神。必对于民族性有了充分的认识,方可以寻出发展民族的指针。但生命是自研究整个生物发展历程中得来，理性是自研究整个人类文化活动中得来，故民族性是自研究整个民族的文化生活和历史得来。故本性（essence）是自整个的丰富的客观材料抽拣而出之共相或精蕴。因此本性是普遍的具体的，此种具体的共相即是"理"。如"人""物"之性各为支配其活动之原理。故唯心论即唯性论，而性即理，心学即理学，亦即性理之学。近来德国的胡塞尔（Husserl）有所谓"识性"（Wesensschau）之说，美国的桑提耶纳（Santayana）有所谓"观认本性"（contemplation of essence）之说，其注重本性与唯心论或唯性论者同，若他们能更进一步不要离心而言性，使其所谓性不仅是抽象的性质，而有如炼丹炼盐般之自文化生活自然物象中抽炼其永恒之本质，以得到具体的共相，则与唯心论者之说便如合符节了。

唯心论又名理论论或理想主义。就知识之起源与限度言，为唯心论，就认识之对象与自我发展的本则言为唯性论，就行为之指针与归宿言为理想主义。理想主义最足以代表近代精神。近代人生活的主要目的在求自由。但自由必有标准，达到此标准为自由，违反此标准为不自由。漫无标准与理想之行为，不得谓之自由。如射箭必须有鹄的，方可定射中与未射中之标准。若无鹄的，则任意乱发皆可谓之中，亦皆可谓之不中。自由亦然，若无理想为之标准，则随遇而安，任何行为皆可谓之自由，亦皆可谓之不自由。故欲求真正之自由，不能不悬一理想于前，以作自由之标准，而理想主义实足以代表近代争自由运动的根本精神。

理想乃事实之反映。要透彻了解事实，我们不能不需要理想的方式。必先有了了解或征服自然的理想，然后方发生了解或征服自然的事实；先有改良社会的理想，然后吾人方特别注意于社会事实之观察与改造。吾人理想愈真切，则对于事实之认识亦更精细。理想可以制定了解事实之法则和方式，使吾人所搜集之事实皆符合理想的方式，而构成系统的知识。理想不唯不违背事实，而且可以补助并指导吾人把握事实，驾驭事实。

理想为现实之反映。必有理想方可感得现实之不满，而设法改造现实。故每当衰乱之世，对于现状不满之人增多，则遁入理想世界以另求满足之人与根据理想以改革现实之人，亦必同时增多。普通人每指斥理想主义者之逃避现实，殊不知逃避现实亦系对于现实之消极的反抗，对于现实的污浊和矛盾无深刻认识者，将永为现实之奴隶而不能自拔，虽欲消极的逃避亦不可能，遑言改造。柏拉图之洞喻，言必出洞观天，方知洞中之黑暗牢狱生活，而思所以超拔之，即是此意。所谓弃俗归真，由真返俗是也。英哲鲍桑葵（Bosanquet）尝言，人之所以异于禽兽，实由于人能主观的构造一理想世界，而禽兽则为现实所束缚，不得解脱。由此足见理想乃超越现实与改造现实的关键，且是分别人与禽兽的关键。

理性乃人之本性。而理性乃构成理想之能力（Reason is the faculty of ideals）。故用理想以作认识和行为的指针，乃是任用人的最高精神能力，以作知行的根本。

根据科学的学养，对于人生和宇宙的认识，大约不外下列各观点：一、机械观，此即由物理化学的立脚点，见得自然之完全受理化上之机械定律支配，遂应用其机械方法和"原子""数量"等概念进而解释人生或精神现象。将价值自然化，采用只承认数量的差别，而否认价值的差别的观点以研究人生问题，如认心灵为原子式的观念联合所构成，认社会为原子式的个人所构成等说，均系机械观应有的结论。二、生机观，由生物学的研究见得一切生物的各部分皆互相关联，有自生力与内在目的以适应环境而维持并延续其生存，并发见"发育""进化""机构"为生物学上的重要概念，遂扩大此有机原则为宇宙原则，见得全宇宙是充满了生命的有机体。三、经济史观或唯物史观，此种见解是自十九世纪以来，社会科学，特别是经济学，盛大发展的产物。此说认生产的方式或经济的组织的变迁为决定历史演化的主力，以人类适应社会生活、对付经济困难所产生的工具作为解释人类精神活动的关键。四，精神观或理想观，此即由对于人类精神生活和文化历史的研究，不免见得人类文化为人类的精神力量创造而成，因而应用其精神的或理想的观点以解释人生和自然，认自然为自由精神的象征，认历史的进化为绝对精神的自求发展，认精神有陶铸物质的力量，且必借物质方得充分的表现。

以上各种观点，皆各有其依据的科学背境，皆各予吾人对于宇宙以一种一贯的根本看法，因此亦各有其范围与效准：机械观不失为研究自然科学有用的假定，经济史观亦不失为解释社会现象和历史变迁之一种适用的假定，生机观在哲学上尚不失为一种不彻底的精神主义（哲学史家称生机主义为自然的精神主义或精神的自然主义，盖此说偏重本能和生命，而不知理性和精神更为根本）。但若用此种观点来作研究生物学的前提，如杜里舒一般人所为，便未免滥用精神科学的方法与范畴以治自然科学，而弄成非科学非哲学的怪物了。至于根据精神科学——亦称文化科学，以作哲学的基础，应用人类最高的精神能力以观认世界，规定机械的唯物观与经济的历史观以应有之地位与范围，使勿逾越权限，发挥精神生活的本质，文化活动的根基，批评自然科学和社会科学所依据的范畴、原则和前提，调节自然和精神的对立，而得到有机的统一，使物不离心而独立，致无体；心不离物而空寂，致无用，便是理想的观点所取的途径，也即是真正的哲学——不论唯心与否——应有的职务了。

（选自《哲学与哲学史论文集》，商务印书馆，1990年）

伦理学上的自然主义与理想主义

周辅成

周辅成（1911—2009）：伦理学家。曾任北京大学哲学系教授。著作主要有《哲学大纲》、《论董仲舒思想》、《戴震的哲学》等，编有《周辅成文集》。

伦理学上自然主义与理想主义之对立，是历来伦理学发生争执的根本。我以为二者是能沟通的，其问题乃在于二者能否包含。换言之，即不在其取长舍短，而在其能把二派之方法及界限看清楚后，再看是否还有冲突。因为他们虽同一在解释道德问题，但二者所用之方法却全然大异。我要证明此点，我先提出两个疑问：第一，即是自然主义伦理学是否升进了道德问题的堂奥？第二，理想主义伦理学是否对于道德进步及实际的文化问题没有答复？如果两问题的答复，均属"否"字，则是吾人万难说他们的短处是他们根本上的缺点。以此，言取其长，毋宁言取其根本要义；言舍其短，毋宁说去其越本分而远涉的支节。

一

现在且先考察自然主义。

自然主义有一要点即是信从科学上的结论或科学方法的万能。详言之，即一方面唯恐科学方面所得之结论不足显其伟大，于是索性将当时科学所得之结论，无限制地应用出去；他方面则觉得自然科学既是根深蒂固的了，自然科学方法又有无上威权，则是任何一问题，吾人决无有另取直观或超验的方法之理。所以自然主义者在道德问题上，并非不是不承认有善与良心，或义务等问题，它实乃是想用自然科学的结论和方法以解决之。

我们一看自然主义的历史，就知此种潮流，远在古希腊时代已经伏有了。不过严格言之，仍应从近代培根、霍布斯算起。培根、霍布斯后，推演到洛克、休谟、亚当·斯密、边沁、小穆勒、斯宾塞、达尔文，这派简直成了英国伦理学的主潮，我们在英国除了找出有少数调和论的理想主义者外，几乎难找一位纯粹理想主义者。至于其他则无一而不是以自然主义相号召。这种潮流到大陆，先有斯宾诺莎受其影响，后有无神论者费尔巴哈、孔德、居友（Gayau）、克鲁泡特金等，这些都是自立名目而急欲与理想主义一对抗。我以为这样多的自然主义者，最成熟的仍应推克鲁泡特金。因克氏学说能将各派包括而无余，故此地言自然主义，即以克氏为代表。

原来自然主义在克氏之前，均侧重在善的问题；康德提出的义务问题，还未见得到他们的首肯。比如边沁即曾明白不承认有良心。亚当·斯密、斯宾塞，虽对良心或义务有意见，但他们却从未重视它。直进展到达尔文才把康德提出的义务问题，明白视为伦理学上唯一的中心问题，而专以自然科学的见地答复之（见所著《人类由来》〔*The Descent of Man*〕第四章112页）。自然主义到此，才算真与理想主义直接相触。但可惜达尔文本人的生物学趣味过浓，故对于道德问题，走到半途即上，只得一个"义务观念起源于社会本能"的含糊结论，即不前进；所以后来克鲁泡特金有见于此，乃循着达尔文的路线而去，竟在路线后面找出另一个光华灿烂的"自己牺牲"（self-sacrifice）、"正义"（justice）、"互助"（mutual aid）的道德世界来。若问克氏在伦理学上有何贡献，此点能不背基督精神的科学的道德观，的确是他的大贡献。

鼓舞克氏以科学方法研究道德问题的原因，第一即是近代科学的进步。因物理学上的能力不灭定律，证明了宇宙生命不过是一个无时或息的能力变化之连续，每一变化每一连续，都循一定的机械定律，并可以从此形态到彼形态，所以一切行星的出现、消灭，都无有神秘的地方，反之还可由数学家物理学家手中得知其将来如何。不但如此，近代有机生命的科学还证明了"生命"这件东西是广布的，凡任何一物质的团聚，我们都应视之为有生命的东西，同于生物而须经过进化与衰颓的循环。所以近代科学告诉我们：（一）有机体或人类不过是环境的产物，（二）我们无时不是与宇宙生命相接触，相适应。

因之，我们知道自己非常渺小，我们应当谦逊，决不能把自我视为宇宙中心；并且"自我"这个东西，离开了全体，则无所谓；没有"你"，则我们的"我"也无法成立。所以科学在此，无异告诉我们人类生于社会必须相爱相亲。更从实用科学之成绩而观，又无异告诉我们唯有利用自然的能力，而后人类福利之获取乃不是空想。

自然之教训既如是宏大，而包含伦理意义如是深，那么，我们治伦理问题时，至少绝不能与之相背。换言之，唯有同科学齐进的伦理学，乃可称为真正人类行为的科学。若我们生在今日，丝毫不顾科学结论，而梦然犹主张什么"直觉"、"先天"、"启示"的方法，真是一场梦呓了。于是克氏大胆告诉我们说：

> 如果自然之研究能够带来一种包含着宇宙的生命，地上生物的进化，物理的活动的法则以及社会的发达等等之哲学要素，那么它也能够把道德感情之合理的起源与泉源给予我们。如果宇宙之静观及与自然之密洽的相亲，能够把崇高的灵感注入19世纪之伟大的博物学家和诗人的心中——如果立在狂暴的风雨、平静的群山、黑暗广大的深林及其中的居民之前，看透了自然界的深处，这样的事实能够加速了伟大的诗人如歌德、拜伦、雪莱等生命之灵感——那么对于人类生活及其命运的更深观察，又何以不能够同样地把灵感给予诗人呢？（所著《伦理学》第一章）

所以我们可知克鲁泡特金的大企图，完全是明白想把理想主义的题材拿来用自然科学方法解决了。此点的确比斯宾塞等更胆大更深入。

因此，克氏在入题之前，先言伦理学的目的。他以为伦理学的功能，不是去指责别人的缺点，去责难其罪恶；伦理学应该做积极的工作，在于发挥人的最优的本能。伦理学要来论证而且说明人类几个根本原理，要使人类社会无此等原理，则社会根本即不能构成，并应该告诉我们，损人利己乃是达不到幸福的。达到幸福，唯有重友爱，与自己理想一致的生活。所以伦理学只有说："去看自然本身吧！去研究人类的过去罢！它们会告诉你实际上是如此的。"

我们既知伦理学有一个如此大的目的，故我们对于道德问题，决不能取个人意识为出发点。克氏于此遂一步跳入人类社会中而以为我们的道德良心，乃是由生物一步一步进展来的；换言之，像理想主义等所求的道德起源说，完全可以用科学为之说明，至于前人之所以未得如此结论，大抵乃由于昔日生物学人类学知识不曾进步的缘故。所以，克氏在其伦理学说中，最首要的即是修正霍布斯及赫胥黎（非达尔文，因达氏也是主张互助说的，详见其《人类由来》一书）的"自然界生物唯只是爪牙血肉相见"的结论。既修正之后，遂对康德的义务来于无上命令的起源说，想出一种解决法了。因康德虽指义务即善，而为人类理性之必然，含有无上命令，但是"为什么人应该服从由理性所构出公式来的道德律或道德原理呢？"或"人们所感着的义务的感情，从何处而来？"此点康德没法解决，而让诸宗教，在克氏看来，实觉大可不必！因"一切的生物都是在社会中生活的，而且人类的思想也在这条河道中流动着，社会生活（就是'我们'、而不是'我'）是生活的正规的形态，它就是生活本身。因此，在原始人，'我们'一定是习惯的思想之趋向，若叫康德来说，便是他的精神之一个范畴。'我'与氏族或部族，既有此种一视同仁，甚至可以说，'我'被氏族或部族之吸收，则是在这里我们便可寻出一切伦理思想，一切道德概念之根源了。……一切伦理的起源都是从那个不断的常存的'单一与全体之一视同仁'中来的。这个起源便是一个胚种，从其中又发生出其后的'正义的概念'，以及更高的道德概念来"（见所著《伦理学》第三章），从这一点，于是道德上问题，通通都被克氏视为自然科学一样而研究了。

很抱歉，此地不能把克氏之互助学说详细介绍出来。因我们都知克氏之整个伦理学说都是建筑在互助原理上；如果互助原理被否认，则克氏全部道德学说都无存在之余地。不过，我们在此也有一点可略提说而可为他辩护。即克氏互助学说绝不反对达尔文本人的生存竞争学说，他所反对的乃是对于进化之解释，只单执着生存竞争、弱肉强食的道理，而忘进化之成立尚有赖相互扶持的意义。换言之，即言进化则有两方面：一是生存竞争的事实，一是相互扶助的事实，诚以竞争有赖互助以为工具，但须知在言进化上，则此加重工具的说明，常较加重目的为重要。再进一步言之，竞争生存仍须有目的，即社会愈进步，生存意义愈广，所以从社会观点而言，生存竞争竟超出个人生存的意义，有时为了大众，便不得不牺牲自己。如果一个生物单只是生而为保持其生存，则是生物间之牺牲自己以救同胞之事实，绝无法说明。如是势必有赖于互助的学说了。王星拱先生谓"达尔文的竞争之理论与克氏互助之理论，不是根本的冲突，乃是延续的发挥，后者较前者更为详切"，此话实不错误。所以我们可知互助说所极端反对者非达尔文竞争说，乃赫胥黎之自然唯给人爪牙相见的教训之说。

我们若能谨记此点，则知生物在生存竞争上，习得来一种社会本能，此种本能是社会存在的要素，而也成了我们生存必要的条件。如果我们中有一人失去了此种本能，则真会如达尔文所说，此一人必会成"怪物"。由是因时代推移，社会本能也愈进步的原因，我们生而入于自然界，则自然而然即以此社会本能为我们的天性。一切人与人之关系即均从此产生，故我们不能不说这是道德起源之点。

但是，人类禀赋此社会本能，而在社会中往来，如此即算道德么？克鲁泡特金答复说，这是不可能的。因这只能解释人类何以必须联合起来，而不能解释什么叫做道德。于是克氏告诉我们，原来这只是初步的道德，换言之，即互助的事实，只能说是日常生活的必须条件，或曰道德的必须条件，但其本身却不能算道德。因为人被称为有道德，必在互助之意义上有所加。于是我们恍然大悟，人类之履行互助时，在互助意义上又加了一个正义与公平的概念。因为有正义，乃有相互敬重使大家平安的意义，自来伦理学者，从古自苏格拉底、柏拉图、亚里士多德，以至近代之斯宾塞等，大多均以此正义为道德之评判。他们对于正义起源之解说虽各别，但其用以评判善恶之标准则同一。不过，克氏还不认此种公平的概念即可构成道德。何以故？因言正义，必以平等为基，即平等的意义所发生的正义，乃是消极的而非积极的。从互助而到正义，诚然是进一步，但问题还有，即反对正义虽然可曰不道德，但维持正义不一定就全是道德。比如街市农村之商人农人，他们遵守着法律或信用而待遇邻人，他们上粮上税以维持政府，盼政府以治理人民，这些无一而非为着公平与正义之缘故。但是何以都不称为道德而只算是"仅尽其职司"呢？原来因社会上人与人的相互关系间，还有一种比正义更高的概念，此概念即是指人追求着一种更利他、更美好的理想，而急求以身行之，但不求报酬之义。盖唯有表示此积极行为的人，而后我们乃呼之曰道德。我们平常所谓一件行为而曰道德的，殆即指此行为利他而舍己的缘故。我们很可见维持信用的不叫曰道德，但为着他人一件信用问题的争执而抱不平，而牺牲自己，则我们必称此人是有道德的人。凡为自己父母妻友而忧伤，这不算是道德的行为；但为着邻人之悲苦而忧伤，则我们不能不说此人有道德。克鲁泡特金学说证明在此，我们的确要说这是他的大贡献。

　　至于我们以之与其他自然主义派伦理学者相比较，他的确比他们更精进一步。因他守着功利主义之"最大多数之最大量幸福"，并附和着斯宾塞之"利他利己的分别，极不正确"，他无论如何可包括功利主义。因为依斯克二氏意见，以为利己利他，自生活之开始，即互相倚赖，世间无纯粹之利他主义，反之也无纯粹的利己主义。所以他们两人都主张与其谓道德之标准在利他，毋宁曰道德之标准在使社会习惯之发达及使狭隘的个人习惯之消失。这不能不说是功利主义之进一步。顾克氏不以此进一步为足，于是又向前而执着居友的自己牺牲的概念，以反对斯宾塞正义说的不彻底，以为人类之道德，一天一天地进步，决不只仅在于正义的维持，还有我们的优美的精神能力在其中发达。此精神能力为何？即是居友所谓为生命第一条件的"自己牺牲"。但克氏仍不以居友之解释为满意，因第一，克氏以为居友那般认道德是无义务的，实有点过激或用名词不当。因义务是有的，不过是起源于社会本能或 Soliadarity，而非神秘的先天的。第二，居友并不曾有意来展开道德之一切基础。所以克氏于此便自立门户而另造一种新的科学道德体系出来。这个系统，的确有发现。所以我要说这是他集自然主义的大成。

我们从克氏学说中可找出的要点有五，这五点实在可以代表一切自然主义伦理学的精神：

（一）不承认道德的形而上解释，可以满足吾人，反转来，科学前进，倒可以把道德问题解答清楚。

（二）把道德拿来根据客观事实以求解决，从纵的历史方面可见道德是进步的，一天一天地道德标准在扩大中；从横的自然方面可知自然界的道德概念，乃是人类幸福的必需，也是社会赖以得存在和进步的主要条件。

（二）道德既是包括人类全体的，所以言道德不能离社会，必要在社会或文化中乃可发展道德。

（四）道德目的，乃是求人类幸福或快乐之大量满足而已。所以社会所认为不道德的事情，总是因为其反乎他人幸福的缘故。

（五）道德既是为全体、为幸福，则是我们万难找出什么"自由""上帝""不朽"的观念，至多只能说是相对的或假定的而已。老实说自然主义者从来就不喜欢用这一套名词。

自然主义伦理学的结论既是如此，我们于此不能不给予批评。

我的意见仍同意大多数人的意见，即感着伦理上之自然主义只觉其尚未入正题之大门。把道德放在因果现象内，而不作为是价值论上的评价问题。

何以言之？

因伦理学乃是言义务或道德的内容，即其成立之理由（Reasons）而非指其前后相继的事素之原因。须知理由与原因有大分别。我们对于事物之认识，往往都是谈其原因，譬如见着月晕，知道有风；远听鼓乐喧天，原来是有人送葬；这些判断都是对事实，都是对其果找其因，对其因则预言其果，丝毫不用什么人为的解释，即所谓如实地观也。何以必须如实地观之？因其对象即止于事实之故。顾伦理上之价值判断则不然，吾人能曰善之为物可得而观乎？不能也，能曰义务是占空时的，因而可计量乎？亦不能也。是以善恶义务等概念，乃非事实之存在，而仅为主客相依之判断上的存在。换言之，即事实上的判断乃就合否事实而言，而伦理上之判断，必靠于主观之理想。所谓"靠于主观之理想"，即必在下判断之前，先假设一理想而为判断的根据之义。因其为根据理想上的判断，所以是价值的评估，与事实上之判断，判然有别。因此，道德上之概念，我们决不能就事实之观察法以处理之；我们唯有对一件善的观念找其存在之理由，不能找其事实上的原因！严格言之，我们硬要在自然界去找善恶，除了先假定有善恶之外，我们决无法在自然界找出善恶等价值观念来。德国新康德派学者 Richert 有个证明价值存在的例子，他说，我们若从自然科学的眼光去看歌德人格的意义，则吾人只能说歌德同于一般常人而生活、而成长、而死亡，其出没于宇宙，仍是自然之作用，一概由环境造成而为机械的或被决定的，如是歌德一生所具有之善、美、天才等价值，完全找不出了。但是我们若从理想方面而见之，则知歌德之那般珍爱其理想，那般为理想而努力，的确为一般人所罕有。如是一观，则歌德一生自然而然便活跃地显现于我们面前而为一大伟人了。以此看来，这不是显然告诉我们对于价值的事情，不能用看事实的眼光去观察么？

但自然主义者总昧于此点。自然主义总想要在因果事实的研究上找出行为的规范或善恶的标准来。据他们的意思，以为宇宙无一而非是事实的，若非事实即为幻想；故自然宇宙一切事物都可用自然科学方法治之，道德又何独不然？殊不知道德乃是行为方面的事，其根本形式是"应当"（ought to be），一切道德概念都借"应当"而表示出。任我们如何在自然界中抽出许多原因结果，但决不能告诉我们以"应当"的意义。我们知道有十字军东征，知道有拿破仑之称霸欧洲，知道了欧战的各种骇人战具，更知道德、法、美有如何如何的物质文明，但我们总不能由这些事实的分析而得到应该消灭战争，应该提倡物质文明的结论。如果我们说战争是罪恶应该消除，或战争是善应该提倡，显然我们在事实之外，另悬有目的及理想；此目的与理想，绝非为事实科学所能告诉我们的。由是我们明白自然科学的道德观，诚然能给予我们许多"应当"的事实，但却不能给我们一点"应当"的理由。边沁、斯宾塞虽然告诉我们事实上为善是由为得快乐及图生命的发展，但却从未告诉我们快乐何以值得去求取，生命何以值得发展。达尔文、克鲁泡特金虽谈到社会本能为道德起源，牺牲为道德之标准，但他们仍未告诉我们：为人类，何以值得去牺牲？一言以蔽之，即他们虽在治价值的学问，但却未告诉我们价值的理由来。他们虽把利他、正义、自己牺牲的事实找出，而见出其与他种事实——满足欲望或生命的发展之关系，但事实上道德价值本身仍停留着一点也未解释。自然主义成功了，他能举出许多优美的事实，能见出道德是进化的，能见着善必赖于社会或文化；这的确有他的价值。但是他失败了，他却只见着事实而未解释事实。这一点不能不要后面所述的理想主义以去补足他。以其他未曾接近道德本身的问题，故我们不能不说是他还未入伦理学的门。

　　进一步言之，各派自然主义所达到的事实解释，都是串联着他种事实；所以他们共通所有的结论如"大量快乐的满足""生命的维持和发展"，都是指的存在事实而言。殊不知，言其为道德的原因，也许可以的，若言为善恶决定所取之标准，则万万不可了。比如有人一生为邻人奉公，或更浅显例子如为饥寒的双亲而求食天涯，此不能不说是克苦尽忠，以全道德。吾人于此情形下而考究其道德，能以事实上之证据，以解为求声名的满足、及生活的维持吗？我恐任何明了道德问题的人，将必起而鸣鼓否认之。因为既说一个人寄生于天地，一切努力都是为衣为食为安适，则是吾人只是做个动物般的行尸走肉即足了，其在社会，何必求进步？其在个人，何故要去求什么人生之意义与价值？找求什么更高的目的或善？此岂非春梦一场？我们顺着世俗或顺着生命走去就是了，还要什么克己牺牲等骗人的幻想？我们疑问至此，乃知科学道德论和快乐论消灭了道德概念，其结果不得不走入悲观论或与世浮沉论。所以难怪许多理想主义的伦理学者都归咎快乐满足乃为低等情欲（passion）所发动的原因，而逐之出于道德概念之外。更难怪一般理想主义都视社会上求快乐的工具增加，断不能断定道德也随之进步。此其所以自然主义难得令人同情的原故。我们从此可知自然主义实在还未接触道德本身的问题。

二

次述理想主义。

塞斯（T. Seth）在其《道德的原理》（*Ethical Principles*）一书上指康德为极端的理想主义之代表，我意亦然，故述理想主义对道德的观察，请即专述康德。

有人呼康德为自律主义者，或形式主义者，或直觉主义之一派，又有人根据其所用之方法而呼为形上派道德学者，这些归类都没有错。我觉得要先了解康德或其他理想主义者，有一点须特别注意，即吾人既名之曰理想主义，则当知他取的态度与自然主义必有分别。因康德承认吾人对于善恶的标准所取的样式虽各有不同，但对于善恶的根本观念必先具有；换言之，即古今中外的善恶之决定，必先假定世间有所谓善恶，然后乃可言何事为善、何事为恶。再换言之，即世间所认为善恶事，尽可怀疑，但善恶之本身决不能怀疑。准是以谈，所以吾人，无论古今中外，都共存有一善恶之标准在其心中。故道德上之怀疑论，无论在事实上或理论上都属不通。所以我们理解康德，第一步即是从有普遍妥当性之善恶概念分析起。所谓普遍妥当，即可以"通之千古而不悖，放诸四海而皆准"之义。所取方法是彻底论理的，而非心理的。即不在事实上心理上找道德之起源，而乃在于理论上找善之充足理由。此点与自然主义诚有大别，就是与直觉主义也不相同。

至于康德何以要在论理上去为善找基础呢？因为我们若从心理的方法去研究人性，乃是得不到普遍妥当的善恶概念，换言之，从人性去研究道德，所得者不必具有必然性。在他方面言之，此种非必然性的道德，实在还不见得能真叫道德。因我们从人性或心理方面研究，我们必得出一个欲望之满足或幸福之获得为道德的基础。须知此出发点即根本不妥。因为善，若只是满足吾人欲望或给予幸福的东西，则此造论只稍表白其为趣味派的论调即可推翻。此何以故？因若说"唯有我乃能知我的需要，他人告我的应当，未见得是我心之需要"，则是凡在我们欲求的范围内的东西，无一而非善，如此怎能谈恶呢？于是我们不能不说一切道德概念，全部被否认了。我们在心理上去假定一个欲望之满足或幸福之获得，此乃就自然事实而言，若以此而为道德上之本源，结果只有走入自然主义。康德于是另为善开辟一条路来，进而谓"善"之概念，乃是普遍的妥当的，唯只有从论理的态度而分析善之内涵，然后可得其普遍妥当性。因吾人无论在何时何地均需用善恶概念，从论理推知，此善恶概念必具有普遍妥当性的存在。既知其有普遍妥善之存在，则知此种善就是一切古往今来人们所谓"善"之本身，非是一件一件的事实。因此我们对于此种仅在概念上存在之善，只能找其理由（reason）而不能找其原因。何以故？因论理上存在之概念，都是理由上的存在；此不必假事实而可得知为真也。但其应用于事实，则无一而会悖谬。由是可见我们所说的普遍妥当的善，虽名曰为理由上的，但却不是"不合事实"的。反之，我们言原因，只能说道德事实的原因，我们对于善之本身，决不能说其原因来。须知善的事实乃属现象，此可寻因制律，但善之本身却乃属概念，我们对于概念只能说其理由，即所以成立为善之原故。所谓原故，即问他在论理上是否自圆（self-consistency），如在论理上是自相矛盾，则此善必不得为善。故我们对于善之所以为善的问题，全待乎找出其理由。这样，我们言道德问题，我们舍用论理方法以找出善之充足理由，则必无他法可以使我们满足（因我们对一切宇宙人生的根本问题之解决，均不外求出其自己得以存在之充足理由来)。于是康德在其方法上即告诉我们一切道德要求都是理性的要求,我们可知此假定,实很有理由。从这点去看康德假定之理性,乃是正在为我们解决善之根本问题。

吾人既知康德之方法,乃论理地找求善之所以为善的理由为目的。那么,我们从人人心中所具有之善的概念而分析之,则知善非存在于意志上不可。因言善,决不能离目的或离理想,而此目的理想之定,端赖乎意志之力;若谓意志之外尚有何物以决定之,此殆消灭善恶观念之义。因意志既为被动,则我们在论理上何能推出行为是否为善?既缺乏意志之主动,还有何理想可言?须知无理想的行为,则无目的的概念在其中。所以康德大声叫喊"世之一切事物,能不附条件得称为善者,唯有善意志"。因唯善意志乃是合理的,乃可表示善的概念之有目的性的意义。又以其合理,是故顺从着普遍理性的定则。夫意志乃决定行为者,而其本身又不能受他物的决定,则是当然明白告诉我们,意志就是行为界的立法者。老实说,人唯具有此点,乃与禽兽有别。因禽兽即是只有受他律,一味受着外面的刺激而活动,丝毫也不能自主。故若人而只是成一个漫然而动的动物,只顾求快乐或舒适,则自然界亦将以治理禽兽的手段,而只付人以必然的本能,即足矣。顾事实乃有不然者,原来人有两方面表现,一方面诚然有动物的现象,而为快乐的追求;但他方面却表显出不顾外在或感官上事物的获得,而只图扩大自己,求找自己的最高的目的。换言之,对人有两方面观察法:一属外,一属内;而我们见着之自然,则只能看着外的方面,所以略其内的方面。而我们乃是人,不但能观人,亦能观己。故为人而不观己,则至多不过做一盲然而动之禽兽而已。所以说人除动物之表现外,还有人的表现——即具有善的意志。我们人类也唯有此善意志,最足珍贵。

进一步又试考察"善意志"的概念,则知它所以被称为善,乃在其活动的原理。此原理即是道德律,是自明的。此律因是绝对不能附条件,故为无上的;因是要求应当服从,故为命令的;以其此种无上命令,是从逻辑演出而为自圆,故曰合乎理性;以其为善之公式而可应用到一切经验中所出现的问题,故曰先验的。我们既将善之概念分析至此，则我已算接近道德问题的中心——"义务"问题了。

其实康德的义务说，只要我们能明白上列意义，则知并没有什么神秘的地方，因为他说的义务，就是此种善意志所具有之无上命令，换言之，即善意志之活动所要求于吾人者，吾人能照此无上命令行之，即算完成了义务。完成了义务，即称曰道德。

康德又从善意志之无上命令证明外，更演出有几种善意志的命令形式（或曰，如几何学上定义一样真实的道德律），以表示义务所要求的条规。此诸形式乃是："汝当如此行为，俾汝之行为之格律，可由汝之意志而得为普遍的自然法则"，或"汝当如此行为，俾汝之行为之格律，得同时为普遍的法则"，或"汝当如此行为，俾汝之意志之格律，得同时为普遍的立法之原则"。这些意思即是说吾人善意志乃遵从着普遍的理性之定律、无上命令所要求于我们的，即我们的行为，务必要做到人人首肯，个个取法。但要怎样才能达到此点呢？康德意见以为：只有实行下面这个先决的训条，即"汝当如此行为，俾汝无论在汝自身或他人之身，皆应以人为目的，决不能以手段视之"。此不啻告诉我们：行为唯有服从理性。凡道德行为，其目的即在自身，决不能以此善而谋他目的矣。所以若我们能把善或人视为目的而求之，则我们人类之在社会中交互往来，乃可以完成最高道德。康德伦理学说证明至此，我们已知他的无上命令，决不是一般所谓迷信上之鬼力神力了。我们可知此种命令，在我们实际的生活中，是我们一切人类进步、博爱扩大的必要东西。

康德的伦理学，我只能这样把它与其他理想主义有共同处作简要提及。至于他个人所特别独见中还有一要点，我尚未述明，今特一补之，即关于自由、神、不朽的三大假定。

依康德见解，以为道德尚有其根本问题，即道德本身是否是真实的？本身是否在走向毁灭的过程中？如果答案是：本身乃是不真实的或正走向毁灭的道上，则道德本身即成疑问。此点有如知识论之于本体论，如果知识能力不能达本体，则一套本体的话，都是梦呓。于是在此，又依论理的原则而先必设定出"自由"来。即意志若不是自由的，则不但浅显之责任观念不能说明，即我们意志之为行为的立法者，此点也根本不能谈。但实际上我们又知道意志是向前进取的，即取其自己设立之目的，此点在知识上虽不可发现，但在行为上都属极浅显之事实。故康德于此遂下断然之语：自由是非设定不可，即从论理上，道德意志是自由的。须知此地之自由，是指内而非指外，即不是指表现成现象之事实，而乃是就行为之向善活动一点而言。所以绝对不与科学上之必然法则相背谬。

但我们单设定意志自由，仍不足以使道德根基稳固，因道德之努力，若是只有一个空幻的、无归宿处，则是长途中的努力，岂非徒然？康德于是说，这里我们势必有假定"神"之存在的需要。因为我们从道德之一步一步前进及道德之所趋而言，都知有个最完全的东西在后面，而为我们之目标（goal）。一切努力均须在那里去取胜利旗。如果这个假定是合理的，是论理上的不得不然，则我们理性的人，必不得不以此假定为满足；我们理性的人，以理为服从，于是实践理性便导我们于此假定上去努力。须知此种努力，还有另一层意义。即须一步一步趋善、得善，皆有神为之保证，我们每得一层善，每得神保佑，我们都得有一种适当或崇高的意义，此意义即是幸福。所以康德最终仍信德福相伴论。不过他不相信是我们的目的，而只是目的之副产而已。

但问题仍有，即自然主义总是告我们人生数十寒暑，"有酒须当醉"，我们生命或自我，若果我们都须经数十寒暑即消失，则是今生纵然有好理想，但早晚总必知是梦；如此，我们的道德努力必当会随年华之消逝而消灭了，但何以有人至死而不忘正义？临大刀枪炮，而犹叫喊人类和平？我们从此可明白原来道德努力中，是没有死的观念的，反转来，在努力道德的人，自己一定是真实地假想着正义是永存的，人的生命当附于正义。所以躯体虽亡，只要正义可寄托吾生，如是道德生命自然必丰富，自然必含着不朽的意义了。

康德道德学说简单述完，我们从其中，可取出几要点，此几要点即一切理想主义相共同之点：

（一）理想主义之道德论，是论及道德之本身，即所谓道德评价的问题而非道德事实问题。

（二）言道德判断必言标准，此标准必根据于理想，即有理想而后可曰善，所以不言道德则已，如言道德，万不能脱离"理想"问题。

（三）既唯有用理想可以解释善之意义，则是善恶与"是非"即各自分路以行。即"是非"不能干涉善恶，善恶也不能干预"是非"。

（四）道德起源于善意志或良心，此良心或善意志，就是所以使人类能有道德存在之要点；并也是有别于动物之要点。换言之，人具有动物的生命，也具有理性的生命；所谓道德就是以理性生命控制动物生命。

（五）因为因果事实或感官现象中，没有善之概念可存在，也不能从之演出善之意义，故言善，绝不涉及感性（sensibility），只有关及意志或良心。以良心意志乃属自我之所发动，故善应是动机的、自律的。

（六）意志是自由的；此自由不属事实界，而属于行为界。换言之，并不背于事实上之因果律。

（七）因言理想，总是言由"不完全"趋向"完全"，即在论理上或信仰上总须假定有限（finite）与"无限"（infinite）有一脉相通或竟为其一部。

（八）极端理想主义者常先讲信仰或假定神与不朽的存在，以及德福相伴，如此则杀身成仁等行为乃可得解释。

理想主义的结论就大概如斯。我认为理想主义的要点，即是他所治的问题，正是我们所要求解答的问题；所以他写出的话，如果我们不研究道德本身的成立问题则已，如要研究道德本身的成立问题，则总觉理想主义的话值得我们去玩味。我自己是一位理想主义者，所以不能不为理想主义作辩护，即是理想主义对于他世界与此世界的来源问题，关于道德进步的问题，并不是没有明白解释，实是我们用实在论的眼光，觉其理论不令人满意而已。

请为理想主义辩之。

理想主义之此世界与他世界之分,诚如近人罗伊斯(Royce)的描述世界(world of description)与理想世界或评价世界(world of appreciation)之分,不是绝对的绝尘而奔。究其实,即是本体与现象之别。我们所谓知识界都是现象,即是我们借感官知觉而构成之组织之,其构成与组织必有所为;即描述世界本身,不能独立存在,乃附于他世界而得成立。换言之,在知识界上,我们总觉尚有一理想或目的须待完成;理想之于现实,非云天之于山石,乃系泥土之于树木。我们试一反省,总觉宇宙事物所现于吾人者,唯此向着理想,求达目的为最真实;因为知识界只对我们说些"是什么""不是什么",此完全不能表现此世界之日日向前进展的精神。所以要说最能把握真实本体界的,唯有我们之有目的有理想;若此而不为宇宙之究竟所在,则宇宙只为散摆在沙滩上之矿石也,不持目的、理想不能解释,即此知识世界本身也殆有疑问。譬如邮局发现一无名无住址之信函,纵有邮差,亦无法投递矣。所以我们应说向前努力(即行为界)最真实最足见本体,换言之,人之要创出一理想世界来实现自己,或要为某种理想而描述一世界以作努力的进行,实是宇宙之所以为宇宙的要点,无此点努力(或曰意志)则什么一切表象都说不上了;再换言之,描述世界非根本,只能说是一种现象可也。若谓世间只有现象,或本体可从现象知识上推出,此殆万难说通,故康德于此,乃设想唯行为界始足以窥本体。道德在知识之先,道德优于知识。我以为康德之假想此点,实有充足理由。

我们既知理想主义的所言的世界,不是事实世界,且为此世界之根本,则"此世界"与"他世界"之问题自不难解决了。须知,我们的经验界本身无理想目的可言,经验虽是具有条理秩序,但此条理秩序本身必不能独立,即经验界自始即有待于本体界;所以说道德的基础虽在于他一世界上,但未尝可以完全脱离经验界。若经验界自始即独立自在而不倚待于其他,则自然"他世界"入"此世界"势难得通。顾理想主义并不把经验界与超经验界看做各各孤立的,反之,他只认为超经验界(即行为界)之努力若只是从经验界上推演出来,或曰建行为界之基础于经验上,此殆自取灭亡之义。因为如是,吾人从何而得知经验告诉我们"理想"乎？更从何而得知一串串事素中有"善"之概念乎？须知经验只是事实，我们说"应当"是要安置我们的事实，我们怎能说"事实"与"安置事实"是一回事？所以要想把道德基础置于此世界，这完全是自然主义的朴质的动机，所以我们对于非经验上的问题，宁置于超越界上。但趋越界又是经验界成立之根本，故理想主义在此，并不困难地把"他""此"二问题解决了。于是理想主义告诉我们"他"之入于"此"，不是合并的问题，而是表里的问题。我觉得理想主义之分两个世界的问题，并不勉强。

其次，关于道德进步之问题，我仍觉得此点不是理想主义的缺点。别的且不说，专言康德与格林，我们即可知道理想主义对于道德之进步，实在还远比自然主义更注重。康德有言：吾人惟服从国家，尽永久和平的义务，此语至格林，即主张吾人之道德，唯努力于公益（common good），即是努力扩大现实道德的意义。此完全是欲"德"日日有前进之义。又因道德只是向着善的目标走，吾人若以一生而赴之，则我们汲汲所欲求之善，总必有得；有神之保证，总不会空虚，于是我们所表现的道德事实，必为进步的，即康德所谓吾人总是为欲组成一个"目的王国"（a kingdom of ends），而以一理想之社会为目标。换言之，即善之要求，总是图超过现实，即对现实有所加，或曰有所变化。如是乃构成道德根本。观此我们可知理想主义，何等注重道德进步及理想之实现。我以为言道德之进步，也只能言至此步，即凡道德只能有一最高理想，吾人不断地实现之，在此总理想下，又因实现之多少，而表现于道德事实上，遂有无限之等级，此等级即是道德之进化，也是道德努力的成绩。举例言之，如远古道德重在爱家，昔日道德在爱国，今日理想则重在大同世界，此不能不说社会的 Solidarity 之进步，德之观念日渐扩大。此进化之理，即包含于善之本身所具有者。至于说道德问题上尚有他意义之进化问题，在理想主义看来，总觉此已不是道德本身问题。何则？因伦理学非是研究道德事实之分门别类者。我们所言道德在事实上有进步，此孰不承认？须知我们治道德问题，乃为道德找根本，寻出善之为善的理由，至于具体的道德事实之进化问题，可由另外的有关学科处理。明乎此而后可知理想主义之不与自然主义争执进步问题，乃别有原因。因为若像自然主义那般急将生物学社会学之知识应用于伦理，此点于我们的道德本身之研究，并没有若何巨大的帮助。这是因为包含有普遍妥当性之善的观念，总是由自己意志之立法以实践之，任道德事实之如何进化，必不能改变。可见伦理问题并不必像自然科学的问题，急需顾及各科学之发现。

叙述至此，我认为理想主义对道德进步问题，不是理想主义不能解释，或是他的缺点，实在只是在方法和立场上并不相同而已。

三

今临总论，忽想起一问题：即前面既说自然主义有待理想主义之补充，今又曰理想主义绝不涉及自然主义之道德演化问题，岂非有矛盾乎？

欲答此问题，我觉得有一个观念须弄清楚，即向来讲伦理学者，多有将科学的伦理学、伦理科学、伦理哲学或道德形上学三者混为一谈。犯此毛病者，最多应数美国的学者，他们总以为伦理学就是讲道德的，所以无论讲道德事实也好，讲道德之普遍标准也好，讲道德之根本实在也好，都一概而名之为伦理学。所以难怪从美国回来之胡适之先生竟将人生哲学一词也与伦理学连在一起了。我以为伦理学就是道德科学或曰规范科学之一种，中心问题是"应当"的价值判断问题，即什么叫做善？或什么是实践判断或行为判断的最后标准？他的方法，和其他价值科学、如美学伦理学一样，仍是科学的方法，不过是不同于实验科学所表现之方法而已。因伦理学最大任务即在发现各种道德标准之构成原理，决定道德事实之内容与意义，至于道德判断是否属最后实在，或道德的性质是否属"实在"之，伦理学决不能顾及；因伦理学本身必先假定有道德，并此道德必非是虚幻。所以我们知道专收集些道德事实而把事实原因找出来，此不足言伦理学；反之，只讨论善之保证（即如自由、不朽、神之存在的问题）亦不是伦理学，因为此种善之保证或最后实在，并不是在解释道德事实，换言之，即须先证明道德判断之构成原理，而后再能讨论此善之实在与否的问题。此有如科学之于哲学然，因吾人谈哲学总必先有知识而后乃能谈知识论。所以在这点，我们可以明白伦理学与"科学的道德论"及"道德的形上论"有别。

不过此三者虽有分别，但我们治伦理学，却往往要把道德形上论置之于伦理学外，而独采科学道德论为伦理学之出发。则我们须先收集许多道德事实而发现其前因后果，以帮助我们解释道德事实的内容与意义。但是，因为科学道德论仅得些道德因果等概念，所以自身还有待其他的证明，即道德之"应然"是根据何原理构成？关于这点，科学的道德论不能研究，故此必有待于规范的伦理学。所以说此种"构成"与自然科学之"发生"，虽非一事，但却可将二者投入一炉而得相互便利。

但何以独要避去道德形上论于伦理学中呢？因规范科学也如自然科学之发现事实的秩序（actual order）一样，只有努力发现那种要求吾人的思想、行为、感情、服从的理想秩序（ideal order），而此种理想秩序之本身固有待于形上的研究。

但我们若将它介绍入伦理学中，则恐混淆我们的研究。所以我们姑且置之于外了。这是一般伦理学不讲道德形上论的原故。

贝尔福（Balfour）说："一切伦理学者之治伦理的第一原理，决不是要去证明他或演绎他，只不过是使其潜在者显示，使其暧昧者清晰而已。"

总之，伦理学只是研究善之科学，唯一工作就是考察道德价值之共同标准或最后标准。

如果我们在上所言伦理学之任务为不错，则我们可知自然主义在伦理学上有存在之余地，而且还为伦理学之必需。理想主义伦理学，也是一样。

我尝读理想主义的伦理学书，有一个感觉，即是理想主义常将道德形上论与道德科学（即伦理学）混为一谈，犯此毛病的，我要说是美国的许多理想主义者。比如格林在其《伦理学序论》一书上即把伦理学俨然分成三部，第一部即言道德学在哲学上之基础；第二部讲意志，这完全是道德形上论问题；第三部讲道德理想与道德进步,这才可算是真正伦理学的问题。殊不知此种混淆,常使我们不是在道德形上论上不清楚,就是在伦理学问题上不清楚。所以结果弄得牛不像牛、马不像马。我认为最能明白此点应推康德。我们都知康德实在彻头彻尾是一道德形上论者。他毕生对于道德问题的贡献可说都在道德形上论上,我们看他的 *Critique of Practical Reason*;*Fundamental Principles of the Metaphysic of Morals*;*Metaphysic Elements of Ethics* 三书都常用形上名词冠之,即可明了。(但康德最早也有一部 *Lectures on Ethics*,却是一部继承沃尔甫伦理思想写的一部各种具体德行讲义。)

我们如果能明白道德形上论与伦理学之分别,则知理想主义大部分均是占在道德形上论之方面去了。不过,能去其形上论,则完全成伦理学问题,而且一切伦理问题也无不出此。故理想主义告诉我们一切道德判断都以理想为标准,人之能识别善恶全由良心,人之称为道德者厥惟人能实践义务,服从良心之声。此几点完全是说的道德判断之普遍标准,应是属伦理学的。至于他告诉我们这些事情是有神的保证,其根基在自由,并可以不朽而接近 Infinite,此则已是道德形上论了。何则?因吾人事实上在定善的判断时,这些要素并不曾需要,只觉其合乎某几种可堪为善者之原理即足矣,所以我主张伦理学应与道德形上论不妨分家。但也必须有一个综合的看法,既把道德形上论分开后,吾人遂知伦理学本身有两大需要:第一即是无论如何要把科学的伦理论或曰自然主义伦理学介绍进来作为题材;事实之收集,有进化,所以伦理学本身也在随道德事实之例子丰富而内容更充实。因此,伦理科学不求进步则已,苟欲求进步,必不能舍去科学的道德论。第二仍必须以道德形上论作为根基,不然,其本身即待疑问,而且也很难付诸实践。伦理学很重要的是付诸实践的问题,差不多道德问题的答案之真否,也全视能否付诸实践而得兑现为定。譬如有人于此,视一切善均信任,但不满足于善究竟是否有永存之保证?于是,一切伦理学上所给予他的答复,都将会随此一问题而破碎了。故曰道德形上论仍是伦理学之必需。

我再补足一句,如果要贯彻道德问题,当然要采取道德形上论。因此道德形上论，即理想主义所急于努力的问题，在此中实无假于自然主义的事实伦理学之必要；不过我们如果治的是伦理科学，是找道德之共同标准而非标准，如此我们虽是理想主义者，也不能不顾科学伦理学的问题了。

由此观之，我说自然主义有待理想主义之补足，理想主义又不无涉及自然主义的问题，两者并不矛盾的了。

自然主义与理想主义是可以调和的，只是在伦理科学而非在伦理哲学（或伦理形上论）上而已。换言之，理想主义本身并无缺点，只不过其本身常将道德哲学与道德科学混为一谈，所以欠明了。故我们今后应特别加重道德科学与道德形上论之分与合的问题，二者均有其存在的理由。能从此一点下手也许许多无谓的纷争，自可以避免了。

（选自《周辅成文集》卷一，北京大学出版社，2011年）

《逻辑指要》自序

章士钊

章士钊（1881—1973）：思想家，逻辑学家。曾任北京大学哲学系教授。著作主要有《逻辑指要》、《柳文指要》等。

公历千九百七年，余始治逻辑于苏格兰大学，就级之明日，有老儒至僦舍见访，接之，赫然斯学教授戴蔚孙博士 Prof. Davidson 也。博士弘识冲怀，锐意奖藉，余得自意外，踊跃奋迅，自是践履逻辑途径，步步深入，兴会亦缘而高，今忽忽三十年有奇矣。老而无成，辩慧都减，有愧本师，夫复何言。民国七年，余以此科都讲北京大学，时同僚陈君独秀、胡君适之、陶君孟龢，主学生自为笔录，不颁讲章，吾亦疏于篆记，逻辑未有专著。共和二十年，余复至沈阳东北大学讲授名理，以墨辩与逻辑杂为之，仍是止于口授，未遑著录，因循复因循，以迄于今。今岁二月，吾为国民参政会事，于役重庆，议长蒋公以精神之学教天下，审国人用智浮泛不切，欲得逻辑以药之，而求其人于吾友张君劢，君劢不审吾学之无似，为之游扬，公遂虚衷自牧，不耻下问，并督为讲录，俾便览观。

寻逻辑之名，起于欧洲，而逻辑之理，存乎天壤，其谓欧洲有逻辑中国无逻辑，讆言也，其谓人不重逻辑之名而即未解逻辑之理者，尤妄说也。且欧洲逻辑外籀部分，自雅理士多德以至十七世纪，沉滞不进，内籀则雅理诸贤未或道及，自倍根著新具经，此一部分始渐开发，逻辑以有今日之仪容。若吾之周秦名理，以墨辩言，即是内外双举，从不执一以遗二，惜后叶赓绍无人，遂尔埋塞到今。吾曩有志以欧洲逻辑为经，本邦名理为纬，密密比排，蔚成一学，为此科开一生面，然语其才力，差足发凡起例而止，成功非所期也。兹以议长拗谦之衷，同人敏求之志，迫促驽骀，勉为十驾，不才微志如右云云，或且见饫于百一。窃本斯旨，自忘无似，于返港之明日，伸纸吮笔，纵其所之，枝杆相连，粗可观览，效出望外，抑以自伤。盖吾书应成于二十年前，顾吾荒怠不为，必待关河戎马，举国不事学问之际，仓皇命笔，成此鸡肋，天下事颠倒瞀乱，宁或逾是？书都二十万言，取柳子厚称元翼治鬼谷子文之以指要意，颜曰《逻辑指要》，以示别于坊间逻辑本子。惟以极短之时间成之，漏略纰缪，当然难免，此凡初步之术业皆然，固不独本编如是也，补充葺治，举俟异日。又累年笔记有未散佚者，颇刺取几许入焉，就中驳正胡君多条，未及删除，适之畏友，此学问之道，谅不以愚赣见罪，余之还求教诲，饥渴以之，海内弘伟之士，庶几无吝金玉。是为序。

民国二十八年五月十二日 章士钊序于行都

（选自《逻辑指要》，三联书店，1961年）

逻辑与名学

张申府

逻辑两字是严几道所译，现在总算很通行了。

逻辑原语，谊本多歧，译以逻辑，深为了便。

循名作名之大法原在：

一，斯名止于斯物。

二，名无固宜，约定俗成谓之宜。名无固善，径易而不拂谓之善。

逻辑是几乎斯名止于斯物，而确是约定俗成的了。

可是，以为学名，则我近于逻辑与名学，无可无不可。犹之我于算学与数学无择。

人皆知逻辑原语，原出希腊，谊为名，若理，若言，若道。

然此非初原。初原乃当于拉丁动字 legere，英云 to gather（见耶芳斯《科学原理》），中云集。正合"逻辑"之字谊。

英十七稘唯物论师霍布士亦尝以集合（to collect）释推辩。

To gather 或 to collect 固皆有推谊。

是故逻辑之音谊兼摄，确是兼摄得妙。

我近何以又兼取名学？

在感情上，觉着逻辑两字日益流行，名学一个好名词要废了，故偶亦稍稍用之。

我何以有此感情？乃有进一步的意思。我所谓名学，固非严几道所谓名学。

名学者形学也。(形或作型。)

名学所讲出不了广义的名字。

罗素于《二十世纪之哲学》中说，不言形式逻辑，为逻辑没有不是形式的。(形或作型。形式或译法模，也便音谊并摄。)

可是形学一名，狄考文已用去译了几何。

可是旧言形名，转而为名实，另一转为形质。

故名是有形谊的。

是故我所谓名学，乃谓形学。

论形不论质。一切质可入之。

为一切学之型。一切学以为法。

它自己呢？

它自己以事，以实为法。

故形与实有同者。

是谓形之形。(形或作型。)

结构是已。(读维特根什坦的《名理论》！)

（选自《所思》，三联书店，2008 年）

语言、思想与意义——意指分析的第一章 沈有鼎

沈有鼎（1908—1989）：逻辑学家。曾任北京大学哲学系教授。著作主要有《〈墨经〉的逻辑学》，编有《沈有鼎集》。

一、辞身与辞

在我们听张三说一个字或是说一句话的时候，我们是听见了一串声音，但我们并不只当他一串声音看待，我们赋予他以"意义"。这串声音对于我们不仅仅是一串声音而是一个"辞身"。

我们赋予张三所发的这串声音以某一个意义；其实我们不仅仅赋予这串声音以这个意义，只要是与这串声音"同样"的一串声音我们也都赋予这个意义。于是同样的两串声音不但成为意义相同的两个辞身，而且被看作同一个"辞"的两次出现。"思想"两字在本书里出现好些次，每一次出现就有一个辞身；但这些辞身并不是许多辞，而是同一个辞的许多辞身。

辞身与辞这两个概念在平常我们往往不加分别。我们说："张三认识四千多字。"我们也说："张三写了两万多字。"这两句话里面"字"的意义并不相同。张三写了两万多字，这两万多字大概有好些是"重复"的，因为总逃不出张三所认识的四千多字。一旁是两万多

个辞身，一旁是四千多个辞。辞身是个别的物理事物，但辞不是个别的事物。辞虽然不是个别的事物，但也不是没有历史性的"本然的"事物。一个辞依靠着某些约定的存在而有。一个个别的物理事物之所以成为这个辞的辞身，也依靠着这些约定的存在。

辞不一定有辞身。那些庞大的阿拉伯数字在事实上并没有辞身；因为一个人的寿命太短促了，等不得写完这样一个几兆兆兆位的数字的辞身。但这些几兆兆兆位的数字——这些辞——确是有的，因为某些约定存在着。

两个互不交通的社会说不定会有巧合的事情发生。由于他们各别的约定他们赋予了同样的一串声音以同一个意义。我们不能因此说这两个社会具有同一个辞。因为他们虽有同样的两个约定（或是两套约定有部分的偶合），这两个约定是没有因果联系的，并不能看作同一个约定。我们只能说这两个社会的这两个辞属于同一个"辞模"。一个辞模是一个物理型式与一个意义的可能的结合。辞不是本然的事物，但辞模有些是本然的。因为物理型式都是本然的；一个辞模的意义只要是一个非历史的意义，这个辞模也是本然的。辞模不是"终极的"事物，与意义、辞、辞身等不同。

大多数辞身的产生是为着表现"思想"。这样的辞身我们称为"有效的辞身"。但有些辞身的产生并不为着表现思想。中国人讲究练字，有些人高兴的时候就在一张纸上随便乱写。这样的辞身我们称为"无效的辞身"。无效的辞身也可以不由人力而产生，例如一群雁在天空中排列成一个"人"字。

一个辞身倘若是另一个辞身的部分，我们称他为"非独立的辞身"；倘若不是另一个辞身的部分，我们称他为"独立的辞身"。张三说了一句"我不去"，此外没有连着说什么。这里"我不去"是独立的辞身，"我"、"不"、"去"、"不去"是非独立的辞身。李四说："明天下雨的话我不去。"这里"我不去"是非独立的辞身。

一个辞倘若不能有独立的有效的辞身，我们称他为"不完全的辞"；倘若可以有独立的有效的辞身，我们称他为"完全的辞"。（所谓可以有或是不能有，不是事实上有没有,是理论上可能不可能有。几兆兆兆位的数字的辞身,事实上虽没有,理论上是可能有的。)"从来"、"明天下雨的话",是不完全的辞。"啊呀!",﹁水﹂、"我不去"是完全的辞。

我们已知道:不完全的辞的有效的辞身只能是非独立的辞身。但完全的辞既可以有独立的有效的辞身,又可以有非独立的有效的辞身。例如"我不去"是一个完全的辞;前面张三说的"我不去"是独立的辞身,李四说的"我不去"是非独立的辞身。

二、思想作为与意念

前面说过:有效的辞身是思想的表现。但"思想"这名词有好多意义、好多用法。照他的第一个用法,思想是一种心理的作为,我们称这种作为为"思想作为"。张三想着怎么样怎么样。这"想"就是张三的思想作为。思想作为是个别的心理事物。

思想作为有他的对象。张三想着七十八这个数目,七十八这个数目就是张三的思想作为的对象。但"对象"又是一个意义繁多的名词。我们应当区别"思想内容"与"对象本身"。张三想着李四。这也就是说张三里面有一个李四。但李四自己并不在张三心里面。李四自己是对象本身,张三心里面的李四只是张三的思想内容。

很不幸的,"思想内容"这名词又有好多意义。照他的第一个意义说,思想内容是思想作为所产生的"意念"。张三不能光是空空的"想",他是想着什么。张三想着李四;在张三心里面不仅仅有一个思想作为,同时还得有一个"内容"来作李四的代表。意念是对象的代表,意念与思想作为一样都是个别的心理事物。一个思想作为不能不产生一个意念,否则不成其为思想作为。一个思想作为产生了一个意念,这个思想作为就把这个意念当作对象本身来观看。说得更妥当一点,思想作为就是这个"观看"。在意念里面观看对象就是思想作为。意念不能脱离思想作为而存在。一个思想作为停止的时候，他所产生的意念也消灭了。思想作为与意念的关系是一对一的。普通用"思想"这名词往往指着意念说，这是"思想"两字的第二个用法。

但是把"思想"或"意念"看作与思想作为同生同灭的心理内容，仍不合普通说话的习惯。照普通的看法，一个意念虽是由一个思想作为产生的，他并不随着思想作为一起消灭；思想作为停止之后，他潜藏在心里面，遇到机会的时候就另有一个思想作为把他"重唤"起来。这个思想作为并不产生任何新的意念，他只把那个旧的意念从心的库藏里面请出来。甚至于一个人不但可以把自己的意念重唤起来，他还可以把他的意念传给别人，让别人由"学习"得到这个意念。这个意念已成了公共的财产，不单在你的心里，也不单在我的心里了。这样一个"意念"其实是一个意念传统。这个传统还是根据着各人各时各别的意念中间的因果联系而成立的。为避免混乱起见，这样一个传统我们不称为一个意念而称为一个"通脉意念"。说某人或是某社会有某一个通脉意念等于说他有一大堆"意义"相同而中间又有某种因果联系的意念。（我们说"一大堆"，只是就通常的情形说，其实少到只有一个也可以，但至少有一个。）这种因果联系就是直接或间接的"承袭"。甲意念承袭乙意念，或是甲乙两个意念都承袭丙意念，甲乙两个意念中间就有了我们所说的这种联系。这些意念虽然不是一个一个在时间上没有间隙的连续着，但由于他们中间的因果联系，他们被看作同一个通脉意念。

因此照我们的看法，所谓"重唤"仍是一个思想作为产生一个新的意念，学习更不用说了。在精神的领域里没有不劳而获的事情。即令某一个思想作为不是一个"首创的"作为而只是承袭的作为（重唤或是学习）他还得自己建筑起自己的意念来。正如同一个人誊写字帖也还是自己在那里写字，一个人誊写自己的书稿也还是重新写一遍。

照这样说，一个通脉意念究竟不是一个意念。一个公共的、同时在许多人心里的通脉意念显然不能是一个意念。至于一个为张三所私有的通脉意念也不是一个潜伏在张三心里的意念，这点似乎不很显然。因为张三的前后两个意念中间是有间隙的，倘若没有一种连续，怎么能发生因果关系呢？我们还常说，张三知道什么什么，张三相信什么什么；只要张三曾有过那样一个思想作为，我们并不因为他在这个时候没有那样一个思想作为就说他在这个时候不知道什么什么。你问他，他就会告诉你，只要他还没有"忘掉"或是"改变思想"的话。固然由于你这一问他就有了一个重唤的（因此还是"那样"的）思想作为，但正在你问他之前一些时候他并没有那样一个思想作为。你不能说正在你问他之前一些时候他不知道，你也不能说等到你问他他才知道的。既然他在这些时候本来是知道（或是相信）的，似乎我们应当说，他在这些时候虽然没有那样一个思想作为，他保持着有那个意念。假若意念不能保持，知识就同水一样流来流去，谈不到什么"获得知识"或是"增进知识"了。但我们已说过：意念决不能脱离思想作为而存在。所以在张三的那样一个思想作为停止的时候，张三已没有那个意念了，只有一个潜伏着的机构，使得张三在遇到适当的机缘时会有一个承袭的思想作为来重新建筑一个与他曾有过的那个意念同样的意念。这个机构是半物理半心理的，但心理的成分重些。（一个公共的通脉意念也需要一个半物理半心理的机构来维持他，在这个机构里面物理的成分也重要了。）这样一个机构我们称为一个"意念习"。

前面说有效的辞身表现思想，这"思想"两字最适当的解释是"通脉意念"。一个通脉意念可以有不止一个辞身来表现他。许多辞身表现同一个通脉意念，这许多辞身就被看作同一个"通脉辞身"。例如你有一部《孟子》，我也有一部《孟子》，他还有一部翻译的《孟子》；三部《孟子》虽然是三部书，也还是一部书。他们不仅仅"内容"意义相同，而且这相同不是由于偶合。

一个通脉意念不一定有辞身表现他。张三有一个常在心里盘旋的思想，但没有把他的思想说出来或是写出来。这个思想或是通脉意念就没有被表现。

我们说过：思想作为与意念的关系是一对一的。因此有人会主张二者是同一的，不应当加以区别。或是这样说：有思想作为就够了，用不着同时再有一个意念。意念是对象的代表；正因为人心不能达到心外的事物，所以需要一个心内的事物来代表心外的事物。但是倘若人心真不能达到心外的事物，心内的事物也没有法子代表心外的事物；正如同一个天生的聋子看乐谱一样。倘若人心可以达到心外的事物，就用不着一个心内的事物来作心外的事物的代表。思想作为何尝不可以是对于对象本身的直接的观看？我们回答：神的思想作为或许是不需要意念的，因为神的思想是直观的。但人的思想是抽象的，不是直观的，所以不能没有意念；并不是人心不能达到心外的事物。因为人的思想不是纯乎阳动的，所以有他的阴静的一方面，这就是意念。另一个理由是：一个思想作为是一个单纯的事物，但一个意念往往是一个复合而有结构的事物，所以思想作为与意念虽是相依相辅不能相离，但也不能是同一的。

三、意指对象

意念代表对象。张三想着"女娲氏"，想着"1925年的法国国王"，想着"最大的整数"。我们说女娲氏、1925年的法国国王、最大的整数是张三的这三个意念所代表的对象。但女娲氏并无此人，1925年中法国并没有国王，数目里面并没有最大的整数。既然这样，张三的思想是没有对象了。但是说张三的思想没有对象，也不合普通说话的习惯。思想没有对象就不成其为思想，张三的思想的对象就是女娲氏、1925年的法国国王、最大的整数。我们一方面不能不说张三的思想有对象，一方面又不能说这对象是没有的。这个矛盾应当怎么样解除，是一个不很容易回答的问题。

有人这样回答：张三的思想的对象确是"有"的，但并不"存在"。所谓"女娲氏"无非是一大堆"性状"的联合。一大堆性状的联合还是一个性状，这个性状本身并不是没有的，只是没有具有这个性状的事物。这个回答仍是说不通的。因为女娲氏并不是那个性状，他就是具有那个性状的事物。至于"最大的整数"本来就指一个性状说，但这个性状是没有的。最大的整数之所以为最大的整数又是一个较高级的性状。虽然这个较高级的、自身含有矛盾的性状并不是"没有"的，最大的整数只是最大的整数，不是这个较高级的性状——不是最大的整数之所以为最大的整数。既然这样，我们不能不说：张三的思想的对象确乎是"没有"的，不只是"不存在"。说得更清楚一点，张三的这几个意念并没有与他们相当的对象本身。

那么张三的思想真没有对象了？张三明明想着女娲氏，想着1925年的法国国王，想着最大的整数，怎么能说张三的思想没有对象呢？有人提出这样一个说法：张三的思想虽然没有相当的对象本身，但并不是没有意念，我们说张三的思想有对象，这里"对象"两字指的只是张三的意念。这个说法还是有困难的。张三的思想的对象明明是女娲氏、1925年的法国国王、最大的整数。女娲氏曾炼石、补天，张三的意念也曾炼石、补天么？1925年的法国国王是一个国王，张三的意念也是一个国王么？最大的整数并不是一个个别的心理事物，张三的意念不正是一个个别的心理事物么？固然，我们一方面可以说1925年的法国国王是国王，因为他不能不是国王；一方面也可以说1925年的法国国王不是国王，因为国王里面没有他。这两句话并不互相矛盾，正因为1925年的法国国王是没有的。（女娲氏曾炼石补天，女娲氏未曾炼石补天；最大的整数是一个数目，最大的整数不是一个数目；这些话也都可以说。）但张三的意念并不是没有的；我们说了张三的意念不是国王，不能又说张三的意念是国王。我们虽然可以说张三的意念是"1925年的法国国王"这样一个意念，我们并不说他真是法国国王；然而张三的思想的对象正是1925年的法国国王。

1925年的法国国王，在客观的宇宙里并没有，在张三的心中又是有的。这话怎么讲呢？张三的心难道不是客观的宇宙的一部分么？我们应当这样想：在客观的宇宙里没有什么？没有1925年的法国国王这样一个对象本身。在张三的心中有什么？并不是有1925年的法国国王这样一个对象本身，是有1925年的法国国王这样一个"意指对象"。因此我们既可以说张三的思想没有对象，又可以说张三的思想有对象。"没有"的是那对象本身，"有"的是这意指对象。

要讲明意指对象是什么，颇叫人难于措词。现在我们先指出：一个意指对象不是一个实际的事物，就这一点说他与意念不同。但是我们才说这句话，就会遭到种种非难。张三的思想有意指对象，这个意指对象又不成问题是女娲氏（因为张三所想的正是女娲氏），难道张三想到的女娲氏不是一个实际的事物么？张三明明想着一个实际的事物，这个实际的事物他叫他女娲氏。我们回答：女娲氏这个意指对象既可以说不是一个实际的事物，又可以说是一个实际的事物。说他不是一个实际的事物是说他自身不是一个实际的事物，说他是一个实际的事物是说他"意指地"是一个实际的事物。同样，最大的整数这个意指对象自身不是一个数目，但"意指地"是一个数目。我们甚而可以说：女娲氏这个意指对象自身不是女娲氏，但"意指地"是女娲氏。

但是张三并不想着女娲氏这个意指对象呀！张三想的干脆是女娲氏。是我们在那里想张三心中的女娲氏这个意指对象；怎么能说女娲氏这个意指对象是张三的思想的对象呢？我们回答：女娲这个意指对象对于我们的思想说居于对象本身的地位，在我们的心内又另有高一层次的意指对象。我们说女娲氏这个意指对象是张三的思想的对象，这"对象"两字指的只是"意指对象"；我们说张三心内的女娲氏这个意指对象是我们的思想的对象，这"对象"两字说的是"对象本身"。通常说"张三想着女娲氏"。其实这句话并不表示张三与女娲氏之间发生一种关系，因为并没有女娲氏这个人可以同张三发生关系。张三想着女娲氏完全是张三的事情。倘若我们用符号逻辑里面 aRL 的格式来写，a 固然是张三（或是张三的某一个思想作为），L 并不是女娲氏；把女娲氏认作 L 会产生矛盾不通的结果，因为并没有女娲氏。L 只是女娲氏这个意指对象（或是"女娲氏"这个意义）。

李四想着梅兰芳。梅兰芳与女娲氏就不同了。李四的思想既有一个意指对象，又有一个与他相当的对象本身。梅兰芳这个对象本身是在李四心外的；在李四心内的是梅兰芳这个意指对象。梅兰芳这个意指对象自身不是一个实际的事物，但"意指地"是一个实际的事物；自身不是梅兰芳，但"意指地"是梅兰芳。梅兰芳这个意指对象与梅兰芳之间有一种"同一"的关系；但并不是他们自身同一,他们只是"意指地"同一。

李四想着梅兰芳也还是李四自己的事情,可以说"同梅兰芳没有关系"。倘若我们用符号逻辑的格式来写,把 R 还同前面一样解释,那么 CRd 里面 C 固然是李四(或是李四的某一个思想作为),d 仍是梅兰芳这个意指对象(或是"梅兰芳"这个意义),不是梅兰芳。但这回李四的思想不是没有梅兰芳这个对象本身与他相当,我们总得承认在李四的思想作为与梅兰芳这个对象本身之间也有着一种关系。倘若我们用R′表示这种关系,我们可以写 CR′e,这里的 e 就不是梅兰芳这个意指对象了,e 是梅兰芳自己。但 CR′e 所代表的事实对于 C——对于李四的那一个思想作为——是"内在的",对于 e——对于梅兰芳自己——只是"外在的"。梅兰芳被李四想着还是不被李四想着,这是丝毫无所增损于梅兰芳自己的。这个事实专研究梅兰芳是不能发现的,但专研究李四就可以发现这个事实。所以李四想着梅兰芳可以说"同梅兰芳没有关系"。(这只是就"李四想着梅兰芳"这一个事实说;倘若我们牵涉到同这件事情有因果关系的别的事情,说不定就"同梅兰芳有关系"了。)

意指对象虽然不是实际的事物,但还可以说是"个别的"。昨天张三想着孔子;今天李四想着孔子。孔子自己既不在张三心内,也不在李四心内。但昨天张三心内有一个孔子,今天李四心内又有一个孔子。这两个孔子——两个意指对象——不但不是孔子自己,他们自身也不是同一个意指对象,因为一个是昨天张三心内的意指对象,一个是今天李四心内的意指对象。一个意指对象总是专属某一个思想作为的,他不能离开那个思想作为所产生的意念。意指对象"寄寓"在意念里面,意念"承载"着意指对象。一个意念倘若不承载一个意指对象,就不成其为意念。意念与意指对象的关系又是一对一的。但从另一方面看,我们所说的张三与李四的那两个意指对象孔子,虽然自身不同一,他们"意指地"都是孔子,都与孔子同一。所以他们之间也还是有一种"同一"的关系,他们"意指地"同一。

有人会说:意念与意指对象的区别是不必要的。张三的意指对象就是张三的意念。女娲氏曾炼石补天，张三的意念自身虽然未曾炼石补天，我们何尝不可以说张三的意念"意指地"曾炼石补天，因为他"意指地"是女娲氏？有意念与思想作为就够了，用不着再要一个非实际的而又是个别的"意指对象"。我们回答：说张三的意念"意指地"是女娲氏，"意指地"曾炼石补天，诚然可以。说意念就是意指对象，也未尝不可。因为我们所说的意指对象是一种抽象的事物，他根本寄寓在意念里面，与意念不能分离，可以说在实际上是与意念同一的。不过我们要明白：意念代表对象，并不是说意念与对象之间有"相似"的关系。"相似"是有程度的。究竟相似到什么程度才算有"代表"的关系，这话是没有法子回答的。"绝对的相似"在事实上大概是没有的。单说"多少相似"，任何两个事物都可以说是多少相似。而且与孔子相似的有阳虎；张三想着孔子，张三的意念与孔子相似，所以也与阳虎相似。倘若"代表"的关系只是"相似"的关系，张三的意念也同时代表了阳虎，所以张三想着孔子同时也就是想着阳虎，这是说不通的。意念代表对象，也不是说对象与意念之间有一种因与果的关系。倘若是这样，我们不但不能想女娲氏，连明天的事情都不能想了。意念必须有意指性才能是意念。意念要有意指性，必须意念本身就含有了对象。张三想着孔子，张三的意念必须含有孔子。说粗鲁一点，孔子必须跑到张三心里面去。但跑到张三心里面去的不是孔子自己（因为"张三想着孔子"这回事对于孔子自己完全是外在的），乃是与孔子自己有某种"同一"的关系的孔子这个意指对象。——我们说"同一"，不说"相似"。——意念之所以成为意念全靠这个非实际的意指对象寄寓其中。

因此张三要以孔子为思想的对象，必须把孔子转化为自己，也可以说，必须把自己"意指地"转化为孔子。张三与孔子必须有一种"同一"的关系。离开这种"同一"的关系，任何思想、任何知识都不可能。但这种"同一"不是形式逻辑上的同一，而只是意指的同一。

张三与孔子的同一，可以分四层来说明。第一，张三与张三的思想作为可以说是同一的，因为张三正想着孔子的时候，张三"生活在"他的思想作为里面，在那时候的张三可以说就是他的思想作为。第二，张三的思想作为与张三的意念只是一件事情的两方面，好像一张纸的正反两面，所以也可以说是同一的。意念好像是思想作为向对面投射的影子，但仍在张三心内。第三，张三的意念与孔子这个意指对象也可以说是同一的，因为孔子这个意指对象寄寓在张三的意念里面，孔子这个意指对象没有独立的实际的存在，可以说在实际上不外乎就是张三的意念。第四，孔子这个意指对象与孔子根本就是同一的，因为孔子这个意指对象"意指地"就是孔子自己。

我们这个说法所以不容易被人了解或是被人接受，有一个根本的原因。人们总喜欢把看自然事实的习惯来看精神的事实，于是就不能了解这种意指的同一。张三想着孔子，这是一个精神的事实。人们总希望能把这种精神的事实解释成一种自然的事实，其实这等于说要把思想或知识解释成一种不是思想不是知识的东西。在自然的事实里面不会有"意指的同一"；但离开了意指的同一就不能有"意指性"，离开意指性决不会有思想、知识等等事情。

又有人会提出疑问：思想有意指性，这诚然是不错的。但意指性是否真在意念里面，这是很成问题的。说不定意指性的真正的寄寓处是思想作为，不是意念，只是我们把他当作是在意念里面。思想作为必须把意念当作对象本身来观看，思想才有意指性。假若意念不被思想作为当作对象本身来观看，意念当然就没有意指性了。但思想作为把意念当作对象本身来观看，只是思想作为的事情，于意念自身仍是无所增益，所以意念自身还是没有意指性。意指性好像在意念里面，其实在思想作为里面；正如同我们赋予一串声音以意义，意义好像就在这串声音里面，其实就这串声音（这串物理事物）自身说他还是没有意义的，意义的真正的寄寓处不是这串声音而是我们自己。我们回答：你这个说法确乎可以自成一说。但假若你的说法是对的，那么意念与思想作为的关系只是偶然的，意念只作了思想作为的支持，只作了思想作为的工具，意念的性质与语言文字相近了。在我们看来，思想作为之所以成为思想作为就少不了意念，意念与思想作为是根本上不能分离的，意念被思想作为当作对象本身来观看，这是意念的内在性状所决定了的，因为意念本来就是思想作为的产物；一串声音被思想作为拿来作外在的工具用，与这情形是不一样的。意念不被思想作为当作对象本身来观看，不但不成为意念，连他自身都没有了；一个辞身不被思想作为当作对象本身来观看时，仍是一串物理事物。思想作为把辞身当作对象本身来观看，于辞身自己所增益，这是因为辞身自己还是一串无意义的声音，并没有添上什么性质。思想作为把意念当作对象本身来观看，于意念无所增益，这是因为意念自身已含有了意指性，不是再添上意指性。意念自身就不能离开思想作为与他之间的关系，意念在这关系之中这回事对于意念自身是内在的。在我们有思想作为的时候，同时我们有种种想象，我们往往想象着一个辞身（一串声音），这种想象所产生的意象对于思想作为确乎只是一种外在的工具。我们不应当把意象与意念混为一谈，思想的意指对象并不真寄寓在意象里面。照你的说法，似乎意念只是这样一个意象，但我们所谓意念不是这样一个意象。所以你的说法实在就同说只有思想作为没有意念一样。而我们认为思想的阳动（能）阴静（所）两方面是密切结合着的，阴静这一方面（意念）并不是外在的工具，因此意指性不专属于一方面。

四、"有"，"没有"，"不同一"，"同一"

一切事物都是"有"的，绝没有"没有"的事物；因为一个事物倘若"没有"，就没有这个事物。我们说女娲氏是没有的，正因为根本没有女娲氏。但倘若连女娲氏这个意指对象都没有，我们就没有法子作"女娲氏是没有的"这个判断了。"女娲氏是没有的"这句话所以能说，所以说了有用，还是靠着女娲氏之有；但不是真有女娲氏，只是女娲氏这个意指对象得要有。

照某种哲学理论说，"有"、"没有"这些字眼只能加到意指对象上去。因为对象本身并没有两种，一种有一种没有。但意指对象确有两种：一种是与对象本身相应的意指对象，一种是不与任何对象本身相应的意指对象；前者我们说他是"有"的，后者我们说他是"没有"的。这个理论确有他的道理，可惜稍欠周密。对象本身并没有两种，一种有一种没有，这话是很对的，因为一切对象本身都是有的。但意指对象虽然有两种，也不是一种有一种没有，因为倘若一种没有那就只有一种了。两种意指对象都是有的，但第一种意指对象与对象本身相应，第二种意指对象不与任何对象本身相应。我们不说没有第二种意指对象，我们只说第二种意指对象没有与他相应的对象本身。我们不说女娲氏这个意指对象是没有的，我们只说女娲氏是没有的，因为本来没有女娲氏，只是我们心中有女娲氏这个意指对象。说某一个事物没有，必须有一个意指对象意指地是这一个事物。说"女娲氏是没有的"实在等于说"女娲氏这个意指对象不与任何对象本身相应"。倘若有人觉得我们仍不妨用"女娲氏这个意指对象是没有的"这句话来表示这个意思，那么我们就应当区别：说女娲氏这个意指对象是有的是说他自身是有的，说女娲氏这个意指对象是没有的是说他"物指地"是没有的，也就是说并没有女娲氏。

既是这样，我们又可以说：有"有"的事物，有"没有"的事物。这里"事物"两字说的是意指对象，"有"、"没有"是"物指地"有，"物指地"没有。

任何两个事物都是"不同一"的，决没有"同一"的两个事物；因为只要是同一的，就只是一个事物，不是两个事物了。但单说"某一个事物是同一的"，又是说一句没有意义的话，因为"同一"是两项的关系。我们说"孔子与仲尼是同一的"，正因为孔子就是仲尼，孔子与仲尼不是两个事物；我们说"孔子与孔子是同一的"，正因为孔子本来只是这一个。在"孔子与仲尼是同一的"这句话里面还有两个不同的名字；在"孔子与孔子是同一的"这句话里面连名字也只有一个，不过这个名字在这句话的这个辞身里面有两个辞身罢了。但倘若孔子这个意指对象也只有一个，我们就没有法子作"孔子是孔子"或者"孔子与孔子是同一的"这个判断了。"孔子与孔子是同一的"这句话所以能说，还是靠着孔子与孔子之不同一，但不是孔子真与孔子不同一，只是第一个意指对象孔子与第二个意指对象孔子不同一。作"孔子与孔子是同一的"这个判断的人，心里面必须想两次孔子，也就是有两个意指对象孔子。

照某种哲学理论说，"同一"、"不同一"这些字眼只表示两个意指对象中间的关系，两个对象本身无所谓同一不同一。两个意指对象倘若都与某一个对象本身相应，我们就说他们是"同一"的；倘若各有各的对象本身，我们就说他们是"不同一"的。这个理论确有他的道理，可惜稍欠周密。两个对象本身总不会是同一的，他们总是不同一的。但一个对象本身与他自己确是同一的。至于两个意指对象其实也不会是同一的，他们也总是不同一的。倘若两个意指对象都与某一个对象本身相应，我们不说这两个意指对象同一，我们只说与他们相应的对象本身是相同的。我们不说墨子内心的仲尼这个意指对象与曾国藩心内的中国最大的圣人这个意指对象同一，我们只说仲尼与中国最大的圣人同一，因为中国最大的圣人确是仲尼。我们说"孔子与孔子同一"，也因为孔子只是这一个，人心中才有两个意指对象孔子。在"孔子与孔子是同一的"或是"孔子与仲尼是同一的"这个判断里面，两个意指对象自身虽然不同，还算有同一的"意义"。在"仲尼与中国最大的圣人是同一的"这个判断里面，两个意指对象不但自身不同一，连意义也不同一；但是他们只与一个对象本身相应；所以这个判断是真的。说某一个事物与某一个事物同一，必须有两个不同的意指对象，一个"意指地"是某一个事物，另一个"意指地"是某一个事物。说"孔子与孔子是同一的"实在等于说"这个意指对象孔子与那个意指对象孔子只与一个对象本身相应"。倘若有人觉得我们仍不妨用"这个意指对象孔子与那个意指对象孔子是同一的"这句话来表示这个意思，那么我们就应当区别：说这个意指对象孔子与那个意指对象孔子是不同一的是说他们自身是不同一的，说这个意指对象孔子与那个意指对象孔子是同一的或者是说他们"意指地"是同一的，或是说他们"物指地"是同一的；说他们"物指地"是同一的也就是说孔子只是这一个。

既是这样，我们又可以说：两个事物也有是"不同一"的，也有是"同一"的。这里"事物"两字说的是意指对象，"同一"、"不同一"是"物指地"同一，"物指地"不同一。（另一个解释是：这里"事物"还是对象本身，但"两个"不一定真是两个——一个与另一个——只是一个与一个。）

下面这两个表可以帮助我们了解上一节与这一节所说的话：——

张三想着女娲氏   李四也想着女娲氏

意念（自身）	有	是实际的事物	是心内的事物	不同一
意指对象 ⎰ 自身	有	不是实际的事物	是心内的事物	不同一
⎱ 意指地	有	是实际的事物	不是心内的事物	同一
物指地				
对象本身	没有			

张三想着梅兰芳   李四也想着梅兰芳

意念（自身）	有	是实际的事物	是心内的事物	不同一
意指对象 ⎰ 自身	有	不是实际的事物	是心内的事物	不同一
⎱ 意指地	有	是实际的事物	不是心内的事物	同一
物指地		是实际的事物	不是心内的事物	同一
对象本身	有			

五、意义

由前几节我们已知道："思想"这名词可以指思想作为说，也可以指思想内容说。但"思想内容"这个名词又有好些不同的用法。我们已说过：照他的第一个用法，思想内容是思想作为所产生的意念，或是通脉意念。我们现在可以说：照他的第二个用法，思想内容就是意指对象。本节所要讲的是"思想内容"这名词的第三个用法。

张三想着"5 与 7 之和"，李四也想着"5 与 7 之和"。这两个意念不一定有"承袭"的联系，但我们还可以说他们有同一的"内容"。这"内容"就是我们所称为"意义"的那东西。

凡是两个意指对象，我们可以拿来作两种比较：（一）与他们相应的对象本身是否同一，（二）他们的意义是否同一。倘若他们各有各的对象本身，我们就说他们"物指地"不同一。倘若他们与同一个对象本身相应，我们说他们"物指地"同一；"12"，"5与7之和"，"4与8之和"，这样三个意念的意指对象是"物指地"同一的，因为与他们相应的对象本身只是12那一个数目。但是12这个数目跑到这三个意念里面来，穿上了三样不同的衣服。三个思想作为都以12为对象，但12"如何"作他们的对象这一点并不一样。这三个意念的"内容并不同一"。我们说："12"、"5与7之和"、"4与8之和"是三个不同的"意义"，虽然真正的"对象"只是那一个。至于张三的"5与7之和"这个意念与李四的"5与7之和"这个意念"内容是同一的"；在他们心内虽然各有各的意指对象，这两个意指对象不但与同一个对象本身相应，而且是同一个"意义"的两次实现。

意指对象虽然不是实际的事物，但仍可以说是"个别的"事物。张三与李四都想着"5与7之和"。但在张三心内的是张三心内的意指对象，在李四心内的是李四心内的意指对象。通是这一个意义，因为实现在这个人心里面，那个人心里面，这个时候，那个时候，于是就分身了，就有了"个别性"，就成了意指对象。反过来说，意指对象脱离了"个别性"就是意义。前面说过：几个意念由于中间有"承袭"的联系可以被看作同一个意念（通脉意念）。但有时几个意念中间不一定都有承袭的联系，由于他们的"内容"相同他们也被看作同一个意念。照我们的用字法，我们不说他们是同一个意念或是同一个通脉意念，我们说他们有同一的意义。

"意义"这个名词原先是专用到与语言有关的情形上面的。我们常说起某一个辞身或是某一个辞的"意义"，但我们不习惯于说某一个意念的意义，在这里我们平常用"内容"两字。因为"内容"两字有很多的用法，我们现在还是愿意用"意义"两字；本来，一个有效的辞身的意义就是他所表现的意念的"内容"。（一个辞的意义也就是他的有效的辞身所可能表现的意念的"内容"。）不但两个辞身可以有同一的意义，就是两个不同的辞也可以有同一的意义。"5与7之和"与"5+7"是两个辞，但他们的意义是同一的。照我们的用字法，既然意义不一定是辞的意义，那么一个意义不但不一定有辞身表示他，甚至也不一定有可以表示他的辞。辞的有依靠着某种约定的存在，但事实上所有的这种约定是不是够给我们用来表示所有的意义，这是谁也不敢断定的。

由上面所说我们应当已经明白：一个辞身的意义并不是他所表现的意念或是通脉意念。意念都是个别的事物，通脉意念也都是有历史性的事物。但好些意义是没有历史性的，例如"7与5之和"这个意义。一个辞的意义也不是他所代表的对象本身。"中国最大的圣人"与"孔鲤的父亲"这两个辞所代表同一个对象本身，但他们各有各的意义。"'2加2等于5'这个句子的意义"，这是一个名词。这个名词所代表的对象就是"2加2等于5"这个句子的意义。假若一个名词所代表的对象就是这个名词的意义的话，那么"'2加2等于5'这个句子的意义"这个名词的意义也就是"2加2等于5"这个句子的意义了。但这是不可能的；一个名词与一个句子决不会有同一的意义，因为他们不能互相替代。况且单独说"2加2等于5"这个句子的人犯了很明显的错误，因为小孩子都知道2加2不等于5；但单独说"'2加2等于5，这个句子的意义"这个名词的人并不犯着什么错误（即令这个名词有肯定性的话），因为一个句子只要是一个句子，总有他的意义。

一个意义不一定有对象本身与他相应。"最大的整数"这个意义就是一个例子。关于这一点在下章我们还要详细说。

一个意义不一定实现为意指对象。换句话说，一个意义不一定有相当的意念。有些意义仅仅可能实现为意指对象，但事实上始终不实现。某些几兆兆兆位的数字的意义大概从没有实现过，因为这些意义的实现对于思想所加的负担太重了。（我们并不是说这些"数目"在自然界里没有实现过，我们是说代表这些数目的数字的"意义"没有实现过。）前面我们说过一个意义不一定有可以表示他的辞，现在我们又看出一个意义就是有了可以表示他的辞，还是不一定实现在意念里面。

意义不一定实现，所以一个意义的有并不依靠着思想作为，并不依靠着意念；而意指对象的有是依靠着思想作为，依靠着意念的。"3"这个意义之有并不依靠着某些思想作为或是某些意念的存在。但是我们应当区别"3"这个意义与3这个数目（3这个对象本身，性狀，"理"）。3这个数目之有不但不涵蕴某些意念的存在，其实也不涵蕴意念之所以为意念或是思想作为之所以为思想作为。"3"这个意义之有虽然不涵蕴某些意念的存在，倒是涵蕴着意念之所以为意念与思想作为之所以为思想作为。从这一点看我们也可以说凡是一个意义总是依靠着思想，依靠着心的；但我们并不是说他依靠着实际上的思想或是实际上的心，他只是依靠着思想之所以为思想与心之所以为心，依靠着"思想"这个性状。

把本章所论总结为下图：

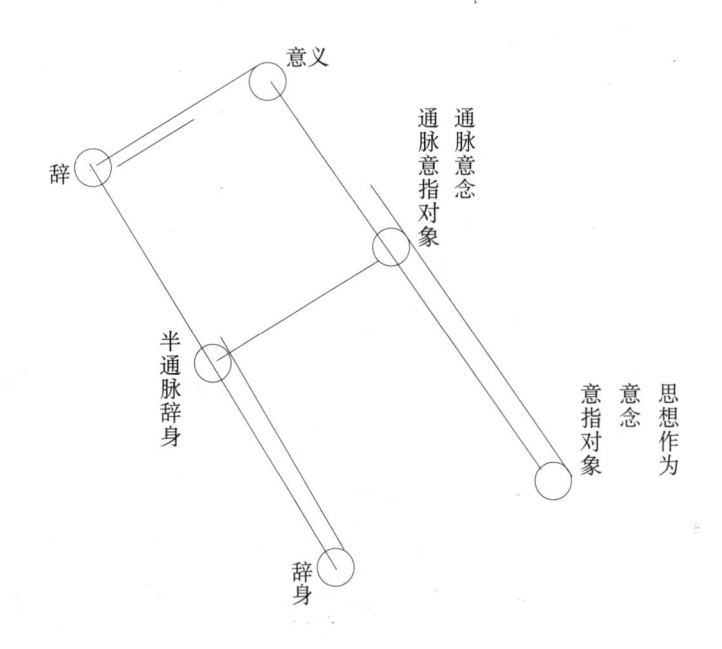

```
          意义
           ○
    辞             通脉意念
     ○             通脉意指对象
                    ○
                                思想作为
     半通脉辞身                   意念
           ○                    意指对象
                                  ○
           辞身
            ○
```

凡在图中写在一起的都是有一对一的关系的。例如思想作为与意念的关系是一对一的，意念与意指对象的关系也是一对一的。

前面说过：几个辞身倘若表现同一个通脉意念，他们就隶属于同一个通脉辞身。假若他们中间还都有"抄写"或"依仿"的关系（但并没有"翻译"的联系），那么他们不但隶属于同一个通脉辞身，而且又都是同一个辞的辞身；我们说他们隶属于同一个"半通脉辞身"。孟子的原文是一个半通脉辞身，孟子的每一种翻译也都是一个半通脉辞身。所以一个通脉辞身可以有许多半通脉辞身。

"通脉辞身"在图中没有表示。通脉辞身与被表现的通脉意念是有一对一的关系的。但因为不是所有的通脉意念都被表现，我们没有把"通脉辞身"写在"通脉意念"一起。

所谓"通脉意指对象"是把凡有承袭联系的意指对象都归成一个。通脉意念与通脉意指对象的关系是一对一的。

图中的线表示一对多的关系。意义与辞的关系是一对多的。事实上一个辞会有许多意义，但严格说起来，有许多意义就得算是许多的辞，只是物理的型式恰好相同罢了。至于许多辞有同一的意义，这许多辞并不因此就不是许多辞而只是一个辞。意义与通脉意念的关系，通脉意念与意念的关系，辞与半通脉辞身的关系，半通脉辞身与辞身的关系，通脉意念与半通脉辞身的关系，也都是一对多的。

单线表示有不在关系中的。这有五项：（一）不是所有的意义都实现，不是所有的意义都有相当的意念，因此不是所有的意义都有相当的通脉意念。（二）不是所有的辞都有辞身，因此不是所有的辞都有半通脉辞身。（三）不是所有的意义都有相当的辞。（四）不是所有的通脉意念都被表现于辞身，因此不是所有的通脉意念都被表现于半通脉辞身。（五）不是所有的辞身都是有效的辞身，不是所有的辞身都表现通脉意念，因此不是所有的半通脉辞身都表现通脉意念。双线表示没有不在关系中的。例如一个意念总是隶属于一个通脉意念的；倘若一个意念不与任何别的意念有承袭的联系，他独立的还是一个通脉意念。一个通脉意念不会没有隶属于他的意念，因为至少得有一个意念才能说有这个通脉意念。一个辞也不能没有意义，因为没有意义的就不是辞。

意义与对象本身的关系因为比较复杂，在图中没有表示。关于这一点，本文为讲述方便起见，专举"名词性的"意义为例，而且专举了"单数常项名词性的"意义为例，这是把问题简单化了的。在下文我们会把这个漏洞补起来。

（选自《沈有鼎文集》，中国社会科学出版社，2006 年）

五　古典哲学的活力

中国哲学

金岳霖

一

在三大哲学思想主流中，人们曾经认为印度哲学是"来世"的，希腊哲学是"出世"的，而中国哲学则是"入世"的。哲学从来没有干脆入世的；说它入世，不过是意图以漫画的笔法突出它的某些特点而已。在懂点中国哲学的人看来，"入世"的说法仅仅是强调中国哲学与印度、希腊的各派思想相比有某些特点；但是对于那些不懂中国哲学的人，这个词却容易引起很大的误解。它的本意大概是说，中国哲学是紧扣主题的核心的，从来不被一些思维的手段推上系统思辨的眩目云霄，或者推入精心雕琢的迷宫深处。正像工业文明以机器为动力一样，哲学是由理智推动的，这理智不管是否把我们赶进死胡同，总可以把我们引得远离阳关大道、一马平川。而在理智方面，中国哲学向来是通达的。

人们习惯于认为中国哲学包括儒、释、道三家。这三家在单提的时候又往往被说成宗教。在早期，儒家和道家本是地道的哲学，因此是先秦百家争鸣的两家，那个时期的学派纷纭是中国历史上无与伦比的。由于词语未尽恰当，我们不打算对此作任何描述。把一些熟知的哲学用语加之于西方哲学足以引起误会，用于中国哲学则更加不妙。例如有人可以说先秦有逻辑家，这样说就会引得读者以为那时有一些人在盘算三段推论，研究思维律，甚至进行换质换位了。最近有一篇文章把阴阳家说成科学的先驱，这也不是全无道理，于是这样一来阴阳家就成了某种严格说来从未实现的事业的先驱；读者如果根据描述把阴阳家想象成古代的刻卜勒或伽利略，那是接受了一批思想家的歪曲观点。

儒家和道家是中国固有的，是地道的国货。释家则是从印度传入的，不知能不能算中国哲学家。传入外国哲学与进口外国商品不完全一样。例如在上个世纪，英国人曾经惊呼德国唯心论侵入英国，他们说："莱茵河流进了泰晤士河。"但是英国人尽管惶恐，他们的泰晤士河并没有就此变成一条莱茵河；英国的黑格尔主义虽然承认来自外国，是外国引起的，却分明是英国哲学，尽管它的英国色彩不像洛克哲学和休谟哲学那样鲜明。释家在中国，无论如何在早期是受到中国思想影响的，实际上有一段时间披上了道家的法衣，道家可以说成了传播佛法的主要代理人。但是释家有一种倔强性格抵制了道家的操纵，因此它虽然在某种程度上变成了中国哲学，在基本特色方面却不是与固有中国哲学没有区别的。

下面几节要挑出几个特点来讨论。我们尽可能不用固有名词，不用专门术语，不谈细节。

二

中国哲学的特点之一，是那种可以称为逻辑和认识论的意识不发达。这个说法的确很常见，常见到被认为是指中国哲学不合逻辑，中国哲学不以认识为基础。显然中国哲学不是这样。我们并不需要意识到生物学才具有生物性，意识到物理学才具有物理性。中国哲学家没有发达的逻辑意识，也能轻易自如地安排得合乎逻辑；他们的哲学虽然缺少发达的逻辑意识，也能建立在已往取得的认识上。意识到逻辑和认识论，就是意识到思维的手段。中国哲学家没有一种发达的认识论意识和逻辑意识，所以在表达思想时显得芜杂不连贯，这种情况会使习惯于系统思维的人得到一种哲学上料想不到的不确定感，也可能给研究中国思想的人泼上一瓢冷水。

这种意识并不是没有。受到某种有关的刺激，就不可避免地要发生这种意识，提出一些说法很容易被没有耐性的思想家斥为诡辩。这类所谓诡辩背后的实质，其实不过是一种思想大转变，从最终实在的问题转变到语言、思想、观念的问题，大概是领悟到了不碰后者就无法解决前者。这样一种大转变发生在先秦，那时有一批思想家开始主张分别共相与殊相，认为名言有相对性，把坚与白分离开，提出有限者无限可分和飞矢不动的学说；这些思辨显然与那个动乱时代的种种问题有比较直接的关系。研究哲学的人当然会想到希腊哲学中的类似情况。从这类来自理性本身的类似学说中，可见他们已经获得了西方哲学中那种理智的精细；凭着这些学说，哲学在某种意义上变成了锻炼精神的活动。然而这种趋向在中国是短命的；一开始虽然美妙，毕竟过早地夭折了。逻辑、认识论的意识仍然不发达，几乎一直到现在。

其所以如此，可以举出一大堆原因；但是不管出于什么原因，哲学和科学受到的影响确实是深远的。科学在西方与希腊思想有紧密联系。虽然不能把前者看成后者的直接产物，却可以说前者的发达有一部分要归功于希腊思想中的某些倾向。实验技术是欧洲文化史上比较晚起的，尽管对科学极为重要，却不是产生科学的惟一必要条件。同样需要的是某些思维工具；人们实际提供的这类工具，很可以称为思维的数学模式。微积分的出现是对科学的一大促进，这表明处理数据的手段同通过观察实验收集数据同等重要。欧洲人长期用惯的那些思维模式是希腊人的。希腊文化是十足的理智文化；这种文化的理智特色表现为发展各种观念，把这些观念冷漠无情地搬到种种崇高伟大的事情上去，或者搬到荒诞不经的事情上去。归谬法本身就是一种理智手段。这条原理推动了逻辑的早期发展，一方面给早期的科学提供了工具，另一方面使希腊哲学得到了那种使后世思想家羡慕不已的惊人明确。如果说这种逻辑、认识论意识的发达是科学在欧洲出现的一部分原因，那么这种意识不发达也就该是科学在中国不出现的一部分原因。

中国哲学受到的这种影响同样是深远的。中国哲学没有打扮出理智的款式，也没有受到这种款式的累赘和闷气。这并不是说中国哲学土气。比庄子哲学更土气的哲学是几乎没有的。然而约翰·密德尔敦·墨雷（John Middleton Murray）曾说过，柏拉图是个好诗人，黑格尔则是个坏诗人。根据这个说法，也许应该把庄子看成大诗人甚于大哲学家。他的哲学用诗意盎然的散文写出，充满赏心悦目的寓言，颂扬一种崇高的人生理想，与任何西方哲学不相上下。其异想天开烘托出豪放，一语道破却不是武断，生机勃勃而又顺理成章，使人读起来既要用感情，又要用理智。可是，在惯用几何模式从事哲学思考的人看来，即便在庄子哲学里，也是既有理智的寒光，而又缺少连贯。这位思想家虽然不能不使用演绎和推理，却无意于把观念编织成严密的模式。所以，他那里并没有训练有素的心灵高度欣赏的那种系统完备性。

然而，安排得系统完备的观念，往往是我们要么加以接受，要么加以抛弃的那一类。作者不免要对这些观念考察一番。我们不能用折衷的态度去看待它们，否则就要破坏它们的模式。这里也和别处一样，利和害都不是集中在哪一边。也许像常说的那样，世人永远会划分成柏拉图派和亚里士多德派，而且分法很多。可是撇开其他理由不说，单就亚里士多德条理分明这一点，尽管亚里士多德派不乐意，亚里士多德的寿命也要比柏拉图短得多，因为观念越是分明，就越不能具有暗示性。中国哲学非常简洁，很不分明，观念彼此联结，因此它的暗示性几乎无边无涯。结果是千百年来人们不断地加以注解，加以诠释。很多独创的思想，为了掩饰，披上古代哲学的外衣；这些古代哲学是从来没有被击破，由于外观奇特，也从来没有得到全盘接受的。中国历史上各个时期数不清的新儒家、新道家，不论是不是独创冲动的复萌，却决不是那独创思想的再版。实际上并不缺乏独创精神，只是从表面看来，缺少一种可以称为思想自由冒险的活动。我们在这里谈的并不是中国哲学长期故步自封的实际原因。早在某些哲学蒙上宗教偏见之前，用现存哲学掩饰独创思想的倾向已经很显著了。

不管出于什么现实的原因,这样的中国哲学是特别适宜于独创的思想家加以利用的,因为它可以毫不费力地把独创的思想纳入它的框子。

三

多数熟悉中国哲学的人大概会挑出"天人合一"来当作中国哲学最突出的特点。"天"这个词是扑朔迷离的,你越是抓紧它,它越会从指缝里滑掉。这个词在日常生活中用得最多的通常意义,并不适于代表中国的"天"字。如果我们把"天"了解为"自然"和"自然的神",有时强调前者,有时强调后者,那就有点抓住这个中国字了。这"天人合一"说确是一种无所不包的学说;最高、最广意义的"天人合一",就是主体融入客体,或者客体融入主体,坚持根本同一,泯除一切显著差别,从而达到个人与宇宙不二的状态。恰当地表达这个观念需要用一整套专门术语,本文不打算一一介绍。我们仅限于谈谈它的现实影响。如果比较满意地达到了这个理想,那就不会把自己和别人强行分开,也不会给人的事情和天的事情划下鸿沟。中国哲学和民间思想对待通常意义的天,基本态度与西方迥然不同:天是不能抵制、不能反抗、不能征服的。

西方有一种征服自然的强烈愿望。人们尽管把人性看成"卑鄙、残忍、低贱的",或者把人看成森林中天使般的赤子,却似乎总在对自然作战,主张人有权支配整个自然界。这种态度的结果,一方面是人类中心论,另一方面是自然顺从论。这对科学的影响是巨大的。促进科学的因素之一,是获得征服自然所需要的力量。没有适当的自然知识,就不能征服自然。只有认识自然规律,从而利用自然,人才能使自然顺从。一切工程奇迹,一切医药成就,实际上,全部现代工业文明,包括功罪参半的军事装备,至少在某种意义上都可以看成用自然手段征服自然以达到人类愿望的实例。从自然与人类隔离的观点,产生的结果是清楚的——胜利终归属于人类;但是从人类有自己的自然天性、因而也有随之而来的相互调节问题这个观点,产生的结果就不那么清楚——甚至可以变成胜利者也是被征服者。

自然与人分离的看法带来了西方哲学中彰明昭著的人类中心论。说人是万物的尺度，说一物的本质即是其被感知，或者说理解造成自然，人们就以为自然并非一成不变。在哲学语言中，"自然"概念包含一种可以构造的意思，心智是在其中自由驰骋的；在日常生活语言中，人类所享有或者意图享有的自然，是可以操纵的。我们在这里说的并不是唯心论或实在论，那毕竟是意识的构造物。我们是说中国和西方的态度不同，西方认为世界当然一分为二，分成自然和人，中国则力图使人摆脱物性。当然，中国的不同学派以不同的方式解释自然，给予自然不同程度的重要性；同一学派的不同思想家，同一思想家在不同时期，也可以对自然有不同的理解。可是尽管理解不同，都不把人与自然分割开来，对立起来。

到此为止，我们仅仅接触到了人性。西方对自然的片面征服似乎让人性比以往更加专断，带来更大的危险。设法使科学和工业人化，是设法调和人性，使科学和工业的成果不致成为制造残忍、屠杀和毁灭一切的工具。要保存文明，就必须设法控制个人，控制社会，而唤醒人们设法这样做的则是一些思想家。我们应当小心谨慎，不能随便提征服。在一种意义上，而且在一种重要的意义上，人的天性和非人的天性是从来没有被征服过的。自然规律从来没有为了人的利益、顺从人的意志而失效或暂停；我们所做的只是安排一个局面，让某些自然规律对另一些自然规律起抵制作用，俾使人的愿望有时得以实现。如果我们想用堵塞的办法来征服自然，自然就会重重地报复我们；不久就会在这里那里出现裂缝，然后洪水滔天，山崩地裂。人的本性也是一样。例如原罪说就会造成颓废心理，使人们丧失尊严，或者造成愤怒的躁发，使人们成为破坏分子和反社会分子。

哲学或宗教给人一种内在的约束，法律给人一种外在的约束，这类约束是任何社会都需要的，也都为中国哲学所承认，但是这并非鼓吹取消各种原始本能的作用。这样就产生了一种情况，由于缺乏恰当的词语，可以姑且把它描述为自然的合乎自然，或者满意的心满意足。我们的意思并不是用这样的词语暗示说，残酷、野蛮的事例在中国历史上比任何其他民族少；杀人如麻、嗜血成性、为所欲为的事情在中国历史上跟别处一样俯拾皆是。我们的意思是说，王尔德（Oscar Wilde）看到的那种不合自然，在维多利亚时代合乎自然的生活里是没有的。中国人可以有些话反对不合自然，但是并不吹捧自然的生活，似乎非常满意于自己的心满意足。在现代，我们大概惯于认为心满意足就是停滞不前、精神松懈、苟且偷安。这种现代观点本质上是鼓励向自己造反，其副产品是心理受折磨，再也不能保持生活上平安宁静。这个观点是与我们在这里试加描述的观点背道而驰的。中国人满意于自己的心满意足，表现出一种态度，认为对于他自己来说，每一件事都是给定的，因而都是要接受的；借用布拉德雷（F. R. Bradley）一句名言来说，就是人人各有其"位分和生活"，其中有他自己的自然尊严。儒家虽然认为人人都可以成为圣贤，但是做不到也并不形成心理负担。既然见到人各有其位分和生活，一个人就不仅对自然安于一，而且对社会安于一了。

四

个人不能离开社会而生活，这是不言而喻的。希腊哲学和中国哲学都体现了这个观点。从苏格拉底到亚里士多德，无不特别强调良好政治生活的重要性。这些学者既是政治思想家，也是哲学家。他们的基本观念看来是认为个人要得到最充分即最"自然"的发展，只能通过公道的政治社会为媒介。哲学涉及生活之紧密有如文学，也许比很多其他学科更为紧密。那些生来就研究哲学的人，以及那些由于自由受到政治侵犯或社会侵犯而投身于哲学的人，都不能不把上述真理当作自己的前提之一，或者积极原则之一。人们企图提供现今所谓的人生观，企图理解人生，给人生以意义，过良好的生活，这是研究哲学的动力，比大家重视的纯粹理智更原始的动因。由于人们要过良好的生活，所以生活与政治相连结这条原则把哲学直接引到政治思想,哲学家直接或间接地与政治发生联系,关心政治。

这个传统在西方没有完全贯彻,中断的原因之一将是下节讨论的主题。然而它在中国几乎一直保持到今天。中国哲学毫无例外地同时也就是政治思想。有人会说道家不是这样,可是说这话就像说鼓吹经济放任的人并非鼓吹一种经济政策,并非陈述经济思想。尽管无政府有时是指不要政府而言,无政府主义毕竟还是政治思想。在政治思想方面,可以说道家所鼓吹的同儒家相比是消极的。它认为儒家鼓吹的那类政治准则是人为的,只会制造问题而不解决问题。这种消极学说自有其积极基础。道家的政治思想是平等和自由,甚至可以说都推到了极端。它把一切皆相对的学说搬到政治领域,根本反对硬扣标准,而政治准则就是以某种方式硬扣标准。标准可以有,却不必硬扣标准,因为事物的本性中本来就有不可改变的标准,根本不必硬扣,需要硬扣的标准必定与引起硬扣的情况格格不入。道家的政治思想是政治上自由放任,它的消极意义仅仅在于谴责政治上过分硬扣的做法,并不在于不采纳任何政治目标,道家和儒家一样有自己的政治理想。我们可以把那种理想描述为可以在卢梭的自然状态中达到的自由平等境界,再加上欧洲人那种自然而然的不屈不挠的精神。

与道家相比,儒家在政治思想方面要积极得多。孔子本人就既是哲学家又是政治家。他十分明智地不当独创的思想家,宣称自己只是宪章文武,祖述先王之道。他在有意无意之间,成功地使自己的创造性思想带上了继承传统的客观意义。他是可以把自己描述成新儒家的,因为他使自己的思想不带个人性质,也就成功地使它成为独一无二的中国思想。在政治上不出现倒退的时候,它大概能够引导中国思想沿着它的轨道前进,在政治上出现倒退的时候,它也很容易把后来的思想捏进它的模式。那模式就是哲学和政治思想交织成一个有机整体,使哲学和伦理不可分,人与他的位分和生活合而为一。"天人合一"也是伦理与政治合一,个人与社会合一。

哲学和政治思想可以有多种多样的联系。人们可建立一个形而上学体系,再从其中推出若干有关政治的原则，也可以投身政治，喜爱一种与他的哲学并无系统联系的政治思想。政治思想可以与某种哲学体系有内在联系，与这位哲学家有外在联系，或者与某位哲学家有内在联系，而与他的哲学有外在联系。这两类情况都会颠倒错乱，不是哲学在政治上失势，就是政治思想失去哲学基础。例如英国的黑格尔主义提供了一种政治思想，与这种哲学体系有内在联系，但是与那些哲学家们的联系非常外在，以致这一体系和这些哲学家都不能说对英国政治发生了什么影响，只有格林（T. H. Green）除外。

儒家政治思想与哲学家及其哲学都有内在联系。儒家讲内圣外王，认为内在的圣智可以外在化成为开明的治国安邦之术，所以每一位哲学家都认为自己是潜在的政治家。一个人的哲学理想，是在经国济世中得到充分实现的。由于儒家思想在中国成了不成文的宪法，国家的治理多半用柔和的社会制约，而不大用硬性的法纪；在这样的国家里，杰出的哲学家和大师的地位即便不高于在野的政治家，至少与在野的政治家相等，同法治国家的杰出律师一样。一位杰出的儒家哲人，即便不在生前，至少在他死后，是一种无冕之王，或者是一位无任所大臣，因为是他陶铸了时代精神，使社会生活在不同程度上得到维系。因此人们有时说中国哲学家改变了一国的风尚，因此中国哲学和政治思想意味深长地结成了一个单一的有机模式。

五

哲学和政治的统一，总是部分地体现在哲学家身上。中国哲学家到目前为止，与当代的西方哲学家大异其趣。他们属于苏格拉底、柏拉图那一类。在英国，桑塔雅拿（George Santayana）在他那本《独白》里大声疾呼，而不只是发表一般声明，说他是现代苏格拉底。在当代的哲学家中，确实可以说数他发挥了超过学术意义的文化影响，他钻研了并且越出了学术性的哲学，踏进了人文学的领域。可是老实说，现代苏格拉底是再也不会有的，连现代亚里士多德都出不了。从斯宾塞（Herbert Spencer）起，我们已经意识到应该明智一点，不必野心勃勃地要求某一位学者独立统一不同的知识部门。每个知识部门都取得了很多专门成就，要我们这些庸才全部掌握是几乎不可能的。可惜苏格拉底式的人物已经一去不复返。一部现代百科全书可以使知识得到某种统一，有利于进一步提高知识。可是通过现在的分工办法，可以把知识一口一口咬下，加以改进，加以提高，丧失这样一种统一也不一定是憾事。在某种意义上，苏格拉底式人物一去不复返则是更加值得惋惜的。

现代人的求知不仅有分工，还有一种训练有素的超脱法或外化法。现代研究工作的基本信条之一，就是要研究者超脱他的研究对象。要做到这一点，只有培养他对于客观真理的感情，使这种感情盖过他可能发生的其他有关研究的感情。人显然不能摆脱自己的感情，连科学家也很难办到，但是他如果经过训练，学会让自己对于客观真理的感情盖过研究中的其他感情，那就已经获得科学研究所需要的那种超脱法了。这样做，哲学家就或多或少超脱了自己的哲学。他推理、论证，但是并不传道。除了分工以外，这种超脱的倾向使他成为超脱的逻辑家，超脱的认识论者，或者超脱的形而上学家。往日的哲学家从来不是专职的。职业哲学家的出现可以对哲学有些好处，但是对哲学家似乎也有所损伤。他懂哲学，却不用哲学。

采用这种做法之后，哲学当然也有所得。我们对每个哲学部门的问题比以前知道得多了。虽然还不能把哲学家的个性与他的哲学完全拆开，毕竟为客观性打下了一个基础，使哲学比以前更能接受积累。其所以在这一方面有所进步，是由于表达工具有了改进，思路得以分明的技术发达了，这是不容忽视的。任何一个人，可以仍然有权采取任何适合于他的禀性的哲学，却不能随心所欲地表达他的思想。有所得的还不限于哲学，哲学家也得到了一种超脱的理想。我们可以把这超脱描述为一种美妙的怀疑主义，在这种怀疑主义里，可以说希腊的明朗渗透进了希伯来的美妙，希伯来的美妙软化了希腊的明朗。有幸接近这种理想的人会妙趣横生，怀疑主义并不使他尖酸刻薄，美妙也不使他冒冒失失地勇往直前。他不会是个好斗士，因此可以失掉人们瞩望于他的社会作用；他有鉴于好斗士可以办坏事，就只好既消极又积极。理想是很难达到的。哲学一超脱，就成了一条迂回曲折的崎岖道路，布满技术性的问题，掌握它需要时间，需要训练，需要学究式的专一，在全部掌握之前往往会迷失方向，或者半途而废。一个人即便取得了某种程度的成就，也不能成其为现代苏格拉底。

中国哲学家都是不同程度的苏格拉底式人物。其所以如此，是因为伦理、政治、反思和认识集于哲学家一身，在他那里知识和美德是不可分的一体。他的哲学要求他身体力行，他本人是实行他的哲学的工具。按照自己的哲学信念生活，是他的哲学的一部分。他的事业就是继续不断地把自己修养到进于无我的纯净境界，从而与宇宙合而为一。这个修养过程显然是不能中断的，因为一中断就意味着自我抬头，失掉宇宙。因此，在认识上，他永远在探索；在意愿上，则永远在行动或者试图行动。这两方面是不能分开的，所以在他身上你可以综合起来看到那本来意义的"哲学家"。他同苏格拉底一样，跟他的哲学不讲办公时间。他也不是一个深居简出、端坐在生活以外的哲学家。在他那里，哲学从来不单是一个提供人们理解的观念模式，它同时是哲学家内心中的一个信条体系，在极端情况下，甚至可以说就是他的自传。我们说的并不是哲学家的才具——他可以是第二流哲学家，也可以具备他那种哲学的品质——那是说不准的；我们说的是哲学家与他的哲学合一。哲学家与哲学分离已经改变了哲学的价值，使世界失去了绚丽的色彩。

（钱耕森译。选自《金岳霖文集》，中国社会科学出版社，2000年）

中国哲学与未来世界哲学

冯友兰

本世纪初以来，中国的社会、政治局面尽管看来混乱，可是中国的精神生活，特别是哲学思维，却有了伟大的进步。这并不出人意外。中国的混乱，是中国社会性质由中世纪向现代转变的一个方面。在这场转变中，造成了新旧生活方式之间的真空，传统的生活方式已经古老废弃，新的生活方式仍然有待于接受。这样的真空，十分不便于实际日常生活，但是很有利于哲学，哲学总是繁荣于没有教条或成规约束的人类精神自由运动的时代。

在转变时期，过去的一切观念、理想，都要重新审查，重新估价，在这点上一律平等，哪个也不能要求比别个具有更大的权威。进行重新审查、重新估价的人是哲学家，他由此达到的观点，要比自限于单一思路的人高得多。

在中国现在进行的转变中，哲学家们特别幸运，因为自本世纪初以来，他们重新审查、估价的对象，不仅有他们自己的过去的观念、理想，而且有西方的过去和现在的观念、理想。欧洲、亚洲各个伟大的心灵所曾提出的体系，现在都从新的角度，在新的光辉照耀下，加以观察和理解。随着哲学中新兴趣的兴起，老兴趣也复兴了。在这种形势下，如果当代中国思想竟无伟大的变革，倒是非常可怪了。

变革已经发生，速度很快。许多观点已经表达出来了，只是又被后来的观点取而代之，后来的观点则是更多地研究和理解西方哲学的的结果。我自己的观点也会被取而代之，虽然如此，我还是把它表达出来，说明中西哲学如何可以互相补充，以及在这种互相补充中，中国思想如何对未来世界哲学可以有所贡献。我只讲两点：一点是哲学使用的方法，一点是由哲学达到的理想人生。

中西哲学必有某种根本的相似之点，否则就没有理由把它们都叫做哲学。分析它们的相似之点时，我基本上限于它们的形上学学说，或限于有形上涵义的认识论学说，因为只有在这里最容易对中西哲学进行比较。在西方哲学中我提出两个主要传统，柏拉图传统和康德传统，以供讨论，并与中国哲学中两个主要传统，儒家传统和道家传统，进行比较。柏拉图传统和儒家传统，代表着形上学中可以称为本体论的路子；而康德传统和道家传统，就其形上学或其哲学的形上学涵义而论，代表着可以称为认识论的路子。有一点强烈地吸引着我，就是，尽管形上学的目的是对经验作理智的分析，可是这些路子全都各自达到"某物"，这"某物"在逻辑上不是理智的对象，因而理智不能对它作分析。这不是因为理智无能，而是因为"某物"是这样的东西：对它作理智的分析就陷入逻辑的矛盾。

本体论的路子，开始于区别事物的性质与事物的存在。正如柏拉图学说的当代解释者乔治·桑塔耶纳所说："像公理一样自明的是：事物若没有性质就没有存在；只有有**某种**性质的事物才能存在。但是存在就有变化，或有变化之虞；事物能够变形，或换句话说，事物可以丢掉一个本质而拾起另一个本质。"〔鲁尼斯（D. D. Runes）编：《二十世纪的哲学》，第三一五页〕这个路子展现出关于本质的逻辑同一性和永恒性，这些当然都是理智的对象。但是，拾起本质、丢掉本质的那个"存在"又是什么？理智在分析某一事物时，将其性质一一抽去，抽至无可再抽，只觉得总还剩下"某物"，它没有任何性质，但是具有任何性质的事物都靠它才存在。

这个"某物"，在柏拉图学说中叫做"买特"（matter）；柏拉图说它"能接受一切形式"，所以"不可以有形式"（柏拉图：《蒂迈欧》）。"买特"不可分析，不是因为理智无能，而是因为凡是可以分析者一定具有某种性质。凡是具有性质者就不是叫做"买特"的"某物"了。

有些哲学家不喜欢柏拉图这个"买特"概念，想说"事件"或"物质"，在作为"材料"的意义上，才是宇宙最后的存在。但是这样的想法不是严格的理智分析。我得说，这些哲学家是错在把某些代表实际科学知识的实证观念，当成最后的了，这些实证的观念不是逻辑分析得出的形式的观念。"事件"或"材料"不过是另一类的事物，还需要进一步的分析。即使接受"事件"的说法，可是一个事件或一块材料又得分解为无性质的"某物"加上某性质。

中国哲学中的儒家，从它最初之日起，就尊重"名"，认为名代表人类行为的原则或德性的本质。儒家学说这一方面的形上学涵义，在朱熹的体系中发挥至极。朱熹体系成为中国正统的国家哲学，是从13世纪起，到20世纪初辛亥革命将帝制连同国家哲学一起推翻为止。若将朱熹的形上学体系与柏拉图的形上学体系加以比较，就会对这两位伟大哲学家的相似之处有很深的印象。不过朱熹并不认为实际世界只是理（Ideas）的不完全的摹本，而无宁是理的具体实现。在这方面，朱熹是沿着柏拉图的伟大门徒亚里士多德的路线活动的〔参阅冯友兰：《朱熹哲学》，布德（Derk Bodde）英译，载《哈佛亚细亚研究学报》1942年七期，第一至五十一页（中文原文载《清华学报》七卷二期）〕。

正像本体论的路子开始于区分事物的形式和质料，认识论的路子区分知识的形式和质料。后者正是康德所做的事。照康德说，知识的形式，如时间、空间，以及传统逻辑讨论的诸范畴，都是人的认识能力中固有的。靠这种能力人能够有知识。但是人的知识所包括的仅仅是其形式之内的东西，因而与形式混合在一起，不能分开。在理想中与这些形式有区别的东西可以叫做知识的质料，但是它究竟是什么，人不得而知。这就是康德所说的"自在之物"，或"本相"（noumenon），人不能知道它，人只能知道"现相"（phenomenon）。人不能知道"自在之物"，并非因为人的智力不足，而只是因为，如果叫做"自在之物"的东西当真可知，它就必然也只是另一个现相，而不是"自在之物"。

因此康德主张，有个"界线"存在于知与未知之间——未知的意思不是尚未知，而是不可知。康德说，界线"看来就是占满的空间（即经验）与空虚的空间（我们对它毫无所知，即本相）的接触点"〔康德：《未来形而上学导论》，卡勒斯（Paul Carus）英译本，第一二五页〕。他继续说，"不过，既然界线本身是一个肯定的东西，它既属于在它里边所包含的东西，又属于存在于既定的总和以外的天地，因此它也仍然是一个实在的肯定认识，理性只有把它自身扩展到这个界线时才能得到这种认识，但不要打算越过这个界线"〔康德：《未来形而上学导论》，卡勒斯（Paul Carus）英译本，第一三三页〕。

就一个方面说，中国哲学中的道家与康德之说相同。道家也区分可知与不可知。儒家以为，名代表原则或本质，原则或本质是实际世界中事物的标准；道家则以为，名代表主观的区别，主观的区别是人类智力造成的。"名言"这个名词是道家常用的。"言"是语言，用"名言"这个名词，道家将"名"归结为语言的事，这就必然与知识相联。人的知识只能通过名言。但是名言背后、名言之外，是什么呢？那就是"某物"，它在原则上，根据定义，是不可知的。用康德的术语说，那个某物在界线的彼岸，可以描述为"虚"（void）。这恰好就是道家用来描述界线彼岸的词。道家惯于将界线彼岸描述为"无"，意思是 not-being，为"虚"，意思是 void。

我只说在一个方面道家与康德相同，在另一方面道家则与康德不同。在伦理学，或康德称为道德形上学方面，他十分吻合儒家，特别是他的"无上命令"之说及其形上学基础，更为吻合。但是专就区分可知与不可知而论，康德与道家十分吻合。

但是，即使在这一方面，他们之间也有很大差别。康德似乎看出，靠纯粹理性的帮助，没有越过界线的道路。在他的体系中，不论纯粹理性作出多大努力去越过界线，它也总是留在界线的此岸。这种努力有些像道家说的"形与影竞走"。但是看来道家却用纯粹理性真地越过界线走到彼岸了。道家的越过并非康德所说的辩证使用理性的结果，实际上这完全不是越过，而无宁是否定理性。

否定理性，本身也是理性活动，正如自杀的人用他自己的一个活动杀他自己。

由否定理性，得到道家所说的"浑沌之地"。若问：由否定理性，是否真正越过了界线？此问没有意义。因为照康德与道家所说，这个界线是理性自己所设。随着理性的否定，也就不再有要越过的界线了。在事实上，越过界线就是取消界线。若问：越过或取消界线之后，有何发现？此问亦没有意义。因为照康德与道家所说，辨认一物不过是理性的功能。随着理性的否定，也就无所谓辨认了。

在道家看来，康德常用的"自在之物"这个名词，是一个十足误人的名词，因为它有肯定的意义，给人以错误的印象，好比说，我面前这张桌子只是一个假象，真正的桌子却在它的背后，那才是"自在之物"。当然，越过界线的东西不能用像"桌子"这样的词来描述，但是也不能用像"真正的"这样的术语来指称。它只能用否定的名词来表示。最后，连这个否定的符号也必须自身否定之。因此，谁若对道家有正确的理解，谁就会看出，到了最后就无可言说，只有静默。在静默中也就越过界线达到彼岸。这就是我所谓的形上学的负的方法，道家使用得最多。禅宗也使用它。禅宗是在道家影响之下在中国发展起来的佛教的一个宗派。

换句话说，描述，在根本上，是知识和理智的任务，但是在界线彼岸的东西根据定义是在知识和理智之外。想要描述彼岸的东西，就是想要用语言说出不可能也不应该用语言表达的东西。不能说它是什么，只能说它不是什么。这就是负的方法的精髓。

从知识和理智的观点看，负的方法表达的是否定的观念，一个X，一个表示人所不知的东西的符号。如果它也算是观念，就只是否定的观念。但是在越过界线时，连否定的观念也要放弃。一旦已经越过了界线，人就不仅没有"否定的观念"，而且没有"否定"的观念。

在这里我们得到真正的神秘主义。从道家和禅宗的观点看，西方哲学中虽有神秘主义，还是不够神秘。西方的神秘主义哲学家大都讲上帝，讲人与上帝合一。但是上帝，既然全知全能，实质上就是一个理智的观念。人只要还有一个或多个理智的观念，就还在"界线"的此岸。

另一方面，逻辑分析的方法，我称之为形上学的正的方法，在中国哲学中从未充分发展。例如，朱熹的体系中，其推理的结论虽与西方哲学中的柏拉图学说有很多相似之处，其辩论和证明则远远不够充分。道家反对知识和理智，所作的辩论和证明也是如此。在这一方面，中国哲学家有许多东西要向西方学习。

过去二十年中，我的同事和我，努力于将逻辑分析方法引进中国哲学，使中国哲学更理性主义一些。在我看来，未来世界哲学一定比中国传统哲学更理性主义一些，比西方传统哲学更神秘主义一些。只有理性主义和神秘主义的统一才能造成与整个未来世界相称的哲学。这是我想在此肯定的第一点。

也许要问一个问题：所谓越过"界线"，对人生会有什么实际效果？这个问题的答案，将我引到我的第二点，它涉及由哲学达到的理想人生。

像印度哲学许多派别那样的哲学会说，人达到不可言说、不可思议之境，便与所谓绝对实在同一，这种同一的状态叫做"涅槃"。人一达到涅槃，便能解脱"个人不死"。个人不死，西方的人以为乐，印度传统以为苦。中国哲学不如此极端。按中国传统，越过界线的实际效果，是提高我想称为的人的生活境界，以改进人生。

我在《新原人》一书中曾说，人与其它动物的不同，在于人做事时，能理解他在做什么，并能自觉他正在做它。他在做的事对于他的意义，正是这种理解和自觉给予的。由此给予他各种不同活动的各种不同意义，这些意义的整体，构成我所称的他的生活境界。

不同的人可以做相同的事，但是根据他们不同程度的理解和自觉，这些事对于他们可以有不同的意义。每个人各有他自己的生活境界，与其他任何人的都不完全相同。不过撇开这些个人的差异，我们可以将各种不同的生活境界划分为四个概括的等级。从最低的说起，它们是：自然境界，功利境界，道德境界，天地境界。

一个人可以单纯地只做他的本能或其社会风俗习惯引导他做的事。像儿童和原始人，他对所做的可能并不自觉，或对他正在做的并无很多理解。这样，他所做的事，对于他若有意义，也是极少。他的生活境界，我称为"自然"境界。

或有人可能意识到他自己，做一切事都是为了他自己。这不是说他一定是不道德的人。他可以做某些事，其后果是利他，其动机是利己。他所做的一切对他自己都有功利的意义，他的生活境界，我称为"功利"境界。

再有人会进而理解，有社会存在，他是社会的成员。社会构成整体，他是这个整体的一部分。照这种理解，他做一切事都是为了社会利益，以道德命令为无上命令。在道德一词最严格的意义上，他是真正道德的人，他所做的是道德行为。他所做的一切都有道德的意义。因此，他的生活境界，我称为"道德"境界。

最后有人进而理解，在作为整体的社会以外，还有更大的整体，这就是宇宙。他不仅是社会的成员，同时还是宇宙的成员。本着这种理解，他做一切事都是为了宇宙利益。他理解他做的事的意义，自觉他正在做他做的事这件事。这种理解和自觉为他构成更高的生活境界，我称为"天地"境界。

这四种生活境界，前两种是实是的人的产物，后两种是应是的人之所有。前两种是自然的赐予，后两种是精神的创造。自然境界最低，接着是功利境界，然后是道德境界，最后是天地境界。其所以如此，是因为自然境界几乎不需要理解和自觉，而功利、道德境界则需要多一些，天地境界需要最多。道德境界是道德价值的境界，天地境界是可以称为超道德价值的境界。

按照中国哲学的传统，一般地说哲学，特殊地说形上学，其功用是帮助人达到精神创造的那两种生活境界。天地境界必须看成哲学境界，因为若非通过哲学得到对宇宙的某种理解，就不可能达到天地境界。但是道德境界也是哲学的产物。道德行为并不单纯是符合道德律的行为，道德的人也不是单纯养成一定的道德习惯的人。他的行为，他的生活，必须含有对相关的道德原则的理解；否则他的生活境界简直可能是自然境界。哲学的任务就是给予他这种理解。

在中国哲学中，道家强调在最高的生活境界中可能有的快乐和幸福。但是在儒家看来，提高人的生活境界到最高境界，不光是个快乐和享受的问题，而是实现人之所以为人者。一个人，作为某种特殊一类的人，例如工程师或政治家，可能是完人，而作为人则可能不是完人。只有在最高的生活境界中人才是完人。哲学的功用是训练人成为完人，完人的最高成就，是与宇宙合一。

但是宇宙不能是理性的对象。在哲学中我们称为宇宙者是一切存在的总体。它相当于道家所说的"大一"。照他们所说，由于大一是一，所以不可言说、不可思议。当我们说"大一"时，已经是二了：一个是所说的大一，一个是说大一的说。

用现代逻辑的话说，当我们思一切存在的总体时，我们是在反思，因为我们是要把我们自身和我们的思都包括在总体之中。但是当我们思总体时，在我们思中的总体在逻辑上就不包括思总体的这个思。所以我们所思的总体不是一切存在的总体。严格地说，一切存在的总体，是思的一个观念，但是是这样的观念，将欲得之，必须失之，而将欲失之，必先得之。

在《理想国》中，柏拉图说，哲学家必须从感性世界的"洞穴"提高到理智的世界。如果哲学家在理智世界，也就是在天地境界。可是生活在天地境界的人，其最高成就是他自身与宇宙同一。刚才我们说过，宇宙不能是理性或理智的对象。所以人自身与宇宙同一时，人也就否定理智，这与"越过界线"的情形相同。

个人与宇宙同一，在斯宾诺莎学说中是对上帝的理智的爱。他也似乎说上帝是一切存在的总体。但是如果上帝真是一切存在的总体，它就不能是爱的对象，正如它不能是理性的对象。人不可能爱它，除非人自身与它同一。这个同一，必须由否定理智来完成，因为只有否定理智，人才能实现与不能是理智或理性的对象者同一。可是这个同一就是理智的爱，因为理智的否定本身就是理智的活动。斯宾诺莎没有把这一点讲清楚。

"越过界线"的人，化入"浑沌之地"。但是这个化，必须经过理性而否定理性来实现。否则所得的生活境界不是第四种，而是第一种，不是最高，而是最低。在一种意义上，赤子处于威廉·詹姆士称之为纯粹经验的状态，也是生活在"浑沌之地"。但是赤子并未化于那里，只不过是在那里。赤子生活在自然境界，自然境界是自然的赐予，不是精神的创造。为什么在越过界线之前，必须对界线有清楚的理解，道理就在此。为了消除理性，必须充分运用理性。为什么真正的神秘主义之前必须有真正的理性主义，为什么负的方法必须结合正的方法，道理就在此。

主张否定理性的哲学，看起来似乎一定是出世的。并非必然如此，虽然一个真正的哲学不可能仅只是入世的。它是出世的，在于试图消除人的自私和卑鄙，但是这不必意味着排除对世间日常事务的兴趣。一个真正的哲学既是出世的，又是入世的，强调在人类生活的日常事务中实现最高的生活境界。

实现这个实现，是中国哲学传统的主要目的和主要问题。在我的《新原道（中国哲学之精神）》一书中，曾力求说明，这个问题一直是中国哲学进展的中心，从孔子时代直到现在。

天地境界中的人，中国哲学称之为"圣人"，圣人并不能作出奇迹，也无须试作。他做的事不多于常人，但是具有较高的理解，他所做的就有不同的意义。换句话说，他在"明"的状态中做他做的事，别人在"无明"状态中做他们做的事。这是他的理解的结果，构成最高的生活境界，由他在人生日常行事中实现之。按照中国的传统，这就是由哲学实现的理想人生。

中国哲学对人生启示的就只是这个公开的秘密。它不过是将人生当作一个自然的事实，努力在精神上改进它，以求使之尽量地好。这里并非简单地是一套道德说教或宗教教条，如有些人设想的。这里是一种年代久远的尝试，要改变日常生活的意义和价值，使之具有在最好意义上的最高价值。这说明为什么，通贯中国历史，哲学能指导精神生活而毫无超自然主义，又能指导实际生活而不低级庸俗。中国若能对未来世界哲学作出贡献，那就是这个公开的秘密：就在日常生活之内实现最高的价值，还加上经过否定理性以"越过界线"的方法。

（1948年为美国《哲学评论》杂志"东方哲学讨论"专栏作。

涂又光译，选自《三松堂全集》第十一卷，

河南人民出版社，2000年）

言意之辨

汤用彤

章太炎《五朝学》有云："俗士皆曰，秦汉之政踔踔异晚周，六叔（魏、晋、宋、齐、梁、陈）之俗子尔殊于汉之东都。其言虽有类似。魏晋者俗本之汉，陂陀从迹以至，非能骤溃。"（《章氏丛书·文录》卷一）夫历史变迁，常具继续性。文化学术虽异代不同，然其因革推移，悉由渐进。魏晋教化，导源东汉。王弼为玄宗之始，然其立义实取汉代儒学阴阳家之精神，并杂以校练名理之学说，探求汉学蕴摄之原理，扩清其虚妄，而折衷之于老氏。于是汉代经学衰，而魏晋玄学起。故玄学固有其特质，而其变化之始，则未尝不取汲于前代前人之学说，渐靡而然，固非骤溃而至。今日而欲了解玄学，于其义之所本，及其变迁之迹，自不可忽略也。

复次，研究时代学术之不同，虽当注意其变迁之迹，而尤应识其所以变迁之理由。理由又可分为二：一则受之于时风。二则谓其治学之眼光、之方法。新学术之兴起，虽因于时风环境，然无新眼光新方法，则亦只有支离片段之言论，而不能有组织完备之新学。故学术，新时代之托始，恒依赖新方法之发现。夫玄学者，谓玄远之学。学贵玄远，则略于具体事物而究心抽象原理。论天道则不拘于构成质料（cosmology），而进探本体存在（ontology）。论人事则轻忽有形之粗迹，而专期神理之妙用。夫具体之迹象，可道者也，有言有名者也。抽象之本体，无名绝言而以意会者也。迹象本体之分，由于言意之辨。依言意之辨，普遍推之，而使之为一切论理之准量，则实为玄学家所发现之新眼光新方法。王弼首唱得意忘言，虽以解《易》，然实则无论天道人事之任何方面，悉以之为权衡，故能建树有系统之玄学。夫汉代固尝有人祖尚老庄，鄙薄事功，而其所以终未舍弃天人灾异通经致用之说者，盖尚未发现此新眼光新方法而普遍用之也。

由此言之，则玄学统系之建立，有赖于言意之辨。但详溯其源，则言意之辨实亦起于汉魏间之名学。名理之学源于评论人物。《抱朴子·清鉴篇》曰：

> 区别臧否，瞻形得神，存乎其人，不可力为。自非明并日月，听闻无音者，愿加清澄，以渐进用，不可顿任。

盖人物伪似者多，辨别极难。而质美者未必优于事功，志大者而又尝识不足。前者乃才性之名理，后者为志识之名理，凡此俱甚玄微，难于辨析。而况形貌取人必失于皮相。圣人识鉴要在瞻外形而得其神理，视之而会于无形，听之而闻于无音，然后评量人物，百无一失。此自"存乎其人，不可力为"；可以意会，不能言宣（此谓言不尽意）。故言意之辨盖起于识鉴。晋欧阳建《言尽意论》（《艺文类聚》十九）曰：

> 世之论者以为"言不尽意"，由来尚矣。至乎通才达识咸以为然。若夫蒋公之论眸子，锺、傅之言才性，莫不引此为谈证。

魏晋间名家之学流行，而言不尽意则为推求名理应有之结论。时人咸喜月旦品题，自渐悟及此义。故当时通才达识咸以为然。而魏世蒋济著论谓观眸子可以知人，锺会傅嘏之辨论才性，为名理上最有名之讨论（按会嘏均《四本论》中人。又锺傅或指太傅锺繇，然繇未闻论才性），均引言不尽意以为谈证。尤可见此说源于名理之研求，而且始于魏世也。欧阳建主张言可尽意，而其论中亦述及言不尽意之义。其文曰：

> 夫天不言而四时行焉，圣人不言而鉴识存焉。形不待名而圆方已著，色不俟称而黑白已彰。然则名之于物无施者也，言之于理无为者也。

名家原理，在乎辨名形。然形名之检，以形为本，名由于形，而形不待名，言起于理，而理不俟言。然则识鉴人物，圣人自以意会，而无需于言。魏晋名家之用，本为品评人物，然辨名实之理，则引起言不尽意之说，而归宗于无名无形。夫综核名实，本属名家，而其推及无名，则通于道家。而且言意之别，名家者流因识鉴人伦而加以援用，玄学中人则因精研本末体用而更有所悟。王弼为玄宗之始，深于体用之辨，故上采言不尽意之义，加以变通，而主得意忘言。于是名学之原则遂变而为玄学家首要之方法。

案《周易》系辞云："子曰：书不尽言，言不尽意。然则圣人之意，其不可见乎。"夫易建爻象，应能尽意（参看李鼎祚《集解》引虞翻、陆绩、侯果、崔憬之注），其曰"言不尽意"者自有其说。王辅嗣以老庄解《易》，于是乃援用《庄子·外物篇》筌蹄之言，作《易略例·明象章》，而为之进一新解。文略曰，"尽意莫若象，尽象莫若言"。然"言者所以明象，得象而忘言。象者所以存意，得意而忘象"。"是故存言者非得象者也，存象者非得意者也。"然则"忘象者乃得意者也，忘言者乃得象者也"。因此言为象之代表，象为意之代表，二者均为得意之工具。吾人解《易》要当不滞于名言，忘言忘象，体会其所蕴之义，则圣人之意乃昭然可见。王弼依此方法，乃将汉易象数之学一举而廓清之，汉代经学转为魏晋玄学，其基础由此而奠定矣。

王弼之说起于言不尽意义已流行之后，二者互有异同。盖言不尽意，所贵者在意会；忘象忘言，所贵者在得意，此则两说均轻言重意也。惟如言不尽意，则言几等于无用，而王氏则犹认言象乃用以尽象意，并谓"尽象莫若言"，"尽意莫若象"，此则两说实有不同。然如言不尽意，则自可废言，故圣人无言，而以意会。王氏谓言象为工具，只用以得意，而非意之本身。故不能以工具为目的，若滞于言象则反失本意，此则两说均终主得意废言也。

王氏新解，魏晋人士用之极广，其于玄学之关系至为深切。凡所谓"忘言忘象"、"寄言出意"、"忘言寻其所况"、"善会其意""假言""权教"诸语皆承袭《易略例·明象章》所言。兹归纳群言，缕陈其大端于下：

第一，用于经籍之解释。王弼作有《论语释疑》，书已佚，大旨当系取文义难通者为之疏抉（故于《论语》十卷只有释疑三卷）。子贡曰："回也闻一以知十，赐也闻一以知二。"夫回赐优劣固为悬殊，然二、十之数，依何而定？张封溪曰："一者数之始，十者数之终。颜生体有厚识，故闻始则知终。子贡识劣，故闻始裁知至二也。"其说牵强泥于文义。而王弼曰："假数以明优劣之分，言己与颜渊十裁及二，明相去悬远也。"（皇疏三）又"子曰：'君子而不仁者有矣夫，未有小人而仁者也'"。孔安国注云："虽曰君子，犹未能备也。"是君子犹可不仁，其义颇为费解。而王弼曰："假君子以甚小人之辞，君子无不仁也。"（皇疏七）此均以假言之说释《论语》中之滞义。其后晋人注疏多用此法，如《论语》"子曰：'吾不复梦见周公。'"李充注曰："圣人无想，何梦之有，盖伤周德之日衰，哀道教之不行，故寄慨于不梦。"（皇疏四）又"季子然问仲由冉求可谓大臣欤？"缪协称中正曰："所以假言二子之不能尽谏者，以说季氏虽知贵其人而不能敬其言也。"（皇疏六）凡魏晋南朝之解经依此法者甚多，不必详述，但凡会通其义而不拘拘于文字者皆根据寄言出意之精神也。

汉代经学依于文句，故朴实说理，而不免拘泥。魏世以后，学尚玄远，虽颇乖于圣道，而因主得意，思想言论乃较为自由。汉人所习曰章句，魏晋所尚者曰"通"。章句多随文饰说，通者会通其义而不以辞害意。《左氏传》杜注曰："诗人之作各以情言，君子论之，不以文害意。故《春秋传》引《诗》不皆与今说《诗》者同，后皆仿此。"（隐公元年）不以文害意（文本《孟子》），盖亦源于寄言出意之旨，而为魏晋玄学注解之通则也。魏晋注疏恒要言不烦，自抒己意。书之大旨或备于序文，如郭象注《庄子》之序是也。学问之体要，或具分述于"品目义"(谓篇名下之解释)中,张湛《列子》篇名之注是也。二者均谓之"通",原在总论大义。至若随文作注,亦多择其证成己意处会通其旨略,未必全合于文句。故向秀观书辄章句(颜延年五君咏),陶渊明好读书不求甚解,每有所会,欣然忘食(《五柳先生传》)。《世说·轻诋篇》注引《支遁传》曰:

> 遁每标举会宗,而不留心象喻,解释章句或有所漏,文字之徒多以为疑。谢安石闻而善之,曰:此九方皋之相马也,略其玄黄而取其骏逸。

沙门支道林为东晋谈玄之领袖,其所制作,群公赏为"名通",其为学风格如此,南方之习尚可知矣。《世说·文学篇》曰:

> 褚季野语孙安国云:"北人学问渊综广博。"孙答曰:"南人学问清通简要。"支道林闻之曰:"圣贤固所忘言,自中人以还,北人看书如显处视月,南人学问如牖中窥日。"

支所言固亦譬成孙、褚之理,但"显""牖"谓学之广约,"日""月"指光之明暗,自是重南轻北,而其归宗于忘言得意,则尤见玄学第一义谛之所在也。

第二,忘象忘言不但为解释经籍之要法,亦且深契合于玄学之宗旨。玄贵虚无,虚者无象,无者无名。超言绝象,道之体也。因此本体论所谓体用之辨亦即方法上所称言意之别。二义在言谈运用虽有殊,但其所据原则实为同贯。故玄学家之贵无者,莫不用得意忘言之义以成其说。崇尚虚无者魏晋人士甚多,不能详陈。惟其最早有二系:一为王、何,一为嵇、阮。王辅嗣兼综名理,其学谨饬。汉代易学,拘拘于象数,繁乱支离,巧伪滋盛,辅嗣拈出得意忘象之义,而汉儒之学,乃落下乘,玄远之风,由此发轫。此为通常人所熟知,无须具论。

至若嵇叔夜则宅心旷达,风格奔放。其学与辅嗣大异,然得意废言之旨,固亦其说之骨干，兹请略陈之。盖王氏谨饬注重者本体之宗统，嵇氏奔放欣赏者天地之和美。嵇叔夜深有契于音乐，其宇宙观察颇具艺术之眼光（阮嗣宗亦同）。虽思想浮杂难求其统系，然概括言之，其要义有二。首则由名理进而论音声，再则由音声之新解而推求宇宙之特性。（一）名理之学本在校练名实，然其后乃因言象之讨论进而为无名之说。嵇康《声无哀乐论》本引及得意（文曰，"能反三隅者得意之言"），论中曾谓圣人鉴识不借言语。盖心不系于所言，言或不足以证心。

夫言非自然一定之物，五方殊俗，同事异号，举一名以为标识耳。

言为工具，只为心意之标识。意有定旨，而言则可因俗而殊。由此而可知声仅可有和音，而哀乐则因人心而不同。故嵇氏之意托大同于声音，归众情于人心。"和声无象"，不以哀乐异其度，犹之乎得意当无言，不因方言而异其所指也。（二）夫声无哀乐（无名），故由之而"欢戚具见"，亦犹之乎道体超象（无名），而万象由之并存。于是乃由声音而推及万物之本性。故八音无情，纯出于律吕之节奏，而自然运行，亦全如音乐之和谐。阮嗣宗《乐论》曰："夫乐者，天地之体、万物之性也。""昔者圣人之作乐也，将以顺天地之性，体万物之生也。"中散之义根本与步兵相同。综上所言，嵇氏盖托始于名学而终归于道家，其论证本亦用忘言得意之义也。

第三，忘言得意之义，亦用以会通儒道二家之学。汉武以来，儒家独尊，虽学风亦随时变，然基本教育固以正经为中心，其理想人格亦依儒学而特推周、孔。三国、晋初，教育在于家庭，而家庭之礼教未堕。故名士原均研儒经，仍以孔子为圣人。玄学中人于儒学不但未尝废弃，而且多有著作。王、何之于《周易》、《论语》，向秀之《易》，郭象之《论语》，固悉当代之名作也。虽其精神与汉学大殊，然于儒经甚鲜诽谤。（阮嗣宗非尧舜，薄汤武，盖一时有激而发。）《论语》子见南子本孔安国所疑（《集解》三），王仲任并大加非议（《论衡·问孔篇》），然王弼祖尚老学，而于此不但不愿如仲任之问孔，而且巧为之说，以释安国之疑。文云（皇疏三）：

> 案本传，孔子不得已而见南子，犹文王拘羑里，盖天命之穷会也。子路以君子宜防患辱，是以不悦也。
>
> 否泰有命，我之所屈不用于世者，乃天命厌之，言非人事所免也。重言之者，所以誓其言也。

夫天地四时犹有消息，而况人乎。此玄学家山涛引《易经》以答嵇绍之语（见《世说·政事篇》，参看《言语篇》张天锡答王中郎）。是义自非关汉代之阴阳，而指魏晋之自然。辅嗣引此以为孔书辩护，虽阳尊儒道而阴已令道家夺儒家之席矣。玄学人注经，巧为解释，大率类此，不必详举。

虽然孔子重仁义，老庄尚道德；儒书言人事，道家谈玄虚，其立足不同，趣旨大异。儒书多处如子见南子之类，虽可依道家巧为解说，而（甲）六经全豹实不易以玄学之管窥之，又（乙）儒书与诸子中亦间有互相攻击之文，亦难于解释。前者为儒道根本之差异，后者为文句上之冲突，二者均不得不求一方法以救之。此法为何？忘言得意之义是矣。

（甲）玄学贵尚虚无，而圣人（孔子）未尝致言。儒书言名教，老庄谈自然。凡老庄玄学所反复陈述者均罕见于儒经，则孔老二教，全面冲突，实难调和。魏晋人士于解决此难其说有二。其一则谓虚无之义固为圣人所体，但教化百姓如不用仁义名教，则虽高而不可行，此说见王弼答裴徽之语（《世说·文学篇》及注），郭象之《庄子注》序。然与言意之辨无关，兹可不论。其二则以虚无为本，教化为末，本末者即犹谓体用。致用须有言教（儒经），而本体（玄旨）则绝于言象。吾人不能弃体而徒言其用，故亦不能执著言教，而忘其象外之意。《论语》孔子曰："予欲无言"，又曰："天何言哉"。王弼解之（皇疏九）已用此旨：

> 夫立言垂教，将以通性，而弊至于湮。寄旨传辞，将以正邪，而势至于繁。既求道中，不可胜御，是以修本废言，则天而行化。

"寄旨"于言，本以出意。如言教而至于繁（如汉人之学），则当反求其本，修本者废言，则天而行化。此仍本得意忘言之义（何晏《集解》云，言益少故欲无言，旨趣与王不同）。晋人张韩（严可均谓"韩"疑"翰"误）作《不用舌论》（《艺文类聚》十七）引"天何言哉"，其解释与王说亦同，原文曰：

> 余以留意于言，不如留意于不言。徒知无舌之通心，未尽有舌之必（疑本不字）通心也。仲尼云："天何言哉，四时行焉。""夫子之文章可得而闻也。夫子之言性与天道不可得而闻。"（下略）

盖得意者废言，世人徒知哓哓然称赏得意，而不识废言然后得意，仲尼所云，均示废言之义，然则圣人固以言教人（儒书），而其本实在于无言也（至道虚无）。

张韩所引《论语·性与天道章》，尤为魏晋人士所尝道。《论语》"子贡曰：'夫子之文章可得而闻也，夫子之言性与天道不可得而闻也。'"按性与天道，汉儒与晋人所解悬殊，甚见学风之不同，兹姑不论。其"不可得而闻"一语，汉儒似有二解。（一）《史记·天官书》云：

> 孔子论六经，纪异而说不书，至天道性命不传，传其人不待告，告非其人，虽言不著。

此则不可得闻，谓非其人则不传。

（二）桓谭上光武疏（《后汉书》本传，参看《汉书·张禹传》）云：

> 观先王之记述，咸以仁义正道为本，非有奇怪虚诞之事，盖天道性命

圣人所难言也。自子贡以下不得而闻，而况后世浅儒能通之乎。

此则天道性命均圣人所难言。自子贡以下，不可得而闻。上述二解虽稍殊，然其取义均与上引张韩之语根本不同。推求张氏之意，性与天道事绝言称（任昉《答示七夕诗启》语）。天本无言，自不得闻。执可闻之教，可道之道（用），而欲穷理尽性（体），则直认用为体，误指为月矣。是以留意于言，不如留意于不言，即得意忘言之旨也。

综上所陈，则立言设教虽有训人之用（儒书），而天道性命本越言象，故无言自为圣人之所体（玄学道本无言）。夫如是则圣人所言，虽与玄学之旨殊，而于圣人所无言处探求之，则虚无固仍为圣人之真性，与老庄之书所述者无异也。魏晋人士既持此说，于是乃一方解答儒书与老庄何以面目全殊，一方则以老庄为本，儒教为末。学者当不存言而忘其意，修其末而反废其本也。此虽调和孔老，而实崇道卑儒也。按魏世荀粲解释性与天道一章以儒经为糠秕，其说较上述尤为极端。《魏志》引何劭《荀粲传》云：

粲诸兄并以儒术论议，而粲独好道。常以为子贡称夫子之言性与天道不可得闻，然则六籍虽存，固圣人之糠秕。粲兄俣难曰：易亦云，圣人立象以尽意，系辞焉以尽言，则微言胡为不可得而闻见哉？粲答曰：盖理之微者，非物之象所举也。今称立象以尽意，此非通于意外者也。系辞焉以尽言，此非言乎系表者也。斯则象外之意，系表之言，固蕴而不出矣。

至道超乎象外，出乎系表。性与天道，自不可得而闻，然则六经固圣人之糟粕（详皇疏九）先王之陈述也（《庄子·天运篇》及郭注）。荀粲之义盖本之言不尽意，与王弼说忘言得意者不同，而弼并亦无糠秕六经之意，盖粲独好道，而弼言圣人体无（圣人谓孔子，见《世说·文学篇》弼答裴徽），实阴相老庄，阳崇孔氏。表面上仍以儒家为本位，故不能如粲之攻击儒书也。夫儒经既为糠粃，则孔、老差异根本推翻。二教冲突乃浅识者之自扰。然粲此说本言不尽意义应有之结论。由此可见言意之辨，于玄学之建立关系至大也。

总之，玄学家主张儒经圣人，所体者虚无；道家之书，所谈者象外。圣人体无，故儒经不言性命与天道；至道超象，故老庄高唱玄之又玄。儒圣所体本即道家所唱，玄儒之间，原无差别。至若文字言说均为方便，二教典籍自应等量齐观。不过偏袒道家者则根据言不尽意之义，而言六经为糠粃，荀粲是也。未忘情儒术者则谓寄旨于辞，可以正邪，故儒经有训俗之用，王弼是矣（上引皇疏九孔子无言王弼说及《世说》王答裴徽语）。二说因所党不同，故所陈互殊。然孔子经书，不言性道。老庄典籍，专谈本体。则老庄虽不出自圣人（孔子）之口，然其地位自隐在六经以上，因此魏晋名士固颇推尊孔子，不废儒书，而其学则实扬老庄而抑孔教也。（查《抱朴子·尚博篇》崇奉正经，而以诸子为"筌蹄"，其说与时人不同。盖葛洪黜浮华奖礼教，以神仙为内，儒术为外，犹是汉人之旧习，非玄学中人也。）

（乙）根本差异之调和如上述。然老庄之书绝圣弃智，而儒家著作亦鄙薄诸子。此类文句，冲突显然，甚为难通。按子书中之毁非圣人，莫明于《庄子》。儒家之轻鄙庄老则有《法言》。因是向、郭注《庄》，李轨注《法言》，均不能不于此项困难之处，设法解决，其法为何，仍为寄言出意是也。

"向子期以儒道为壹"（谢灵运《辨宗论》），郭象袭取其注，立义亦同。《庄子·大宗师》孔子自谓游方之内，而《庄子》之文所宗者固乃游方之外（子桑户等三人），其言显以孔子为陋。然郭象则会通儒道，谓游外者必弘内，文有曰：

是故庄子将明流统之所宗（谓游外）以释天下之可悟。若其就称仲尼之如此（若直谓孔子弘内），或则将据所见以排之（六经文字乃众人所知见），故超圣人之内迹而寄方外于数子（子桑户等）。宜忘其所寄以寻述作之大意，则夫游外弘内之道坦然自明，而《庄子》之书，故是超俗盖世之谈矣。

由此言之，读《庄子》须忘言得意，乃能了然其所言实不背于孔子之学，而可知庄子并无毁仲尼之意。按《世说·文学篇》云：向秀"大畅玄风"，而《晋书》本传曰：庄注出世而"儒墨之迹见鄙，道家之言遂盛矣"。夫玄风之畅，儒学之消沉，自不始于向秀。然向、郭之注庄，不但解庄绝伦，而其名尊圣道，实唱玄理，融合儒道，使不相违，遂使赖乡夺洙泗之席。王、何以来，其功最大。按郭注开始，即告吾人读《庄》之法，须"要其会归，遗其所寄"。可知此义与向、郭之学关系甚大，余已另有文论之（《北大四十周年纪念册》乙编上），兹不赘。

扬雄《法言》尊孔教而排诸子。《修身篇》以韩非、庄子并言。东晋李轨注（秦氏影宋本）曰：

庄周与韩非同贯，不亦甚乎。惑者甚众，敢问何谓也？曰：庄虽借喻以为通妙，而世多不解。韩诚触情以言治，而阴薄伤化。然则周之益也其利迂缓，非之损也其害交急。仁既失中，两不与耳，亦不以齐其优劣比量多少也，统斯以往，何嫌乎哉。又问曰：自此以下凡论诸子莫不连言乎庄生者，何也？答曰：妙旨非见形而不及道者之言所能统，故每遗其妙寄，而去其粗迹。一以贯之，应近而已。

《君子篇》李注亦曰：

此章有似驳庄子，庄子之言远有其旨。不统其远旨者，遂往而不反，所以辨之也。各统其所言之旨，而两忘其言，则得其意也。

李轨以为无为之本乃圣人与老子所同（《问道篇》注），而注中所陈颇袭向、郭注《庄》之义（兹不能详）。其于扬子诽议庄周，亦同用寄言之法，解释其牴牾，其事与《庄子注》全同。则李弘范虽名注儒书，实宗玄学也。

第四，言意之辨，不惟与玄理有关，而于名士之立身行事亦有影响。按玄者玄远。宅心玄远，则重神理而遗形骸。神形分殊本玄学之立足点。学贵自然，行尚放达，一切学行，无不由此演出。阮籍《答伏义书》有曰：

> 徒寄形躯于斯域，何精神之可察。

形骸粗迹，神之所寄。精神象外，抗志尘表。由重神之心，而持寄形之理，言意之辨，遂亦合于立身之道。卢湛《赠刘琨诗》有曰：

> 谁谓言精，致在赏意。
> 不见得鱼，亦忘厥饵。
> 遗其形骸，寄之深识。

嵇康《赠秀才入军诗》有曰：

> 俯仰自得，游心泰玄，
> 嘉彼钓叟，得鱼忘筌，
> 郢人逝矣，谁与尽言。

魏晋士大夫心胸，务为高远，其行径虽各有不同，而忘筌之致，名士间实无区别也。概括论之，汉人朴茂，晋人超脱。朴茂者尚实际。故汉代观人之方，根本为相法，由外貌差别推知其体内五行之不同。汉末魏初犹颇存此风（如刘劭《人物志》），其后识鉴乃渐重神气，而入于虚无难言之域。即如人物画法疑即受此项风尚之影响。抱朴子尝叹观人最难，谓精神之不易知也。顾恺之曰："凡画人最难"（张彦远《历代名画记》卷一），当亦系同一理由。《世说·巧艺篇》云：

> 顾长康画人或数年不点目睛，人问其故，顾曰："四体妍蚩，本无关于

妙处，传神写照正在阿堵中。"

数年不点目睛（《人物志》谓征神于目），具见传神之难也。四体妍媸，无关妙处（参看同书顾长康画裴楷），则以示形体之无足重轻也。汉代相人以筋骨，魏晋识鉴在神明。顾氏之画理，盖亦得意忘形学说之表现也。（魏晋文学争尚隽永，《文心雕龙》推许隐秀，隽永谓甘美而义深长，情在词外曰隐，状溢目前曰秀，均可知当时文学亦用同一原理，此待另论之。）

魏晋名士谈理，虽互有差别，但其宗旨固未尝致力于无用之言，而与人生了无关系。清谈向非空论，玄学亦有其受用。彼神明之贵尚，象外之追求，固可有流弊遗害国家，然玄理与其行事仍求能一贯，非空疏不适实用之哲理也。大凡欲了解中国一派之学说，必先知其立身行己之旨趣。汉晋中学术之大变迁亦当于士大夫之行事求之。汉世以察举取士，而天下重名节。月旦品题，乃为士人之专尚。然言貌取人，多名实相乖，由之乃忽略"论形之例"而竞为"精神之谈"（《抱朴子·清鉴篇》），其时玄风适盛，乃益期神游，轻忽人事，而理论上言意之辨，大有助于实用上神形之别。世风虽有迁移，而魏晋之学固出于汉末，而在在与人生行事有密切之关系也。

魏晋名士之人生观，既在得意忘形骸。或虽在朝市而不经世务，或遁迹山林，远离尘世。或放弛以为达，或佯狂以自适。然既旨在得意，自指心神之超然无累。如心神远举，则亦不必故意忽忘形骸。读书须视玄理之所在，不必拘于文句。行事当求风神之萧朗，不必泥于形迹。夫如是则身虽在朝堂之上，心无异于在山林之中。"名教中自有乐地"，不必故意造作也（山涛言名教有乐地语，亦另含一义，兹不赘）。故嵇阮之流，虽贵"得意，忽忘形骸"（《晋书·阮籍传》），而何劭（敬祖）《赠张华诗》则曰："奚用遗形骸，忘筌在得鱼。"二者均用得意忘言之旨也。

夫依何劭之义得意者固尝抗迹尘表。而既已得意，亦不必执著，务期忽忘形骸。《广弘明集》载东晋（原作"陈"误）张君祖（张翼，字君祖，晋东海太守,详唐窦蒙《述书赋》注,载《法书要录》卷五)《咏怀诗》云:"运形不标异,澄怀恬无欲","何必玩幽闲,青衿表离俗",盖得何劭之旨。夫沙门居山林,绝俗务,不但义学与玄理相通,即其行事亦名士所仰慕,故晋世佛法大行,竺法频将遁居西山(疑为宣城之华阳山),张君祖特作诗以嘲之。而康僧渊(康原作"庚"误)亦以诗答。康序谓君祖之诗"虽云言不尽意,盖亦几矣"。实则依忘言得意论之,牵于俗务,固未忘言;远遁西山,亦未必得意。居士若果澄怀无欲,则在朝市中,亦可以忘筌。(张诗曰,"居士亦有党",可称为明代居士派之远祖。)君祖答诗有曰:

冲心超远寄,浪怀邈独往。
众妙常所晞,维摩余所赏。(维摩居士未出家)
苟未体善权,与子同佛仿,
悠悠诚满域,所遗在废想。

既言不尽意,则所贵者自在得意。既贵得意,而碍于形迹,则徒得至道之仿佛,外虽貌似,而内未神全。拘拘然恪守言教,而未了言教本为方便。佛家善权方便,本合于玄家得意忘形之义。故君祖言及,以嘲僧人。夫沙门康僧渊序中叹"言不尽意",而岂知君祖固善于言意之妙谛也耶。(王坦之《沙门不得为高士论》意亦同,看《世说·轻诋篇》所记。)

复次,观上述四端,可知言意之辨,在玄理中其地位至为重要。魏晋佛学为玄学之支流,自亦与之有关系,今请进而论之。玄学之发达乃中国学术自然演化之结果,佛学不但只为其助因,而且其入中国本依附于中华之文化思想以扩张其势力。大凡外国学术初来时理论尚晦,本土人士仅能作支节之比附。及其流行甚久,宗义稍明,则渐可观其会通。此两种文化接触之常例,佛学初行中国亦然。其先比附,故有竺法雅之格义。及晋世教法昌明,则亦进而会通三教。于是法华权教,般若方便,涅槃维摩四依之义流行,而此诸义,盖深合于中土得意忘言之旨也。

佛教来华，在于汉之中叶。佛学始盛，约在桓灵之世。安世高于桓帝时到中夏，其学稽古，善于禅教。当其讲说，悉就经中之事数，逐条依次，口解其义。盖西方沙门，除初步知识外，始受佛学，疑均诵"毗昙"。毗昙（阿毗达磨）者即"对法"，盖对于佛所说之法加以整理划一。最初之形式，如《长阿含》之《十报法经》，依数目之次序（四谛五阴等），逐项陈述。此原附于"契经"（修多罗）之中，其后分出，别立"对法"，为三藏之一。"对法"亦名摩得立迦，原义即为目录，盖佛说之纲目也。故毗昙学家长于阐明法数（因称为"数学"学）。然佛学名相，本难了解，而欲中国人信受，尤不得不比附此土已有之理论。故五阴四大乃比于元气五行（见《察微王经》），而真谛俗谛乃比于常道与可道（道安之说）。两晋之间竺法雅讲经乃立格义，以经中事数拟配外书，授之门徒。此种比附条例，当系承汉末以来授经者所积累，法雅不过总其成，广而述之耳。按事数之书，其性质颇与汉人象数之学相同，而五阴四大尤与汉代之理论相通。故格义者疑精神上大体仍依附汉学。按道安乃玄学家，然其在河北时，汉代学风实甚显著，由此可以推知竺法雅之学，似亦承汉学之旧风也。

华人融合中、印之学，其方法随时代变迁，唐以后为明心见性，隋唐为判教。而晋与南朝之佛学则由比附（格义）进而为会通，其所用之方法，仍在寄言出意。佛教玄学之大师，首推西晋竺法护，法护月支人，专弘般若方等之学。般若学扫除名相，其精神与"数学"家极不相同（因此而佛教之谈玄者称曰义学以别之），而汉末佛徒安玄，学宗大乘，"常与沙门讲论道义，世谓之为都尉玄"（《祐录》十五）。疑中国般若家讲经，早已有人与数论家不同。而般若方便之义，法华权教之说，均合乎寄言出意之旨（维摩四依至罗什译文乃显，支谦所译文晦不明）。竺法护宗般若译法华，故名士推为名僧中之山涛（孙绰《道贤论》）。按《法华经》于中国宗教及文学上影响甚大，而在哲理上则虽有天台依之建立宗义，然其崇拜法华（法华谶议），大唱圆顿止观（法华三昧），根本仍均注重宗教方面。但什公前后，法华亦备受义学沙门所尊崇。然考其故则不在宗教而在玄理。夫《法华经》本为般若实相学之羽翼。慧观《法华宗要序》（《祐录》八）引经颂曰：

> 是法不可示，言辞相寂灭。

此颂出于方便品，慧观特提出此文，必由罗什所指示。夫至道绝言超象，则文句亦圣人真意之糟粕耳。如此则二乘及一切教法悉为权说。夫玄学前既以得意之说混一孔老。此则依权教之义，亦可会通三教。夫道一而已矣，圣人之意，本自相同，而圣人之言则因时因地而殊。吾人绝不可泥于文字之异，而忘道体之同。故晋代人士咸信至道玄远，本源无二致。而善权救物，枝末可有短长。本一末异，同归殊途。学者要当不滞于末而忘其本，不以指为月，得鱼忘筌，得意忘言，斯乃可矣。

佛教玄理既亦主得意忘象，则自推翻安世高系之小乘毗昙，于是大乘义学因之兴盛，小乘数学由之消沉。故得意之说虽亦会通内外，而与格义比附，精神上迥然有别。格义限于事数，而忘言则超于象外。东晋佛徒释经遂与名士解儒经态度相同。均尚清通简要，融会内外，通其大义，殊不愿执著文句，以自害其意。故两晋之际有名僧人，北方首推释道安，则反对格义；南方倾倒支道林，则不留心文句。于法开"深思孤发，独见言表"。释慧远本不废儒经。然道既忘言，故读般若经而叹儒道九流皆为糠粃，其所持理由疑与荀粲之言相同。苻秦之末年，一切有部颇流行中国。然未久而鸠摩罗什来华，什公本排有部毗昙，崇尚无相空宗。故其弟子虽亦颇习有部，但极轻视事数名相。僧叡《十二门论序》（《祐录》十一）云：

> 正之以十二则有无兼畅，事无不尽。事尽于有无，则忘功于造化。理极于虚位，则表我于二际。然则表我在乎落筌，筌忘存乎遗寄。筌我兼忘，始可几乎实矣。

昙影《中论序》(《祐录》十一)云：

> 夫万化非无宗，而宗之者无相；虚宗非无契，而契之者无心。故至人以无心之妙慧而契彼无相之虚宗，内外并冥缘智俱寂，岂容名数于其间哉。但以悕玄之质趣必有由，非名无以领数，非数无以拟宗，故遂设名而召之，立数而辨之。然则名数之生生于累者，而可以造极而非其极，故何常之有耶？是故如来始逮真觉应物接粗启之以有（此指有部），后为大乘乃说空法，化适当时所悟不二（大乘实说，小乘乃权说，本《法华经》旨）。流至末叶象教之中，人根肤浅道识不明，遂废鱼守筌，存指忘月，睹空教便谓罪福俱泯，闻说相（谓有部）则谓之为真，是使有无交兴，生灭迭争，断常诸边，纷然竞起。

河西道朗，不闻其为罗什弟子，然要亦承受"关、河之学"，其《涅槃经序》(《祐录》八)云：

> 任运而动则乘虚照以御物，寄言蹄以通化。
> 或（惑）我生于谬想，非我起于因假。因假存于名数。故至我超名数而非无。

凡此上所引，一方受什公反对毗昙之影响，一方亦源出玄学得意忘言之说也。什公弟子中持此说最坚，用之最广，而最有关系者为竺道生。生公深得维摩不二、法华方便之真谛。伏膺般若绝言、涅槃超象之玄旨。于是悟曰："象者理之所假，执象则迷理；教者化之所因，束教则愚化。"(《广弘明集》慧琳《道生法师诔》)轻鄙滞文之徒，全以理为依归，故净土人所崇拜，而视为接祖之迹（道生有《佛无净土论》）。报应人所欣惧，而解为方便之言（道生有《善不受报义》）。烧身为无上功德，而生公以为经文本意，乃示更有重于身之宝（看《法华经·药王本事品》生公疏)。"观音"乃大众所诵持,而生公谓圣人权引无方,故寄之于名号(看《法华经·观世音普门品》疏。按《法华》所叙述之神话奇迹,道生恒指为寄言出意,兹姑不具陈)。忽略形迹之筌蹄,而冥会本体于象外。虽未尝呵佛骂祖,全弃渐修,然其学不拘文句,直指心性,固虽上继什公亦且下接曹溪,虽居晋末宋初,而已后开唐宋之来学矣。

夫得意忘言之说,魏晋名士用之于解经,见之于行事。为玄理之骨干,而且调和孔老。及至东晋佛学大盛,此说黜格义之比附,而唱法华诸经之会通,于是一则弃汉代之风,依魏晋之学;二则推翻有部,专弘般若;三则同归殊途,会合三教。又按佛经事数密如稠林,不但毗昙书中,罗列满纸,即般若诸经,亦逐项破斥,此既中华所无,故颇不易悟,然废言落筌之方既通行当代,故通释佛典者只需取其大意,略其名相,自不害其弘旨。故晋人佛教撰述殊不以事数为意,大异于隋唐之注疏。即如僧肇,实得印度学之精髓,而文字不用名相,其面目与玄学家之论说同(参看《文心雕龙·论说篇》)。夫佛经事数,华人所难,而领会大意则时风所尚。晋代人士既变佛经之烦重,为玄学之"会通",自易为学术界所接受。然则以言说为方便,非但为当日释家之紧要条目,而佛学之大见流行盖亦系于此也。

(选自《汤用彤学术论文集》,中华书局,1983年)

中国艺术意境之诞生（增订稿） 宗白华

宗白华（1897—1986）：美学家。曾任北京大学哲学系教授。著作主要有《美学散步》、《美学与意境》、《艺境》，编有《宗白华全集》。

引 言

世界是无穷尽的，生命是无穷尽的，艺术的境界也是无穷尽的。"适我无非新"（王羲之诗句），是艺术家对世界的感受。"光景常新"，是一切伟大作品的烙印。"温故而知新"，却是艺术创造与艺术批评应有的态度。历史上向前一步的进展，往往地伴着向后一步的探本穷源。李、杜的天才，不忘转益多师。十六世纪的文艺复兴追摹着希腊，十九世纪的浪漫主义憧憬着中古。二十世纪的新派且溯源到原始艺术的浑朴天真。

现代的中国站在历史的转折点。新的局面必将展开。然而我们对旧文化的检讨，以同情的了解给予新的评价，也更形重要。就中国艺术方面——这中国文化史上最中心最有世界贡献的一方面——研寻其意境的特构，以窥探中国心灵的幽情壮采，是民族文化底自省工作。希腊哲人对人生指示说："认识你自己！"近代哲人对我们说："改造这世界！"为了改造世界，我们先得认识。

一、意境的意义

龚定庵在北京，对戴醇士说："西山有时渺然隔云汉外，有时苍然堕几席前，不关风雨晴晦也！"西山的忽远忽近，不是物理学上的远近，乃是心中意境的远近。

方士庶在《天慵庵随笔》里说："山川草木，造化自然，此实境也。因心造境，以手运心，此虚境也。虚而为实，是在笔墨有无间——故古人笔墨具此山苍树秀，水活石润，于天地之外，别构一种灵奇。或率意挥洒，亦皆炼金成液，弃滓存精，曲尽蹈虚揖影之妙。"中国绘画的整个精粹在这几句话里。本文的千言万语，也只是阐明此语。

恽南田《题洁庵图》说："谛视斯境，一草一树、一丘一壑，皆洁庵（指唐洁庵）灵想之所独辟，总非人间所有。其意象在六合之表，荣落在四时之外。将以尻轮神马，御泠风以游无穷。真所谓藐姑射之山，汾水之阳，尘垢秕糠，淖约冰雪。时俗龌龊，又何能知洁庵游心之所在哉！"

画家诗人"游心之所在"，就是他独辟的灵境，创造的意象，作为他艺术创作的中心之中心。

什么是意境？人与世界接触，因关系的层次不同，可有五种境界：（1）为满足生理的物质的需要，而有功利境界；（2）因人群共存互爱的关系，而有伦理境界；（3）因人群组合互制的关系，而有政治境界；（4）因穷研物理，追求智慧，而有学术境界；（5）因欲返本归真，冥合天人，而有宗教境界。功利境界主于利，伦理境界主于爱，政治境界主于权，学术境界主于真，宗教境界主于神。但介乎后二者的中间，以宇宙人生的具体为对象，赏玩它的色相、秩序、节奏、和谐，借以窥见自我的最深心灵的反映；化实景而为虚境，创形象以为象征，使人类最高的心灵具体化、肉身化，这就是"艺术境界"。艺术境界主于美。

所以一切美的光是来自心灵的源泉：没有心灵的映射，是无所谓美的。瑞士思想家阿米乐（Amiol）说：

一片自然风景是一个心灵的境界。

中国大画家石涛也说：

山川使予代山川而言也。……山川与予神遇而迹化也。

艺术家以心灵映射万象，代山川而立言，他所表现的是主观的生命情调与客观的自然景象交融互渗，成就一个鸢飞鱼跃、活泼玲珑、渊然而深的灵境；这灵境就是构成艺术之所以为艺术的"意境"。（但在音乐和建筑，这时间中纯形式与空间中纯形式的艺术，却以非模仿自然的境相来表现人心中最深的不可名的意境，而舞蹈则又为综合时空的纯形式艺术，所以能为一切艺术的根本型态，这事后面再说到。）

意境是"情"与"景"（意象）的结晶品。王安石有一首诗：

杨柳鸣蜩绿暗，荷花落日红酣。
三十六陂春水，白头相见江南。

前三句全是写景，江南的艳丽的阳春，但着了末一句，全部景象遂笼罩上，啊，渗透进，一层无边的惆怅，回忆的愁思，和重逢的欣慰，情景交织，成了一首绝美的"诗"。

元人马东篱有一首《天净沙》小令：

枯藤老树昏鸦，小桥流水人家，
古道西风瘦马，夕阳西下——

断肠人在天涯！

也是前四句完全写景，着了末一句写情，全篇点化成一片哀愁寂寞、宇宙荒寒、怅触无边的诗境。

　　艺术的意境，因人因地因情因景的不同，现出种种色相，如摩尼珠，幻出多样的美。同是一个星天月夜的景，影映出几层不同的诗境：

元人杨载《景阳宫望月》云：

　　大地山河微有影，九天风露浩无声。

明画家沈周（石田）《写怀寄僧》云：

　　明河有影微云外，清露无声万木中。

清人盛青嵝咏《白莲》云：

　　半江残月欲无影，一岸冷云何处香。

　　杨诗写函盖乾坤的封建的帝居气概，沈诗写迥绝世尘的幽人境界，盛诗写风流蕴藉、流连光景的诗人胸怀。一主气象，一主幽思（禅境），一主情致。至于唐人陆龟蒙咏白莲的名句："先情有恨何人见，月晓风清欲堕时。"却系为花传神，偏于赋体，诗境虽美，主于咏物。

　　在一个艺术表现里情和景交融互渗，因而发掘出最深的情，一层比一层更深的情，同时也透入了最深的景，一层比一层更晶莹的景；景中全是情，情具象而为景，因而涌现了一个独特的宇宙，崭新的意象，为人类增加了丰富的想象，替世界开辟了新境，正如恽南田所说："皆灵想之所独辟，总非人间所有!"这是我的所谓"意境"。"外师造化,中得心源"。唐代画家张璪这两句训示,是这意境创现的基本条件。

二、意境与山水

元人汤采真说:"山水之为物,造化之秀,阴阳冥晦,晴晦寒暑,朝昏昼夜,随步改形,有无穷之趣,自非胸中丘壑,汪汪洋洋,如万顷波,未易摹写。"

艺术意境的创构,是使客观景物作我主观情思的象征。我人心中情思起伏,波澜变化,仪态万千,不是一个固定的物象轮廓能够如量表出,只有大自然的全幅生动的山川草木、云烟明晦,才足以表象我们胸襟里蓬勃无尽的灵感气韵。恽南田题画说:"写此云山绵邈,代致相思,笔端丝粉,皆清泪也。"山水成了诗人画家抒写情思的媒介,所以中国画和诗,都爱以山水境界做表现和咏味的中心。和西洋自希腊以来拿人体做主要对象的艺术途径迥然不同。董其昌说得好:"诗以山川为境,山川亦以诗为境。"艺术家禀赋的诗心,映射着天地的诗心。(《诗纬》云:"诗者天地之心。")山川大地是宇宙诗心的影现;画家诗人的心灵活跃,本身就是宇宙的创化,它的卷舒取舍,好似太虚片云,寒塘雁迹,空灵而自然!

三、意境创造与人格涵养

这种微妙境界的实现,端赖艺术家平素的精神涵养,天机的培植,在活泼泼的心灵飞跃而又凝神寂照的体验中突然地成就。元代大画家黄子久说:"终日只在荒山乱石,丛木深筱中坐,意态忽忽,人不测其为何。又每往泖中通海处看急流轰浪,虽风雨骤至,水怪悲诧而不顾。"宋画家米友仁说:"画之老境,于世海中一毛发事泊然无着染。每静室僧趺,忘怀万虑,与碧虚寥廓同其流。"

黄子久以狄阿理索斯（Dionysius）的热情深入宇宙的动象，米友仁却以阿波罗（Apollo）式的宁静涵映世界的广大精微，代表着艺术生活上两种最高精神形式。

在这种心境中完成的艺术境界自然能空灵动荡而又深沉幽渺。南唐董源说："写江南山，用笔甚草草，近视之几不类物象，远视之则景物灿然，幽情远思，如睹异境。"艺术家凭借他深静的心襟，发现宇宙间深沉的境地；他们在大自然里"偶遇枯槎顽石，勺水疏林，都能以深情冷眼，求其幽意所在"。黄子久每教人作深潭，以杂树瀁之，其造境可想。

所以艺术境界的显现，绝不是纯客观地机械地描摹自然，而以"心匠自得为高"（米芾语）。尤其是山川景物，烟云变灭，不可临摹，须凭胸臆的创构，才能把握全景。宋画家宋迪论作山水画说：

> 先当求一败墙，张绢素讫，朝夕视之。既久，隔素见败墙之上，高下曲折，皆成山水之象，心存目想：高者为山，下者为水，坎者为谷，缺者为涧，显者为近，晦者为远。神领意造，恍然见人禽草木飞动往来之象，了然在目，则随意命笔，默以神会，自然景皆天就，不类人为，是谓活笔。

他这段话很可以说明中国画家所常说的"丘壑成于胸中，既寤发之于笔墨"，这和西洋印象派画家莫奈（Monet）早、午、晚三时临绘同一风景至于10余次，刻意写实的态度，迥不相同。

四、禅境的表现

中国艺术家何以不满于纯客观的机械式的模写？因为艺术意境不是一个单层的平面的自然的再现，而是一个境界层深的创构。从直观感相的模写，活跃生命的传达，到最高灵境的启示，可以有三层次。蔡小石在《拜石山房词》序

里形容词里面的这三境层极为精妙:

> 夫意以曲而善托,调以杳而弥深。始读之则万萼春深,百色妖露,积雪纼地,余霞绮天,此一境也。(这是直观感想的渲染)再读之,则烟涛顽洞,霜飙飞摇。骏马下坡,泳鳞出水,又一境也。(这是活跃生命的传达)卒读之,而皎皎明月,仙仙白云,鸿雁高翔,坠叶如雨,不知其何以冲然而澹,翛然而远也。(这是最高灵境的启示)

江顺贻评之曰:"始境,情胜也。又境,气胜也。终境,格胜也。""情"是心灵对于印象的直接反映,"气"是"生气远出"的生命,"格"是映射着人格的高尚格调。西洋艺术里面的印象主义、写实主义,是相等于第一境层。浪漫主义倾向于生命音乐性的奔放表现,古典主义倾向于生命雕像式的清明启示,都相当于第二境层。至于象征主义、表现主义、后期印象派,它们的旨趣在于第三境层。

而中国自六朝以来,艺术的理想境界却是"澄怀观道"(晋宋画家宗炳语),在拈花微笑里领悟色相中微妙至深的禅境。如冠九在《都转心庵词序》说得好:

> "明月几时有",词而仙者也。"吹皱一池春水",词而禅者。仙不易学而禅可学。学矣,而非栖神幽遐,涵趣寥旷,通拈花之妙悟,穷非树之奇想,则动而为沾滞之音矣。其何以澄观一心,而腾踔万象。是故词之为境也,空潭印月,上下一澈,屏知识也。清馨出尘,妙香远闻,参净因也。鸟鸣珠箔,群花自落,超圆觉也。

澄观一心而腾踔万象,是意境创造的始基,鸟鸣珠箔,群花自落,是意境表现的圆成。

绘画里面也能见到这意境的层深。明画家李日华在《紫桃轩杂缀》里说：

　　凡画有三次第：一曰身之所容。凡置身处，非邃密，即旷朗，水边林下，多景所凑处是也。（按：此为身边近景）二曰目之所瞩。或奇胜，或渺迷，泉落云生，帆移鸟去是也。（按：此为眺瞩之景）三曰意之所游。目力虽穷，而情脉不断处是也。（按：此为无尽空间之远景）又有意有所忽处，如写一树一石，必有草草点染取态处。（按：此为有限中见取无限，传神写生之境）写长景必有意到笔不到，为神气所吞处，是非有心于忽，盖不得不忽也。（按：此为借有限以表现无限，造化与心源合一，一切形象都形成了象征境界）其于佛法相宗所云极迥色极略色之谓也。

于是绘画由丰满的色相达到最高心灵境界，所谓禅境的表现，种种境层，以此为归宿。戴醇士曾说："恽南田以'落叶聚还散，寒鸦栖复惊'（李白诗句）品一峰（黄子久）笔，是所谓孤蓬自振，惊沙坐飞，画也而几乎禅矣！"禅是动中的极静，也是静中的极动，寂而常照，照而常寂，动静不二，直探生命的本原。禅是中国人接触佛教大乘义后体认到自己心灵的深处而灿烂地发挥到哲学境界与艺术境界。静穆的观照和飞跃的生命构成艺术的两元，也是构成"禅"的心灵状态。《雪堂和尚拾遗录》里说："舒州太平灯禅师颇习经论，傍教说禅。白云演和尚以偈寄之曰：'白云山头月，太平松下影，良夜无狂风，都成一片境。'灯得偈颂之，未久，于宗门方彻渊奥。"禅境借诗境表达出来。

所以中国艺术意境的创成，既须得屈原的缠绵悱恻，又须得庄子的超旷空灵。缠绵悱恻，才能一往情深，深入万物的核心，所谓"得其环中"。超旷空灵，才能如镜中花，水中月，羚羊挂角，无迹可寻，所谓"超以象外"。色即是空，空即是色，色不异空，空不异色，这不但是盛唐人的诗境，也是宋元人的画境。

五、道、舞、空白：中国艺术意境结构的特点

庄子是具有艺术天才的哲学家，对于艺术境界的阐发最为精妙。在他是"道"，这形而上原理，和"艺"，能够体合无间。"道"的生命进乎技，"技"的表现启示着"道"。在《养生主》里他有一段精彩的描写：

> 庖丁为文惠君解牛，手之所触，肩之所倚，足之所履，膝之所踦，砉然响然，奏刀騞然，莫不中音。合于桑林之舞，乃中经首（尧乐章）之会（节也）；文惠君曰："嘻，善哉！技盖至此乎？"庖丁释刀对曰："臣之所好者道也，进乎技矣。始臣之解牛之时，所见无非牛者。三年之后，未尝见全牛也。方今之时，臣以神遇而不以目视，官知止而神欲行，依乎天理，批大郤，道大窾，因其固然，技经肯綮之未尝，而况大軱乎！良庖岁更刀，割也。族庖月更刀，折也。今臣之刀十九年矣，所解数千牛矣，而刀刃若新发于硎。彼节者有间，而刀刃者无厚，以无厚入有间，恢恢乎其于游刃，必有余地矣。是以十九年而刀刃若新发于硎。虽然，每至于族（交错聚结处），吾见其难为，怵然为戒，视为止，行为迟，动刀甚微，谋然已解，如土委地！提刀而立，为之四顾，为之踌躇满志。善刀而藏之。"文惠君曰："善哉，吾闻庖丁之言，得养生焉。"

"道"的生命和"艺"的生命，游刃于虚，莫不中音，合于桑林之舞，乃中经首之会。音乐的节奏是它们的本体。所以儒家哲学也说："大乐与天地同和，大礼与天地同节。"《易》云："天地纲缊，万物化醇。"这生生的节奏是中国艺术境界的最后源泉。石涛题画云："天地氤氲秀结，四时朝暮垂垂，透过鸿濛之理，堪留百代之奇。"艺术家要在作品里把握到天地境界！德国诗人诺瓦里斯（Novalis）[1]说："混沌的眼，透过秩序的网幕，闪闪地发光。"石涛也说："在

---

[1] 诺瓦里斯（Novalis,1772—1801）：德国浪漫主义作家。著有诗作《夜的颂歌》和未完成的长篇小说《亨利·冯·奥夫特丁根》等。——编者

于墨海中立定精神，笔锋下决出生活，尺幅上换去毛骨，混沌里放出光明。"艺术要刊落一切表皮，呈显物的晶莹真境。

艺术家经过"写实"、"传神"到"妙悟"境内，由于妙悟，他们"透过鸿濛之理，堪留百代之奇"。这个使命是够伟大的！

那么艺术意境之表现于作品，就是要透过秩序的网幕，使鸿濛之理闪闪发光。这秩序的网幕是由各个艺术家的意匠组织线、点、光、色、形体、声音或文字成为有机谐和的艺术形式，以表出意境。

因为这意境是艺术家的独创，是从他最深的"心源"和"造化"接触时突然的领悟和震动中诞生的，它不是一味客观的描绘，像一照相机的摄影。所以艺术家要能拿特创的"秩序、网幕"来把住那真理的闪光。音乐和建筑的秩序结构，尤能直接地启示宇宙真体的内部和谐与节奏，所以一切艺术趋向音乐的状态、建筑的意匠。

然而，尤其是"舞"，这最高度的韵律、节奏、秩序、理性，同时是最高度的生命、旋动、力、热情，它不仅是一切艺术表现的究竟状态，且是宇宙创化过程的象征。艺术家在这时失落自己于造化的核心，沉冥入神，"穷元妙于意表，合神变乎天机"（唐代大批评家张彦远论画语）。"是有真宰，与之浮沉"（司空图《诗品》语），从深不可测的玄冥的体验中升化而出，行神如空，行气如虹。在这时只有"舞"，这最紧密的律法和最热烈的旋动，能使这深不可测的玄冥的境界具象化、肉身化。

在这舞中，严谨如建筑的秩序流动而为音乐，浩荡奔驰的生命收敛而为韵律。艺术表演着宇宙的创化。所以唐代大书家张旭见公孙大娘剑器舞而悟笔法，大画家吴道子请裴将军舞剑以助壮气说："庶因猛厉以通幽冥！"郭若虚的《图画见闻志》上说：

（唐）开元中，将军裴旻居丧，诣吴道子，请于东都天官寺画神鬼数壁以资冥助。道子答曰："吾画笔久废，若将军有意，为吾缠结，舞剑一曲，庶因猛厉以通幽冥！"旻于是脱去缞服，若常时装束，走马如飞，左旋右转，掷剑入云，高数十丈，若电光下射。旻引手执鞘承之，剑透室而入。观者数千人，无不惊栗。道子于是援毫图壁，飒然风起，为天下之壮观。道子平生绘事得意，无出于此。

诗人杜甫形容诗的最高境界说："精微穿溟滓，飞动摧霹雳。"（《夜听许十一诵诗爱而有作》）前句是写沉冥中的探索，透进造化的精微的机缄，后句是指着大气盘旋的创造，具象而成飞舞。深沉的静照是飞动的活力的源泉。反过来说，也只有活跃的具体的生命舞姿、音乐的韵律、艺术的形象，才能使静照中的"道"具象化、肉身化。德国诗人侯德林（Höldelin）有两句诗含义极深：

谁沉冥到
那无涘际的"深"，
将热爱着
这最生动的"生"。

他这话使我们突然省悟中国哲学境界和艺术境界的特点。中国哲学是就"生命本身"体悟"道"的节奏。"道"具象于生活、礼乐制度。道尤表象于"艺"。灿烂的"艺"赋予"道"以形象和生命，"道"给予"艺"以深度和灵魂，庄子《天地》篇有一段寓言说明只有艺"象罔"才能获得道真"玄珠"：

黄帝游乎赤水之北，登乎昆仑之丘而南望。还归，遗其玄珠。（司马彪云：玄珠，道真也）使知（理智）索之而不得。使离朱（色也，视觉也）索之而不得。使喫诟（言辩也）索之而不得也。乃使象罔，象罔得之。黄帝曰：异哉！象罔乃可以得之乎？

吕惠卿注释得好:"象则非无,罔则非有,不皦不昧,此玄珠之所以得也。"非无非有,不皦不昧,这正是艺术形相的象征作用。"象"是境相,"罔"是虚幻,艺术家创造虚幻的境相以象征宇宙人生的真际。真理闪耀于艺术形相里,玄珠的璨于象罔里。歌德曾说:"真理和神性一样,是永不肯让我们直接识知的。我们只能在反光、譬喻、象征里面观照它。"又说:"在璀灿的反光里面我们把握到生命。"生命在他就是宇宙真际。他在《浮士德》里面的诗句"一切消逝者,只是一象征",更说明"道"、"真的生命"是寓在一切变灭的形相里。英国诗人勃莱克的一首诗说得好:

> 一花一世界,一沙一天国,
> 君掌盛无边,刹那含永劫。(田汉译)[1]

这诗和中国宋僧道灿的《重阳》诗句:"天地一东篱,万古一重九",都能喻无尽于有限,一切生灭者象征着永恒。

人类这种最高的精神活动、艺术境界与哲理境界,是诞生于一个最自由最充沛的深心的自我。这充沛的自我,真力弥满,万象在旁,掉臂游行,超脱自在,需要空间,供他活动。(参见拙作《中西画法所表现的空间意识》。)于是"舞"是它最直接、最具体的自然流露。"舞"是中国一切艺术境界的典型。中国的书法、画法都趋向飞舞。庄严的建筑也有飞檐表现着舞姿。杜甫《观公孙大娘弟子舞剑器行》首段云:

> 昔有佳人公孙氏,一舞剑器动四方,
> 观者如山色沮丧,天地为之久低昂。
> ……

---

[1] 田汉《中华民族的宇宙观与人生观对于文艺的影响》一文中此诗的译文是:"一沙一世界,一花一天国;掌中握无限,刹那见终古。"(《天真的启示》)存以备考。——编者

天地是舞，是诗（诗者天地之心），是音乐（大乐与天地同和）。中国绘画境界的特点建筑在这上面。画家解衣盘礴，面对着一张空白的纸（表象着舞的空间），用飞舞的草情篆意谱出宇宙万形里的音乐和诗境。照相机所摄万物形体的底层在纸上是构成一片黑影。物体轮廓线内的纹理形象模糊不清。山上草树崖石不能生动地表出他们的脉络姿态。只在大雪之后，崖石轮廓林木枝干才能显出它们各自的弈弈精神性格，恍如铺垫了一层空白纸，使万物以嵯峨突兀的线纹呈露它们的绘画状态。所以中国画家爱写雪景（王维），这里是天开图画。

中国画家面对这幅空白，不肯让物的底层黑影填实了物体的"面"，取消了空白，像西洋油画；所以直接地在这一片虚白上挥毫运墨，用各式皴文表出物的生命节奏。（石涛说："笔之于皴也，开生面也。"）同时借取书法中的草情篆意或隶体表达自己心中的韵律，所绘出的是心灵所直接领悟的物态天趣、造化和心灵的凝合。自由潇洒的笔墨，凭线纹的节奏，色彩的韵律，开径自行，养空而游，蹈光揖影，抟虚成实。（参看本文首段引方士庶语）

庄子说："虚室生白。"又说："唯道集虚。"中国诗词文章里都着重这空中点染、抟虚成实的表现方法，使诗境、词境里面有空间，有荡漾，和中国画面具同样的意境结构。

中国特有的艺术——书法，尤能传达这空灵动荡的意境。唐张怀瓘在他的《书议》里形容王羲之的用笔说："一点一画，意态纵横，偃亚中间，绰有余裕。然字峻秀，类于生动，幽若深远，焕若神明，以不测为量者，书之妙也。"[1] 在这里，我们见到书法的妙境通于绘画，虚空中传出动荡，神明里透出幽深，超以象外，得其环中，是中国艺术的一切造境；

王船山在《诗绎》里说："论画者曰，咫尺有万里之势，一势字宜着眼。若不论势，则缩万里于咫尺，直是《广舆记》前一天下图耳。五言绝句以此为落想时第一义。唯盛唐人能得其妙。如'君家住何处，妾住在横塘，停船暂借问，或

---

[1] 此段引文，应见张怀瓘：《评书药石论》。《书议》为误记。——《宗白华全集》编者

恐是同乡'，墨气所射，四表无穷，无字处皆其意也！"高日甫论画歌曰："即其笔墨所未到，亦有灵气空中行。"笪重光说："虚实相生，无画处皆成妙境。"三人的话都是注意到艺术境界里的虚空要素。中国的诗词、绘画、书法里，表现着同样的意境结构，代表着中国人的宇宙意识。盛唐王、孟派的诗固多空花水月的禅境；北宋人词空中荡漾，绵渺无际；就是南宋词人姜白石的"二十四桥仍在，波心荡冷月无声"，周草窗的"看画船尽入西泠，闲却半湖春色"，也能以空虚衬托实景，墨气所射，四表无穷。但就它渲染的境象说，还是不及唐人绝句能"无字处皆其意"，更为高绝。中国人对"道"的体验，是"于空寂处见流行，于流行处见空寂"，唯道集虚，体用不二，这构成中国人的生命情调和艺术意境的实相。

王船山又说："工部（杜甫）之工在即物深致，无细不章。右丞（王维）之妙，在广摄四旁，圜中自显。"又说："右丞妙手能使在远者近，抟虚成实，则心自旁灵，形自当位。"这话极有意思。"心自旁灵"表现于"墨气所射，四表无穷"，"形自当位"，是"咫尺有万里之势"。"广摄四旁，圜中自显"，"使在远者近，抟虚成实"，这正是大画家大诗人王维创造意境的手法，代表着中国人于空虚中创现生命的流行，纲缊的气韵。

王船山论到诗中意境的创造，还有一段精深微妙的话，使我们领悟"中国艺术意境之诞生"的终极根据。他说："唯此窅窅摇摇之中，有一切真情在内，可兴可观，可群可怨，是以有取于诗。然因此而诗则又往往缘景缘事，缘以往缘未来，经年苦吟，而不能自道。以追光蹑影之笔，写通天尽人之怀，是诗家正法眼藏。""以追光蹑影之笔，写通天尽人之怀"，这两句话表出中国艺术的最后的理想和最高的成就。唐、宋人诗词是这样，宋、元人的绘画也是这样。

尤其是在宋、元人的山水花鸟画里，我们具体地欣赏到这"追光蹑影之笔，写通天尽人之怀"。画家所写的自然生命，集中在一片无边的虚白上。空中荡漾着"视之不见、听之不闻、搏之不得"的"道"，老子名之为"夷"、"希"、"微"。在这一片虚白上幻现的一花一鸟、一树一石、一山一水，都负荷着无限的深意、无边的深情。（画家、诗人对万物一视同仁，往往很远的微小的一草一石，都用工笔画出，或在逸笔撇脱中表出微茫惨淡的意趣。）万物浸在光被四表的神的爱中，宁静而深沉。深，像在一和平的梦中，给予观者的感受是一澈透灵魂的安慰和惺惺的微妙的领悟。

中国画的用笔，从空中直落，墨花飞舞，和画上虚白，溶成一片，画境恍如"一片云，因日成彩，光不在内，亦不在外，既无轮廓，亦无丝理，可以生无穷之情，而情了无寄"（借王船山评王俭《春诗》绝句语）。中国画的光是动荡着全幅画面的一种形而上的、非写实的宇宙灵气的流行，贯彻中边，往复上下。古绢的黯然而光尤能传达这种神秘的意味。西洋传统的油画填没画底，不留空白，画面上动荡的光和气氛仍是物理的目睹的实质，而中国画上画家用心所在，正在无笔墨处，无笔墨处却是飘渺天倪，化工的境界（即其笔墨所未到，亦有灵气空中行）。这种画面的构造是植根于中国心灵里葱茏缊缊、蓬勃生发的宇宙意识。王船山说得好："两间之固有者，自然之华，因流动生变而成绮丽，心目之所及，文情赴之，貌其本荣，如所存而显之，即以华奕照耀，动人无际矣！"这不是唐诗宋画给予我们的征象吗？

然而近代文人的诗笔画境缺乏照人的光彩，动人的情致，丰富的意象，这是民族心灵一时枯萎的征象么？中国人爱在山水中设置空亭一所。戴醇士说："群山郁苍，群木荟蔚，空亭翼然，吐纳云气。"一座空亭竟成为山川灵气动荡吐纳的交点和山川精神聚集的处所。倪云林每画山水，多置空亭，他有"亭下不逢人，夕阳澹秋影"的名句。张宣题倪画《溪亭山色图》诗云："石滑岩前雨，泉香树杪风，江山无限影，都聚一亭中。"苏东坡《涵虚亭》诗云："惟有此亭无一物，坐观万景得天全。"[1]唯道集虚，中国建筑也表现着中国人的宇宙情调。

空寂中生气流行，鸢飞鱼跃，是中国人艺术心灵与宇宙意象"两镜相入"互摄互映的华严境界。倪云林有一绝句，最能写出此境：

---

[1] 苏东坡《涵虚亭》诗，为《哲学评论》刊本所本，今据《艺境》未刊本。——编者

> 兰生幽谷中，倒影还自照。
> 无人作妍暖，春风发微笑。

希腊神话里水仙之神（Narcise）临水自鉴，眷恋着自己的仙姿，无限相思，憔悴以死。中国的兰生幽谷，倒影自照，孤芳自赏，虽感空寂，却有春风微笑相伴，一呼一吸，宇宙息息相关，悦怪风神，悠然自足。（中西精神的差别相）

艺术的境界，既使心灵和宇宙净化，又使心灵和宇宙深化，使人在超脱的胸襟里体味到宇宙的深境。

唐朝诗人常建的《江上琴兴》一诗，最能写出艺术（琴声）这净化深化的作用：

> 江上调玉琴，一弦清一心。
> 泠泠七弦遍，万木澄幽阴。
> 能使江月白，又令江水深。
> 始知梧桐枝，可以徽黄金。

中国文艺里意境高超莹洁而具有壮阔幽深的宇宙意识生命情调的作用也不可多见。我们可以举出宋人张于湖[1]的一首词来，他的《念奴桥·过洞庭》词云：

> 洞庭青草，近中秋，更无一点风色。玉鉴琼田三万顷，著我片舟一叶。素月分晖，明河共影，表里俱澄澈。悠悠心会，妙处难与君说。
> 应念岭表经年，孤光自照，肝胆皆冰雪。短发萧疏襟袖冷，稳泛沧溟空阔。尽挹西江，细斟北斗，万象为宾客。（对空间之超脱）叩舷独啸，不知今夕何夕！（对时间之超脱）

---

[1] 即张孝祥（1132—1169），号于湖居士，南宋词人，著有《于湖居士文集》、《于湖词》等。——编者

这真是"雪涤凡响,棣通太音,万尘息吹,一真孤露"。笔者自己也曾写过一首小诗,希望能传达中国心灵的宇宙情调,不揣陋劣,附在这里,借供参证:

飙风天际来,绿压群峰暝。
云罅漏夕晖,光写一川冷。
悠悠白鹭飞,淡淡孤霞迥。
系缆月华生,万象浴清影。

——《柏溪夏晚归棹》

艺术的意境有它的深度、高度、阔度。杜甫诗的高、大、深,俱不可及。"吐弃到人所不能吐弃为高,含茹到人所不能含茹为大,曲折到人所不能曲折为深。"(刘熙载评杜甫诗语)叶梦得《石林诗话》里也说:"禅家有三种语,老杜诗亦然。如波漂菰米沉云黑,露冷莲房坠粉红,为函盖乾坤语。落花游丝白日静,鸣鸠乳燕青春深,为随波逐浪语。百年地僻柴门迥,五月江深草阁寒,为截断众流语。"函盖乾坤是大,随波逐浪是深,截断众流是高。李太白的诗也具有这高、深、大。但太白的情调较偏向于宇宙境象的大和高。太白登华山落雁峰,说:"此山最高,呼吸之气,想通帝座,恨不携谢眺惊人句来,搔首问青天耳!"(《唐语林》)杜甫则"直取性情真"(杜甫诗句),他更能以深情掘发人性的深度,他具有但丁的沉着的热情和歌德的具体表现力。

李、杜境界的高、深、大,王维的静远空灵,都植根于一个活跃的、至动而有韵律的心灵。承继这心灵,是我们深衷的喜悦。

(选自《宗白华全集》2,安徽教育出版社,1994年)

中国哲学大纲·序论

张岱年

一　哲学与中国哲学

　　哲学是一个译名，其西文原字出于希腊，本是爱智的意思。后来西洋哲学家所立的哲学界说甚多，几乎一家一说。其实都只是一家哲学之界说，而不是一般哲学之界说。总各家哲学观之，可以说哲学是研讨宇宙人生之究竟原理及认识此种原理的方法之学问。

　　中国古来并无与今所谓哲学意义完全相同的名称。先秦时所谓"学"，其意义可以说与希腊所谓哲学约略相当。《韩非子·显学》篇："世之显学，儒墨也。"其所谓学，可以说即大致相当于今日所谓哲学。先秦时讲思想的书都称为某子，汉代刘歆辑《七略》，将所有的子书归为《诸子略》，于是后来所谓"诸子之学"，成为与今所谓哲学意谓大致相当的名词。

　　到魏晋时，有玄学的名称。南北朝时宋明帝置总明观，设儒玄文史四科，科置学士十人（见《南史·王俭传》）。于是"玄学"成一专科，与经学、文学、史学平列。所谓"玄学"，意谓约略相当于今之哲学。

　　到宋代，又有"道学"、"义理之学"、"理学"等名称。道学、义理之学的名称，在北宋时即已有之。（有人认为道学的名称起于南宋，义理之学的名称起于清代，都是错的。）北宋张横渠《答范巽之书》

有云:"朝廷以道学政术为二事,此正自古之可忧者。"程伊川称其兄明道:"功业不得施于时,道学不及传之书。"(《上孙叔曼书》)又张横渠《经学理窟》有云:"义理之学,亦须深沉方有造,非浅易轻浮之可得也。"理学一词在南宋时已甚流行,黄震《日钞》云:"自本朝讲明理学,脱出诂训。"(《读论语》)以周子二程与朱晦翁之学为理学。所谓道学理学或义理之学,其内容与今所谓哲学甚相近。在清代,义理之学一名称尤为流行,清人将学问分成义理、考据、辞章三类,所谓义理,即是哲学。

所谓玄学与道学,其所指的范围不同。玄学以老庄、《易》为本,必是与老庄或《易》相近的学说思想,方可称为玄学,而关于孟荀及墨学的研究或类似的思想,则不能称为玄学。道学或理学则即是新儒学之别名,墨家与老庄的思想正是道学所排斥的异端,当然在道学范围之外。所以玄学与道学,乃是各有其界域的,各是一派哲学或一类型的哲学之名称。在此点上,与今所谓哲学之为一般的名称,并非相同。而总括玄学与道学的一般名称,在以前实在没有。

中国先秦的诸子之学,魏晋的玄学,宋明清的道学或义理之学,合起来是不是可以现在所谓哲学称之呢?换言之,中国以前的那些关于宇宙人生的思想理论,是不是可以叫做哲学?关于此点要看我们对于哲学一词的看法如何。如所谓哲学专指西洋哲学,或认西洋哲学是哲学的唯一范型,与西洋哲学的态度方法有所不同者,即是另一种学问而非哲学;中国思想在根本态度上实与西洋的不同,则中国的学问当然不得叫做哲学了。不过我们也可以将哲学看作一个类称,而非专指西洋哲学。可以说,有一类学问,其一特例是西洋哲学,这一类学问之总名是哲学。如此,凡与西洋哲学有相似点,而可归入此类者,都可叫做哲学。以此意义看哲学,则中国旧日关于宇宙人生的那些思想理论,便非不可名为哲学。中国哲学与西洋哲学在根本态度上未必同;然而在问题及对象上及其在诸学术中的位置上,则与西洋哲学颇为相当。

中国哲学一名词,含义并不单纯,更须略加厘析。第一,所谓中国哲学,可以指中国人的哲学,也可以指中国系的哲学。哲学可以分为数系,即西洋系,印度系，中国系。中国人的哲学，未必即是中国系的哲学，如中国佛学，便是中国人的而属于印度系的哲学。其根本态度、问题、方法，都是从印度来的，所以虽产生在中国，却不属于中国系，不是由中国哲学传统中出来的，而是由印度哲学传统中出来的。哲学的系别，在今日将趋于消失，但在过去确实存在。第二，哲学又有一般的与特殊的之不同，中国哲学可以专指中国之一般哲学，也可以泛指中国之一切特殊哲学。如美术哲学、历史哲学、政治哲学，都是特殊哲学，而不在一般哲学范围之内。本书所谓中国哲学，乃是指"中国系的一般哲学"。因是专指中国系的，所以中国佛学的思想，不在本书范围之内。因是专指一般哲学，所以中国的美术哲学、历史哲学，本书也都不论及。

二　中国哲学之区分

中国哲学家对于其所讲的学问，未尝分别部门。现在从其内容来看，可以约略分为宇宙论或天道论、人生论或人道论、致知论或方法论、修养论、政治论五部分。其中宇宙论、人生论、致知论三部分为其主干；总此三部分，正相当于西洋所谓哲学。（修养论与政治论可以说是特殊哲学，不在一般哲学范围之内。）

中国哲学中知识论及方法论颇不发达，但亦决非没有。孔子即有关于求知之方的训语，墨子似乎更注意辩说，老子孟子亦都有论方法的话。而公孙龙、《墨辩》、庄子、荀子，对于知、名、辩，尤有较详的学说。汉以后的哲学，此方面理论较略，然王充是有其真理论的；宋儒也颇注意方法，特如邵康节、张横渠、程伊川、朱晦翁，都有关于知识与方法的议论，而朱陆争点之一可以说即在方法上。明代王阳明关于心物知行的学说，更可以说是讲知识的。清代的王船山、颜习斋、戴东原，亦颇注重于方法。所以我们实在应认为中国哲学中有致知论一部门。

宇宙论可分为二部分：一，本根论或道体论，即关于宇宙之最究竟者的理论。二，大化论，即关于宇宙历程之主要内容之探究。人生论可分为四部分：

一，天人关系论，即关于人与本根之关系，人在宇宙中之位置的论究。二，人性论，即关于人性之研讨。三，人生理想论或人生最高准则论，即关于理想生活之基本准则之理论。四，人生问题论，即关于人生的各种问题如义与利、兼与独、损与益、动与静等等之讨论。致知论包含二部分：一，知论，即关于知之性质、可能、表准之理论。二，方法论，即关于求道之方、名言与辩等之理论。

中国哲学书，向来没形式上的条理系统，朱子作《近思录》，目的在分类辑录北宋诸子的哲学思想，似乎应该作一个条理分明系统严整的董理了，但结果却分成十四部分〔注〕，各部分互相出入的情形颇甚。中国哲学既本无形式上的条理系统，我们是不是应该以条理系统的形式来表述之呢？有许多人反对给中国哲学加上系统的形式，认为有伤于中国哲学之本来面目，或者以为至多应以天、道、理、气、性、命、仁、义等题目顺次论述，而不必组为系统。其实，在现在来讲中国哲学，最要紧的工作却正在表出其系统。给中国哲学穿上系统的外衣，实际并无伤于其内容，至多不过如太史公作《史记》"分散数家之事"，然也无碍于其为信史。我们对于中国哲学加以分析，实乃是"因其固然"，依其原来隐含的分理，而加以解析，并非强加割裂。中国哲学实本有其内在的条理，不过不细心探求便不能发见之而已。

〔注〕朱子《近思录》之区分为：一道体，二为学大要，三格物穷理，四存养，五改过迁善克己复礼，六齐家之道，七出处进退辞受之义，八治国平天下之道，九制度，十处事之方，十一教学之道，十二改过及人心疵病，十三异端之学，十四圣贤气象。〔附注〕原本宇宙论分为三部分，第三部分为"法象论"，今改。又人生理想论原作"人生至道论"，今改。

三 中国哲学之特色

中国哲学，在根本态度上很不同于西洋哲学或印度哲学；我们必须了解中国哲学的特色，然后方不至于以西洋或印度的观点来误会中国哲学。所以在讲中国哲学的理论系统之前，应先对于中国哲学之特色有所探讨。中国哲学之特点，重要的有三，次要的有三，共为六，分说如下：

第一，合知行　中国哲学在本质上是知行合一的。思想学说与生活实践，融成一片。中国哲人研究宇宙人生的大问题，常从生活实践出发，以反省自己的身心实践为入手处；最后又归于实践，将理论在实践上加以验证。即是，先在身心经验上切己体察，而得到一种了悟；了悟所至，又验之以实践。要之，学说乃以生活行动为依归。

中国哲人探求真理，目的乃在于生活之迁善，而务要表见之于生活中。孔子说："知之者不如好之者，好之者不如乐之者。"（《论语·雍也》）所谓"乐之"，即依其所知以实践，而获得一种乐趣。孟子说："君子深造之以道，欲其自得之也，自得之则居之安，居之安则资之深，资之深则取之左右逢其原，故君子欲其自得之也。"（《孟子·离娄下》）深研学问之鹄的，在于自得于道，到自得于道的境界，便能有最大的精神自由。荀子说："君子之学也，入乎耳，箸乎心，布乎四体，形乎动静，端而言，蝡而动，一可以为法则。……君子之学也以美其身。"（《荀子·劝学》）学之目的乃在于行为之改进，道德之提高。不仅儒家有如此见解，即"散于万物而不厌"的惠施，其理论也以"泛爱万物，天地一体也"为归结。后儒如周子说："圣人之道，入乎耳，存乎心，蕴之为德行，行之为事业。"（《通书》）研讨真知，必表见为德行事业。要之，理论是生活的解说，生活是理论的表见。所谓"广大高明不离乎日用"，乃"为学"之理想境界。在日常行动上表见真理，要做到着衣吃饭都是"至理之流行"。

中国哲人在方法上更极注重道德的修养，以涵养为致知之道。庄子说："且有真人而后有真知。"（《庄子·大宗师》）所谓真人即是无好恶爱憎之情感、忘生死善恶之区别的人。必有真人的修养，才能有真知。荀子说："人何以知道？曰心。心何以知？曰虚壹而静。"（《荀子·解蔽》）必有"虚壹而静"的修养，然后能知道。张子说："穷神知化，乃养盛自致，非思勉之能强；故崇德而外，君子未或致知也。"(《正蒙·神化》)崇德乃致知之途径。程伊川说:"入道莫如敬,未有能致知而不在敬者。"(《语录》)敬是致知所必需的修养。中国哲人,都以为欲求真知,须有一种特殊的修养。穷究宇宙人生的真际,要先在德行实践上作工夫。

以此,中国哲学中有许多名词与理论,都有其实践的意义;离开实践,便无意义。想了解其意义,必须在实践上作工夫,在生活上用心体察。这些名词与理论乃指一定的实践境界。

要之,中国哲学乃以生活实践为基础,为归宿。行是知之始,亦是知之终。研究的目的在行,研究的方法亦在行。过去中国之所谓学,本不专指知识的研究,而实亦兼指身心的修养。所谓学,是兼赅知行的。

〔附注〕此处所谓实践,指传统哲学中所谓实践,即个人日常活动,与辩证唯物论所谓社会实践不是一个意义。

第二,一天人 中国哲学有一根本观念,即"天人合一"。认为天人本来合一,而人生最高理想,是自觉的达到天人合一之境界。物我本属一体,内外原无判隔;但为私欲所昏蔽,妄分彼此。应该去此昏蔽,而得到天人一体之自觉。中国大部分哲学家认为天是人的根本,又是人的理想;自然的规律,亦即当然的准衡。而天人之间的联系者,多数哲学家认为即是性,人受性于天,而人的理想即在于尽性;性即本根,亦即道德原则,而道德原则乃出于本根。此种倾向在宋明道学最甚。邵子说:"学不际天人,不足以谓之学。"(《观物外篇》)程明道说:"天人本无二,不必言合。"(《语录》)程伊川说:"道未始有天人之别,但在天则为天道,在人则为人道。"(《语录》)天与人,本来一体。天道与人道,只是一道。

天人既无二,于是亦不必分别我与非我。我与非我原是一体,不必且不应将我与非我分开。于是内外之对立消弭,而人与自然,融为一片。西洋人研究宇宙，是将宇宙视为外在的而研究之；中国人则不认宇宙为外在的，而认为宇宙本根与心性相通，研究宇宙亦即是研究自己。中国哲人的宇宙论实乃以不分内外物我天人为其根本见地。

天人相通的观念，是中国哲学尤其宋明道学中的一个极根本的观念。不了解此观念，则许多思想都不能了解，而只觉其可怪而已。

第三，同真善 中国哲人认为真理即是至善，求真乃即求善。真善非二，至真的道理即是至善的准则。即真即善，即善即真。从不离开善而求真，并认为离开求善而专求真，结果只能得妄，不能得真。为求知而求知的态度，在中国哲学家甚为少有。中国思想家总认为致知与修养乃不可分；宇宙真际的探求，与人生至善之达到，是一事之两面。穷理即是尽性，崇德亦即致知。

西洋哲学本旨是爱智，以求真为目的；如谓中国哲学也是爱智，虽不为谬误，却不算十分切当，因中国哲学家未尝专以求知为务。中国哲学研究之目的，可以说是"闻道"。孔子说："朝闻道，夕死可矣。"（《论语·里仁》）"闻道"亦曰"知道"或"睹道"。道兼赅真善：道是宇宙之基本大法，而亦是人生之至善准则。求道是求真，同时亦是求善。真善是不可分的。

第四，重人生而不重知论 中国哲人，因思想理论以生活实践为依归，所以特别注重人生实相之探求、生活准则之论究，未尝将我与非我分开。因而我如何能知非我，根本不成问题，亦不怀疑外界的实在（先秦未有怀疑外界之实在者，北宋思想家大多排斥佛家的外界虚幻之说；认为外界依附于心者惟有南宋的杨慈湖及明代王阳明），故根本不感觉知论之必要。西洋以分别我与非我为"我之自觉"，中国哲人则以融合我与非我为"我之自觉"。分别我与非我，故知论特别发达；融合我与非我，则知外物即等于自觉，而实无问题。因而中国哲人虽亦言及知识与致知之方，但未尝专门研究之。

第五，重了悟而不重论证 中国哲学不注重形式上的细密论证，亦无形式上的条理系统。中国思想家认为经验上的贯通与实践上的契合，就是真的证明。

能解释生活经验，并在实践上使人得到一种受用，便已足够；而不必更作文字上细微的推敲。可以说中国哲学只重生活上的实证，或内心之神秘的冥证，而不注重逻辑的论证。体验久久，忽有所悟，以前许多疑难涣然消释，日常的经验乃得到贯通，如此即是有所得。中国思想家的习惯，即直接将此所悟所得写出，而不更仔细证明之。所以中国哲学家的文章常是断片的。但中国哲学家并不认为系统的长篇较断片的缀集更为可贵。中国思想家并不认为细密论证是必要的；反之，乃以为是赘疣。

第六，既非依附科学亦不依附宗教　中国古代宗教不发达。古代人民当然信天帝神鬼，但没有正式的宗教。后来方有道教，又从外边输入了佛教。中国思想家虽亦受佛教道教的影响，然在根本态度上都是反对二教的，多以驳斥二教为己任。在先秦时，孔子疑鬼而信天，然亦不肯多言天道。惟墨子最信天鬼，有宗教气息。自老子打破天的尊崇位置后，哲学家中以天帝为主宰者，可谓绝无仅有。宋儒虽言天，然绝非指有意志之主宰。印度哲学是与宗教不分的，西洋中世哲学是宗教的奴婢，即在近世哲学中，亦多有以证明上帝存在为一重要课题的。在中国，似彼以证明上帝存在为一重要职任之情形，实完全没有。先秦哲学家中荀子最善破除迷妄，后汉王充，尤专以攻破迷妄为职任。宋儒中如张子二程子，亦极致力于破斥神鬼，更企图予鬼神二词以自然的解释。要之，中国哲学中从无以证明神的存在为务者。

中国自古即有科学萌芽，却没有成熟的科学，所以根据科学研究以成立哲学系统的情形，在以前的中国亦是没有。

以上六点，可以说是中国哲学之一般的特色，即中国哲学之一般的根本倾向，与西洋或印度的哲学不同的。至于中国哲学各部门之特点，下文另述。想了解中国哲学，必先对于中国哲学之根本性征有所了解，不然必会对于中国哲学中许多思想感觉莫明其妙，至多懂得其皮毛，而不会深悟其精义。

〔注〕本章所论，第一合知行，第三同真善，第五重了悟而不重论证，三则之解说

中，颇采熊十力先生之意。熊先生论中国哲人之根本态度，甚为精湛。其说见《十力语要》。

〔附注〕中国哲学的特点是一个比较艰深的问题，此处所论，简而未晰，今后当另撰专文论述。

(选自《中国哲学大纲》，见《张岱年全集》第二卷，
河北人民出版社，1996年)

禅学与儒学

任继愈

任继愈（1916—2009）：哲学史家、宗教学家。曾就学于北京大学哲学系，曾任北京大学哲学系教授。著作主要有《汉唐佛教思想论集》、《中国哲学史论》、《任继愈自选集》等。

禅学主旨在于明心见性。因为通常人的一切行为，都不免有一个用意的意思，而不能无念无着。行善，为"善"所紧缚，坐禅，为"禅"所紧缚。恶念固然要不得，可是横亘一个善念在胸中，仍旧是一种障蔽。这种障蔽与前一种障蔽同样地陷入不能自拔，好像人的眼睛里固然揉不进泥沙，可是金屑玉屑落到人的眼睛里，也同样地会使人白翳。禅宗教人求佛作圣的惟一法门就是要一切放下。放下即是解脱。一无所着，即是菩提，一有所着，即是烦恼。菩提与烦恼，圣人与凡夫的差别只是无所着与有所着的差别。所以禅宗大师常说："一念几回，转凡成圣。"佛法只是平常心，心无造作，如明鉴照物，物来顺应，过而不留。用工夫不外乎饮食起居，佛性即是自家的本性，若一味向外追求，乃是骑驴觅驴。见得此理时，犹如桶底打脱，"佛法元无多子"。因为本体即是自性，是不可说的全体，与物无对。本体即是全体，它不是知识的对象。对于本体的了悟，只有自证自悟。佛祖圣人的生活，无非是平常人的生活。他们所教人的，也无非是教人认识自己，教人不要用知识向外找东西的态度或方法求真理。真理的发现，只在日常生活之中，并不在日常生活之外。真理即内蕴于饮食起居，所以只要物来顺应即可。禅宗说："运水搬柴，无非妙道。"佛祖圣人所作所为的，并不是什么惊天动地、特立独行的伟大的事业，他们过的是最平常的生活。踏佛阶梯时无情亦有佛性——青青翠竹尽是禅心，郁郁黄花无非般若。山河大地都是本体的显现。若未踏佛阶梯时，有情（即众生）也无佛性。因为有习染的尘障，及一心求成佛的"佛"障，都足以使人于生死轮回中，辗转造因，辗转受报，因此不得解脱。

程明道（颢）先生在他的《定性书》中曾说过："天地之常，以其心普万物而无心；圣人之常，以其情顺万物而无情。"又说："君子之学，莫若廓然而大公，物来而顺应。"这完全是采取了禅宗的意思。也可以说禅宗见解，被理学接受了一部分。

禅学的理论实在洒脱而高妙，所以在隋唐以迄宋明，吸收了大部分的聪明才智之士。可是在理论上禅宗有他的困难，就是他们还不够彻底。王阳明曾说："佛家说是不著相，实是著了相，吾儒似著相是实不着相。佛家怕君臣累，逃了君臣，怕父子累，逃了父子，怕夫妇累，逃了夫妇。吾儒有君臣还他以义，有父子还他以孝，有夫妇还他以别，何曾著了君臣父子夫妇的相？"

我们即使站在佛家的立场来说，王阳明这一段话是不错的。运水搬柴即是妙道，举手运足即是菩提，何以执定君臣父子夫妇的关系一定要逃避呢？

其次，禅宗说明心见性不离乎"作用"，而不曾顾到人类的向善本性。禅宗说："饥来吃饭困来眠。"又说："在目为见，在耳为闻，在手执着，在足运奔。"他们认为佛祖圣人也无非是做这些事，并不多于这些事。可是禅宗忽略了佛祖圣人虽也是饮食起居、言语行动，但是他们的吃饭、睡眠、见闻、行动都要合乎道理，并不是饥了时任何条件之下的饭都可以吃，所以可以有人不食嗟来之食，伯夷叔齐也可以甘心饿死。他们并不是随便什么地方困了便可以睡眠，所以胜母之里，孔子不处。见闻行动也要处处合乎理（即是合乎礼）。我们随时要用我们戒慎的工夫，随时要用我们的辨别是非的能力。饮食行动都要求一个合理的安排。何以要如此，何以不如彼，都求其一定不易之理。如果顺着自然的生理的反应，"饥来吃饭困来眠"，随便，有色便视，有声便听，这与禽兽的生活有什么分别？有什么是非可说？

儒家之学，只是一个"仁"字。只有体会到"仁"的真义，才能以天下为一家、中国为一人，才能把人家的痛苦当做自家的痛苦，与别人的生活不是分隔的而是相通的。这样，宇宙人生才不致分成两片，因为它本来就是一个整体。存此"仁"，即是忠，把此"仁"推广，即是恕。忠是仁之体，恕是仁之用。所以说，忠因恕见，恕出忠出。从己所不欲，勿施于人，推广到己欲立而立人，己欲达而达人，再推而至于博施济众，万物各得其所，以至于位天地育万物，这都是恕的事。尽心以行，诚敬以守，无时无地不在推广此心之仁，这就是忠的事。识得仁的根本意义，那么，仁的决断刚毅的一方面，便是义。所以博爱的仁，而为天下除残去暴，拨乱反正是义。义也，仁。仁的条理节文的一方面，便是礼，礼并不是伪貌饰情，礼要和顺积中，才能英华发外。所以仁的浑融处固是仁，克己复礼也是仁，礼也是仁。仁的明觉精察的一方面叫做智，大学始教，以致知为先。仁固然不应当间形骸分尔我，但是明是非，辨义利，是仁者之事，也是智者之事。智也是仁。所以，程明道先生的《识仁篇》说："学者须先识仁。"仁便是儒家一脉相传的根本精神。

儒家的理想，是要发展自心的天地万物一体的仁。如何达到这种最高的理想，是要用一番学养陶冶的工夫以后才能从心所欲而不逾矩。圣人之道是要极高明而道中庸，但这中间要经过居敬穷理、明德亲民以至于止至善，并不是毫不费力的自然的反应。至于"物来顺应"、"无所致纤毫之力"，是儒家学养的结果，却不是儒家的教育方法。

佛家的明心见性在于运水搬柴，而儒家所谓下学上达的工夫，不出乎洒扫应对。看来是一回事，但其根本精神却不一样。运水搬柴，在禅宗看来就是运水搬柴，而儒家的洒扫应对，乃是教人于洒扫应对之中进退中礼，居处功，执事敬，与事父、事君、使民之道是一贯的严格的训练。儒家的洒扫应对，其实是为治国平天下做的准备。禅宗的运水搬柴，无非是运水搬柴。禅宗教人不要费任何力量，不要用思虑，一切任其自然。

　　这两家的根本差别，乃是因为佛家的一切理论，其出发点是把人生看做苦的、无常的，因此世间的一切全无意义，一切事全无可为者。尽管有人为佛学辩护，说它是入世的，是积极的，可是综观佛家经典，它的三藏十二部经，毕竟是一套出世的悲观的哲学，是超现实的。纵然可以说是"极高明"，但不能"道中庸"，它到底还是方外的、出世的、反现实的。儒家是入世的，儒家以为尽性践形的意义，即在乎为天下国家。禅宗无论如何，它终是退隐的、独善其身的一种学问，它不能推之于四海，它不能施以济众，更不是开物成务之道。所以儒学与禅学之不能相容，实为"理之必至"，并不止是门户之见。

　　因为禅学的消极、出世、悲观、不健康，才有了新儒学的产生，以矫此流失。新儒学发展到后来，经世致用之学与义理之学两者渐趋分离。在儒家的思想中，经世致用原是为了实现其理想，而义理之学也是为了经世致用。两者原不应分开，可是后来竟分成两派：一派是政治家，一派是理学家。在北宋的初期，这两派的距离还不甚远。大程及周濂溪均有心于治道，并且治绩斐然。而政治家王安石、司马光、欧阳修也未必不注重义理的研究。及至南渡以后，宋室偏安，都以为北宋之覆乃新党所致，新党的第一人，即以王安石变法为祸首。于是经术之士，乃讳言政事，专主义理。心性之学弥精，而事功之意愈淡。于是把有体有用之学讲成有体无用之学，其生命力渐渐衰退，遂成麻木不仁状态。理学与世道脱节，乃成为无用之虚学，于是儒家求仁的根本精神完全失去了。

　　　　（选自《念旧企新——任继愈自述》，山西人民出版社，1997年）

中国传统哲学的未来走向

朱伯崑

朱伯崑（1923—2007）：哲学史家。曾任北京大学哲学系教授、国际易学联合会会长。著作主要有《先秦哲学概论》、《易学哲学史》，编有《朱伯崑论著》等。

一、引言

中国传统哲学是中华传统文化的重要部分，如果从春秋时期说起，已有两千多年的历史，形成许多流派，对东方和西方文化都曾起过影响。但处于当今工业化的时代，传统的东西是否还有其生命力，如何发挥其生命力？此是思想界和学术界普遍关注的问题，也是近代以来人们长期争论的课题之一。我想，就此问题，谈谈我个人的想法。

中国传统哲学，同中华文化一样，不仅源远流长，而且丰富多彩。就其影响之广泛说，有儒释道三大系统。此三大系统的哲学，在后来发展的过程中，又互相影响，甚至相互融合，在世界哲学史上独树一帜，具有自己的民族特色，成为东方文化的代表。因此，谈中国传统哲学的未来走向，应从其特色出发，在同世界上其他民族特别是西方哲学的比较中，认识其价值和意义。任何传统哲学，就其理论思维说，一方面具有人类的共性，一方面又有民族的特性。这是因为，一个民族所处的生活环境不同，其生活经验和生活智慧也不尽同。某一民族所见者，往往为其他民族所不见。"仁者见仁，智者见智"，各有千秋。谈中国哲学的未来走向，应着眼其所见者，而不是将自己的传统纳入其他民族的思维模式中。

谈中国传统哲学的未来走向，无可讳言，涉及到目的和任务问题或价值取向问题。有一种意见，认为一个民族的传统文化是该民族生命力之所在，弘扬传统文化及其哲学，可以增强民族的凝聚力，提高民族的自尊心，延续民族的生命，从而独立于世界民族之林。作为中国人和炎黄子孙，以此看待中国传统哲学的价值，这是无可非议的。但这只是问题的一个方面。除此之外，还应看到中华文化对人类前途所担负的使命。中华文化，博大精深，过去曾为人类文明做出自己的贡献。今后也应为人类的未来做出自己的贡献。就传统哲学说，要实现这一目的，只有走同现代人的生活方式和思维方式相结合的道路。所谓发扬优秀传统，不是自我欣赏，而是从传统中汲取与现代生活相关的有价值的东西，解决今人所面临的问题，为人类文明的建设，尽自己应尽的义务。总之，要立足于现代，面向世界的未来。

传统的东西怎样走向世界，使其成为人类新文化的组成部分，不仅有益于中国，而且有益于全人类？这涉及到传统哲学现代化的途径问题。我的想法是，在创新，而不是重复老一套。所谓创新，是在传统的基础上更新。所谓更新，不只是用现代人习惯使用的哲学语言，诠释中国古典哲学著作，便于现代人理解，更为重要的是，运用现代科学的治学方法，阐述中国传统哲学的特色，并以西方传统的思维方式为借鉴，发扬中国传统哲学中的真知灼见，进而创建适合时代需要的，而又具有中国特色的哲学体系。近代以来，关于中国传统哲学现代化问题，有一种倾向，以为用西方近现代某一流派的哲学，解释中国传统哲学，便走上了现代化的道路，实际上其对中国传统哲学的阐发，成为西方某一哲学流派的注脚，没有摆脱欧洲文化中心论的影响。处于当今世界各民族文化交流向纵深发展的时代，闭门造车是没有前途的，但在交流中抹杀自己的传统，使中国哲学成为欧洲某一哲学流派的附庸，同样是不可取的。

以下，就我近年来在教学和研究中的体会，试图从五个方面，探讨一下中国传统哲学的特色及其未来走向，供学术界参考。

二、人本主义与自然主义的结合

中国传统哲学，特别是儒道两家的哲人，皆以哲学为"天人之学"，意谓圣人和哲人的智慧，不仅知人事，还要通天道。此种学术传统，始于先秦孔老二家。在殷周天命论和鬼神信仰统治的时代，儒家孔子发现了"人"，道家老子则发现了"自然"。前者创建了中国哲学中人本主义或人文主义传统，后者创建了自然主义传统。后经孟子和庄子的阐发，各自形成体系，一直影响于后世，孔孟可以说是古代人学的开拓者，老庄则是古代自然哲学的探索者，孔孟倡导的人本主义，重视人的研究，以人伦和人的道德生活为人道的本质，如孟子所说："仁也者，人也，合而言之，道也。"（《孟子·尽心》）认为人生的目的是从事道德上的自我完善，至于个人的吉凶祸福，不必挂在心上，所谓尽人事，听天命。老庄倡导的自然主义，则面向自然，认为自然界的变化，无人的意识，不体现某种意志，无欲无为，无主宰者使之然，人类的生活也应效法天道。如老子所说："人法地，地法天，天法道，道法自然。"（《老子》二十五章）孔孟以人事明天道，老庄则推天道以明人事，各有偏重，但皆不言福善祸淫的神道，都不相信天命鬼神可以摆布自然界和人类的命运，而是从人类自身或自然自身中，寻找生活的规律，这在古代思想史上是一大解放。孔孟老庄都认为人道和天道有某种同一性，谈天道，应顾及人事；谈人事，应顾及天道；从而奠定了中国传统哲学的基本导向。

此种哲学导向，到了战国后期，得到进一步的发展，即将孔孟倡导的人本主义和老庄倡导的自然主义结合起来，观察人事和天道。《易传》的作者，通过对《周易》的解释，以道家的自然主义讲天道，以儒家的人本主义谈人道，如《说卦》所说："昔者圣人之作《易》也，将以顺性命之理。是以立天之道曰阴与阳，立地之道曰柔与刚，立人之道曰仁与义。"儒家荀子，依道家的自然主义写了《天论》，依儒家的人文主义写了《礼论》，并将二者结合起来，取两家之长而扬其短，形成了讲天人之学较为完备的体系。汉代以来，哲学家们都以"明天人之际"为自己的任务，并不同程度吸收了儒道两家的观点。如董仲舒，其论天道，虽然形式上恢复了天命论，但其对天道内涵的理解，一方面吸收了孔孟的仁爱说，另一方面又容纳了道家以天象言天的传统，从而将自然界的变化引向伦理的目的论。魏晋时期形成的玄学，其论天道，本于道家的自然无为说；其言人道，又吸收了儒家的名教之治，并将二者结合起来。宋明时期形成和发展起来的新儒学即道学，其谈哲学问题，既言天道，又讲人道，并将二者融为一体。张载谈哲学家的任务说："为天地立心，为生民立命，为往圣继绝学，为万世开太平。"其所谓"为天地立心"，指发扬道家的自然主义；所谓"为生民立命"，指发扬儒家的人本主义，从而建立起其哲学体系。道学各派对天道的理解，虽不尽同，但都不言主宰的天或意志天，而是从自然或人类生活自身中寻找天道和人道统一的原理，如程颐所说"天地人只是一道"。王阳明所说："在天为天道，在人则为人道，其分虽殊，其理则一也。"（《全书·山东乡试录·易》）此种将天道和人道进行整合研究的哲学，集中体现了中国古代哲学家倡导的"天人之学"的特色。

道家的自然主义和儒家人本主义相结合的传统，也体现在具有中国特色的宗教，即道教和佛教禅宗的哲学中。道教出于先秦时期黄老之学的养生论，以人为自然的人，如葛洪所说，人禀气而有生命，但人获得生命后，即为我有，"为我制御"，通过人为的修炼，可以延年益寿，甚至长生不死。此种生命观是道家自然主义和儒家人本主义思想结合的产物。因而又提出道本儒末说，以"忠教和顺仁信"等道德作为修道成仙的手段之一。唐代慧能所创建的禅宗，其所倡导的"无念为宗"说，颇受道家因顺自然如郭象所说"无心以顺有"的境界说的影响。其所倡导的顿悟成佛说，认为人性即佛性，有此觉悟，众生即是佛,此又是受了孟子的良知良能说以及"思则得之,不思则不得"反省内求的修养方法的影响。儒家的人本主义和道家的自然主义,都于人的本性中寻找安身立命的精神境界,不求助于外在的力量,如归依于上帝和神灵的拯救,而禅宗的成佛说,以彼岸世界即在此岸之中,正是体现了这一特色,从而扬弃了从印度传来的那种出世主义的宗教观。

总之,古代哲人倡导的天人之学,其义有二:一是讲天道不离人道,或讲人道不离天道,并寻求天道和人道之间的内在联系;二是以自然主义和人本主义相结合的方式考查自然和人生。其总的倾向是,企图从自然界和人类自身中引出基本原理,解释宇宙的统一性,而不是借助于神道。这同人类科学思维发展的走向是一致的。但此种哲学观,由于追求宇宙的同一性,未能引导人们对自然和人分别进行深入的研究,其对统一原理的总括,往往缺乏实证的精神,如后来方以智所批评的,"舍质测而冒言通几",必流于空疏。此是天人之学的一大弱点。但针对西方从古希腊开始的偏重于分别研究自然和人的思维模式,以及依此种模式而造成的近代自然和人的思维模式,以及依此种模式而造成的近代自然科学与人文科学分道扬镳的走向,中国传统的天人之学,又有其优点。它有助于推动自然科学与人文科学的沟通,探讨二者的联系,开展新的研究领域,进一步揭开自然与人生的奥秘。自然法则和生活规范,既有差别,又有同一性。明代哲人罗钦顺说:"天之道,莫非自然。人之道,皆是当然。凡所当然者,皆其自然不可违者也。"(《困知记》上)清代戴震说:"必然乃自然之极则。"中国传统哲学探讨自然、必然和当然三者的联系,无疑是一种更高层次的智慧。

三、群居和一的人道观

人际关系是中国传统哲学探讨的课题之一。个人总是生活在与他人交往的关系中,形成了人的群体生活。个人与群体的关系是历代社会学、政治学和伦理学建立的基石。儒家倡导的人学,主要回答人际关系即群己关系问题,并在此基础上提出了自己的人道观。其人道，重视人类生活的群体性，而且以伦理关系解释人类群体生活的特征。此种人道观，对中国人的生活方式和生活理念影响深远，成为中国传统哲学的一大特色。

孔子因批评当时的隐士生活而提出"人群"这一概念，后被孟子阐发为"人伦"说，将人际关系归结为五种秩序，即五伦："父子有亲，君臣有义，夫妇有别，长幼有序，朋友有信。"认为人际关系中的双方，应相互关怀和负责，以此维系群体生活的和谐。至荀子进而提出"群居和一"说："人生不能无群，群而无分则争，争则乱，乱则离，离则弱，弱则不能胜物。"（《荀子·王制》）认为人类从事于有秩序的合群生活，方可使个体的行动协调一致，免于争夺和动乱，于是产生巨大的凝聚力，从而战胜自然物。孔孟荀皆认为人同动物的根本区别在于人能从事伦理的合群生活，圣人即是人伦生活的表率，如孟子所说："圣者，人伦之至也"；荀子所说："圣也者，尽伦者也。"就个人同群体的关系说，儒家反对只知有个人或不肯为群体生活尽义务的人，如孟子斥责杨朱的独善其身和"拔一毛而利天下不为也"的言行为"禽兽"。总之，重视人伦生活并以此理解人道的内容，成为儒家各派人学的出发点。

从维系人伦生活出发，儒家提出了自己的道德原则和政治原则以及实现这些原则的道德规范和政治措施。儒家的道德原则可称之为以人伦为中心的人道主义。孔子提出的仁和礼即是实现这一原则的道德规范。礼的功能在于维系社会秩序的安定，要求个人自觉地遵守在人伦中的地位及其应尽的职责，互尽义务。仁的功能即"爱人"，要求对别人有同情心，彼此关怀和爱护，此即孔子倡导的"忠恕之道"，"己欲立而立人，己欲达而达人"，"己所不欲勿施于人"。孟子依此，提出推己及人的生活方式："老吾老以及人之老，幼吾幼以及人之幼"，即《大学》所说的"絜矩之道"。儒家认为，礼和仁是统一的，就维系人伦生活说，二者不可偏废。后来儒家各派的伦理学，既言礼，又讲仁，视礼仁结合为调整人际和谐的基本道德。儒家倡导的仁爱之德，具有人道主义的特色，乃儒家人学的精华，到了近代，则被一批启蒙思想家阐发为博爱主义。儒家治国的政治原则可称为民本主义和德治主义。其视国家为群体生活的一种形式，但以人民百姓为国家的基石。为了维系政治生活中人际关系的和谐，孔孟提倡德政和仁政，要求执政者如爱护自己的子女一样，关心百姓的生活疾苦，反对虐政和暴政。为了实现群居和一的生活，孔孟还提出社会公正即均平原则，主张调均贫富和救济鳏寡孤独的穷人。《礼运》依此，提出"天下为公"说，以大同世界为人类的理想社会，鲜明地体现了儒家人道主义精神，至近代，则被先进的思想家视为批判封建制度的价值准则。

儒家以家庭为群居生活的核心，视天下、国家为家庭生活的扩大，从而将"父慈子孝，兄友弟恭"看成是维系群居生活的榜样。在儒家看来，人类的群体生活乃一伦理的共同体。在此共同体中，其成员因社会地位的不同，形成了不同的对立面，如君臣、父子、夫妇、兄弟、朋友等，难免有摩擦和冲突，但终会归于和解。因为对立的双方，在交往中，产生了情感，进而形成互相尊重、互尽义务的责任心。儒家认为，这种人际关系，不是相互计算的个人利害关系，而是互敬互爱的伦理情谊关系。此种人际关系，一方面出于理性，一方面又基于情感，既有情，又有义，方能实现群体生活的和谐局面。孔子倡导的仁礼结合，孟子提倡的"四心"和"四德"，都是情义合一的表现。此是儒家人学的又一特征，不同于唯情主义或唯理主义的伦理学说。此种人道观，基于爱群和重义的原则，又不同于以个人为中心的功利主义。从孔子开始，围绕群己关系问题，便展开了义利之辩。孔子说："君子喻于义，小人喻于利。"后来宋儒程颐阐发为公私之辨和理欲之辨。儒家所斥责的"利"和"欲"，指危害人伦生活的私心私欲和私利。其所倡导的"义"，指维护群体生活利益的责任感，即个人要为群体的生存和昌盛尽义务。儒家并不排斥个人的利益，更不主张宗教的禁欲主义，而是如孔子所说的"见利思义"，荀子说的"先义而后利"，孟子所说的"形色，天性也，惟圣人然后可以践形"，即个人利益和欲望的满足，不应违背或侵犯他人即群体的利益。此种义利合一和理欲合一说，也是儒家人道观的特色之一。儒家以其情义合一与义利合一的思想，在历史上哺育了一批"杀身成仁"、"舍生取义"的仁人志士和民族英雄，为中华民族的生存和发展，写出了可歌可泣的篇章。

总之，儒家提倡的群居和一的人道观，具有东方文化的特色。凡以家庭为社会单位的民族和国家，其谈人道，大都具有这一倾向。此种人道观，在古代社会，因受等级制的约定，以君父为家国的代表，认为顺从君父的言行，即是为群众谋福利或尽义务。这种思想，到汉代，被董仲舒引申为"三纲"说，成为维护封建特权统治的工具。就此而言，儒家的群体观，又含有压制个性和轻视个人权利的偏向。同西方文化中以个体为中心的人道观相比，缺乏近代的平等观念和民主意识，具有时代的局限性，但其中提出的维系人际和谐的基本原则，如仁礼合一、情义合一、义利合一等，对任何社会中的人都是适用的，有其永恒的价值。就人类当前面临的社会问题和生活走向说，儒家的人道观仍有现代的价值。基于个人竞争而形成的西方近代文明，在推动工业化进程中起过积极的作用，但也带来难以解决的社会矛盾。如为了获得更多的财富，在人际交往中，无情无义，唯利是图，甚至互自倾轧，个人利己主义和享乐主义腐蚀人们的灵魂，黑势力横行，青少年犯罪率增高等，又破坏了人际关系的和谐，阻碍着社会生产的发展。这些社会弊端，不是单靠法律制裁可以解决的。儒家人道观中的优良传统，可以弥补西方近代人道观的缺欠，有助于社会经济的繁荣和人类文明的进步。

四、天人合用的宇宙观

人与自然的关系也是中国传统哲学长期讨论的课题，被称为天人关系问题。历代哲学家对天和人的理解，其义不一。此处所说的"天"，取道家郭象义，指天地万物的总称，即自然界之义，不包括人的作为。"人"，指人的意识、目的和作为。此问题也包括人在宇宙中的地位问题，从而构成了中国传统哲学中宇宙观的主要内容。

关于人和天地万物的关系，道家老庄提出了因循自然说，认为自然界的变化非人力所能参与，人只能顺受，走向了自然宿命论。儒家孟子以"诚"解释天道，以思诚者为道，又将自然理念化，导出"万物皆备于我"的结论。道家肯定自然独立于人的意识而存在，但否定人的主体性，不承认人对自然的反作用。儒家孟子肯定了人的主体性，又抹杀了自然的客观实在性。前者见天不见人，后者见人不见天。从而揭开了中国传统哲学中天人之辨的序幕。至《易传》和荀子，综合了两家的天人观，取其长而扬其短，提出了人参与自然变化的学说。《易传》说："天地设位，圣人成能"，"后以财成天地之道，辅相天地之宜"。荀子于《天论》中说："天有其时，地有其财，人有其治，夫是谓能参。舍其所以参，而顾其所参，则惑矣。"他以人为能参，以天地万物为所参，认为人能控制自然界的变化，从而提出"制天命而用之"的号召。《中庸》的作者亦说："能尽人之性，则能尽物之性。能尽物之性，则可以赞天地之化育"，"则可以与天地参矣"。所谓"尽人之性"，指充分发挥人的主观能动性，进而穷尽万物之性，则能赞助自然界的变化。以上这些观点，一方面区别了自然和人，如荀子说的"明于天人之分"；另一方面又肯定人有能力控制与影响自然，为中国传统哲学中的天人之辨奠定了理论基础。

汉唐是宇宙论流行时期。此时期的天人之辨，围绕自然的变化是否有意识和目的而发展。董仲舒将人的仁爱意识加于自然界，宣扬伦理的目的论。从《淮南》、扬雄、桓谭至王充都反对这种目的论。他们因受道家自然主义影响，断言自然界无人的意识，但同时认为人在自然面前并非消极无所为，如王充所说："然虽自然，亦须有为辅助。"至唐朝，柳宗元、刘禹锡同韩愈的辩论中，柳氏提出"天人不相预"说，刘氏提出"天人交相胜"和"天人还相用"说，认为人与自然，各有其职能，不相代替，但人乘气而生，为智最大，能为人理，与天交胜，辅助自然物更好地成长。刘柳同样区分了人与自然，同时提出了人与自然相互作用的观点，对以前的天人之辨做了一次总结。

到了宋明时期，随着本体论学说的流行，天人之辨又获得了新的内容，着重讨论了人在宇宙中的地位问题。《周书·泰誓上》说的"惟人万物之灵"和《礼记·乐记》说的"人者，天地之心"的命题，对此时的天人之辨起了很大影响。心学派依此，强调人的主体性，导出人心为自然立法的结论，如王阳明所说："心即天，言心，则天地万物皆举之矣。"（《全书·答季明德》）理学派和气学派都认为，自然之理有其客观性，"非心意之所造作"，人心之所以可贵在于认知自然之理，如程颐说的"即物穷理"。张载和王夫之都认为天地无人的思虑和仁爱之德，其化育万物，出于自然。而智慧和仁德乃人的特质，如王夫之所说："天地之生，以人为始，故其吊灵而聚美"（《周易外传·复》），故人能以其聪明智慧，深入自然内部，揭示天地万物之功能。关于人与自然的关系，张载说："天能为性，人谋为能。大人尽性，不以天能为能，故曰天地设位，圣人成能"（《易传·系辞下》）。"天能"，指气化万物的规律；"尽性"，谓发挥人的智谋，成就天之所能。王夫之则提出"天道无择，人道有辨"说。后一句是说，人能辨别是非善恶，从自然界中，选择有利于人类生存的东西，"裁成天地而相其化"。因此他得出结论："自然者天地，主持者人，人者天地之心。"（《周易外传·复》）他将后一句，理解为人是自然界的主人。在王氏看来，自然之所能是"生万物"，而人之所能是"治万物"，"用万物"。人所以能治理自然界，因为人在自然面前有通权达变的主动权。人类应发挥自己的主动性，控制和驾驭自然界，使其造福于人类生活。据此，他提出"延天以佑人"说，"相天"、"竭天"和"胜天"说，即竭尽人之能，延长和添补自然之能，使自然的东西，为人类所用。由此得出结论："圣人赖天地以大，天地赖圣人以贞。"（《周易外传·系辞上》）他将此种关系，称之为"天人之合用"。明末清初的科学家方以智及其父方孔炤，亦持此种天人观。他们提出"圣人宰天"和"圣人以造造化"说，认为人有"制变宰物之大权"，有理性，能格物致知，穷理尽性，极深研几，认识自然界变化的规律，从而控制和改造自然，"以前民用"。其将这一论点，称之为"尽人还天之用，与天人必有之用"（《周易时论·说卦》）。意谓尽人道使天道发挥其应有的功能，人与自然共成其大用，并存而共荣。

总之，中国传统哲学认为，天地人三者乃一整体，非孤立地存在，而是相互影响。人是自然界中的一类，赖自然而生存。但人又不同于其他自然物，为万物之灵，有理智和仁德，能认知自在的法则，依其法则控制和改造自然的现状，使其为人类服务。这种天人观，已为人类几千年的生产实践所证实，但不同于西方近代以来人征服自然的学说，即将人与自然对立起来，看不到人与自然统一的一面。其结果，将人改造自然，引向破坏自然界的秩序，甚至破坏人赖以生存的自然环境，从而又为人类的生存带来危机，如工业化进程中形成的环境污染和对生态平衡的破坏。而中国传统哲学，视自然为人类的伙伴，如孟子说的"仁民而爱物"，张载说的"民胞物与"，故将改造自然理解为控制、参与、辅助和利用自然，即使自然发挥对人类生活有益的功能，而不是毁灭自然。前面所说的"成能"，"制天命"，"与天地参"，"相辅天地之宜"以及"延天"、"竭天"等，皆是此义。总之，人与自然虽有排斥的一面，但从宇宙整体上看，又相互依存，相辅相成。此种宇宙观，乃中国古代科学家从事科技发明创造的指导思想，今后，仍有其生命力，值得发扬光大。

五、阴阳推移的变化观

中国传统哲学，无论哪一流派，都研究事物变化的过程和法则，都认为自然和社会处于变化的过程，宇宙中没有不变的存在物。孔子说："逝者如斯，不舍昼夜。"老子说："天地尚不能久，而况于人乎。"《管子·乘马》说："春秋冬夏，阴阳之推移也"，"天地莫能损益也"。战国后期形成的《易传》，通过对《周易》卦爻象和卦爻辞的解释，总结了其以前的阴阳变易说，成为中国传统哲学中论事物发展规律学说的代表，并对中国传统文化的发展起了深远的影响。

以《易传》系统为代表的阴阳变易说，如何看待事物的变化和发展？归纳起来，有以下几条原则：

（一）一阴一阳

此条是说，任何事物的性质都有阴阳两方面，即又阴又阳。此种观点，始于老子："万物负阴而抱阳。"庄子解释为"师阴而无阳，其不可明矣"（《庄子·秋水》）。《易传·系辞》则称为"一阴一阳之谓道"，以阴阳不可偏废，为事物存在和发展的基本规律。此条原则，又被阐发为阴中有阳，阳中有阴，即阴阳相间，朱熹称为"阴阳交易"说。认为宇宙中无孤阴孤阳或纯阴纯阳的事物，要求人们从阴阳两方面观察和研究自然现象和社会现象，不犯片面性的错误，如张载所说："兼体而无累。"

（二）阴阳相推

此条是以阴阳相互推移解释事物变化的原因、过程和形式。老子提出"反者道之动"，将运动的形式归之为向反面转化，如月满则亏，物盛则衰，多藏则厚亡。庄子称之为"消息盈虚，终则有始"（《庄子·秋水》）。《易传》则概括为"刚柔相推而生变化"。所谓"相推"，包括相互排斥，相互代谢和相互转化，循环不已。此条原则又引申为"物极则反"和"穷则变，变则通"。总之，宇宙中的事物总是经历屈伸往来，盈虚消长以及从量变到突变的过程。朱熹称之为"阴阳流转"说。此条原则，要求人们从对立面转化的观点观察事物的变化，从而防微杜渐，控制事物发展的过程和方向。

（三）阴阳合德

此条是以阴阳相济相成为事物发展的基本准则。老子提出"冲气以为和"，视阴阳二气之调谐为万物生长的根本条件。老子贵阴柔而贱阳刚，见屈而不见伸。《易传》则提出"阴阳合德"说，乾始坤成说，即阴阳互补的原则。此原则是说，事物虽有阴阳相反的双重性，有排斥的一面，但又有相通、相交相济的一面。如《易传》所说："天地睽而其事同"，即天地同有生化万物之功，即"天地交而万物通"。又如男女虽为异性，其交合方有人类生命之延续。水火虽相灭，但水可使火免于燥烈而灭尽，火可使水免于凝聚而不流，二者又交相养。刚柔虽相胜，但以柔济刚，刚者不败；以刚济柔，柔者不靡，二者又交相成。

人文现象亦是如此，宽猛相济，德刑相辅，文武相参，方能维系群体生活的安定和繁荣。人的精神现象亦不例外，思学相资，仁智兼备，知行合一，方有非凡的智慧和完善的品德。此条原则，又称为"相反而相成"。总之，天地万物虽殊形异质，甚至相排斥，相斗争，但说到底，以其相资相济保持其富有而日新，此即《易传》所说："保合太和乃利贞"，亦即张载所说："仇必和而解"，王夫之所说："天地以和顺为命，万物以和顺为性。"（《周易外传·说卦》）此条原则，要求人们从阴阳互补的角度观察事物的发展和变易。

（四）阴阳不测

此条是关系如何看待事物变化的不定模式及其前途。《易传》提出"神无方而易无体"，"阴阳不测之谓神"，"不可为典要，唯变所适"等论点。"神"，谓阴阳变易，神妙莫测，即没有固定不变的模式或体制。此条原则，经后来哲学家们的阐发，其义有二：一是事物的变易，无穷尽之时，总是变化而日新。此即《易传》所说："生生之谓易"，"日新之谓盛德"。"日新"是说，不断更新，不是旧事物的重复。王夫之称为"阴阳不停，推陈致新"（《周易外传·颐》）。二是事物变化的内容和形式极其丰富，不能以其中某一种形式，规定事物发展的方向。王夫之称为"不可执一凝滞之法"，"以为典要"。（《周易内传·系辞下》）如天地日月，表面上看，似乎千古如是，实际上其内在的素质，每日不同，总是扬弃旧的，生出新的。人类社会的变化亦是如此，所谓"势日变而不可复"。因而人对自然和社会的认识及其思维方式，也不能停留在一种模式上，应随事物的变易而改变。

中国传统哲学中，关于事物变易的研究，不仅有理论的概括，又有经验的证实，从老子开始，经过《易传》和历代易学，至近代，一直没有间断，世代相传，自成体系，其深度和广度，是世界哲学史上少有的，成为中国哲学的一大特色。此种发展观，同西方的传统思维相比，既非机械论，也非生机论，而是以阴阳两种性能的相互作用，解释事物变易的泉源、过程和规律，具有内因论的特色。关于对立面相互作用的解释，也不同于西方从古希腊哲学开始的以对立面的斗争为事物发展动力的学说。西方传统思维，强调对抗，追求一方征服或吃掉另一方，所谓相兼相并，弱肉强食，视自然和人类社会的变化为不断斗争的历史，总之，斗争就是一切。而中国传统思维所追求的是对立面的相济相成，是宇宙的均衡与人类的和谐。此种哲学，并不否认对立面的排斥、对抗和斗争，而是视斗争为达到或实现更高层次和谐的步骤或手段。在中国传统哲学看来，斗争讲过了头，是见分而不见合，见对立而不见统一，致使任何统一体永远处于分裂的局面，最后导致人类和宇宙的毁灭。事物的对立和依存，不容分割。中国传统哲学的发展观，揭示了阴阳依存与和谐的一面，可补西方传统思维方式之偏，也是值得发扬的。

六、气化流行的形上学

形上学是传统哲学中的重要问题。中国哲学同样具有形上学传统，并有悠久的历史。此问题，始于老子的论道，讨论天地万物的本原问题。老子认为道作为本原的实体，其自身无任何形状，无以名之，故为天地万物的祖先，即其所说："天下万物生于有，有生于无。""无"，谓无形、无名、无为、无欲，即形而上的东西。"有"谓有形有象的个体事物。老子提出的"有生于无"的思维模式，成为中国哲学家谈形上学的基本原则。此原则在汉唐时期成为谈宇宙生成问题的指导思想。魏晋时期玄学家王弼，依此原则，建立起本体论学说，认为本体作为天地万物的共同本质，其自身必须无形无象，即无具体的形象，方为一切有形有象的个体存在的根据。东晋南北朝时期，印度大乘佛学传入中国，其中性宗，如《大乘起信论》，则以万象为本体自身的显现。到了宋明时期，道学家依《易传》中"形而上"和"形而下"的范畴，吸收了玄学和佛学本体论的思维，建立起儒家本体论和形上学的哲学体系。这一体系，至王夫之发展到高峰。哲学史表明，将中国哲学传统，归之为只谈人际关系而不谈世界的本原问题，则是一种误解。

中国传统哲学中的形上学，就本体论说，其影响大者，有五种类型：玄学贵无论、佛学真如论、道学理本论，心本论和气本论。本体论讨论的核心问题是本体与现象的关系。对此问题的回答，这五大流派各有其特色。首先，对本体的内涵理解不一。玄学派以"无"为本体，佛学性宗以真如清净心为本体，道学理本论以理即事物之所以然和当然之则为本体，心本论以伦理的心如良知为本体，气本论则以气为本体。其次，对现象的理解也不尽同。佛学则以现象为虚幻或假象，而玄学和道家则以现象为实有。但就本体与现象的关系说，五派的理解又有共同点，即本体与现象不即不离。王弼提出"无必因于有"，佛家主"体用不二"，道学则主"体用一原，显微无间"，皆是此义。但就本体论思维发展的趋向说，从区分形而上和形而下，导向二者不可分割，最后得出无形而下即无形而上，本体只能寓于万象之中的结论。这一结论是通过气本论的形上学而完成的，成为中国传统哲学的一大特色。

气本论也可以称为气化流行的形上学。因为气作为天地万物的本体，其特点是，自身具有运动变化的性能，而且永远处于流行中。所以属于形上学的范畴，因为气自身无形，不是某种具体的有形有象的东西，如寒暑之气，呼吸之气，水蒸气一类的气体。气作为哲学的范畴之一，早在先秦即已形成了，如《老子》中的"冲气"，《管子》中的"精气"，《庄子》中的"通天下一气"。汉唐时代又衍为"元气"，宋代朱熹归之为阴阳五行之气，张载则提出"太虚之气"，王夫之阐发为"太和絪缊之气"。尽管各派对气的理解不尽同，但都以气这一范畴，解释天地万物的形成，而气本论者则以气为本体。此种本体论，张载倡于前，罗钦顺、王廷相、方以智、王夫之明于后；到清代，颜李和戴震仍继承这一传统；至近代，康有为和谭嗣同仍主气化万物说。可以说，气论哲学，源远流长，乃中国古代自然哲学的代表。宋明时期的气本论即在此基础上，建立起形上学体系。此种形上学体系，归纳起来，有以下几个特点：

其一，气无具体的形象，充满太空，如张载所说："太虚即气则无无"；并且寓于一切有形的个体中，如王夫之所说，"全具一絪缊之体而特微耳"。其二，气作为本体永恒运动着，故宇宙为动的宇宙，即气化流行的宇宙，如王夫之所说："太虚恒动"。气自身含有阴阳两重性，其相互吸引和推移是一切运动变化的泉源，如张载所说："一故神，两故化"。其三，天地万物皆气化的产物，气有聚散，聚则凝结为万象，万象因禀有气的分剂不同，而千差万别。个体有生死成毁，气则永恒不灭。人的肉体和精神是气化的最高形式，阴气为形，阳气为神，气外别无人性。其四，气作为本体，其运动变化有其客观规律性，规律依赖于气化的过程，故"气外无理"。人心是气之精灵依肉体而产生的功能，故"气外无心"。其五，气为形而上，天地万物为形而下，但二者不容分割，本体自身溶化于现象中。本体作为世界的同一性，其自身即含有差异性。因而本体不在现象之外或之上，也不是以独立实体的形式寓于万象中。如方以智所说："舍多无一"，核仁之生机即寓于全树葱翠之中。又如王夫之所说："象外无道"，"体用相涵"，融为一体。此即"体用一原，显微无间"。其六，既然本体与现象相互涵蕴，通过现象，方能认知本质；通过个体，方能认知规律。此即方以智、王夫之所说："即费求隐"，"即器求道"，"因物明理"。

以上六条，是气本论形上学的基本原则，形成一完整的体系，对理本论和心本论都起了深远的影响。程朱理学，论天地万物的形成，皆依气化论。心学大师王阳明，论良知为宇宙的本体，也引气化说，所谓"语其流行谓之气"，以气之流行，论证良知无所不在。由于气本论的影响，致使某些哲学家从程朱派中分化出来，如罗钦顺从湛王心学派中分化出来，如刘宗周和黄宗羲，成为气本论的倡导者。中国古代的自然科学，包括天文、地理、物理、化学、生物和医学，都依气论的原则，解释其所研究的自然现象的变化过程和规律。有一种说法，认为气本论所讲的气，属于程朱派的系统。此说始于朱熹《伊洛渊源录》和《近思录》，乃朱氏一家之言，企图将气学纳入理学的体系，以抹杀二者的根本分歧。哲学史家黄宗羲早已辨明这一点。在宋明哲学的研究中，应恢复气本论的历史地位。

气学本体论的形上学，不同于欧洲的形上学传统，将本体与现象对立起来；也不同于欧洲的粒子论的系统，深入探讨存在物内在的物质结构；而是通过"气"这一特质范畴，寻求宇宙中个体事物间的普遍联系，将天地万物和人类联结为一整体，并以物质形态的相互转化和物体功能的相互作用，解释世界的普遍联系，说明宇宙永远处于流转和不断更新的过程。此种形上学，就其理论思维说，不同于西方哲学中重分析的逻辑思维，而是出于重统一的辩证思维。此种思维方式，同西方的传统相比，有所见，亦有所不见。但处于当今西方科学思维面临挑战的时代，中国气论哲学中之所见者，可以补西方传统思维之不足，有助于为科学技术的发展和人类社会的进步提供某种新的思维方式。

近代兴起的新儒家，有的更新程朱理学，创建"新理学"；有的更新陆王心学，创建"新心学"。但迄今为止，还没有人创建"新气学"的体系。这不能不说是一种遗憾。盼望中国哲学的研究者，担负起这一任务，为弘扬中国传统文化，再放异彩。

中国传统哲学的特色及其未来走向，不限于上述五个方面。如关于心性的研究，安身立命的修养方法，也有独到的见解。近人所论甚详，不再赘述。21世纪是中华民族腾飞的时代，衷心盼望在这个新时代，中国传统哲学经过新的阐发，走向世界，伴随社会经济的繁荣，成为人类新文化的一面旗帜，为人类的文明再做出自己的贡献。

（选自《朱伯崑论著》，沈阳出版社，1998年）